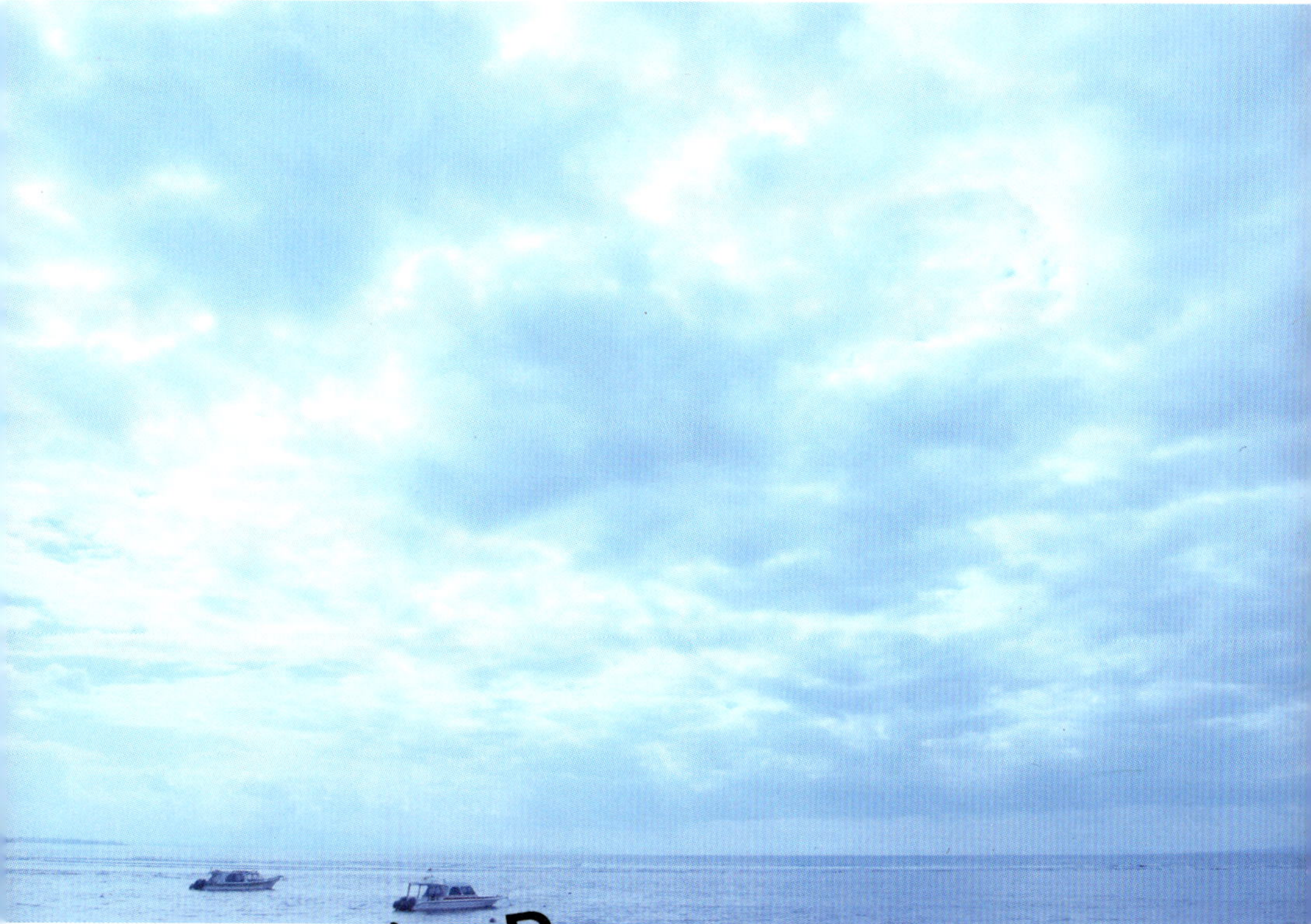

PENでおしゃれな写真が撮りたい

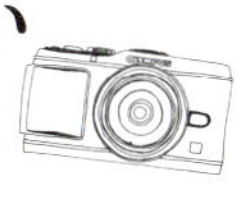

河野鉄平 著

エムディエヌコーポレーション

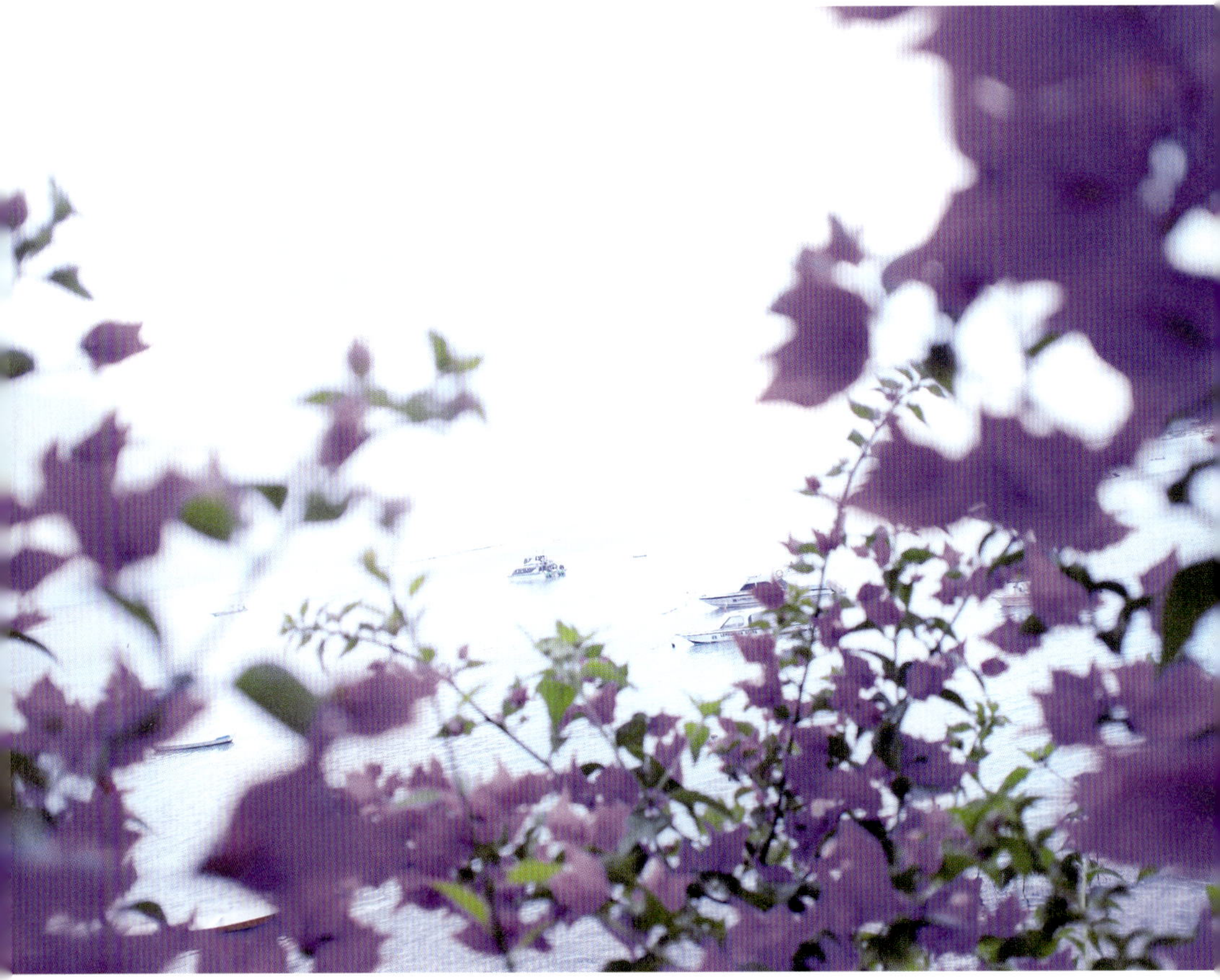

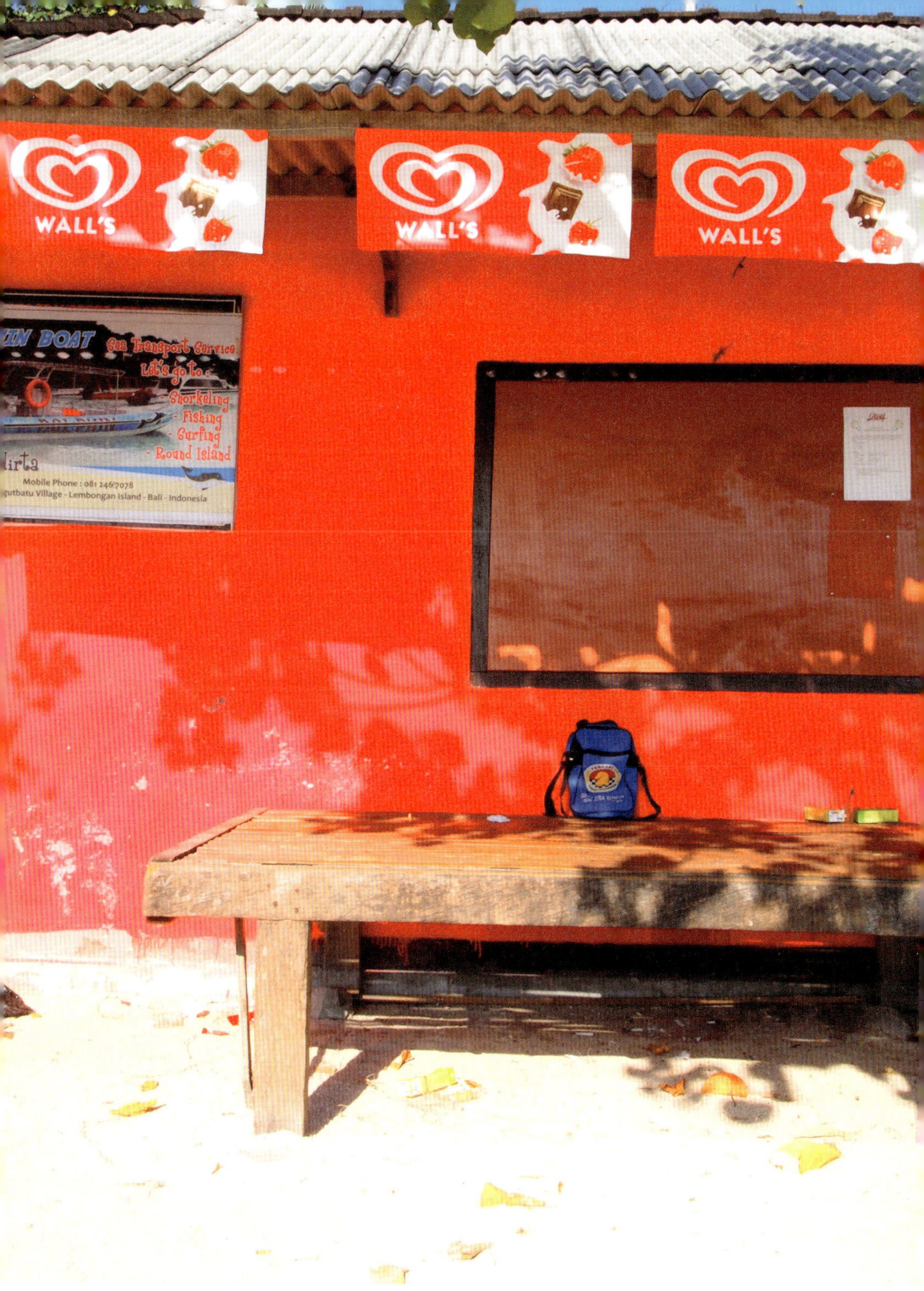
WALL'S
WALL'S
WALL'S
BOAT
Sea Transport Service
Let's go to :
- Snorkeling
- Fishing
- Surfing
- Round Island
Mobile Phone : 081 2467078
Village - Lembongan Island - Bali - Indonesia

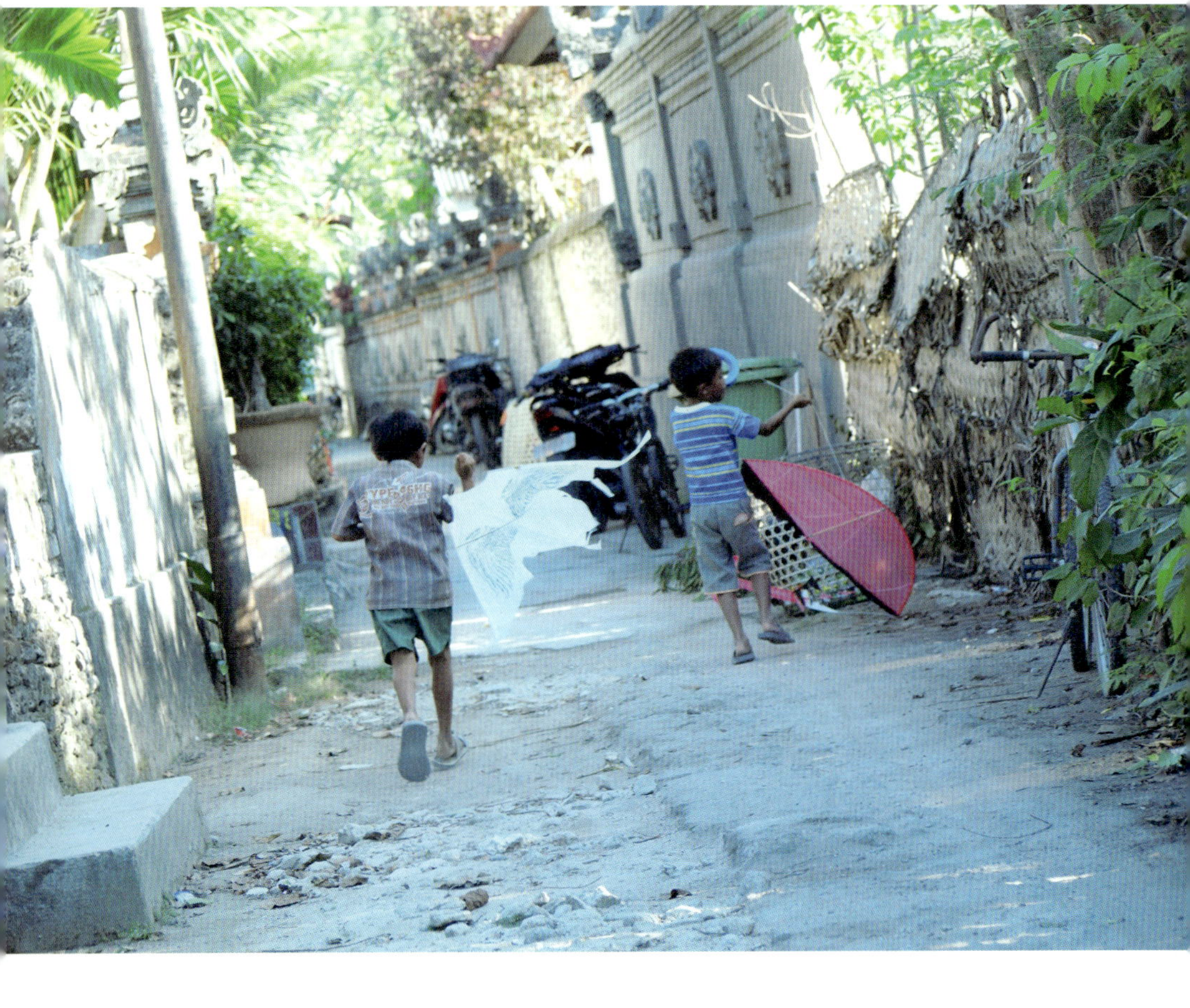

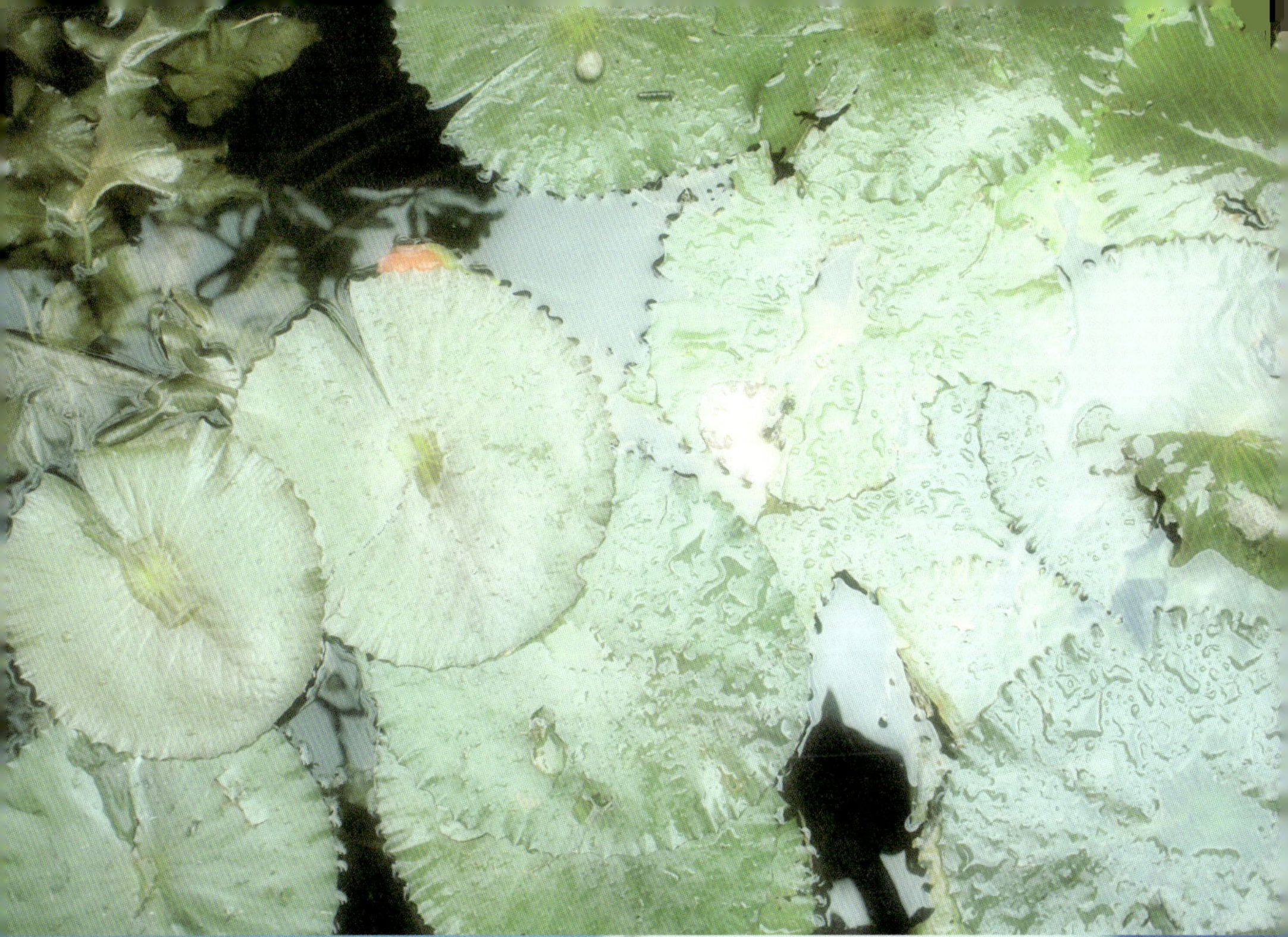

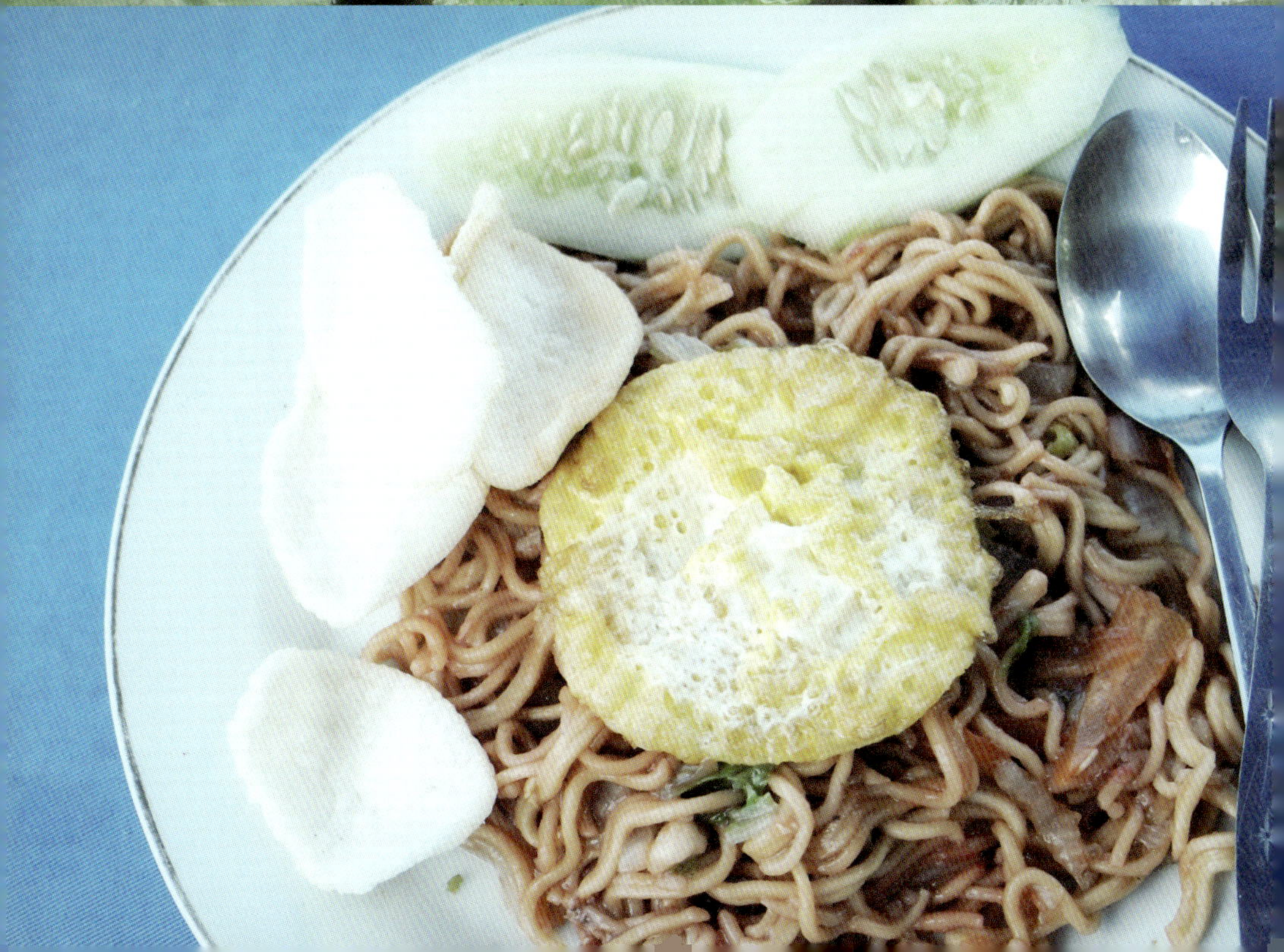

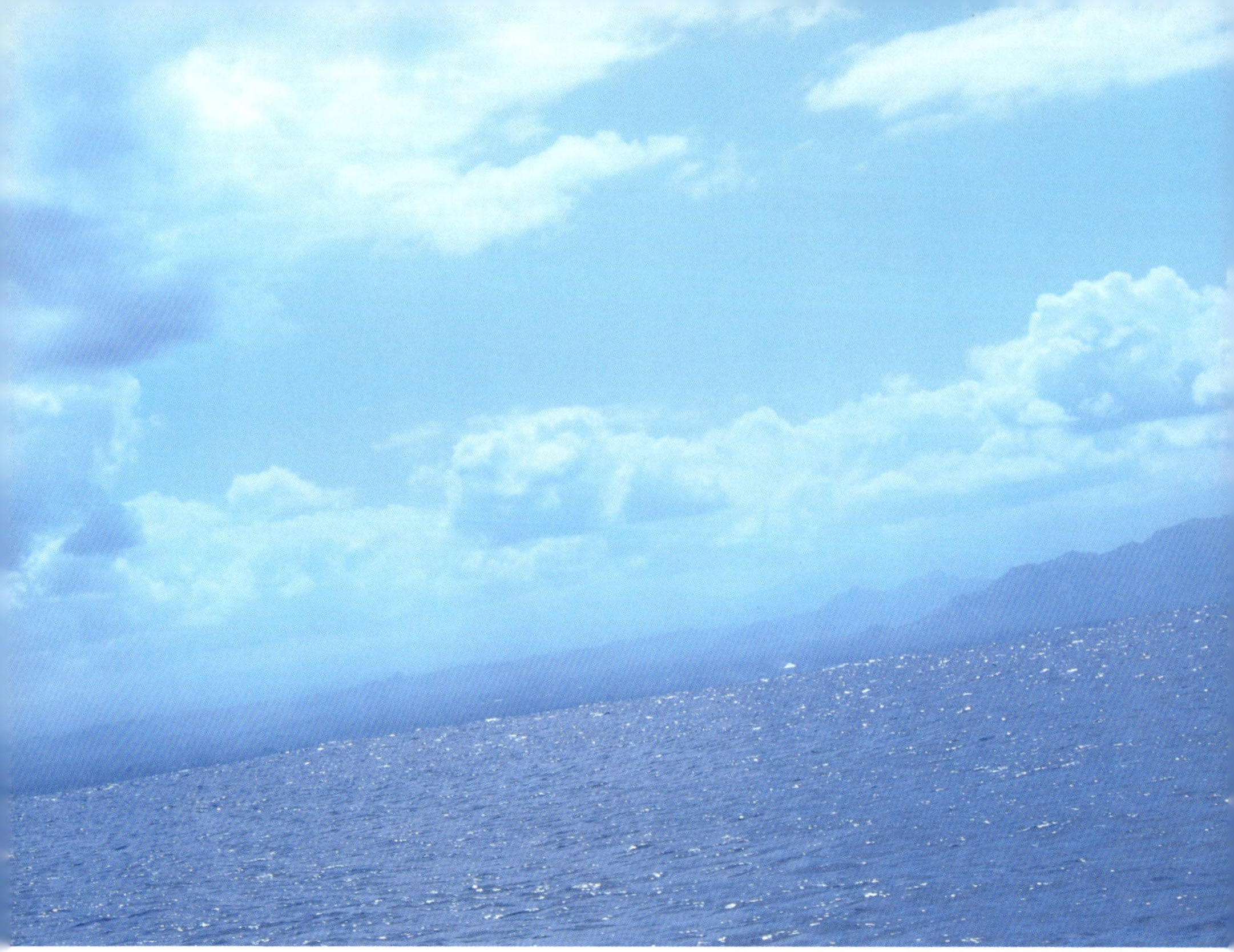

はじめに

PENは小さくて、デザイン的にもかっこよくて、
首から下げているだけでうれしくなる、そんなカメラです。
カメラはどんどん使い込むほどに、愛着が増します。
PENもまた、その例外ではありません。
あなたはPENで何を撮りたいですか？
そして、どんな写真を残してみたいですか？
ある人は、これまでに見たことがないような美しい風景を、

またある人は、親しい友人や恋人、家族の日常を、
そしてある人は、道端に咲く一輪の花を、
さりげなく撮りたいと思うのかもしれません。

もはや、それは十人十色。
ＰＥＮはしかし、それらの〝写欲〟に十分応えてくれるカメラです。

写真を撮ることが、単に〝撮る〟ことに留まらず、
自分の記憶や気持ちを写すツールに取って代わる瞬間があります。

そんな至福の時間をＰＥＮとともに過ごしましょう。

この本を読み終わる頃には、
きっと、このカメラを手放せなくなっているはずです。

contents

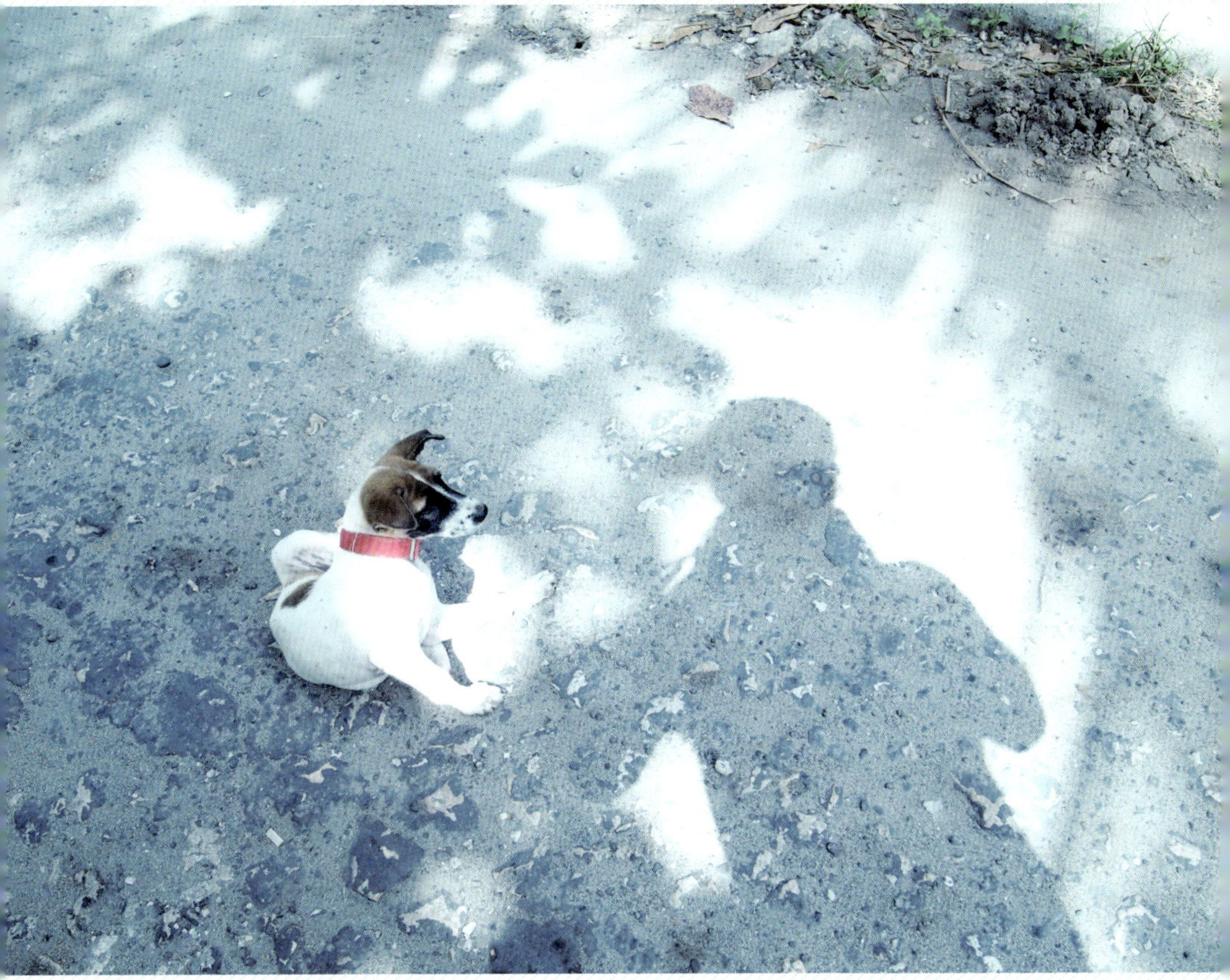

❖ *Chapter* 1

PENで写真を撮る前に

具体的な撮影に入る前に、PEN で写真を撮る上で、事前に理解しておきたい項目を見ていきます。カメラのセッティングから液晶画面に表示される内容まで、PEN を片手にいっしょに操作を確認してみましょう。

Chapter 1-1

撮るまでの準備 ―その1―

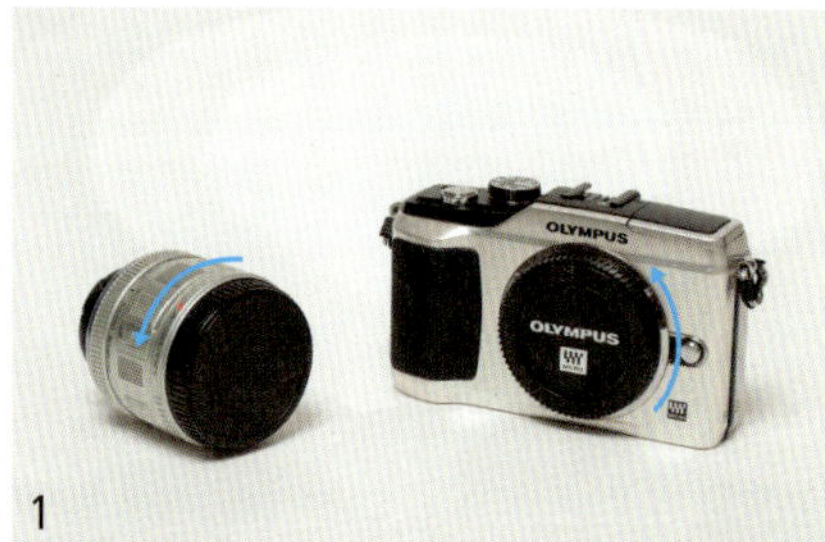

カメラのボディキャップとレンズのリアキャップを矢印の方向に回して外します。

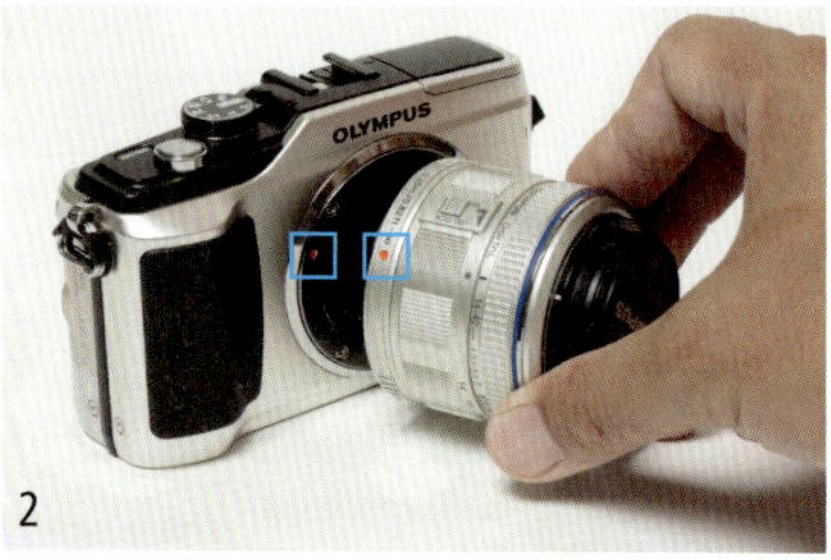

カメラのレンズ合わせマーク（赤印）とレンズの取り付け指標（赤印）を合わせ、差し込みます。

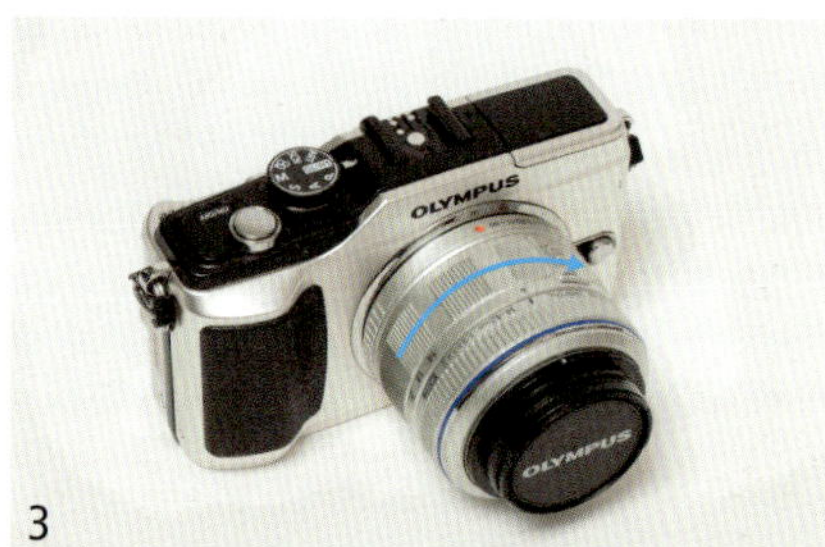

うまく差し込んだら、レンズを矢印の方向にカチッと音がするまで回します。

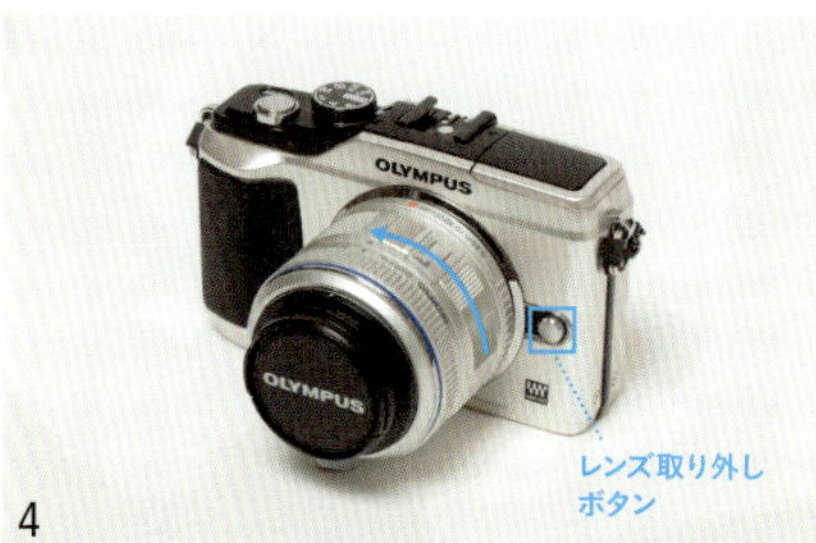

レンズを取り外す際は、カメラのレンズ取り外しボタンを押しながら、矢印の方向にレンズを回します。

レンズを取り付ける

レンズの取り付けは難しい作業ではありません。ポイントは、カメラとレンズ両方の接続部分にある赤い印をきちんと重ね合わせることです。この赤い印が合わないとレンズは装着できません。うまく差し込めたら、後は右回りにカチッと音がするまでレンズを回して作業完了です。レンズを取り外す際は、カメラのレンズ取り外しボタンを押しながら、今度は左回りにレンズを回して外します。

なお、カメラ内にホコリや塵が入りやすいのが、このレンズ取り付け時です。なるべくホコリなどがたちにくい場所で作業を行うようにしましょう。そして、カメラはレンズとボディを付けたままで保管できます。レンズ交換を行う以外、不要な取り外しも避けましょう。

用語解説

PENの沈胴式レンズ …… PEN を購入した際に標準キットとして同梱されるズームレンズもこのロック機能付きの沈胴式レンズです。そういった意味では、PEN で撮影を行う多くの場合、電源を入れ、レンズのズームリングを回すまでが、撮影を行なうための基本的な手順ということになります。

電池を入れる

電池を入れる場所は、カメラの底部にあります。電池／カードカバーを開けて、電池の向きに注意しながら装填します。取り外す際は、電池ロックノブを押し、一度ロックを解除してから取り出します。この作業は、次で説明する記録メディアの挿入時と同様、カメラの電源を切ってから行います。

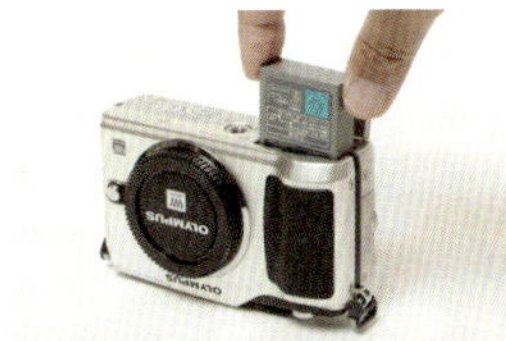

電池／カードカバーを開け、電池を写真の向きに合わせ装填します。

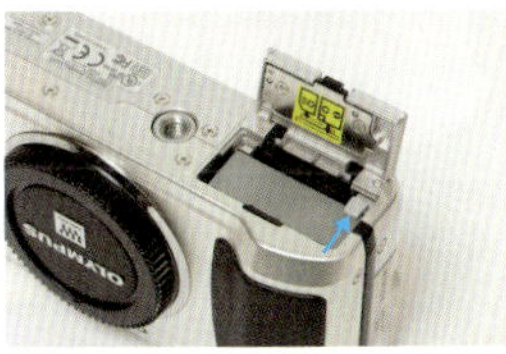

電池を取り外す際は、電源ロックノブを矢印の方向に押してから取り外します。

記録メディアを入れる

記録メディア（以下カード）も電池同様、電池／カードカバーを開け、電池を入れる部分横の差し込み口に挿入します。カードの向きを確認しながら挿入しましょう。カードを取り出す場合は、差し込まれているカードを軽く押すと、カードの頭が突出します。これをつまんで取り出します。

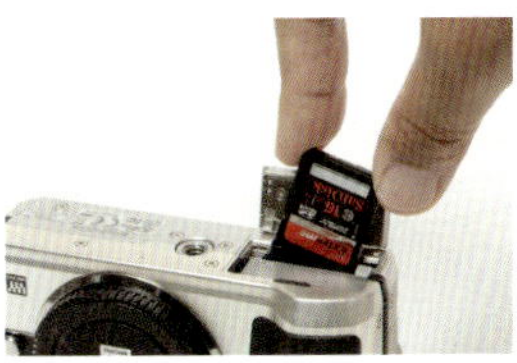

カードはその向きに注意しながら、きちんとロックされるまで差し込みましょう。

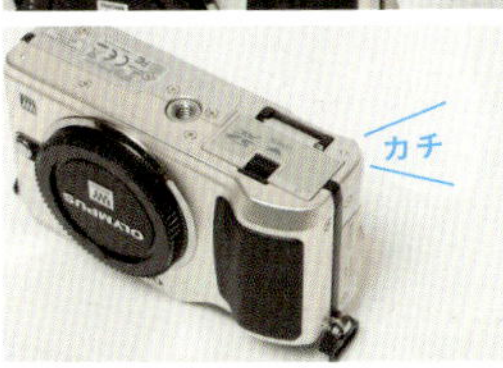

電池の出し入れ時もそうですが、最後にカバーはカチッと音がするまでしっかり閉めます。

電源を入れる

ON／OFFボタンを押すと電源が入り、電源ランプが青く点灯します。再度ON／OFFボタンを押すと電源は切れます。なお、ロック機能の付く沈胴式レンズを装着した場合、ズームリングを回してレンズを前に繰り出さなければ、電源が入っていても撮影できないので注意しましょう。

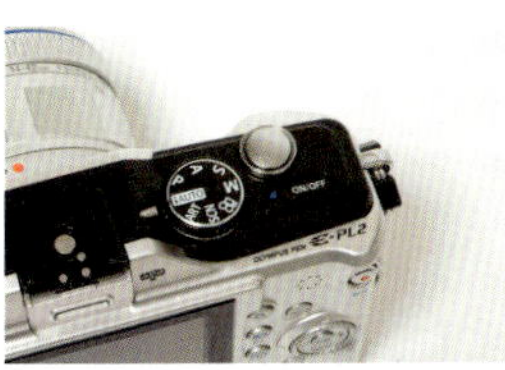

ON ／ OFF ボタンを押すと、電源が入ります。液晶モニターも点灯します。

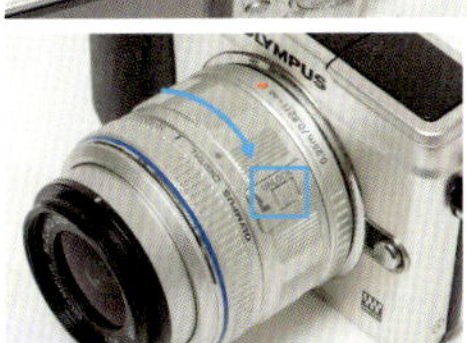

ロック機能の付いた沈胴式レンズは、ズームリングを矢印の方向に回して使用します。収納する場合は、UNLOCK スイッチを手前にスライドさせながら逆方向に回します。

Chapter

1-2 撮るまでの準備 ―その2―

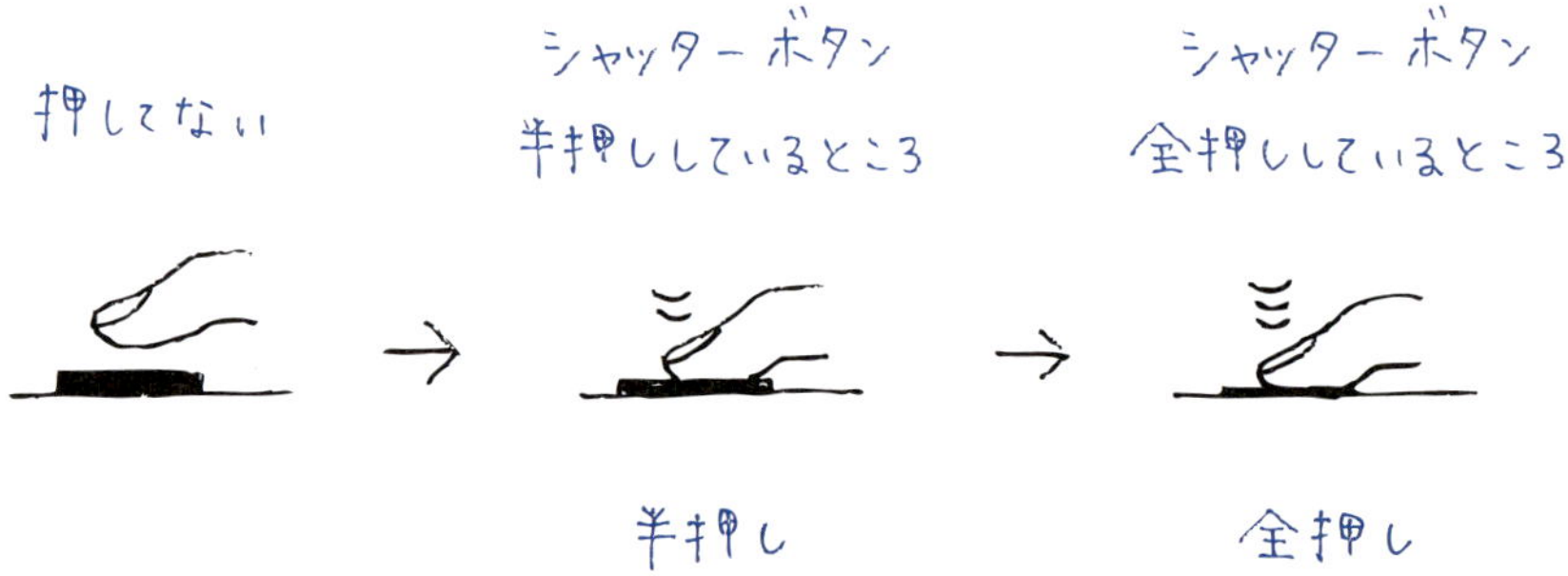

シャッターボタンは2段階に反応する仕組みになっています。まずは浅く押してピントを合わせ、ピントが合ったことを確認してから、シャッターボタンを全押しし撮影します。撮影時には必ずシャッター音が鳴ります。

AFでピントを合わせた場合、AFターゲットがピント合わせで一瞬緑色に点灯し、ピントが合うと合焦マークが緑色に点灯します。また、電子音の設定が有効ならば、この際ピピッと音が鳴ります。

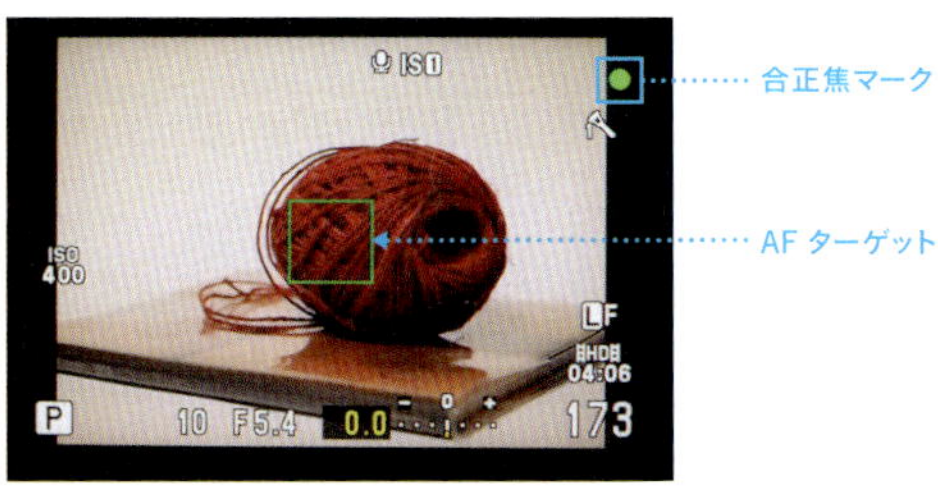

ピントを合わせて撮る

実際に撮影を行なう場合、狙った被写体に対して、まずはピントを合わせます。具体的には、シャッターボタンを浅く押す（半押しとも言います）と、カメラが自動でピントを合わせてくれます。ピントが合うと、AFターゲットと呼ばれる四角の枠が緑に点灯します。この状態からシャッターボタンを押し込む（全押しとも言います）ことで、はじめて写真が撮れます。シャッターボタン半押しの感覚は、実際に何度か自分で操作を行ないながら慣れていきましょう。

　ちなみにこの動作をオートフォーカス（AF）と言います。他にも手動でピントを合わせるマニュアルフォーカス（MF）もあります。AFの種類と合わせ、この辺りはP39で詳しく取り上げます。

用語解説

AFターゲット …… オートフォーカスでピント合わせを行うエリアのことです。例えばE-PL2では11エリアから選択できるようになっています。これを真ん中に設定すれば、ピント合わせは常に真ん中の範囲で行われます。P40で詳しく見ていきます。

手ブレ …… 手元が動いてしまい、被写体や風景がブレて写ってしまう状態を指します。シャッター速度が遅い場合にもっとも起りやすいです。

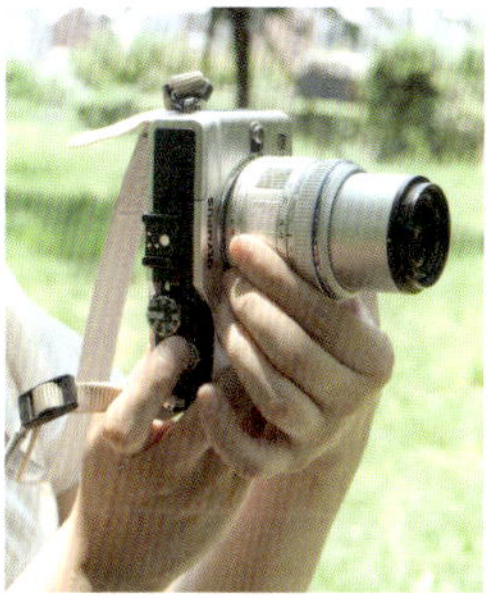

タテイチの場合、シャッターボタンを下にしたほうが安定感は増します。左手はレンズをつまむように持つイメージです。

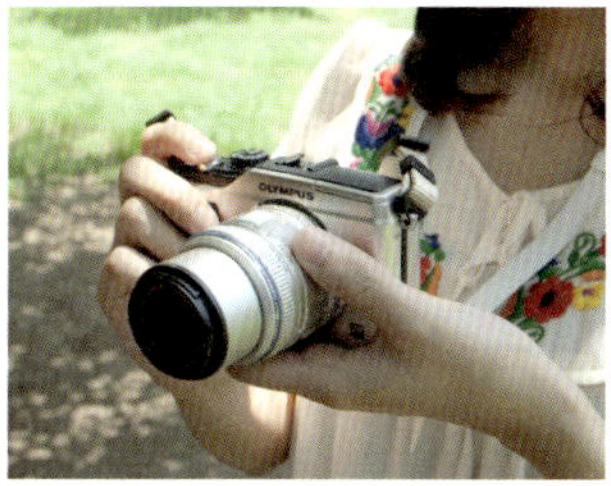

ヨコイチでは右手でグリップを握り、左手でレンズの下を支えます。右手人差し指はシャッターボタンの上に置き、ズームレンズ使用時は左手でズーム操作を行います。

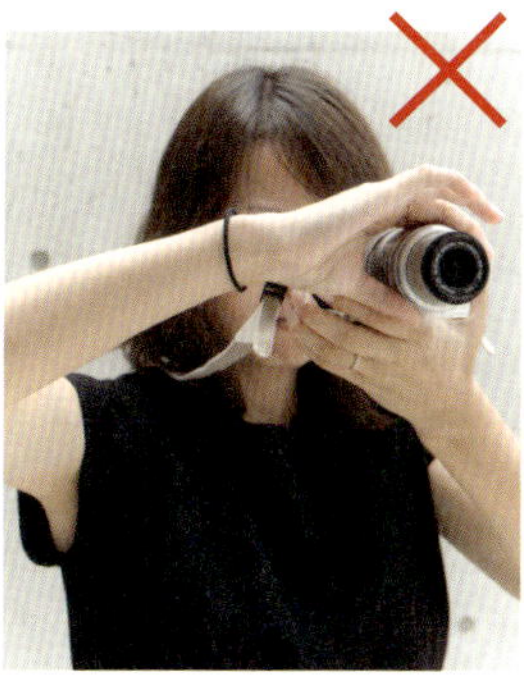

このように、左手でレンズの上からズーム操作を行う人を時々見かけます。脇も上がり安定感がなくなります。

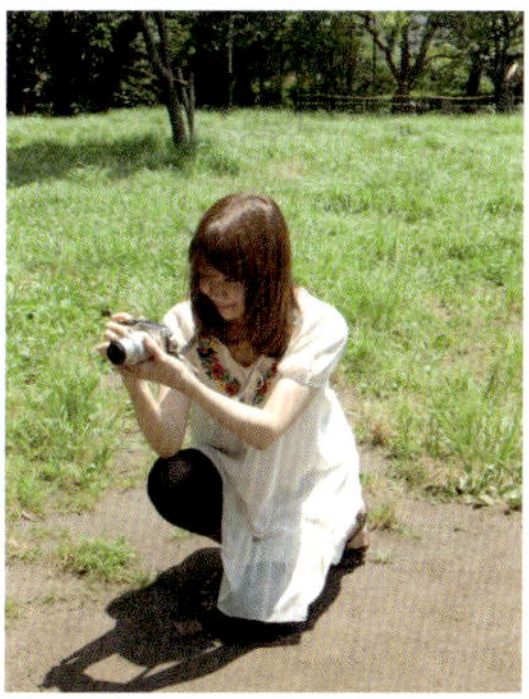

しゃがんで撮る場合には、地面に片膝をつき、もう片方の膝の上に肘を乗せるとカメラが安定します。

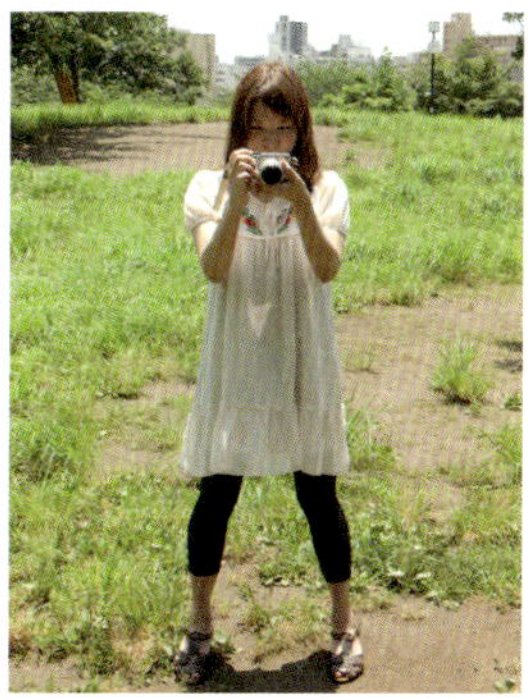

両脇をしっかり締め、足も少し開くと安定感が増します。足は前後に開いて撮る場合もあります。

カメラの正しい構え方

まずヨコイチで撮る場合は、右手でしっかりグリップを握り、左手はカメラを支えるようレンズの下に置きます。タテイチで撮る場合には、シャッターボタンを上にするか下にするかで構え方が異なりますが、後者のほうがカメラの安定感は増し、重量感も軽減できます。女性にはこちらの構え方がおすすめです。ちなみに、シャッターボタンは右手の人差し指で押すのが一般的です。また、ズームレンズを利用する場合には、左手でズーム操作を行います。

カメラの構え方でポイントになるのが両脇です。シャッターボタンを上にしてタテイチで撮る以外、基本的に両脇はしっかりと締めましょう。足も少し開いたほうが安定感が増し手ブレなども防ぐことができます。

Chapter 1-3

撮影時の液晶モニター表示

電池残量

電池の残量は、その程度に応じて、以下のような意味合いで変化します。

緑色に点灯
撮影が問題なくできる状態。

緑色に点灯
電池残量が少なくなっている状態。

赤色に点滅
充電が必要な状態。

まずはモードダイヤルをiAUTOに合わせます。

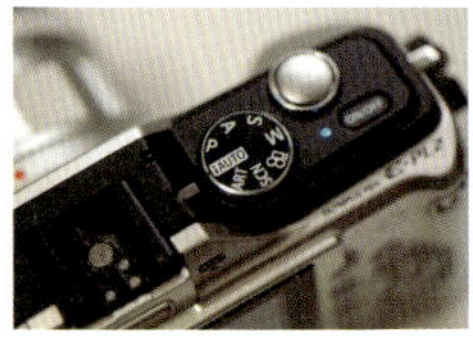

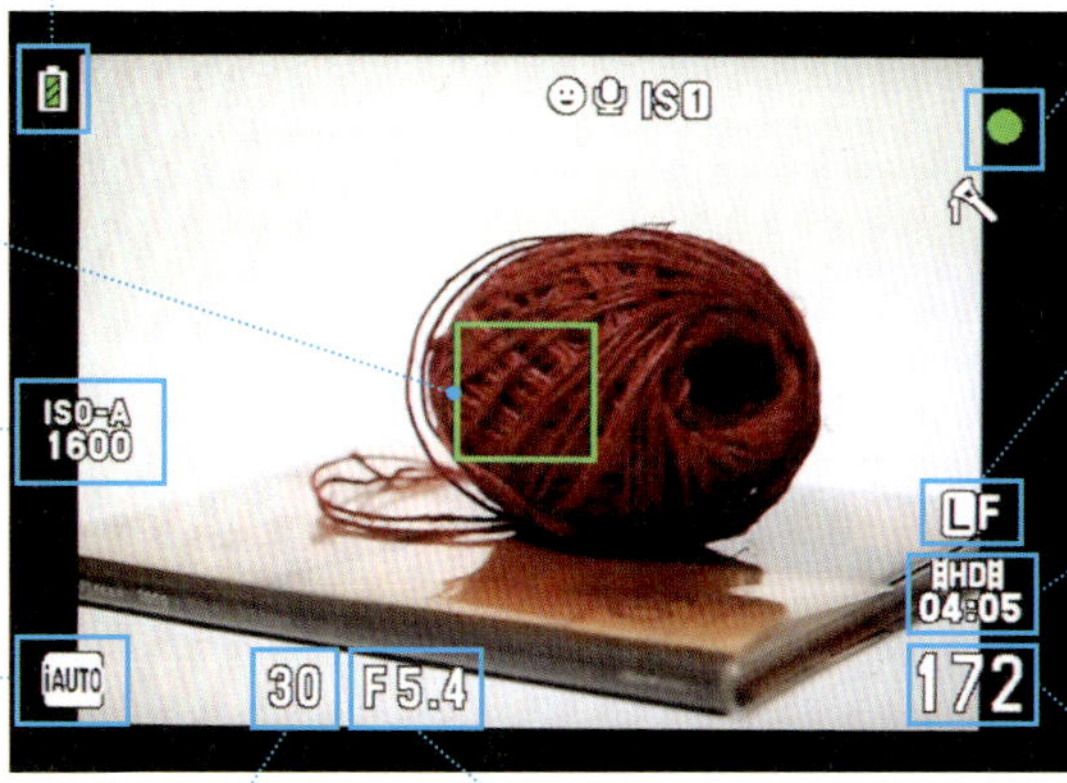

合焦マーク
AF使用時、ピントが合うとこのマークが点灯します。P14参照。

AFターゲット
ピント合わせを行なう範囲。P14参照。

ISO感度
ISO感度が表示されます。P56参照。

画質モード（静止画）
静止画撮影時の画質モードが表示されます。P34参照。

画質モード / 録画可能時間
動画撮影時の画質モードと、録画可能時間が表示されます。

撮影モード
撮影モードはここに表示されます。

撮影可能枚数
静止画の撮影可能枚数が表示されます。

シャッター速度
シャッター速度の数値が表示されます。P44参照。

絞り値
絞りの数値が表示されます。P42参照。

※これ以外の表示情報に関してはP152で紹介します。

オート撮影時の基本情報

ここでは簡単に、オート撮影時に液晶モニターに表示される基本情報を理解しておきたいと思います。

まず、オートで撮影を行う場合には、モードダイヤルを「iAUTO」に合わせます。被写体に合わせて、カメラが自動で最適な設定を行ってくれます。液晶モニターに表示される情報の中で、注目したいのは静止画の撮影可能枚数と、電池残量です。撮影時に電池がなくならないよう電池残量は常々確認するクセをつけておきましょう。ちなみに、PENは操作をせずある程度の時間が経つと待機状態に入り、液晶モニターも消灯します。この際には、シャッターボタンなどを押すと再び動作を再開し、液晶モニターも元の状態に戻ります。

用語解説

ヒストグラム …… 写真の明るさを客観的に示すための画素の分布図です。ヒストグラムの山（画素の山）が左にいくほど暗く、右にいくほど明るくなっていることを意味します。撮影時、周辺が明るすぎて液晶モニターが見にくい場合などに活用できる機能です。

▼ **ヒストグラム表示**

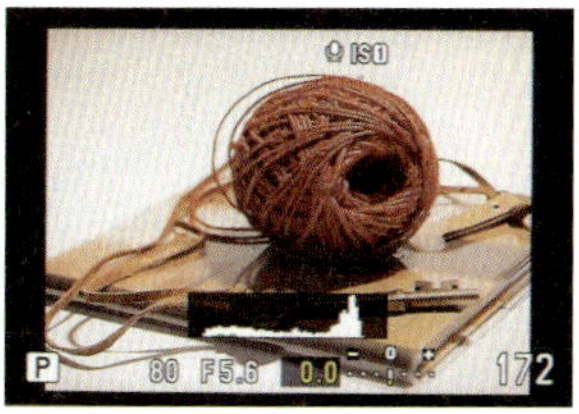

ヒストグラムを表示しながら撮影できます。明るさの判断が難しい場面などで活用します。

▼ **表示 OFF**

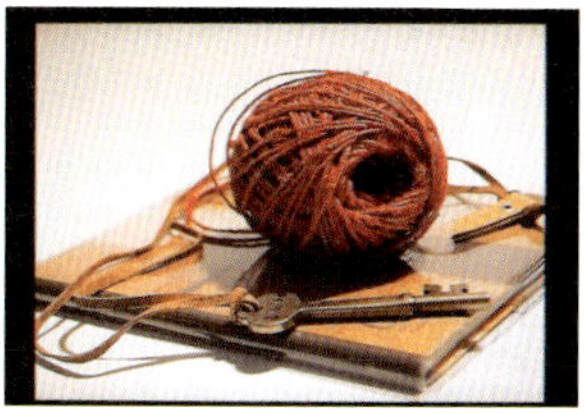

情報を表示させずに撮影を楽しみたい場合などに使用します。

▼ **基本情報表示**

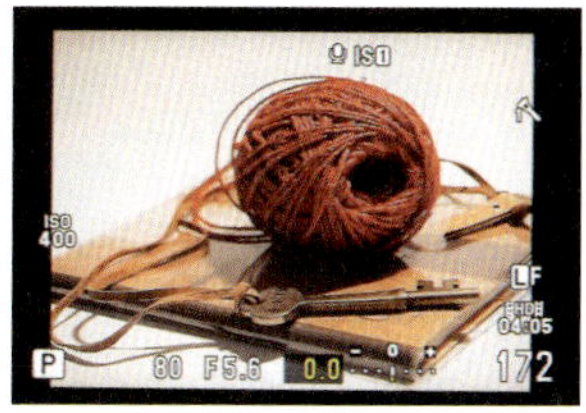

情報を表示しながら、撮影が行えます。通常時はこの画面を利用することが多いです。

▼ **目盛表示**

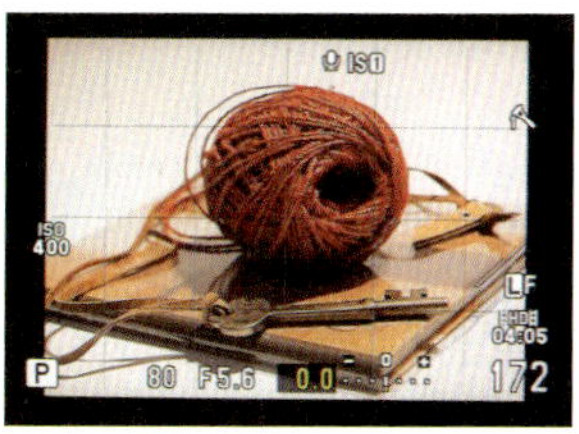

E-P2 では独立して設けられています。E-PL2、E-PL1s では基本情報表示上で表示ができます。

▼ **比較表示**

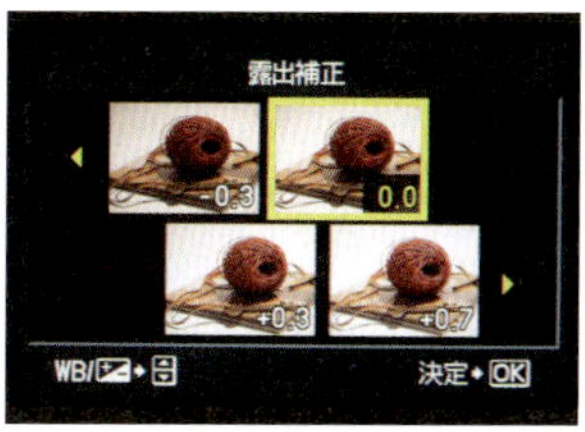

明るさ（露出補正）や、色味（ホワイトバランス）を比較しながら撮影できます。オート時には利用できません。

▼ **ハイライト&シャドウ表示**

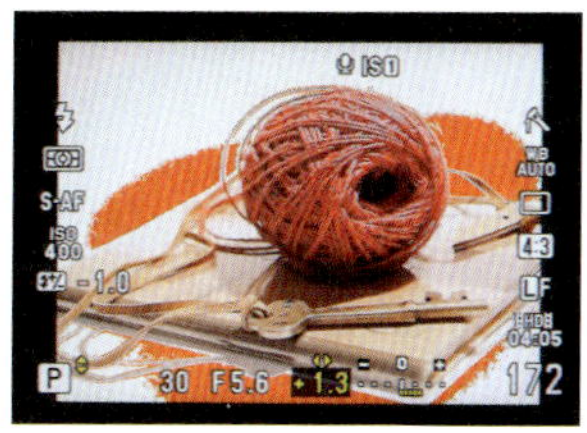

明るくなりすぎている部分と、暗くなりすぎている部分を警告表示してくれます。

撮影時の情報表示の切り替え

撮影時の液晶モニターの表示内容は、背面にあるINFOボタンを押すことで、自分の好みに応じて簡単に切り替えることができます。例えば、情報を一切表示させず、被写体に集中して撮影を行いたければ、表示OFFを選択できるということです。

なお、表示項目はカメラでカスタマイズできます。E-PL2、E-PL1sの場合、「比較表示」と「ハイライト&シャドウ表示」はカスタムメニュー（P37参照）内の「INFO表示設定」をONにすることで表示できます。また、基本情報表示には罫線を入れることもできます。E-P2では、基本情報画面以外は、表示、非表示が選択できます。目盛などの罫線表示画面は独立して設けられています。

Chapter 1-4

撮った写真を再生する、消去する

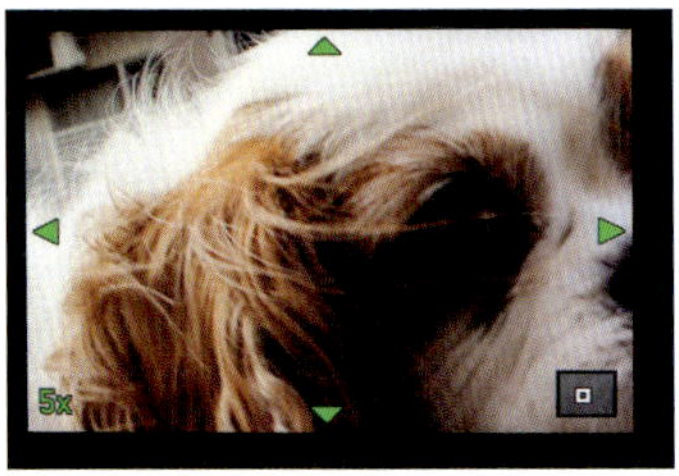

🔍ボタンを押すことで、クローズアップ再生できます。ブレの確認などに便利です。

▼ E-PL2の背面

画像の再生は▶ボタンを押します。また十字ボタンはコントロールダイヤルを回すことでも画像を切り替えられます。

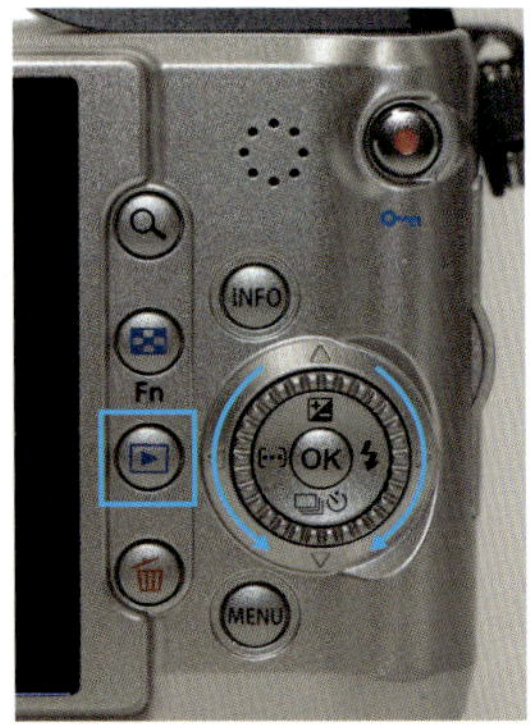

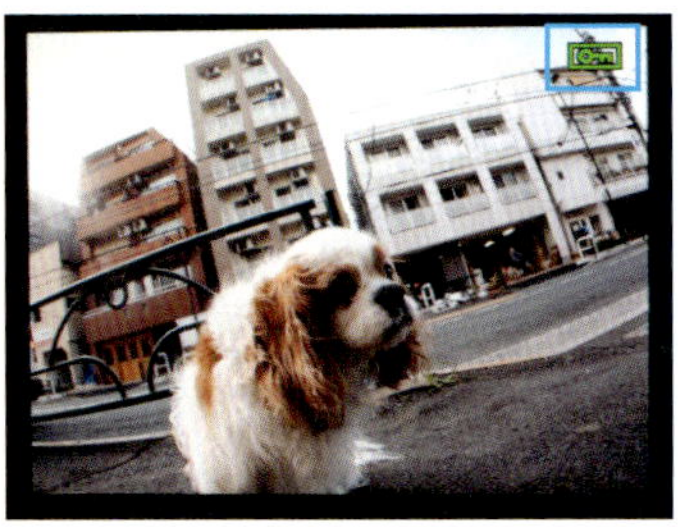

保護した画像は、このように画面上に鍵のマークが点灯します。こうしておけば、誤って消去してしまう心配もありません。

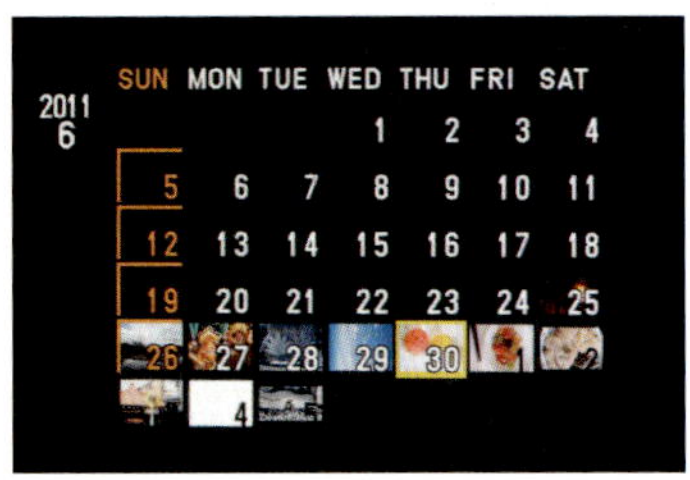

▦ボタンを繰り返し押すとカレンダー表示になります。また、選択した日付の画像は🔍ボタンで1コマ再生できます。

写真の再生と消去

撮影した画像を液晶モニターで確認したい場合は、▶ボタンを押します。この状態から、十字ボタンの右を押すと次の画像が、左を押すと前の画像が表示できます。またクローズアップして確認したい場合は、画像再生中に🔍ボタンを押せば、最大14倍まで拡大表示でき、▦ボタンを押せば1コマ再生に戻せます。逆に、画像再生中に▦ボタンを押すとインデックス再生に切り替わり、繰り返し▦ボタンを押すと、最終的にはカレンダー再生になります。

画像の消去は、🗑ボタンを押せば簡単に行えます。一方、重要な画像は保護もできます。保護したい画像の再生中に⊶ボタンを押せば保護が設定されます。なお、再度同じボタンを押せば保護設定は解除されます。

用語解説

インデックス再生 …… 小さなコマ割のように写真が見られる再生機能。写真を探すのにも便利です。

▼ **ヒストグラム表示**

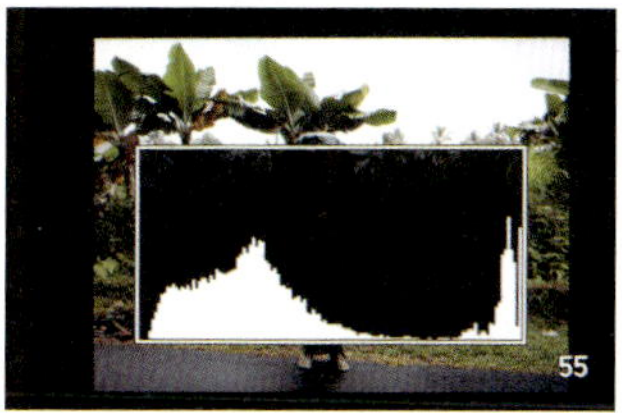

撮影した画像のヒストグラムを表示します。

▼ **総合表示**

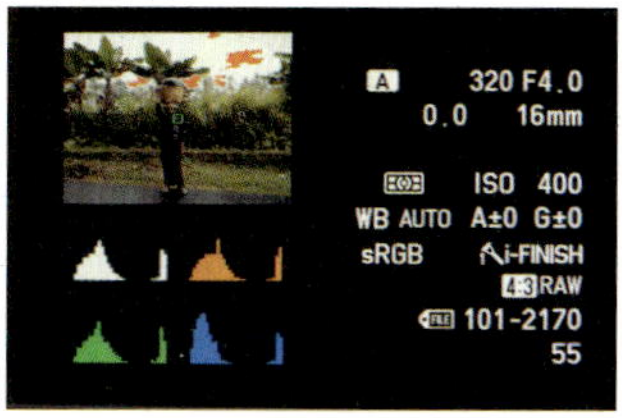

より詳細な情報を表示します。画像は小さくなります。

▼ **簡易表示**

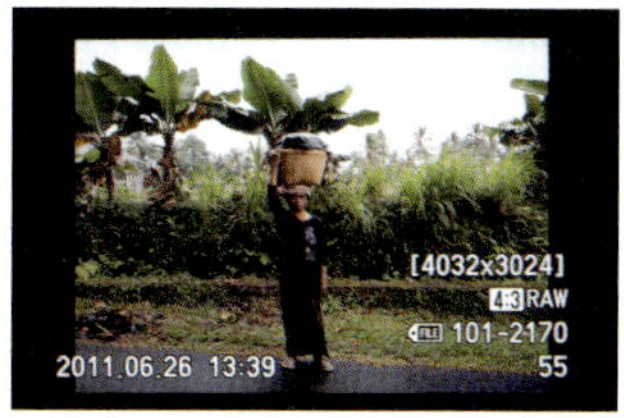

撮影した日にちや画像サイズなどの基本情報を表示します。

▼ **表示 OFF**

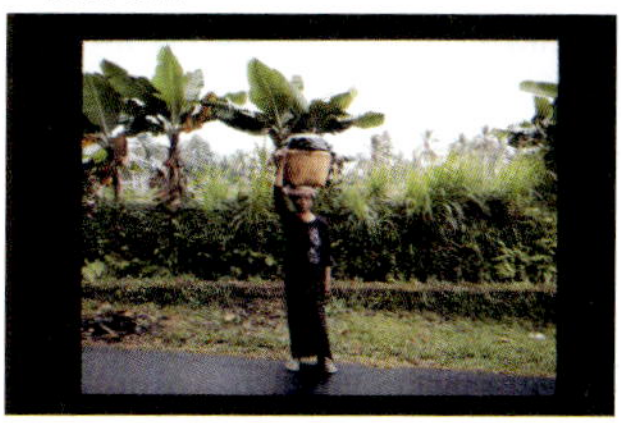

表示 OFF

▼ **ライトボックス表示**

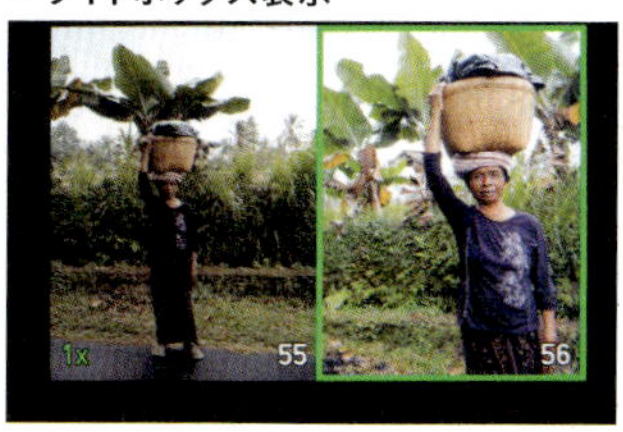

E-PL2、E-PL1s で利用できます。2 枚の画像を並べて比較表示します。

▼ **ハイライト&シャドウ表示**

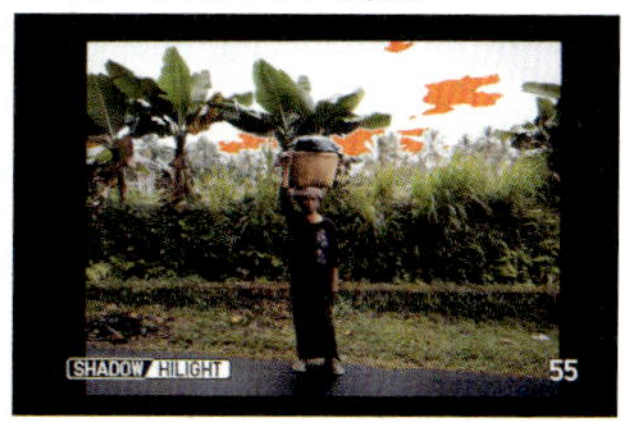

撮影した画像の明るくなりすぎている部分と暗くなりすぎている部分を表示します。

再生時の情報表示の切り替え

撮影時と同様、再生時の液晶モニターも表示内容を変更できます。画像再生中にINFOボタンを押すことで画面が切り替えられます。

例えば、構図や写真そのものの仕上がり具合を単純に見たいのであれば、一切の情報を表示させない「表示OFF」を利用できますし、撮影時の情報を確認したい場合には、知りたい内容に応じた情報表示画面を選択することもできます。

なおこの場合にも、撮影時の情報表示と同様に、カスタムメニューの「INFO表示設定」で、表示内容を変更することができます。E-PL2、E-PL1sでは、カスタムメニュー内で「拡大モード」を「model2」に設定することで「ライトボックス表示」を利用することができます。

Chapter 1-5

各部名称とモードダイヤル

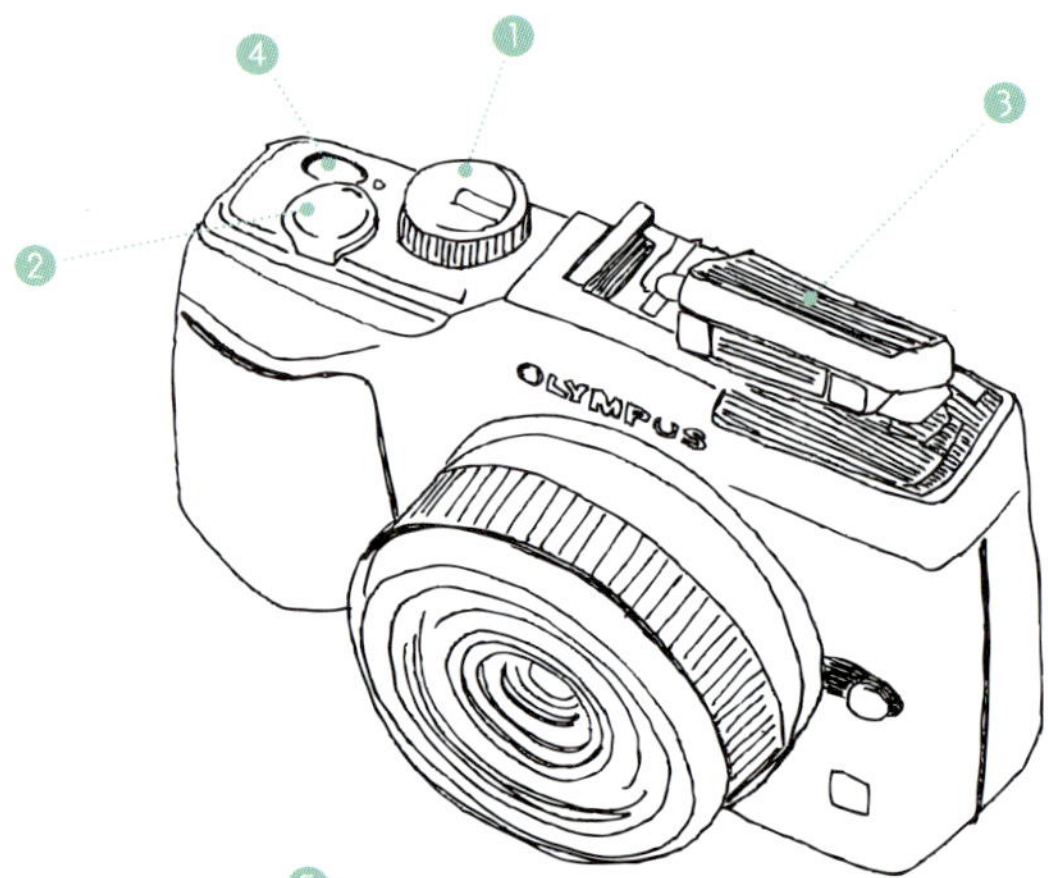

1. モードダイヤル
2. シャッターボタン
3. 内蔵フラッシュ
4. ON/OFF ボタン
5. ボタン
6. Fn/ ボタン
7. 再生ボタン
8. 消去ボタン
9. MENU ボタン
10. ムービー / プロテクトボタン
11. INFO ボタン

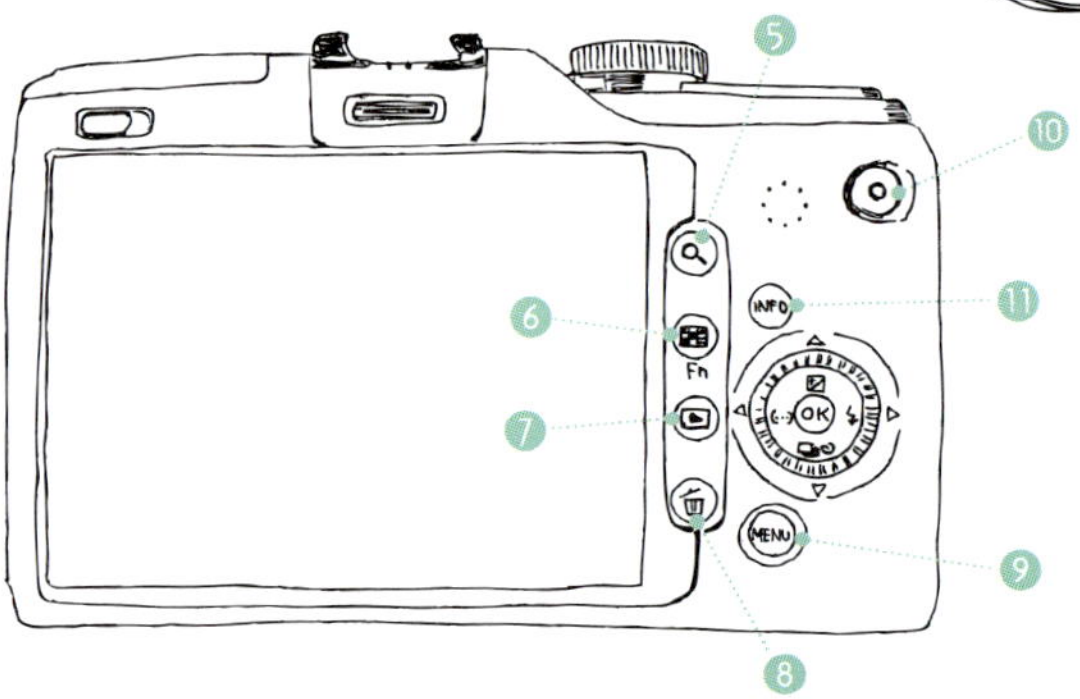

PEN は多くの操作ボタンやダイヤルが、右手で操作できる範囲に集中して置かれています。左手でカメラを支え、右手で具体的な操作を行うイメージです。

各部名称とその特徴

まとめとしてE-PL2を例に、PENの各部名称の概要を3機種の違いと含めて見ていきます。

まずE-PL2やE-PL1sでは、シャッターボタンのすぐ横に撮影方法を切り替えるモードダイヤルが付いていて、左サイドには内蔵フラッシュが搭載されています。動画が簡単に撮影できるように、ムービーボタンも背面に独立して設けられています。一方、E-P2ではモードダイヤルは左サイドに付きます。内蔵フラッシュは搭載されていないので注意しましょう。

また、E-PL2やE-P2は、十字ボタンにコントロールダイヤルが付いています。ボタン操作に加えて、コントロールダイヤルを回しながら、メニュー項目を選択できます。

用語解説

内蔵フラッシュ … カメラに内蔵されているフラッシュのこと。より光量の大きなものに外付けフラッシュ（P86参照）があります。

十字ボタンは項目を選択するためだけでなく、それぞれに機能が付加されていて、ダイレクトに設定を行なうことができます。

1. 上 / 露出補正ボタン
2. 右 / フラッシュボタン
3. 下 / 連写 / セルフタイマーボタン
4. 左 /AF ターゲットボタン
5. コントロールダイヤル
6. OK ボタン

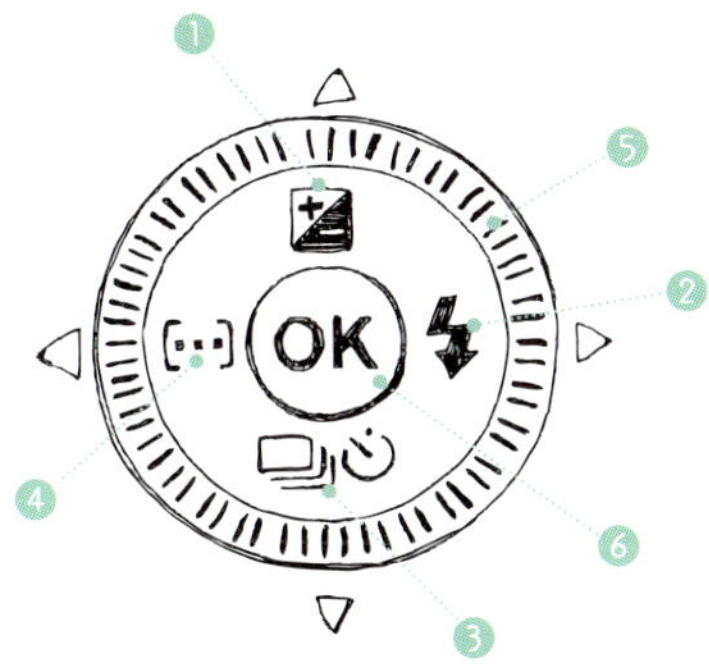

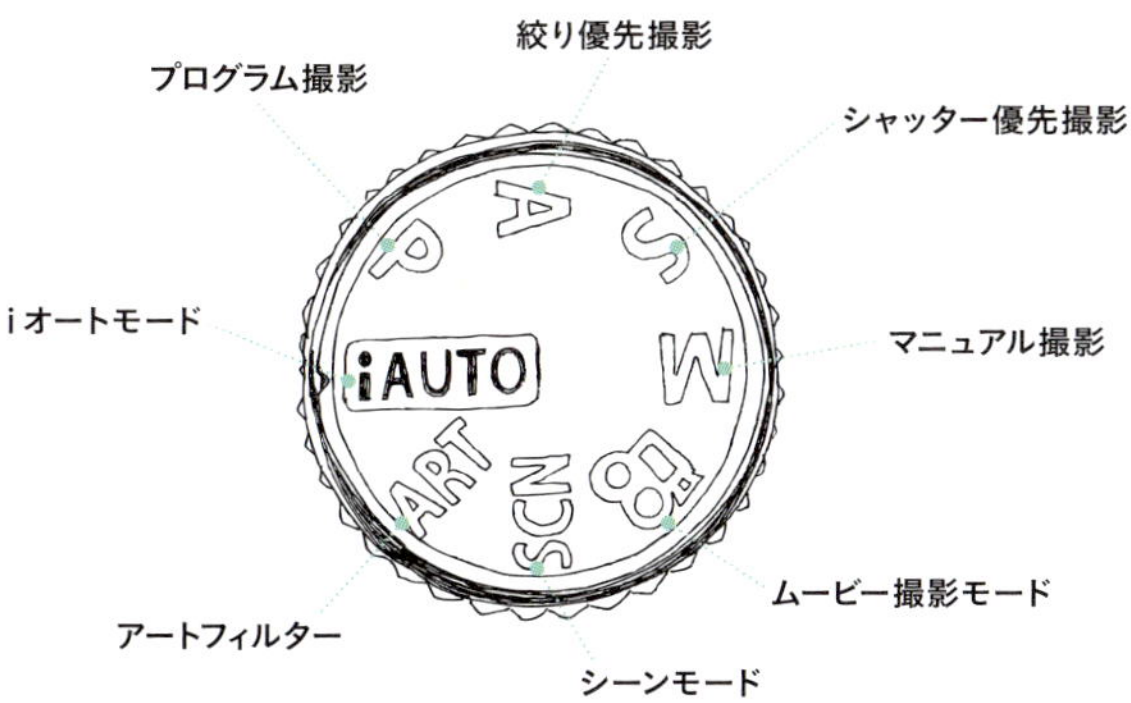

モードダイヤルは、利用したいモードを指標マークに合わせることで設定できます。ひとつのモードに落ち着くのではなく、さまざまなモードを積極的に試してみましょう。

モードダイヤルの基本構成

モードダイヤルとは、自分の仕上げたい意図に合わせて、撮影方法を変更できるダイヤルのこと。PENでは基本的に8つの項目から選択できるようになっています。それぞれの特徴を理解して、シーンに応じて選ぶ姿勢が理想的です。

モードダイヤルの中身はムービー撮影モードを置いておくと、大きく2つに分けられます。「iAUTO」、「ART」、「SCN」といったオート撮影を基本とした「かんたん撮影モード」と、「P」「A」「S」「M」といった自分で詳細に内容を決めながら撮影を行う「応用撮影モード」です。ちなみに「かんたん撮影モード」はChapter2で、「応用撮影モード」はChapter3で詳しく見ていきます。

Column 01

カメラの手入れと記録メディア

カメラは精密機械です。日々の手入れもこまめに行いましょう。ここではその基本的な清掃方法と、PEN を利用する際に必ず必要になる記録メディアの選び方について見ていきます。

カメラの手入れ方法

カメラの外側や液晶モニターに関しては、なるべくやわらかい布を使ってホコリなどを落とします。海辺で砂や塩が付着した場合には、きつく絞った濡れタオルで丁寧に拭きましょう。レンズは、ブロアーでチリやホコリを吹き飛ばします。指紋などがレンズ面についてしまった場合は、レンズクリーニングペーパーでやさしく拭きます。

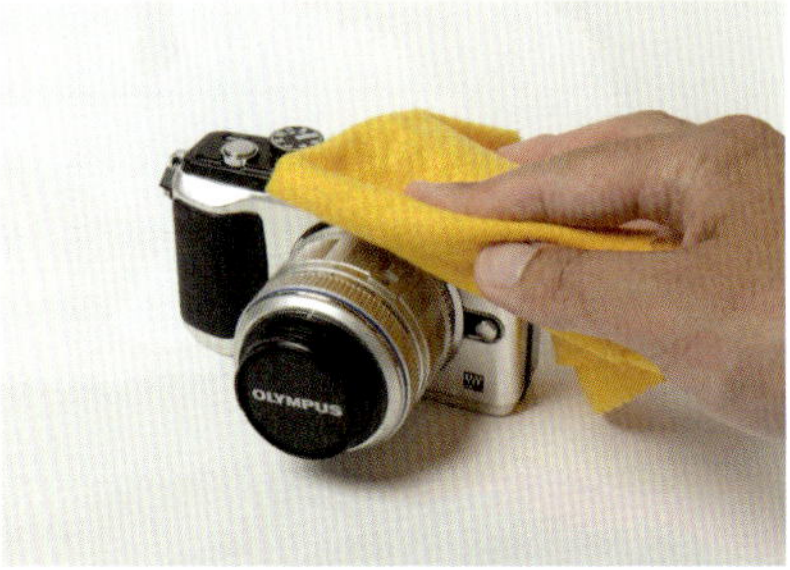

カメラの外側や液晶モニターは、やわらかい布で拭きます。専用のクリーニングクロスがおすすめです。

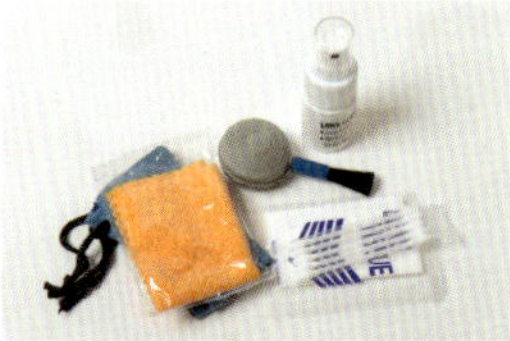

専用の清掃キットもあります。
エツミ
デジタルクリーニングセット 2
標準価格：1,029 円（税込）

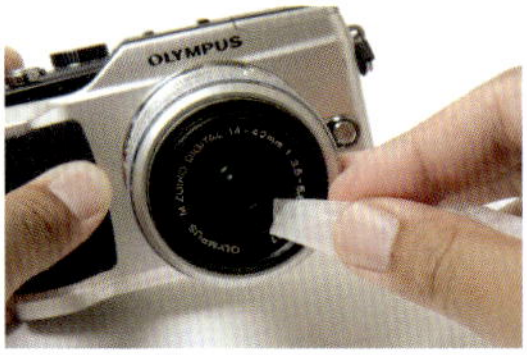

レンズ面の強い汚れには専用のクリーニングペーパーを。テッシュなどで拭くとキズがつきます。

記録メディアの選び方

PENで利用できる記録メディアは、SD/SDHC/SDXCこのいずれかのメモリーカードです。この3種類の違いは、簡単に言うと記録できる容量の大きさです。例えば、SDは～2GBまで、SDHCは～32GB、SDXCが32GB～2TB程度まで記録できる容量を持っています。カードは、その容量や転送速度などから選びます。

▶ メモリーカードの基礎知識

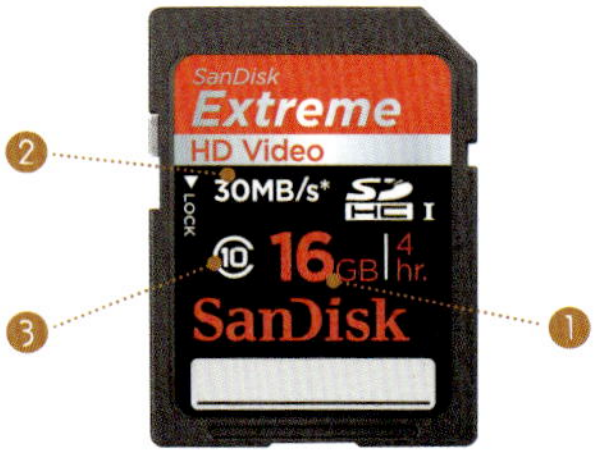

❶ 容量
どのくらいの容量で記録できるかを示したもの。旅行などで使うことを考えると16GB 前後がおすすめ。

❷ 速度
画像の転送速度です。これが速いと、連写時のカードへの書き込みが迅速だったり、パソコンへのデータ転送が速かったりします。ちなみにこのカードでは、1 秒間に 30MB の書き込み、転送が可能です。

❸ スピードクラス
動画撮影時の最低転送速度です。高品質の HD 動画を利用する場合には、CLASS6 以上を使いましょう。

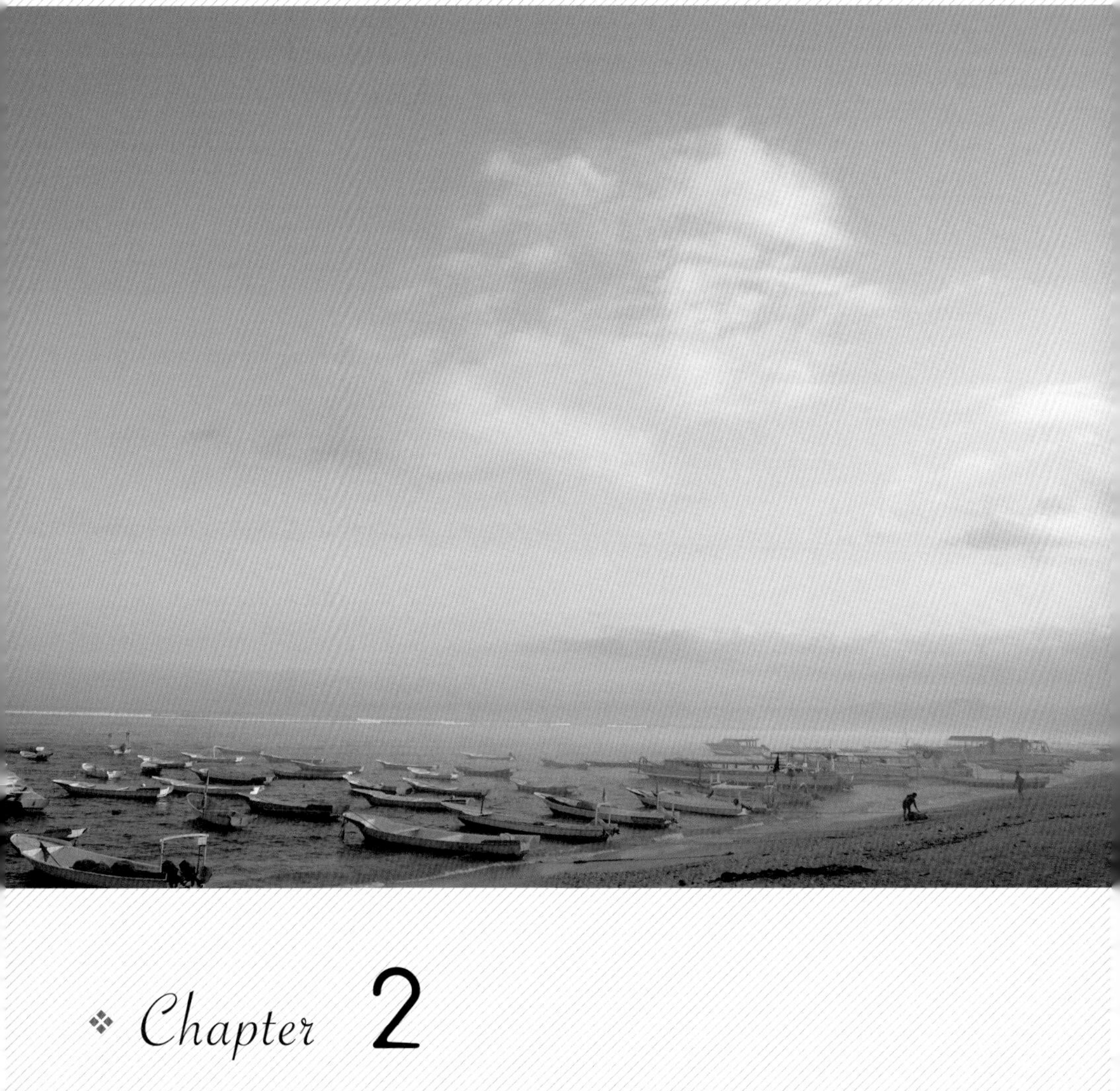

❖ Chapter 2

まずはオート機能の楽しみ方

PEN は、ライブガイドやアートフィルターなどのオート機能が充実しています。まずは、PEN の機能すべてを把握しようとするのではなく、これらのオート機能をうまく活用しながら、自分好みの一枚を撮ってみましょう。次のステップへのいい練習にもなります。

Chapter 2-1

iオートモードとライブガイド ―その1―

▼ 暗め

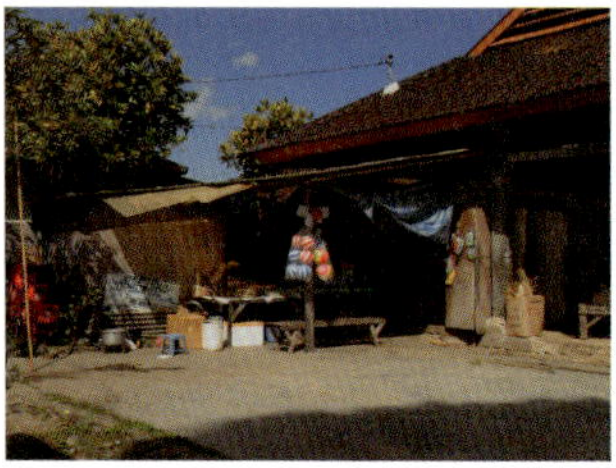

▼ 普通

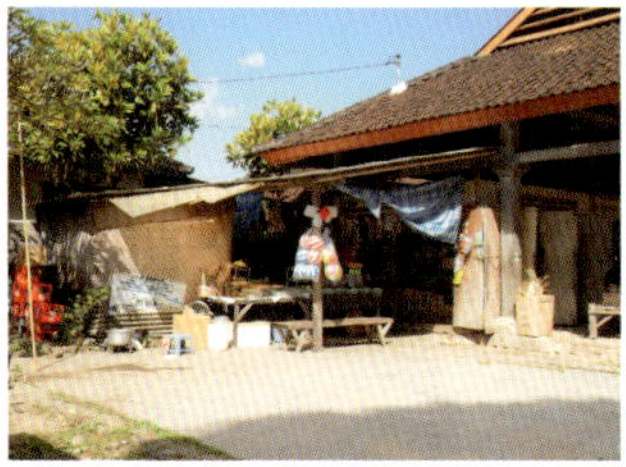

▼ 明るめ

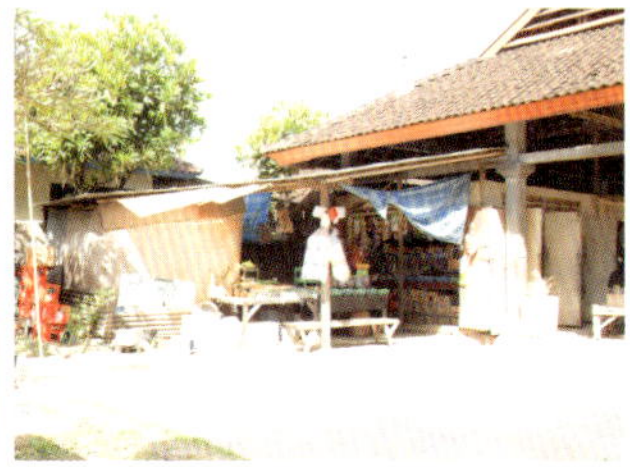

同じ被写体でも明るさが変わるだけで、その印象は大きく変化します。自分好みの明るさで撮影を楽しみましょう。

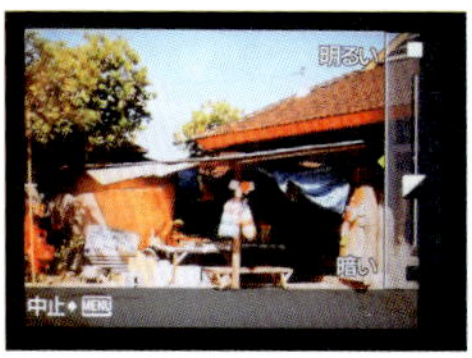

レベルバーを上に上げると明るくなり、下に下げると暗くなります。

明るさを変えて撮る

iオートモードは、すべてカメラ任せで撮影できるモードですが、ここにはガイドに合わせて、自分好みに撮影が楽しめるライブガイド機能というものが搭載されています。写真の仕上がりに影響する5つの項目に関して、ガイドの指示に従いながら、誰でも簡単に仕上がり具合を調整できるのです。

操作方法は、まずモードダイヤルをiAUTOに合わせ、OKボタンを押します。すると、ライブガイドが表示されるので、好きな項目をコントロールダイヤルで選択します。ここでは「明るさを変える」を選んでみます。レベルバーが表示されるので、コントロールダイヤルで明暗を調整します。かなり明るい状態から暗い状態まで、液晶モニターで確認しながら撮影が楽しめます。

▶ ひと口メモ　MEMO

[ハイキーとローキー]

ハイキーな写真

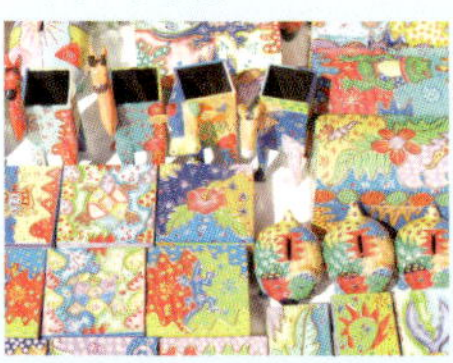

明るめに撮った写真をハイキーな写真と言います。ハイキーとは、全体的に白系やカラフルな明るい要素が多い状態を指します。

ローキーな写真

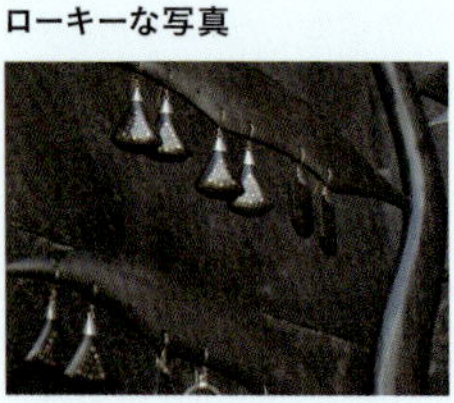

逆に暗めに写した写真をローキーな写真と言います。ローキーとは全体的に黒系の要素が多い状態を指します。

用語解説

彩度 …… 色の鮮やかさを示したもの。彩度は弱めると最終的に無彩色（モノクロ）となります。

コントラスト …… 明るい部分（白い部分）から暗い部分（黒い部分）までの許容幅です。これが広いほど、コントラストは高くなり、メリハリのある写真に仕上がります。逆にこれが狭いほど、コントラストは低くなり、全体的にやわらかい印象の写真に仕上がります。

色合いを変えて撮る

つづいて、ライブガイドの他の項目も見ていきます。「色合いを変える」を選ぶと、今度は色味の調整が可能になります。「暖かい」へ近づけていくと、暖色系の黄色みが全体的に強まりますし、逆に「クール」へ近づけていくと、涼しげな青味が全体的に強く表現されます。

暖かい ▸

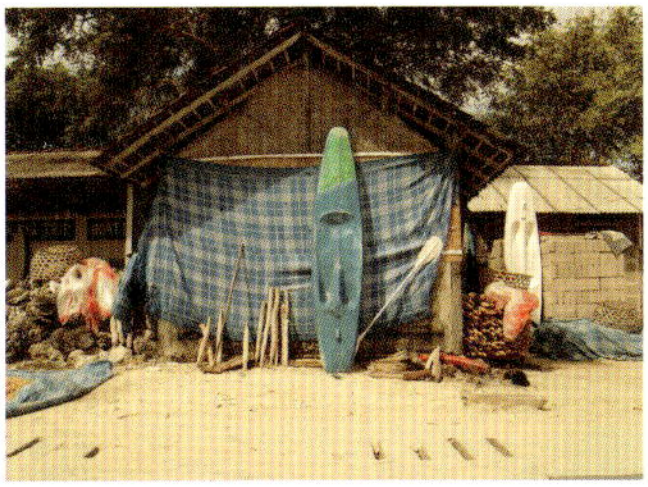

クール ▸

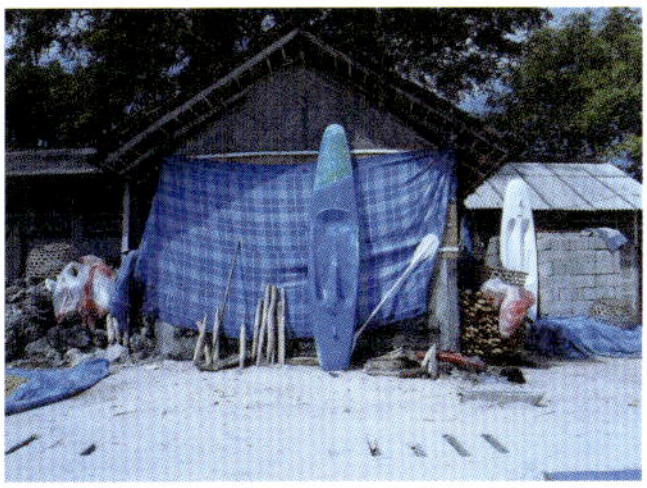

暖かみを加えることで夕方に撮影したかのような写真になります。逆に青味を加えると朝方に撮ったかのような印象に。

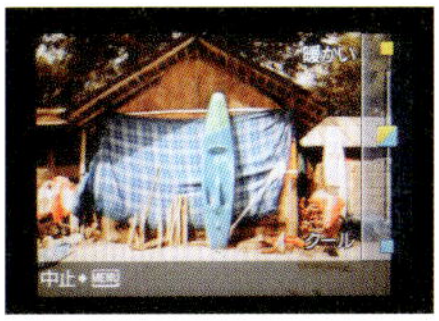

レベルバーを上に上げると黄色みが増し、下に下げると青味が増します。

色の鮮やかさを変えて撮る

「色の鮮やかさを変える」では、彩度やコントラストなど色調に関わる事柄が調整できます。レベルバーを「くっきり鮮やか」へ近づけると、写真がより鮮やかな色味で表現されますし、「穏やか」近づけると、色味の派手さは抑えられ、しっとりとした印象に仕上がります。

穏やか ▸

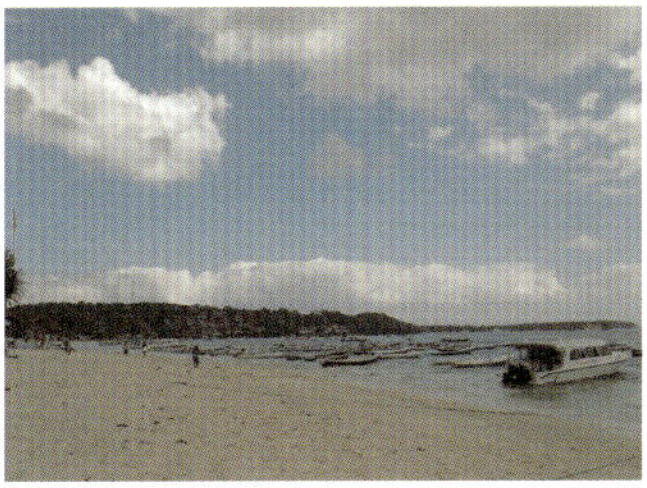

くっきり鮮やか ▸

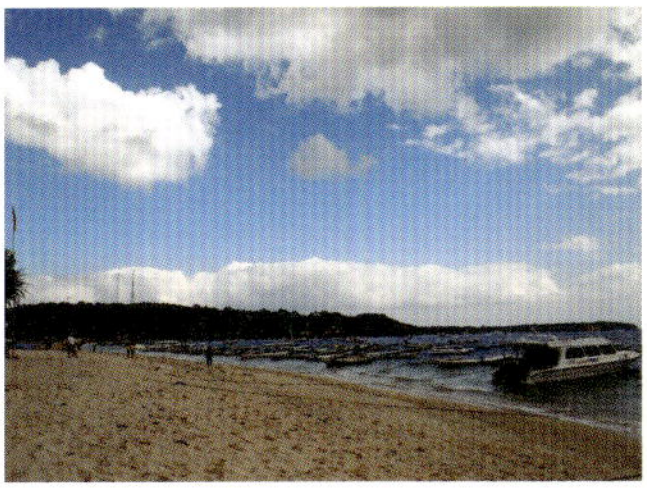

「くっきり鮮やか」は色味がより強い印象に、「穏やか」は被写体そのものの質感に焦点が当たります。意図に合わせて選んでみましょう。

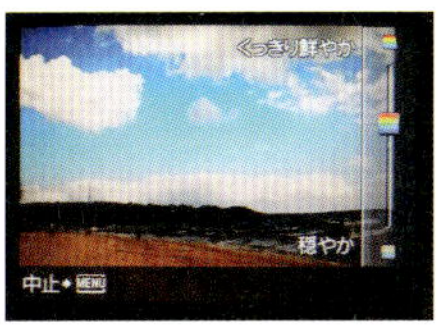

レベルバーを上に上げると鮮やかさが増し、下に下げると落ち着いた色合いに。

❖ Chapter 2-2

iオートモードとライブガイド ―その2―

▼ 背景までくっきり

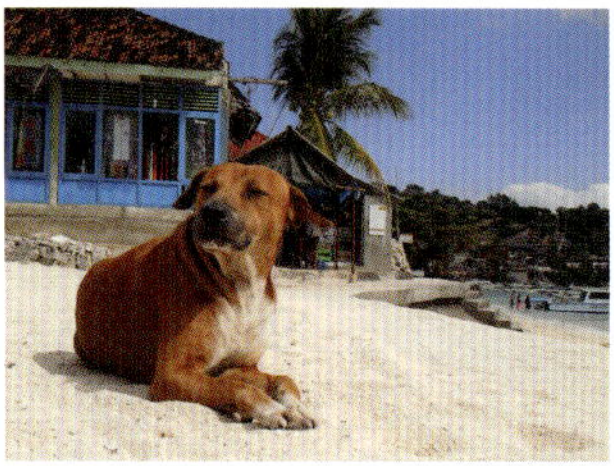

▼ 中間

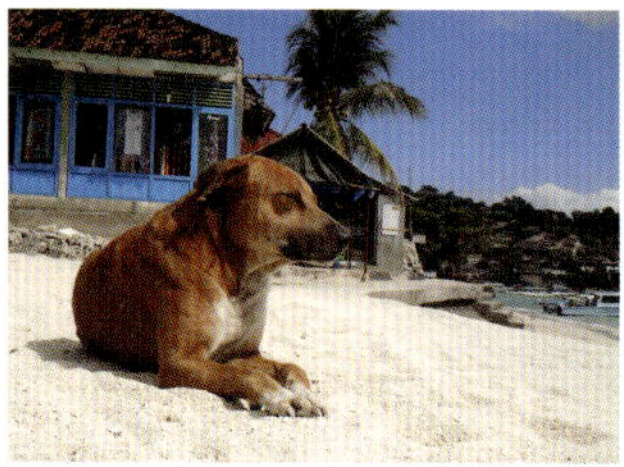

▼ 背景をぼかす

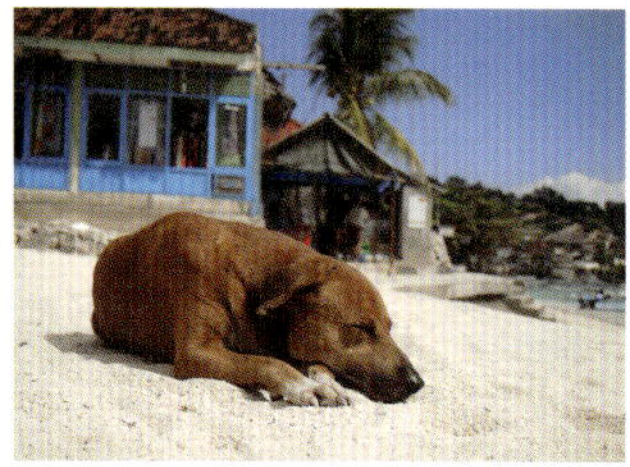

このように手前の被写体から奥の風景まで、“ピントの合う奥行き”を自分で調整できます。背景が煩雑な場合には、「背景をぼかす」のほうがすっきりした写真になります。

▸ ひと口メモ　MEMO

［パンフォーカス］

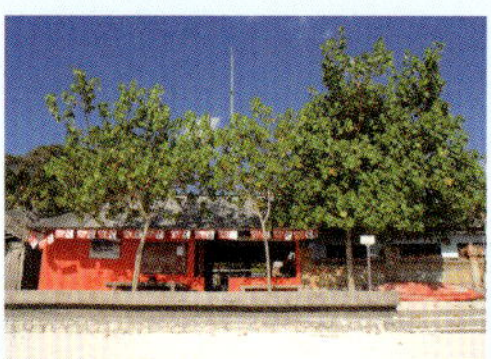

すべての部分にまできちんとピントの合った状態をパンフォーカスと言います。すなわち「背景までくっきり」写った状態はパンフォーカスになります。ちなみに、広く撮れる広角レンズは、パンフォーカスで写しやすいのが特徴のひとつ。この辺りはP42で詳しく紹介します。

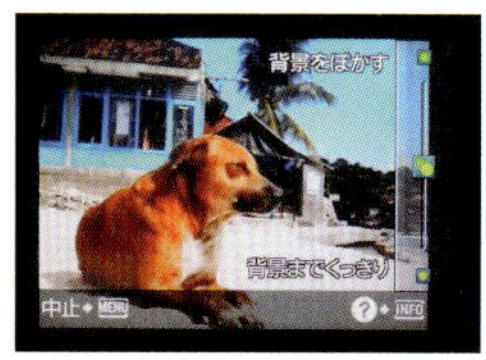

レベルバーを上に上げると背景がボケ、下に下げると背景までくっきり写るようになります。

ボケ味を意識しながら撮る

ライブガイドには、前ページで説明した色味や明るさに関わる機能の他にもうふたつ、写真の仕上がりに大きな影響を及ぼす機能が搭載されています。

そのひとつが「背景をぼかす」です。手前から奥までピントを合わせて撮りたければ、レベルバーで「背景までくっきり」を選びます。自然や街の風景をきっちりぼかさず撮りたい場合などに有効です。一方、背景をぼかして撮りたければ、レベルバーを「背景をぼかす」へ近づけます。花や人物といった被写体をより印象的にとらえたい場合などに効果的です。先ほども述べたように、ライブガイドは効果を液晶モニターで確認でます。ボケの程度が撮影前に見られるというのは、やはりとても便利です。

用語解説

ボケ味 …… ピントの合っていない"ぼやけた部分"をボケと言います。またこのボケの程度をボケ味と言い、例えば大きく背景がぼけている状態を、ボケ味が豊かな写真だと言ったりします。

▼ 動きを流す

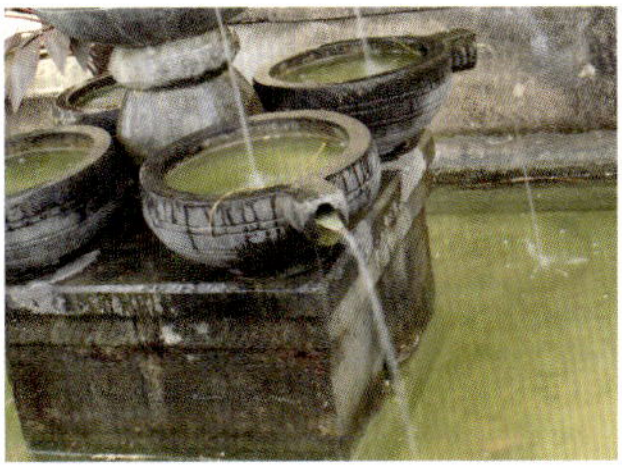

▼ 中間

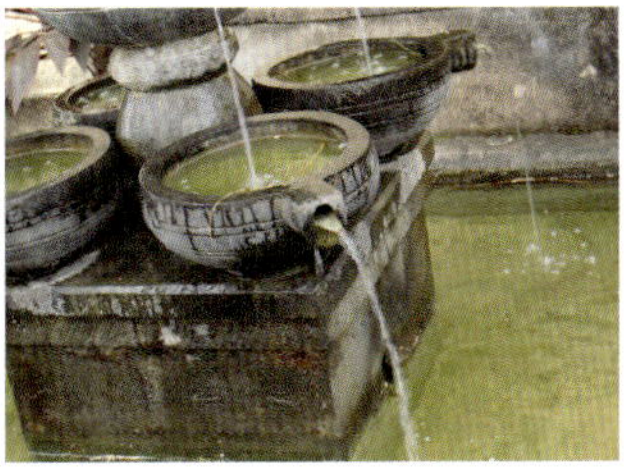

▼ 動きを止める

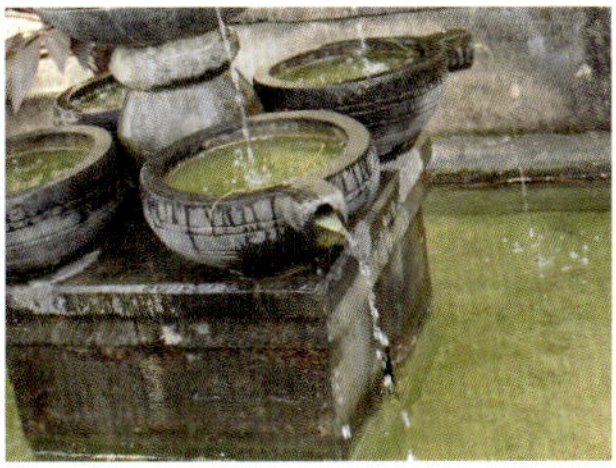

動く早さが変わるだけで、写真の印象は変わります。ちなみに、動きを流して撮る場合には、三脚を使用したほうが手ブレを起こさず失敗する心配がありません。

▶ ひと口メモ　MEMO

[流し撮り]

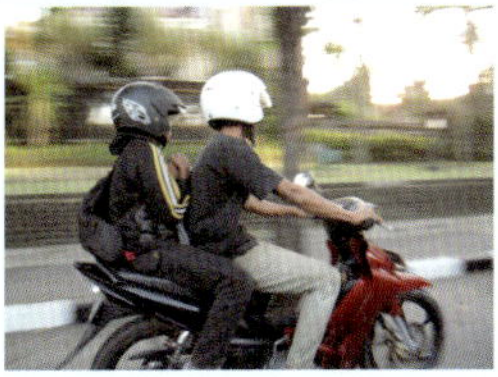

流し撮りとは、被写体の動きと同じ速さ、同じ方向にカメラを動かして行なう撮影手法です。動く被写体は止まり周辺はブレて、よりスピード感が演出できます。「動きを流す」に設定すると、シャッター速度（P44 参照）が遅くなるため、この撮影が気軽に楽しめます。

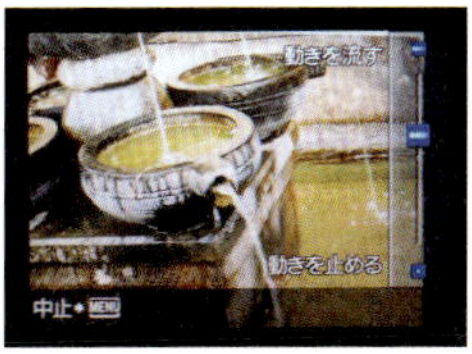

レベルバーを上に上げると動きが流れ、下に下げると動きを止めて写せるようになります。

動きを意識しながら撮る

仕上がりに影響を与えるもうひとつの機能は「動きを表現する」です。これは動く被写体を撮る場合に効果を発揮します。

例えば、レベルバーを「動きを止める」に近づけると、動く被写体を止めて撮影できるようになります。逆に、これを「動きを流す」に近づけていくと、動く被写体をぶらして撮影できるようになります。スポーツや動く子供の撮影では、「動きを止める」はたいへん効果的でしょう。また、川や海の水流の動きをうまくとらえたい場合や被写体をぶらして動きを演出したい場合などには「動きを流す」を利用してみましょう。このように、ライブガイドを活用することで、オート撮影の表現幅は大きく広がります。ぜひ使い倒してみましょう。

Chapter 2-3

シーンモードを使って撮る

▼ スポーツ

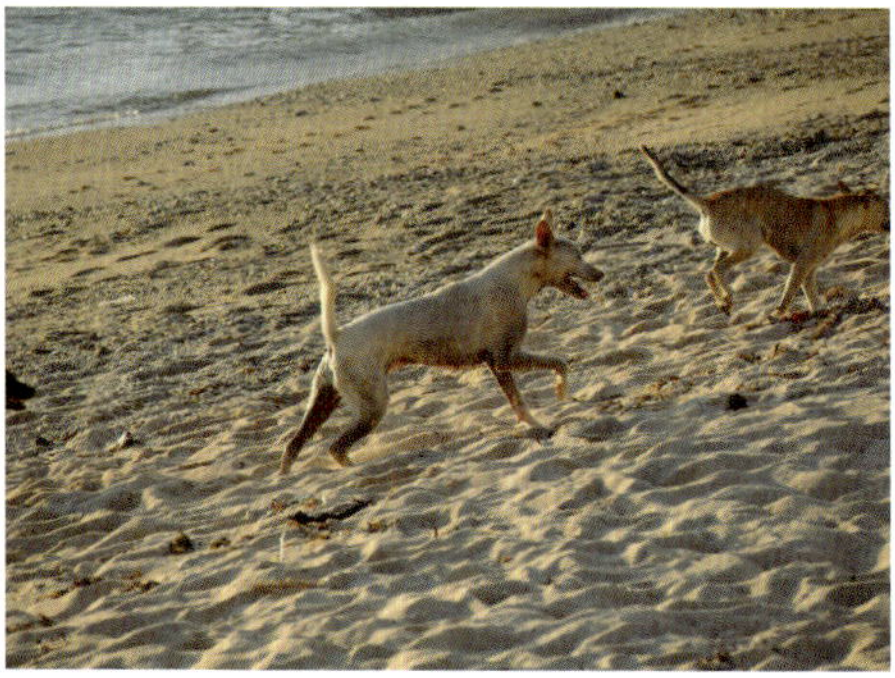

動く被写体をぶらさず撮りたい場合に効果のあるモードです。子供や動物など、動き回る被写体を撮るのに適しています。

▼ ポートレート

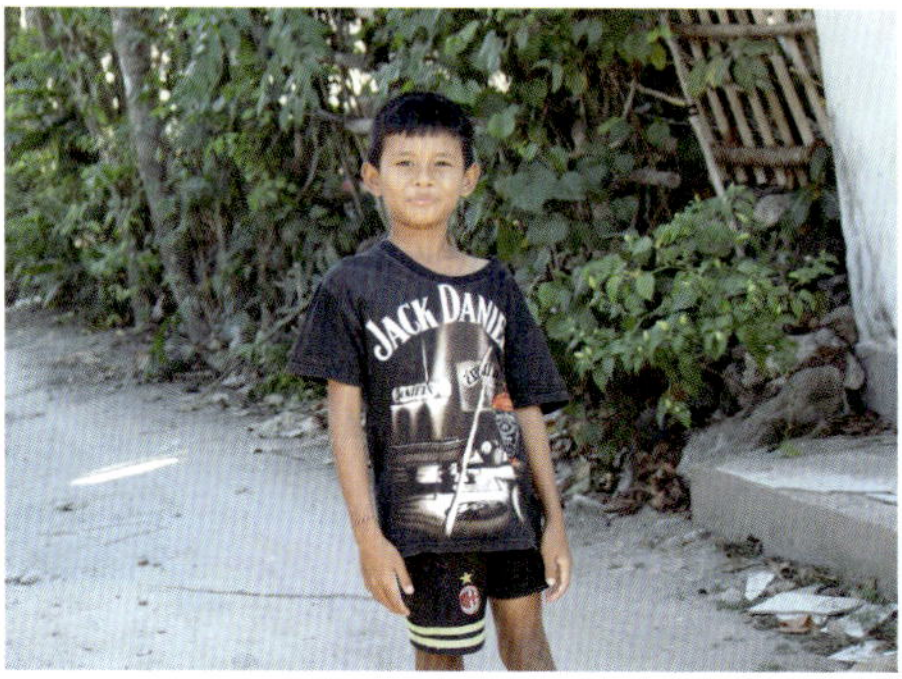

人物をより印象的に仕上げるために、肌の質感を強調してくれます。人物の表情をうまくとらえたい場合などにも有効です。

▼ シーンモード一覧

ポートレート	夜景＆人物	ネイチャーマクロ	ビーチ＆スノー
e ポートレート	チャイルド	キャンドル	フィッシュアイ
風景	ハイキー	夕日	ワイド
風景＆人物	ローキー	文書	マクロ
スポーツ	ぶれ軽減	パノラマ	
夜景	マクロ	打ち上げ花火	

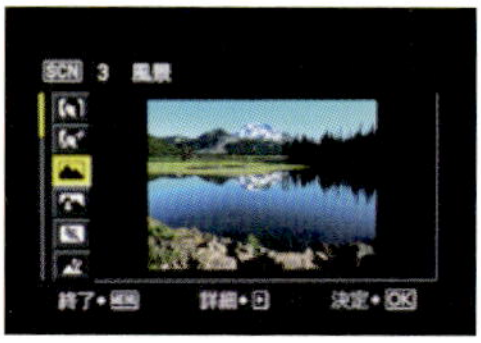

シーンモードはモードダイヤルを「SCN」に合わせ、十字ボタンで好きな項目を選び OK ボタンで決定します。再度選び直したい場合には、もう一度 OK ボタンを押します。

さまざまなシーンで活用しよう

シーンモードとは、撮影時のシチュエーションに合わせて22種類の項目から好きなシーンを選択できるオートモードです。例えば、夜景を撮影したい場合には、シーンモードの「夜景」を選べば、カメラの判断でもっとも適した形で夜景を写してくれます。

このシーンモードのもっとも大きな特徴はやはりその豊富な選択肢です。「フィッシュアイ」「ワイド」「マクロ」に関しては、別売のレンズアタッチメントが必要ですが（P107参照）、それ以外は気軽にシーンに応じて選択できます。カメラの扱いに慣れていない人でも、このモードを利用すれば、焦らず撮影に臨め、失敗も軽減できるはずです。まずはシーンモードを使ってみるクセを身に付けてもいいでしょう。

用語解説

アンバー …… 黄色みの強い状態のこと。夕日や室内の白熱灯などはアンバーに仕上がりやすいです。ライブガイドの「色合いを変える」で「暖かい」へ近づける操作は、まさしく色味をアンバーに近づけていく操作です。

▼ **夜景&人物**

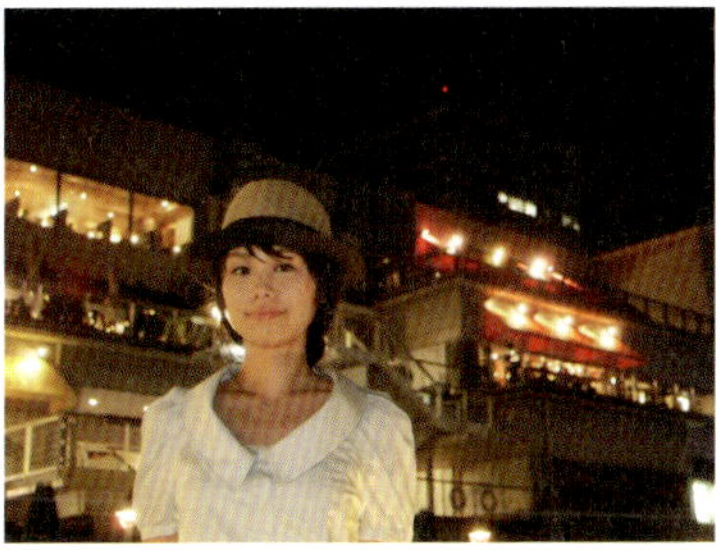

夜景と人物の両方をうまく撮るためのモードです。内蔵フラッシュで人物を写しつつ、背景の照明もきれいに写します。

▼ **eポートレート**

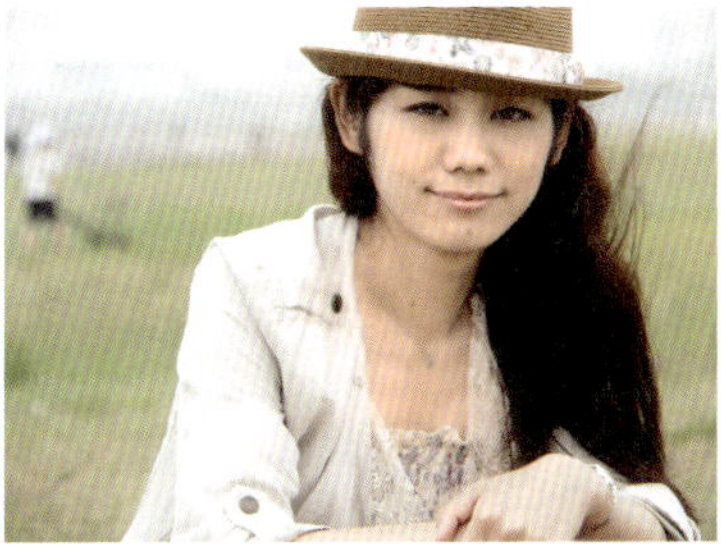

肌の質感をきれいに表現してくれるモードです。女性をアップで撮るのにも向いています。全体的につるんとした滑らかな仕上がりになります。

▼ **キャンドル**

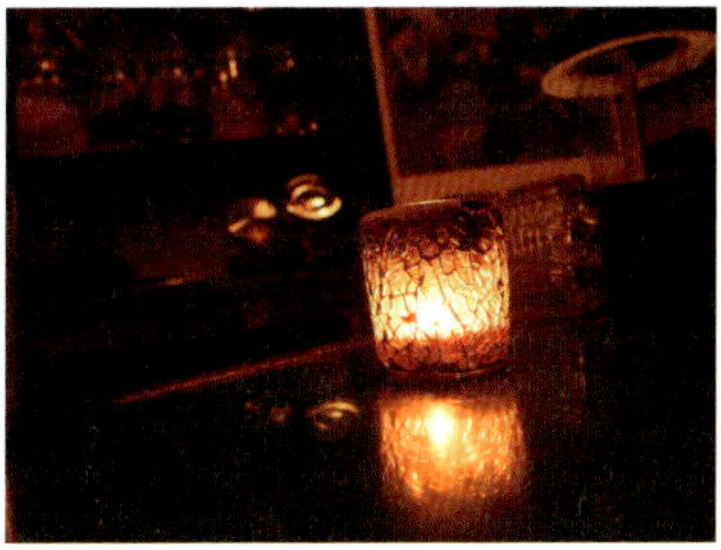

キャンドルやランプなど暖色系の光を使って撮る際に、赤味のある暖かい雰囲気を演出してくれます。全体的によりアンバーな仕上がりになります。

▼ **ビーチ&スノー**

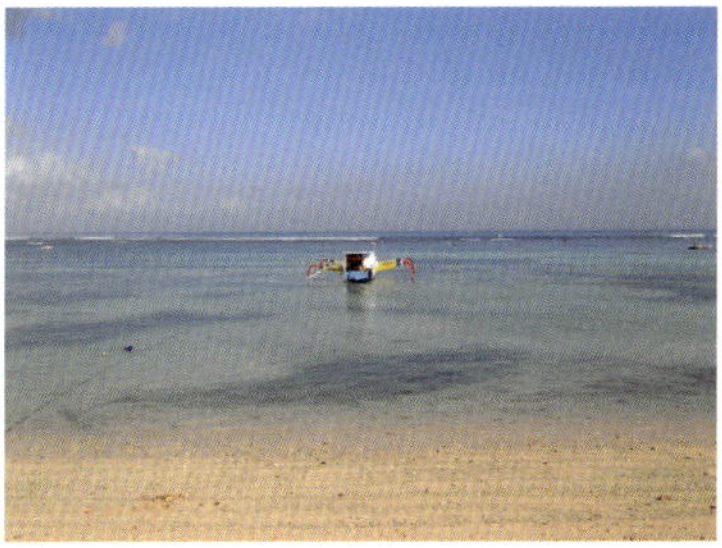

猛烈に明るいビーチや雪上は、もっとも写真にしにくい条件のひとつ。このモードを使えば、カメラがオートで適した明るさに写してくれます。

おすすめのシーンモード

22種類のシーンモードの中で、特におすすめなのが、「eポートレート」です。肌の質感を明るくなめらかに補正してくれます。女性を撮影する場面などで利用してみましょう。ちなみに「eポートレート」では、補正前と補正後の2枚の写真を同時に撮影します。あとで見比べながら効果が確認できます。

その他にも、先ほど述べた夜景などでは、夜景と人物をいっしょに明るく撮るための「夜景&人物」など、シーンの中で細かく分かれていてより実践的です。ビーチや雪上で撮る場合に有効な「ビーチ&スノー」、結婚式などでも使えそうな「キャンドル」など、写真の知識が必要な被写体に対応できる選択肢が多く含まれているのも、このモードの大きな特徴です。

Chapter 2-4

アートフィルターを使って撮る ―その1―

▼ ファンタジックフォーカス　E-P2　E-PL2　E-PL1s

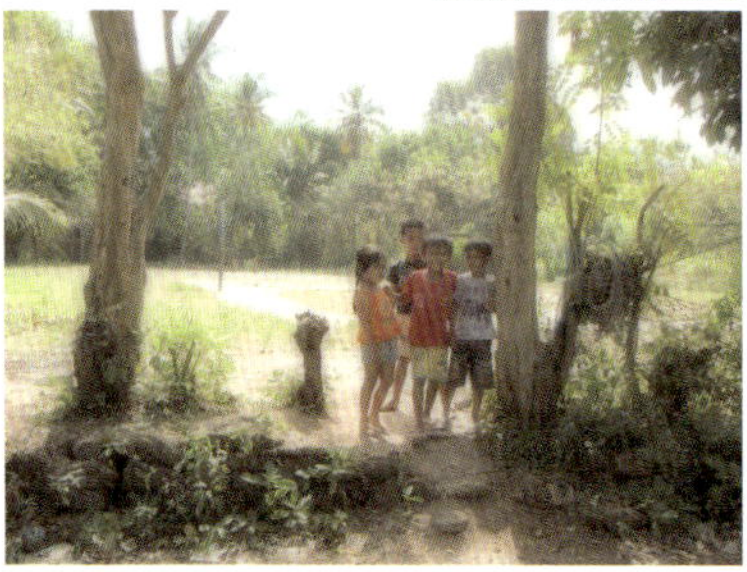

ソフトフィルターを使ったようなふんわりとしたやわらかい仕上がりになるのが特徴。幻想的な雰囲気で被写体を撮りたい場合などにおすすめです。

▼ ジオラマ　E-P2　E-PL2　E-PL1s

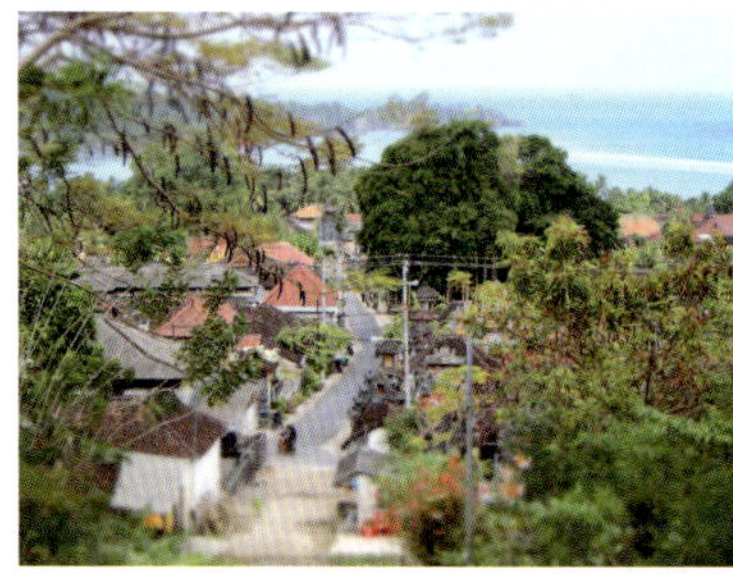

PENでもっとも代表的なアートフィルターと言ってもいいでしょう。色味やコントラストも強めに仕上げられることで、より"ミニチュア感"が強調されます。

▼ ドラマチックトーン　E-PL2

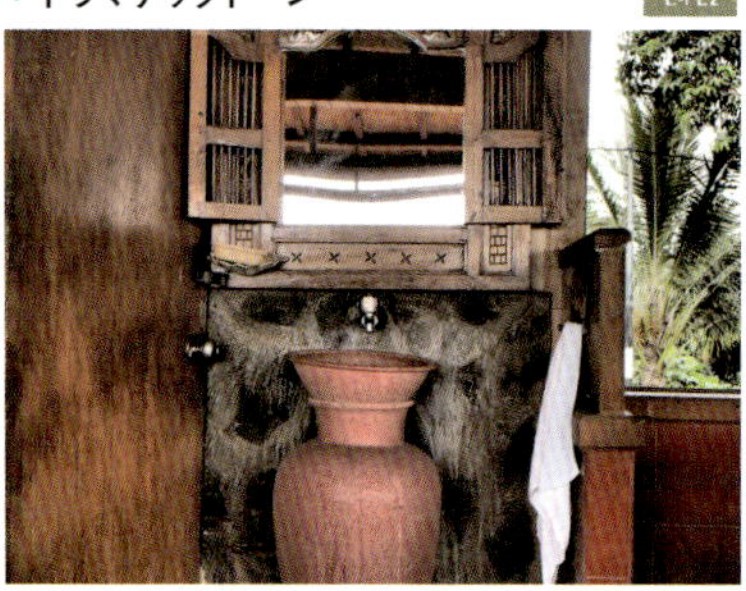

画面の中の一部分だけが極端にコントラストが高まり、現実ではありえない世界観を演出してくれます。明暗差のある情景などでより効果を発揮するフィルターです。

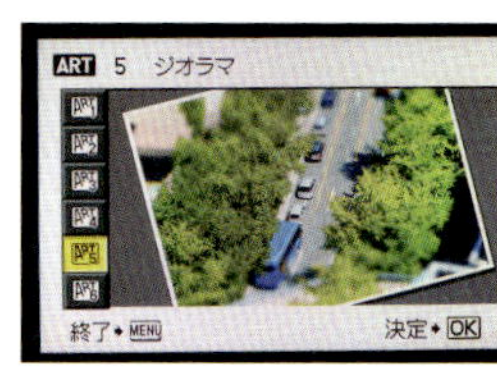

アートフィルターはモードダイヤルを「ART」に合わせ、十字ボタンで好きな項目を選びOKボタンで決定します。再度選び直したい場合には、もう一度OKボタンを押します。

よりアートに写真を楽しもう

PENならではの代表的な機能が、このアートフィルターです。PENの中で必ず使ってほしい機能のひとつです。レンズやフィルターなどを使って行う個性的な表現が、モードを切り替えるだけで気軽に楽しめます。普段見慣れている情景も新鮮に写せるはずです。

例えば、「ジオラマ」はピントの合う範囲を変えて写すフィルター機能です。屋上や展望台から街の様子を写せば、まるでミニチュアのように描写できます。またE-PL2で新しく搭載された「ドラマチックトーン」は、現実ではありえない明暗を写真に付加させることができます。なお「ドラマチックトーン」のように、アートフィルターは機種によって利用できる内容が異なります。

用語解説

ジオラマ …… ジオラマの作風は、もともと「ティルトシフトレンズ」を使って得られていた効果がヒントになっています。詳細は省きますが、このレンズの特徴は、レンズ面を水平垂直方向に移動できること。この動作を行うことで、ピントを極端に狭くした独特の仕上がりが楽しめるのです。

▼ **トイフォト** E-P2 E-PL2 E-PL1s

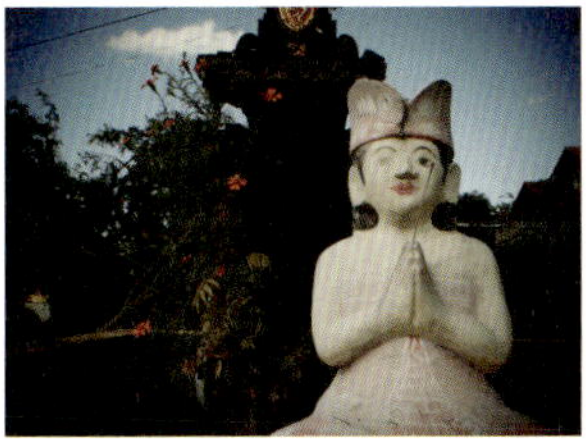

▼ **トイフォトII** E-PL2

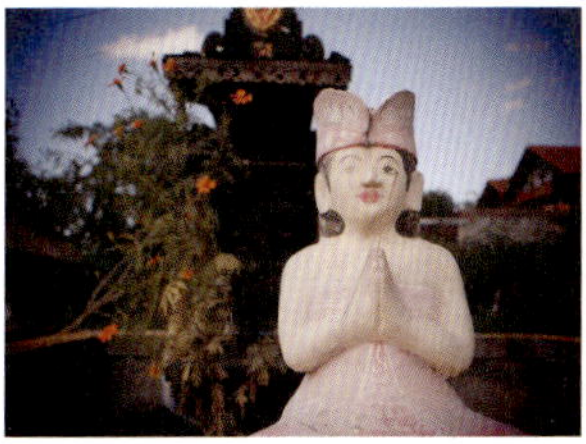

▼ **トイフォトIII** E-PL2

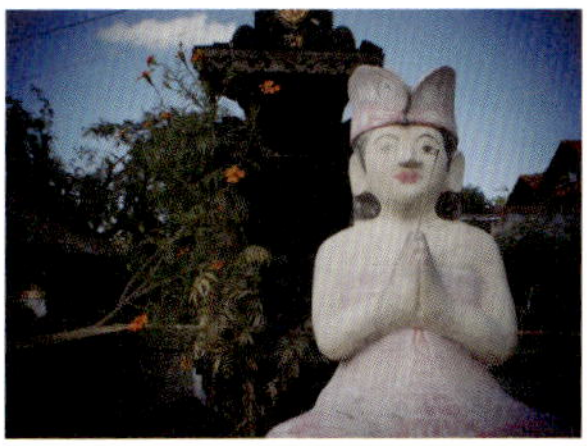

周辺光量を落とし、トイカメラで撮ったような色合いで仕上がります。「トイフォトII」は青味が強く、「トイフォトIII」では赤みが強く表現されます。この2つは、通常のものより少しコントラストも低く写ります。

▼ **ポップアートII** E-PL2

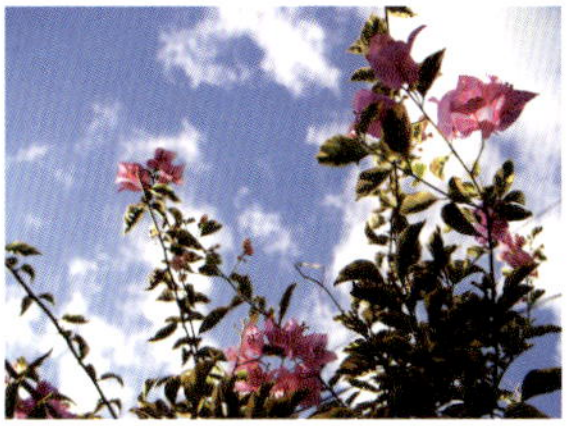

▼ **ポップアート** E-P2 E-PL2 E-PL1s

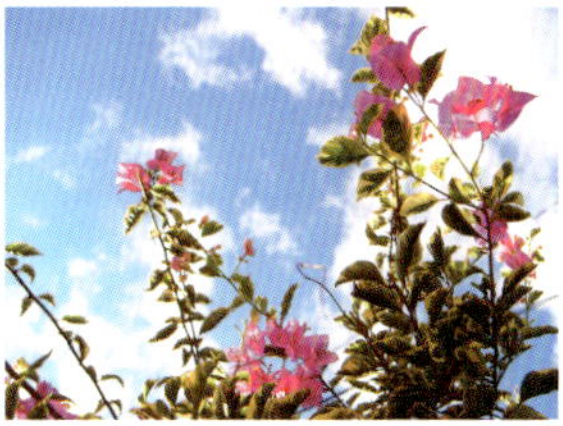

カラフルな表現が魅力です。色彩豊かな被写体に効果があります。「ポップアートII」は、通常のものより蛍光色が抑えられる一方でメリハリがつけられ、より力強い印象の描写になります。

▼ **ラフモノクロームII** E-PL2

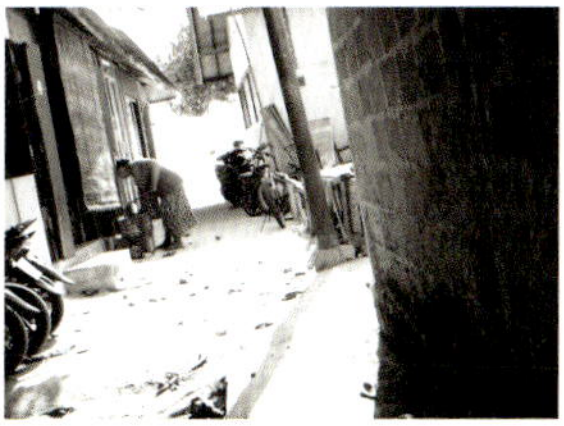

▼ **ラフモノクローム** E-P2 E-PL2 E-PL1s

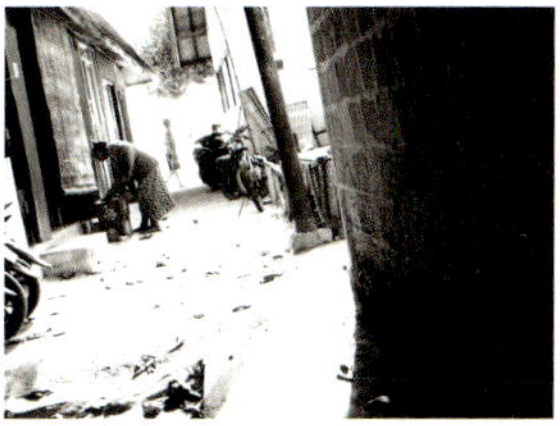

粒子の粗い質感のモノクロ写真に仕上がります。目で見ている情景を一変させる代表的なフィルターと言えます。なお、「ラフモノクロームII」は通常のものよりもコントラストが低めに仕上がります。

バリエーションを選んでみよう

E-PL2の「ポップアート」「ラフモノクローム」「トイフォト」の3つのアートフィルターは、その効果の度合いが選択できるようになっています。具体的に「トイフォト」であれば、トイカメラで撮影したかのような作風はそのままに、色味やコントラストを変えて3パターンから選択できます。また「ポップアート」は2パターンから選択でき、カラフルな描写が楽しめる通常バージョンの他に、蛍光色を抑えつつ、メリハリがより強調される「ポップアートII」が用意されています。「ラフモノクローム」も同様に、色調やコントラストなどを変えて2パターンから選択できます。

同じフィルター機能でも仕上がり具合は大きく異なります。自分でその効果を確認しながら撮影してみましょう。

Chapter 2-5 アートフィルターを使って撮る ―その2―

▼アートフレーム効果＋ドラマチックトーン E-PL2

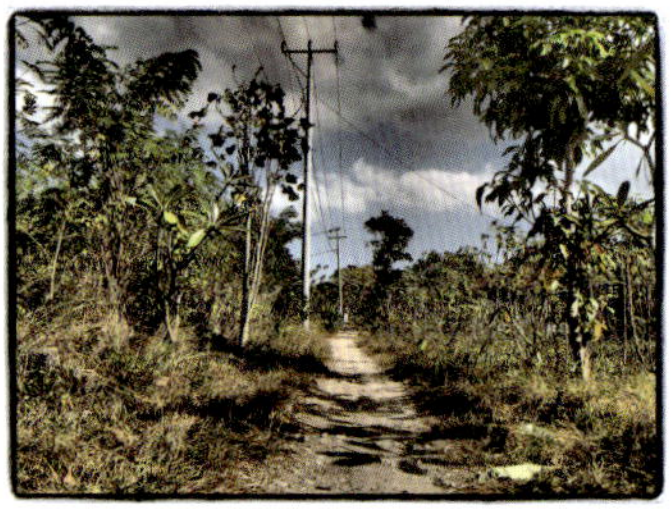

このフレーム効果はドラマチックトーンともよく合います。なお、この機能は「ファンタジックフォーカス」と「ジオラマ」には使えません。

▼アートフレーム効果＋ラフモノクローム E-PL2

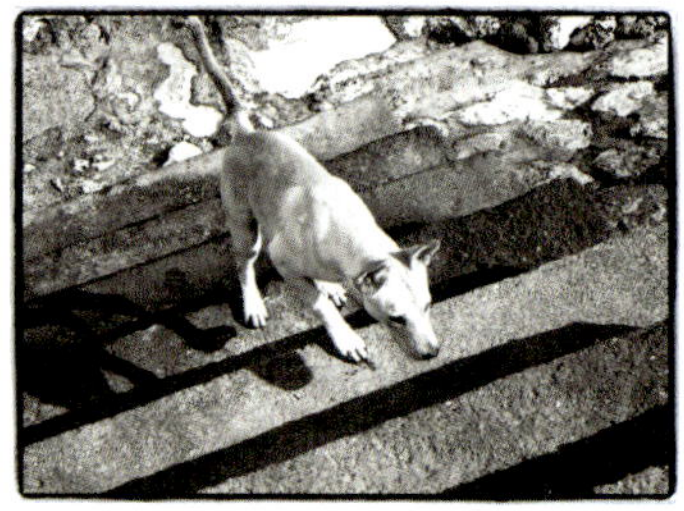

銀塩写真をプリントする際の黒フチを思わせます。味わい深い仕上がりが特徴的です。

▼ピンホール効果＋ポップアート E-PL2

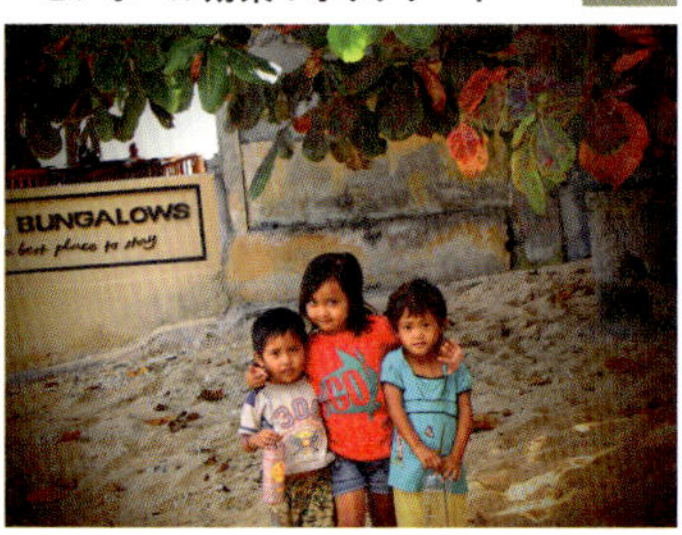

ピンホールカメラで撮影した際のように、画面周辺が暗くなります。この効果はポップアートにしか利用できません。

▼ソフトフォーカス効果＋ポップアート E-PL2

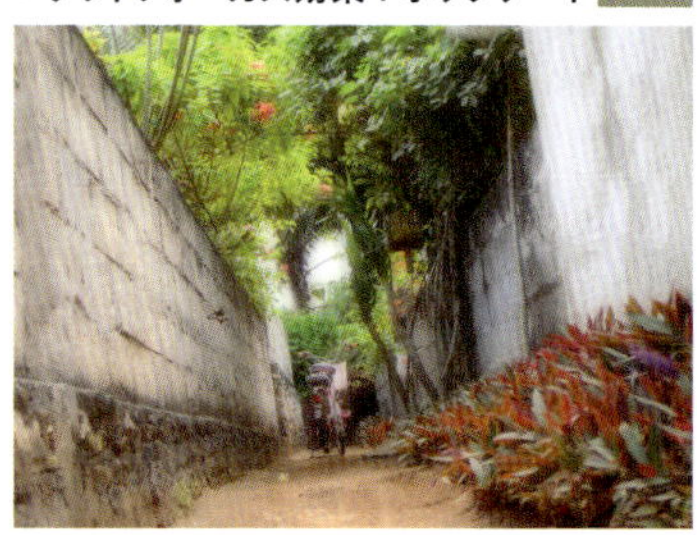

ソフトフォーカスのレンズやフィルターを使った時のようなぼかしの効果が楽しめます。こちらもポップアートにのみ対応します。

アートエフェクト機能を使う

さらに、E-PL2で追加されたアートフィルターに「アートエフェクト」機能があります。これは、アートフィルターに作画効果を"トッピング"できる機能です。

具体的には「ピンホール効果」「ソフトフォーカス効果」「アートフレーム効果」の3つが用意されています。「ピンホール効果」と「ソフトフォーカス効果」は、その名の通り既存のアートフィルターにピンホールカメラで撮ったような風合やソフトフォーカスをかけたような感じを重ね合わせることができる機能です。「アートフレーム効果」を使うと、モノクロの削り出しのフチがフレームとして付加されます。ラフモノクロームやドラマチックトーンなどと組み合わせると、より退廃的な雰囲気が演出できます。

用語解説

シアン …… 色の3原色のひとつ。青緑を指します。

スナップ …… 自分の創作意図に応じて、作り込むのではなく、目の前の情景を出会ったそのままに切りとり撮影すること。旅先や街中散歩などでよく用いられます。

シャドーとハイライト …… シャドーとは黒く影になっている部分を指し、ハイライトは明るい部分を指します。シャドーは色が黒くつぶれる「黒つぶれ」を起こしやすく、またハイライトは色が白く飛んでしまう「白とび」を起こしやすい傾向にあります。写真撮影では、この"白とび黒つぶれ"をどうやって防ぎながら撮影するかがポイントにもなります。

▼ **デイドリーム** E-P2

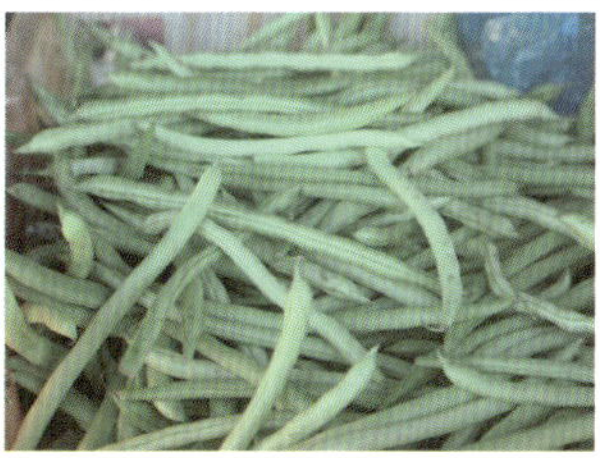

シアンを強調させながら、明るく浅めの色合いで仕上げてくれます。どこか浮遊感のある不思議な仕上がりが特徴的です。

▼ **ライトトーン** E-P2

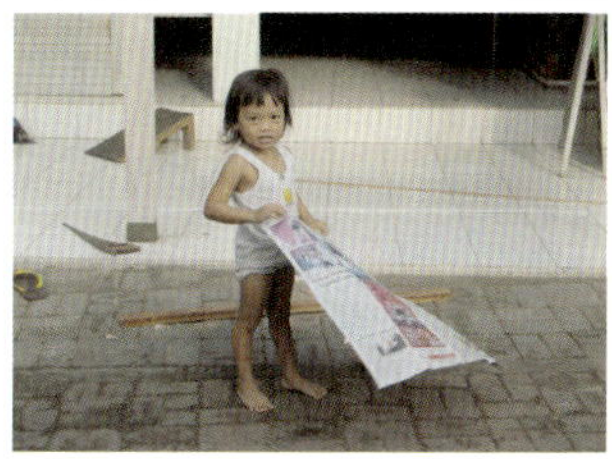

シャドー部分は明るめに、ハイライト部分は白く飛びすぎないように写してくれます。明暗差の激しい場面などにも有効。全体的に軽い印象に仕上がります。

▼ **ジェントルセピア** E-PL1s

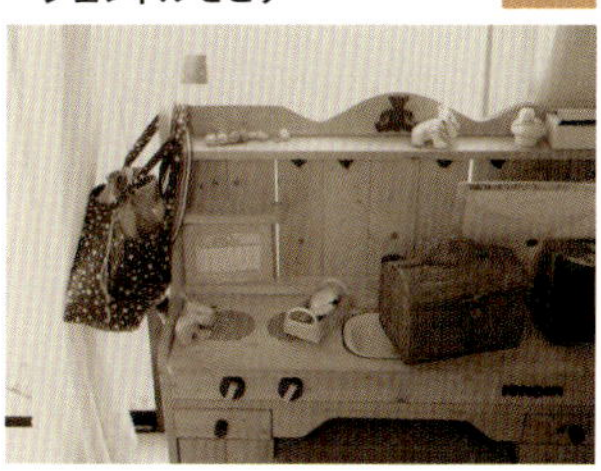

セピア調で柔らかく仕上げてくれます。モノクロとも異なり、気品のある雰囲気が特徴的。街角のスナップなどに使ってもおもしろいです。

▼ **クロスプロセス** E-P2

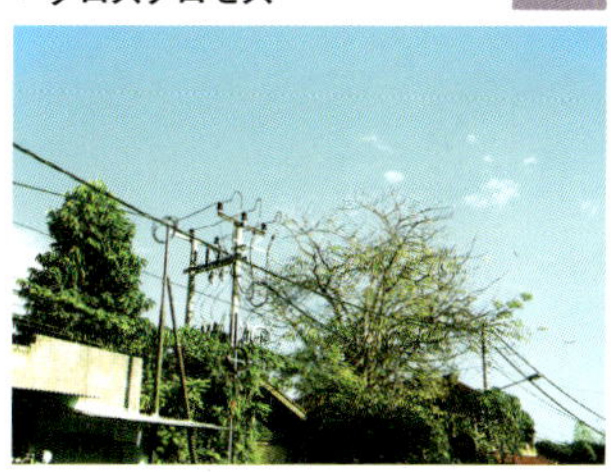

自分でも想像しえない発色が楽しめるフィルターです。コントラストも高くなり、よりインパクトのある強い仕上がりになります。

E-P2とE-PL1sで利用できるアートフィルター

E-PL2を例にアートフィルターを見てきましたが、先に述べたようにそれぞれの機種で利用できるフィルター機能は異なります。

E-P2では、8つのフィルター機能が利用できます。これまでに紹介した「ドラマチックトーン」以外のアートフィルターに加え、さらに「デイドリーム」「ライトトーン」「クロスプロセス」の3つのフィルター機能が利用できます。

また、E-PL1sでは「ジェントルセピア」というフィルターが搭載されています。これを使うと、しっとりとしたセピア調に写真が仕上がります。E-PL1sでは、E-PL2で取り上げたものを含めて6つのフィルター機能が利用できます。なお、最新機種のE-P3では、ここで紹介したすべてのフィルターに対応しています。

» Column 02

画像サイズと圧縮率を理解しよう

PEN で撮影を行う際、写真サイズは画像サイズ（L、M、S）と圧縮率（SF、F、N、B）の組み合わせから選択します。それぞれの特徴を理解し、用途に応じて使い分けてみましょう。

▶ 圧縮率の変化

このくらいのサイズだと、写真全体からではわかりにくいですが、拡大するとその違いがわかります。

LF（L+Fine）

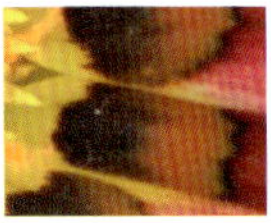
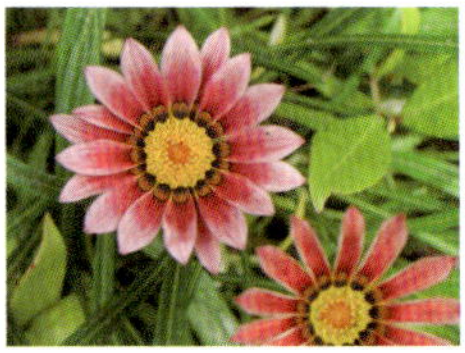

SN（S+Normal）

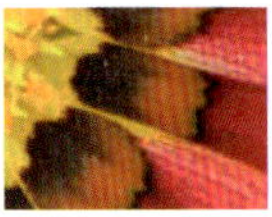
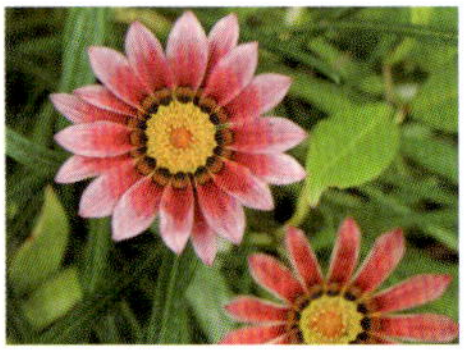

▶ 画像サイズの変化

例えば、PEN では画像サイズはこのように変化します。ちなみに、画像サイズが M、S の場合、ピクセルの縦横サイズは他の組み合わせに変更もできます。

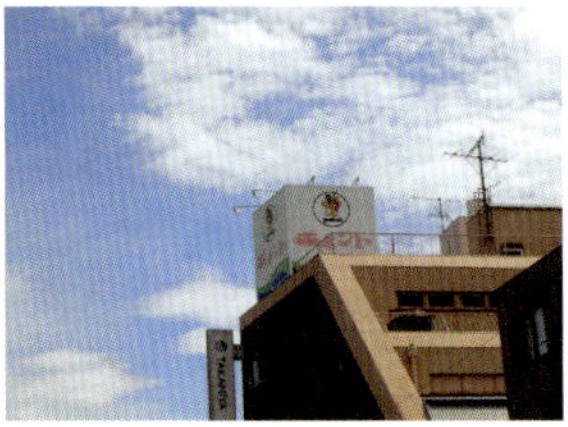

L（Large）
ピクセルサイズ 4032×3024

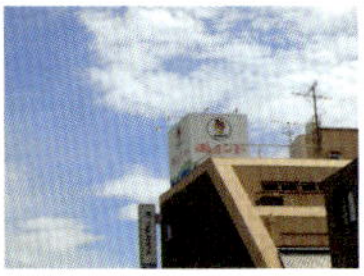

M（Middle）
ピクセルサイズ 2560×1920

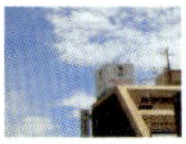

S（Small）
ピクセルサイズ 1280×960

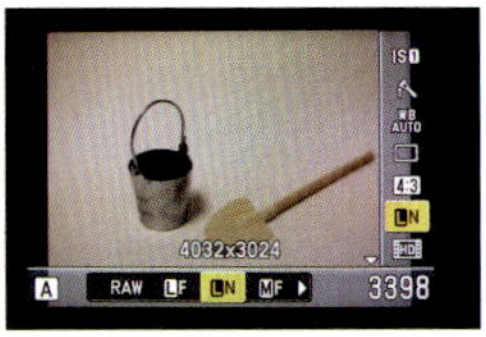

撮影中に OK ボタンを押し、ライブコントロール（P36 参照）を表示させ、その中から画質モードを選択し画質を決めます。一般的には「LN」で十分です。

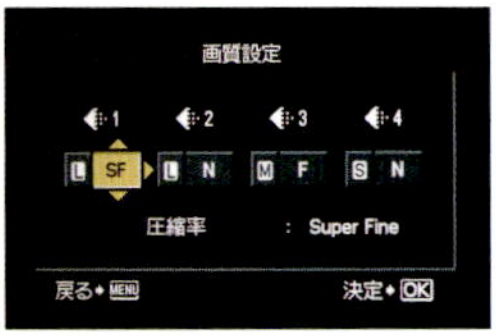

カスタムメニュー内の「画質設定」を開くと、ライブコントロール内で選択できる画像サイズと圧縮率の組み合わせが変更できます。ここで F よりも低圧縮の SF（Super Fine）も設定できます。

画像サイズと圧縮率の役割

画像サイズとは、画像の面積の広さのこと。撮った写真を大きくプリントする場合などには、画像サイズを大きく設定し撮影します。対して圧縮率とは、画像のファイルサイズを小さくする比率のこと。圧縮率が高いほど、ファイルサイズは小さくなり、画質は低下します（写真の鮮明さは失われます）。なお、パソコン上で写真を見るだけだったり、Lサイズにプリントする程度であれば、画像サイズを小さくし圧縮率を高くしても、ほとんど影響はありません。撮影の重要度や目的に応じ、うまく組み合わせることが大切です。

▶ RAWとは？

写真にする前の“未加工のデータ”です。この状態から必要な情報を抽出し、写真にしているのが JPEG画像です。なお、他のカメラやパソコンなどでは基本扱えないので注意が必要です。RAW は画質モード内から選択でき、撮影後にカメラ内もしくは、付属の現像ソフトを使って JPEGに変換します。

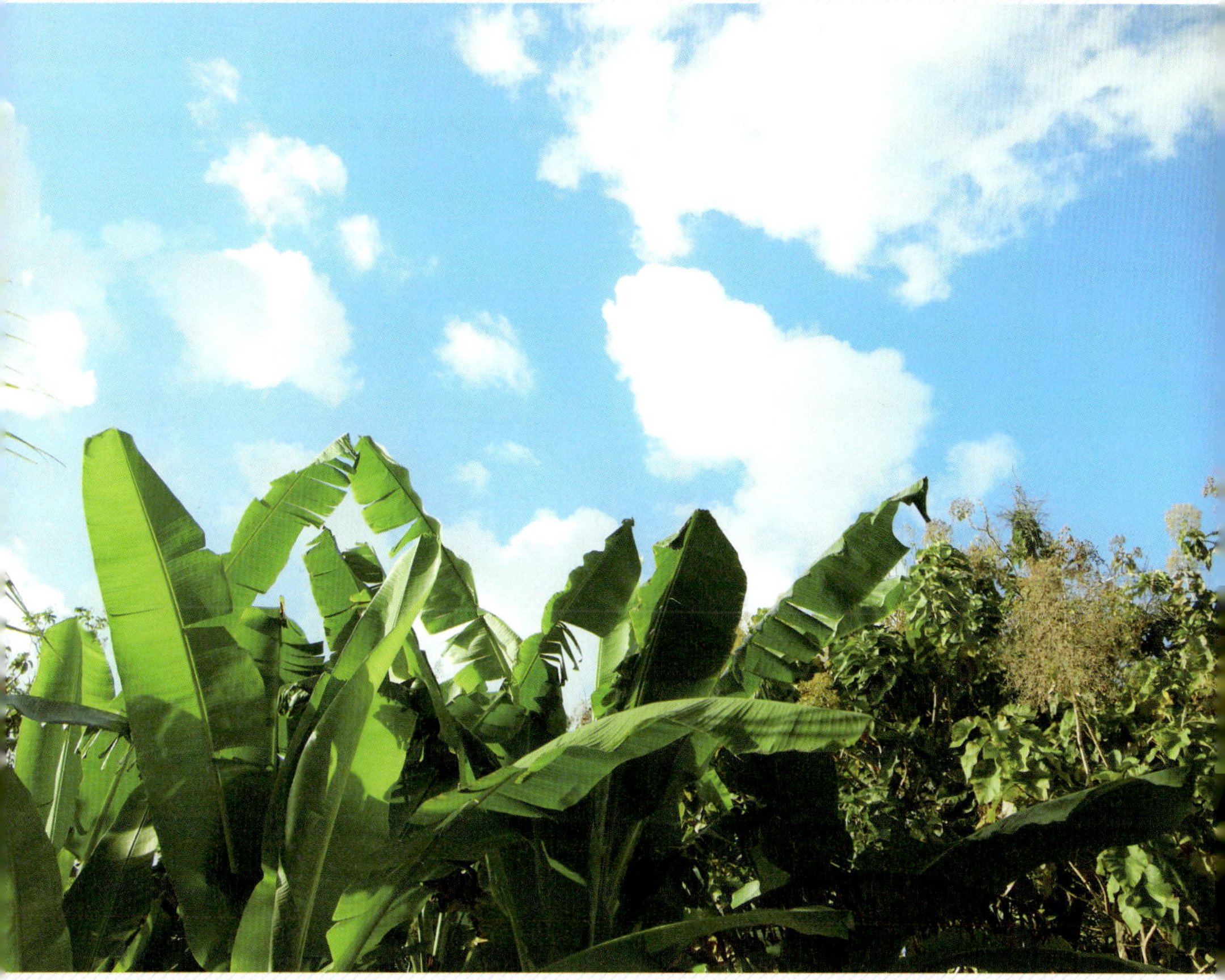

Chapter 3

PENで写真がうまくなる10の方法

オートでの撮影に慣れてきたら、ぜひこれ以外の機能も生かしながら撮影してみましょう。このチャプターでは、PENの個性を最大限に引き出すための10の方法を紹介します。補足解説も参考にしながら、表現の振り幅をどんどん広げていきましょう。

Chapter 3-1

ライブコントロールとメニューの使い方

ライブコントロール

設定機能は画面右端、選択肢は下に表示されます。設定機能の項目は画面に出ているだけでなく、ずっと下まで続きます。十字ボタンの上下で設定機能を、左右で選択肢を選べます。

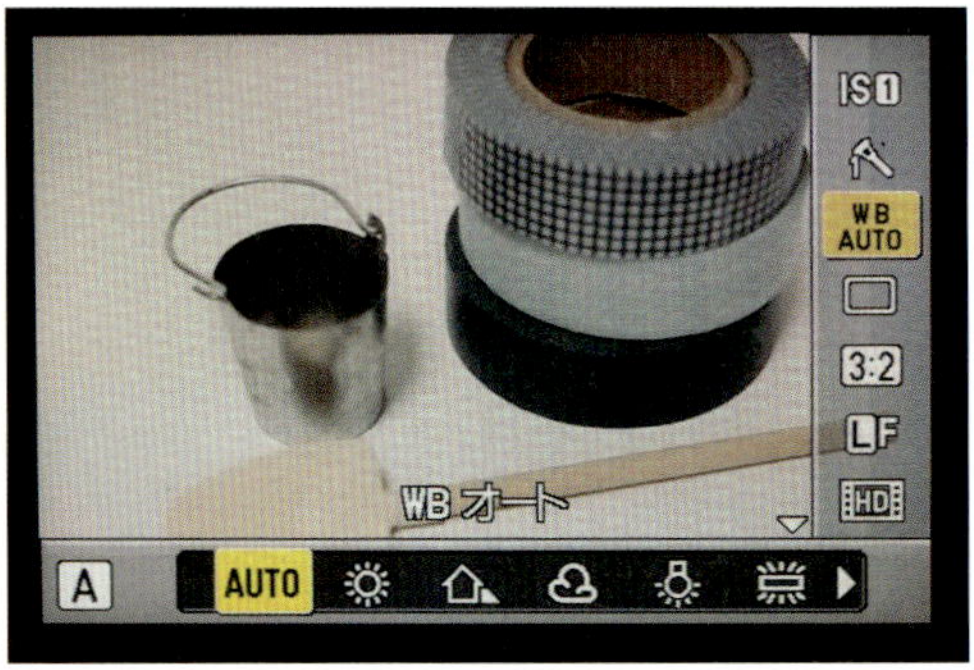

E-P2での操作

E-P2の場合、メインダイヤルで変更したい設定機能へカーソルを移動させ、サブダイヤルで選択肢の中から選んでいきます。

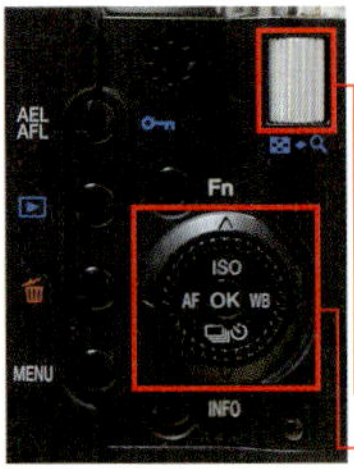

▼ E-PL2のライブコントロールで設定できる機能

ピクチャーモード※1	P054	手ぶれ補正	P155	AF方式	P038
シーンモード※2	P028	アスペクト比※1※2	P092	顔優先※1※2	P041
アートフィルターモード※2	P030	画質モード	P034	ムービー録音	P143
動画モード※3	P142	フラッシュモード※1※2	P152	ISO感度	P056
ホワイトバランス	P052	フラッシュ補正※1※2	P155		
連写／セルフタイマー	P154	測光方式※1※2	P153		

※1 P、A、S、M、iAUTOモードのみ選択可
※2 ART、SCNモードのみ選択可
※3 動画モードのみ選択可

ライブコントロールを理解しよう

オートではなく、自分で設定を行いながら撮影を楽しむためには、当然その操作方法をきちんと理解しておく必要があります。PENの場合、多くの機能はライブコントロールで設定変更できます。

ライブコントロールは、設定機能とそれぞれの選択肢で構成されます。撮影モードがP、A、S、Mであれば、撮影中OKボタンを押すだけで表示できます。ポイントはその操作方法です。E-PL2、E-PL1sでは、十字ボタンの上下で変更したい設定機能にカーソルを合わすと、〝自動的にその選択肢〟が画面の下に現れます。これを今度は十字ボタンの左右で選び、OKボタンで決定します。この操作方法に慣れれば、より直感的な撮影が楽しめるようになります。

用語解説

セットアップメニュー …… セットアップメニューの中には、「日時設定」の項目があります。撮影した写真画像には、日時の情報も付加されるので、使用前には必ず正しい日時をここで設定しておきましょう。

スーパーコンパネ

設定の状態が俯瞰で見られて便利です。なおE-PL2、E-PL1sでは、事前にカスタムメニュー内の「CONTROL表示」で「スーパーコンパネ」をONにする必要があるので注意しましょう。

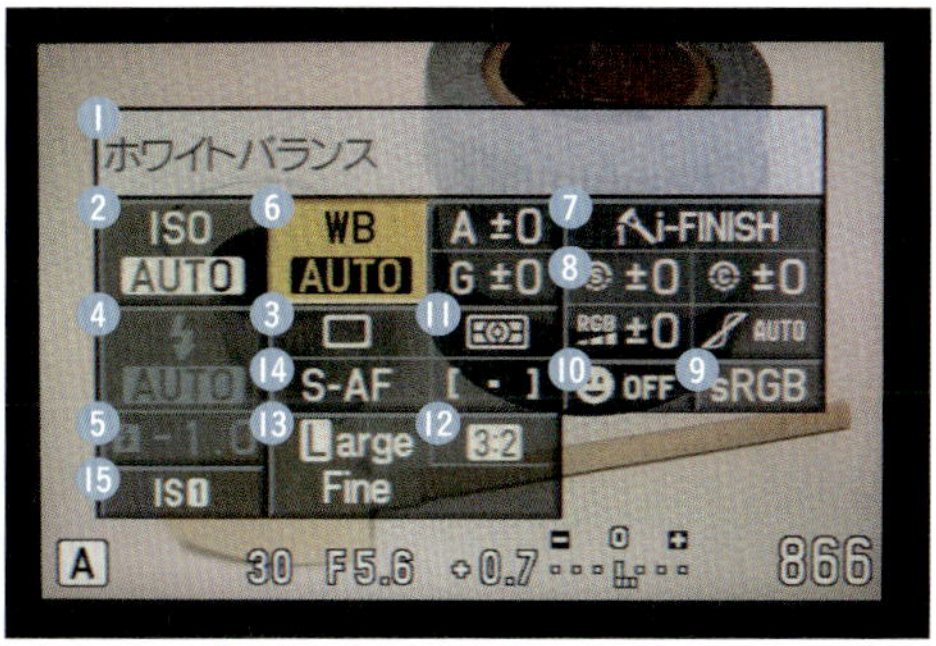

❶ 現在選択している機能
❷ ISO 感度 …… P056
❸ 連写 / セルフタイマー …… P154
❹ フラッシュモード …… P152
❺ フラッシュ補正値 …… P155
❻ ホワイトバランス / ホワイトバランス補正 …… P052
❼ ピクチャーモード …… P054
❽ シャープネス / コントラスト / 彩度 / 階調 / フィルター効果 / 調色 …… P054
❾ カラー設定 …… P153
❿ 顔優先 …… P041
⓫ 測光方式 …… P153
⓬ アスペクト比 …… P092
⓭ 画質モード …… P034
⓮ AF 方式 /AF ターゲット …… P038/P040
⓯ 手ぶれ補正 …… P155

カスタムメニューの表示方法

初期設定では非表示になっています。「セットアップメニュー」内の「メニュー表示」をONにして利用します。

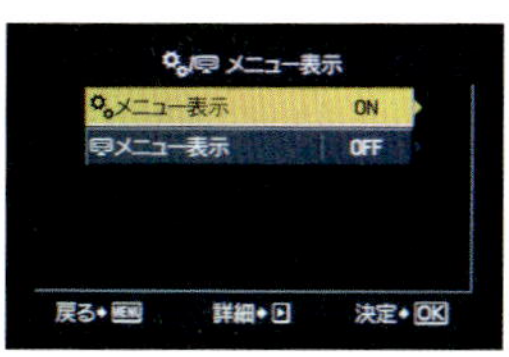

メニュー画面の操作方法

タブの中から希望の項目を選びます。

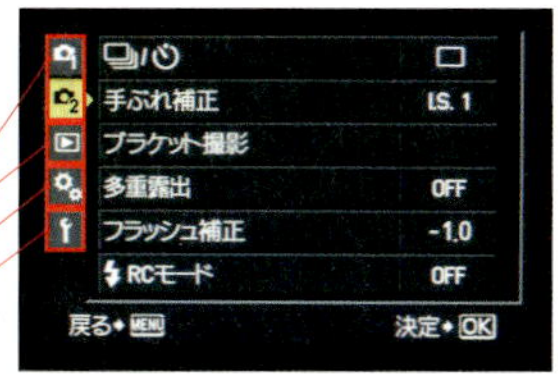

表示された機能から変更したい項目を選び設定します。

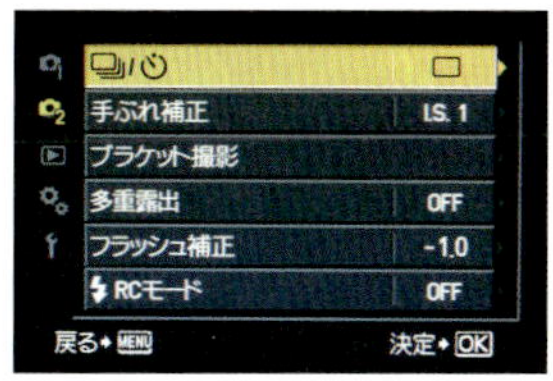

メニュー画面の見方とスーパーコンパネ

メニュー画面では、ライブコントロールでは扱えない各機能の詳細設定をはじめ、再生や編集、セットアップのための各種項目が設定変更できます。メニューは6つのタブからなりますが、カスタムメニューとアクセサリーポートメニューは初期設定では非表示になっているので注意しましょう。特にカスタムメニューはカメラの扱いに慣れてくると利用頻度が増えるはずです。

また撮影時の画面表示には、ライブコントロール以外にスーパーコンパネがあります。これは、撮影時の設定状態の確認とその変更が同時に行える画面表示で、ライブコントロールからINFOボタンで切り替えが簡単に行えます。

Chapter 3-2

ピント合わせのいろいろな方法 ―その1―

▼ S-AF

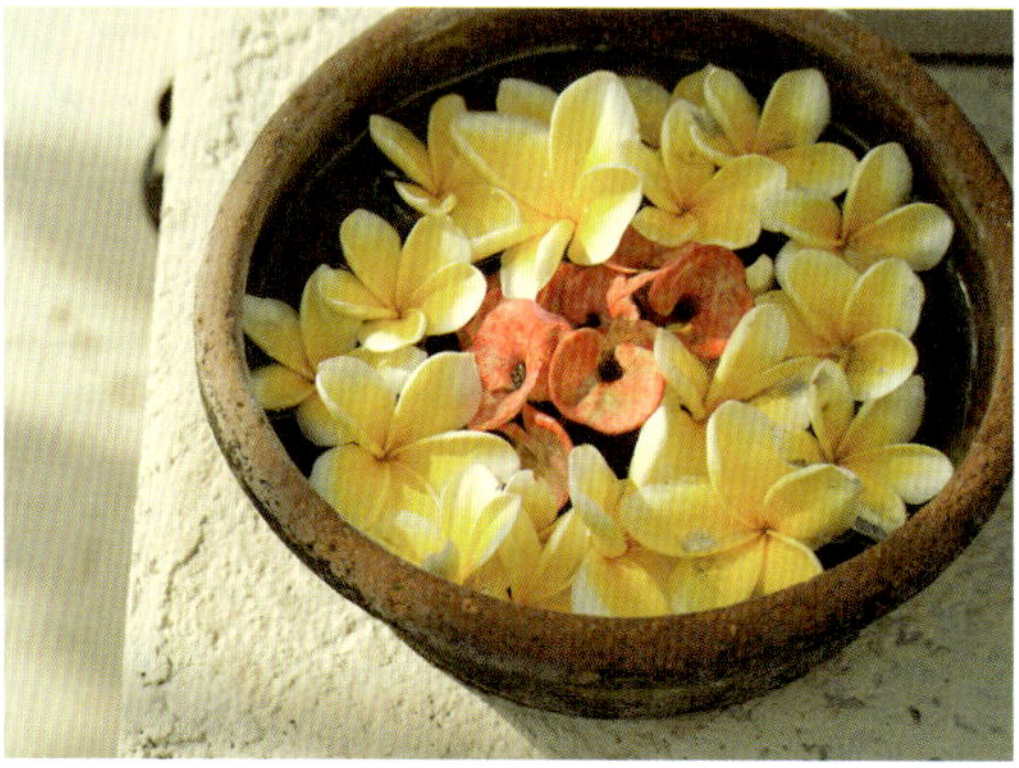

静物やそれほど動きの大きくない被写体を撮るのに有効。一般的に利用される頻度の高いAF方式です。

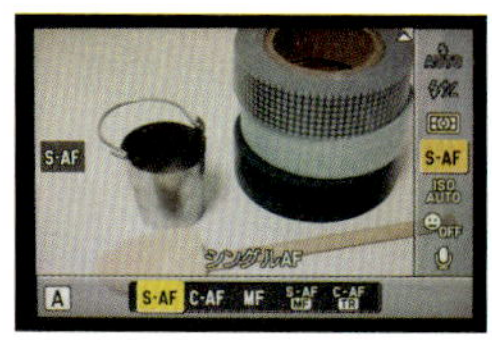

ピント合わせはAF方式で変更します。ライブコントロールを表示してAF方式を選びます。

▼ フォーカスロック

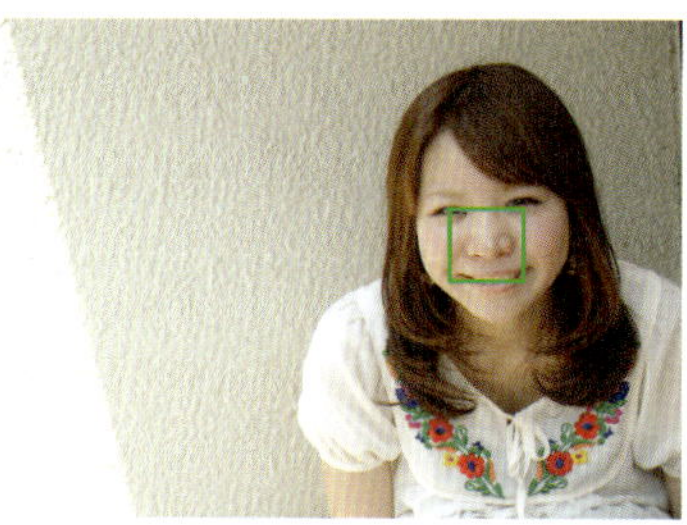

シャッターボタンを半押ししている限りピントは固定されます。ピントを合わせたまま画面を動かして撮影できます。

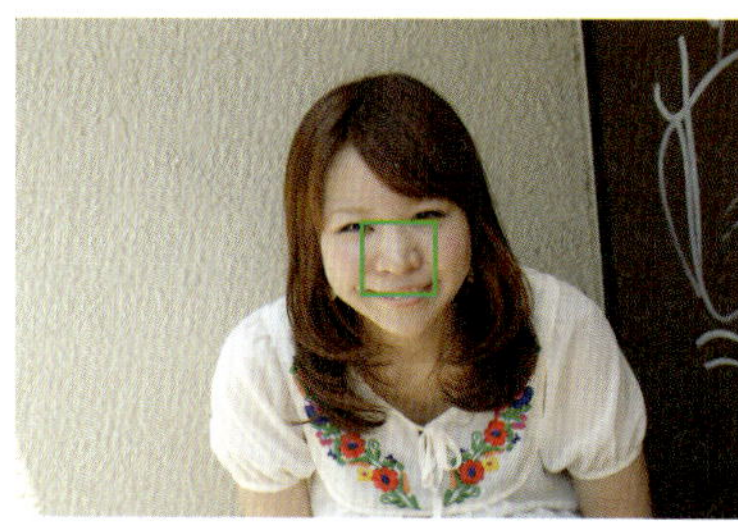

シャッターボタン半押しでピントを合わせます。

シングルAFとフォーカスロック

P14で述べたように、シャッターボタン半押しで、被写体にピントを合わせる動作をオートフォーカス（AF）と言います。実はこのAF機能には、状況に合わせいくつか種類が設けられています。その中でもっとも一般的に利用されるものがシングルAF（S-AF）です。シャッターボタンを半押しすると、一度だけピント合わせを行なうAF機能です。通常時の利用は、このS-AFで問題ありません。

また、この際に活用できる撮影手法にフォーカスロックというものがあります。シャッターボタンを半押ししている間はピントが固定される機能です。これを利用すれば、いくら画面を動かしても、〝その距離が違わない限り〟一度合わせたピントがずれることはありません。

用語解説

フォーカスリング……レンズ側面のピント合わせに使うリングのこと。AF時にこれを回すとレンズの故障につながりかねません。必ずMFで利用できる設定になっていることを確認してから操作しましょう。

▼ **MF**

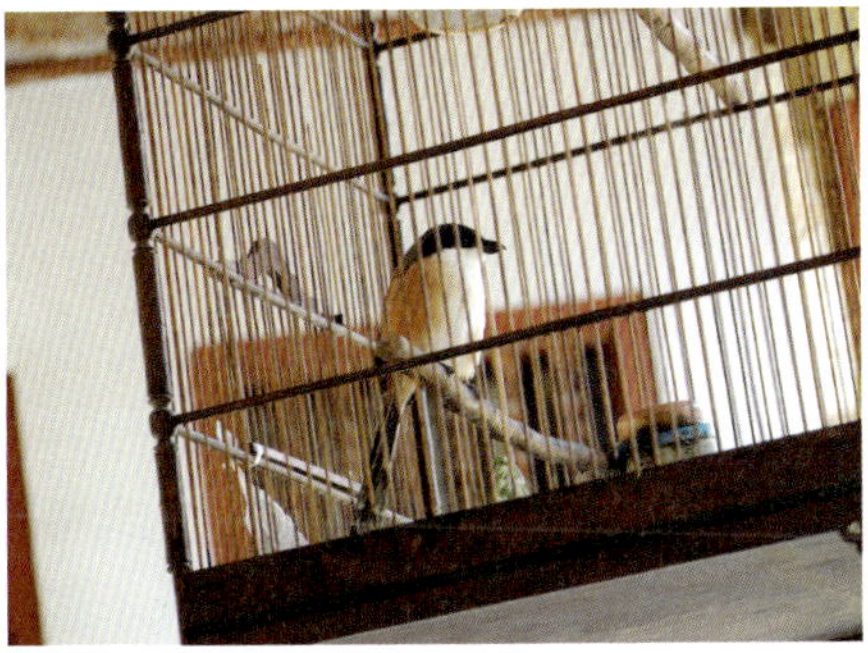

AFが利用しにくい場面や、ピントの合う場所を吟味したい場合などで有効です。この写真では、小鳥にきちんとピントを合わせたくてMFで撮影しています。

▼ **C-AF**

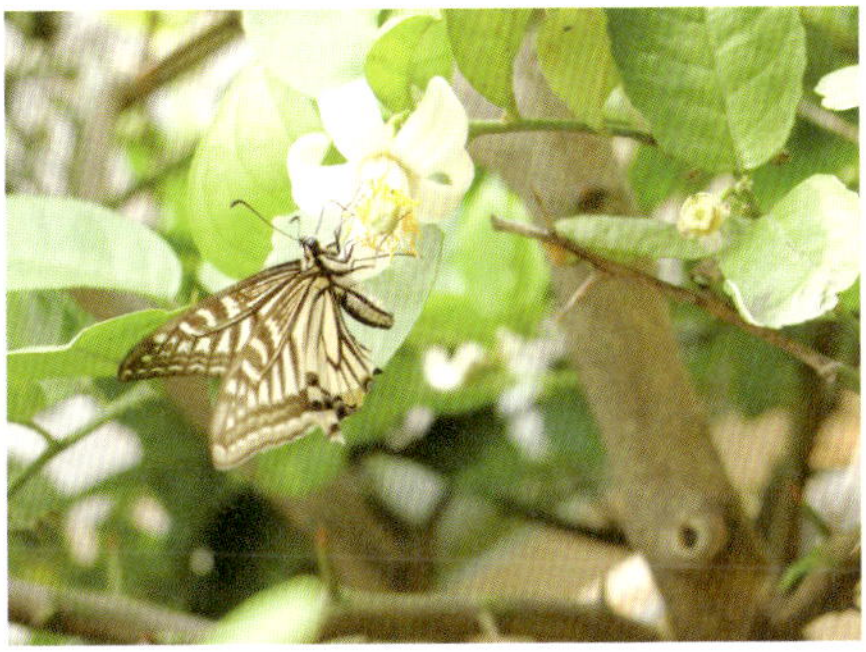

動く被写体を撮る場合に適したAF方式です。シャッターボタンを半押ししている間、常にピントを合わせ続けます。

▼ **追尾AF（C-AF＋TR）**

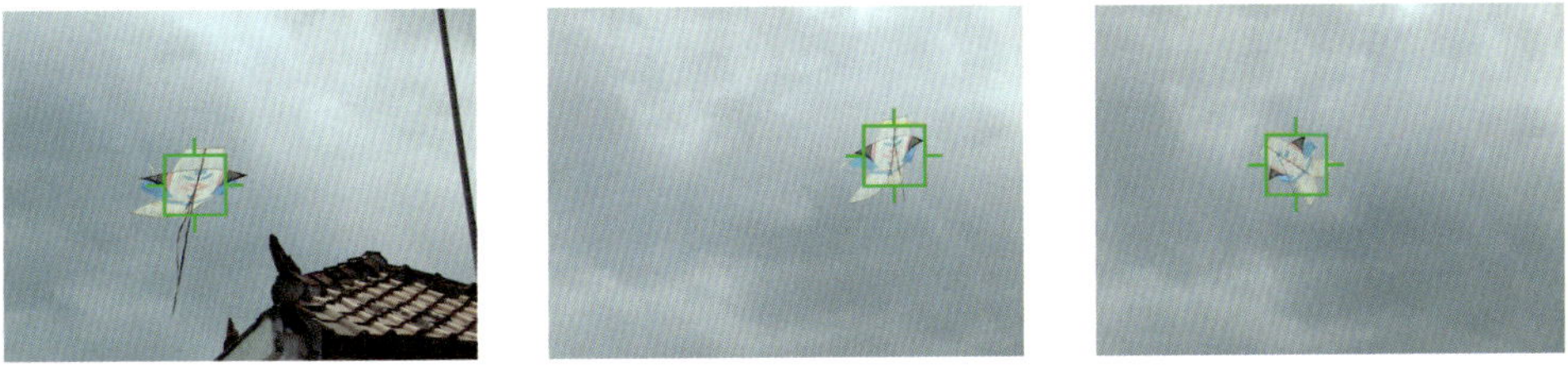

シャッターボタン半押しで、ピントの合った被写体を捉え続けている間、追尾してピント合わせの動作を繰り返してくれるAF方式です。なお被写体を見失うと、四角いAFターゲットは赤く点灯します。

コンティニュアスAFと追尾AF

シャッターボタン半押しで一度だけピントを合わせるS-AFに対し、シャッターボタンを半押ししている間、常にピント合わせを繰り返すAF方式をコンティニュアスAF（C-AF）と言います。スポーツや予測できない動きが多い子供、ペットなどの撮影に最適です。

また、一度合わせたピントを被写体の動きに合わせ〝追尾〟してくれる追尾AF（C-AF＋TR）も、ピント合わせの難しい動く被写体にはたいへん便利な機能です。これらはいずれもPENに搭載されています。S-AFだけでなく、被写体に合わせてAF方式を切り替えてみましょう。

なお自らフォーカスリングを回してピントを合わせることもできます。これをマニュアルフォーカス（MF）と言います。

Chapter 3-3

ピント合わせのいろいろな方法 ―その2―

十字ボタンの左を押すと、液晶モニターにAFターゲットの選択項目が表示されます。

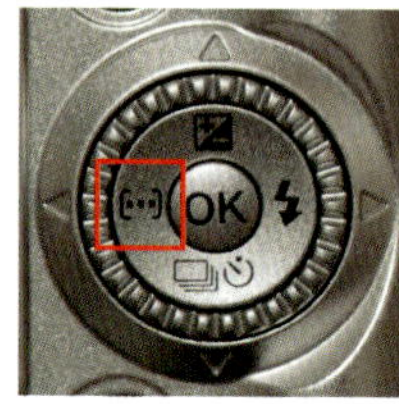

▼ オールターゲット

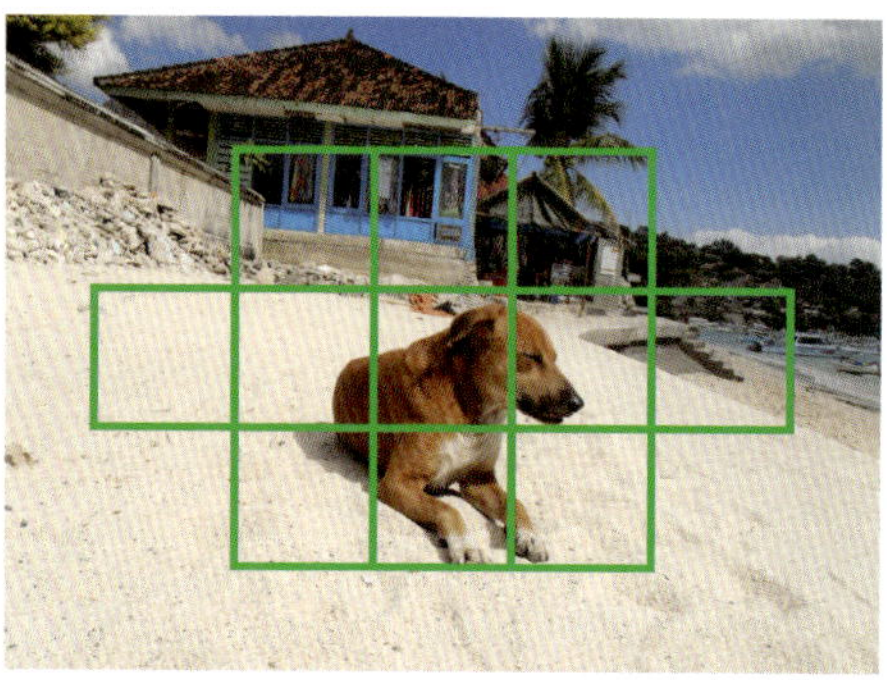

AFターゲットの選択画面で、このように緑の枠が全体を囲っている状態がオールターゲットです。各AFターゲットの中からカメラが自動でピントを合わせます。

▼ シングルターゲット

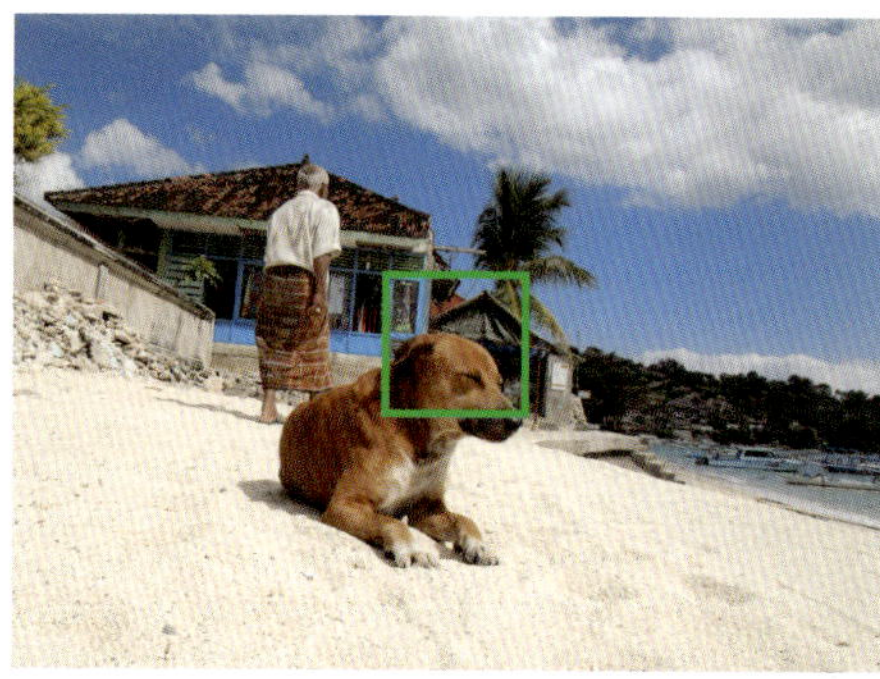

各AFターゲットの中から好きなものを選びます。緑の枠が選択されたAFターゲットを意味し、この部分でピント合わせを行います。

AFターゲットを選択する

前ページではAFを行う方式を見てきましたが、そもそも画面の中の〝どこの部分で〟AFを行うのか、ということも、カメラで設定することができます。

E-PL2場合、画面の中に11点のエリアが設けられ、好きな部分を選択できるようになっています。このひとつひとつのエリアが先に述べたAFターゲットです。

そして、11点の中からAFターゲットをひとつ選び、そこを基準にピント合わせを行う行為をシングルターゲットと言います。

また、AFターゲットすべてを有効にすることもできます。これは、11点のAFターゲットの中から、カメラが被写体に合わせ、自動でピント合わせを行うというものです。これをオールターゲットと言います。

用語解説

顔検出 … ちょっとした補足ですが、顔の検出はAFだけでなく、MF使用時にも適応されます。顔検出されると白い枠が表示されます。

顔優先AF

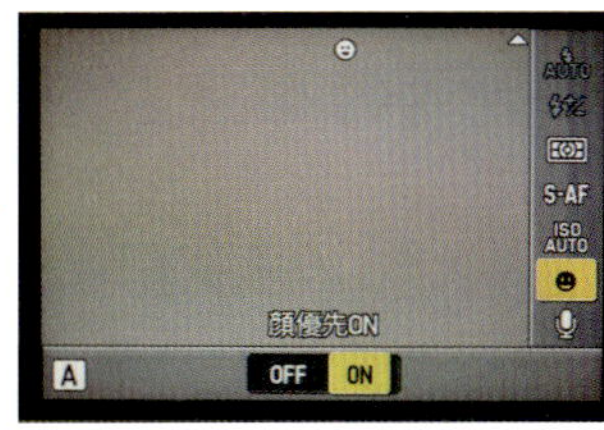

ライブコントロールで顔優先を選択し、設定をONにします。

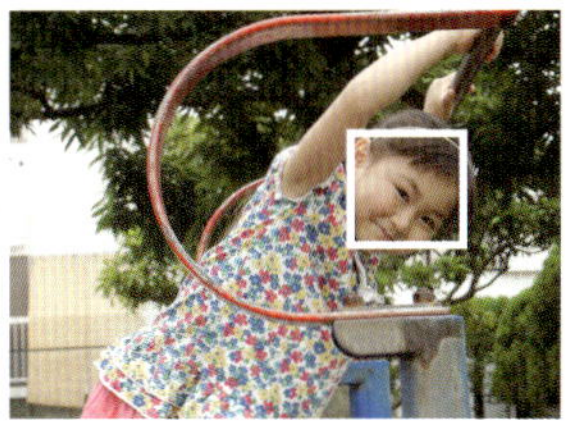

カメラが被写体の顔を検出すると、白い枠が顔に表示され、シャッターボタン半押しでピントが合うと枠が緑に変わります。

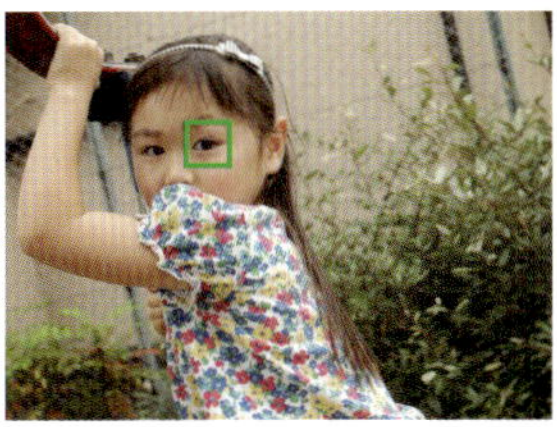

被写体の目で検出されると、自動的に目に緑の枠が点灯し、ピントが合わされます。

拡大枠AF

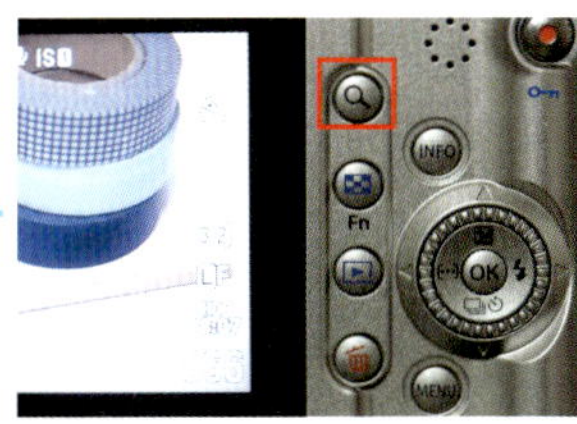

通常の撮影時の画面から🔍ボタンを押します。

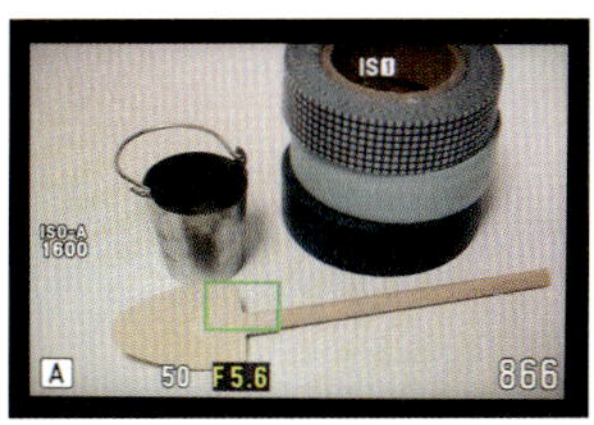

すると、拡大枠が点灯します。十字ボタンの上下左右で拡大枠の位置は変更できます。

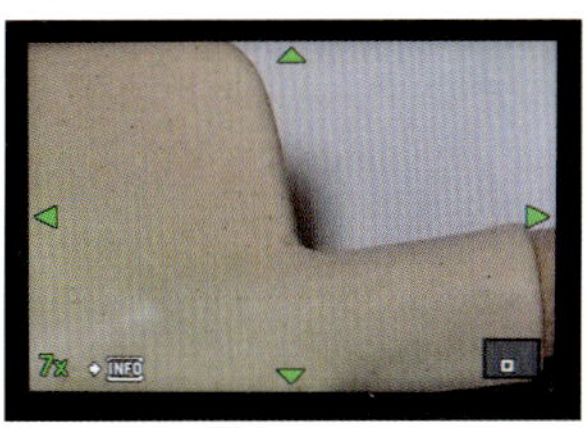

INFOボタンを押し、十字ボタンの上下を押すと拡大倍率を変更できます。最終的にシャッターボタン半押しでピントを合わせ撮影します。

顔優先AFと拡大枠AFの活用

　PENで利用できる便利なAF機能に、人物の顔に自動でピント合わせを行う顔優先AF（顔検出機能）があります。人物の顔を自動で検出してピント合わせを行う機能です。なおE-PL2では、被写体の瞳で検出できるため、表情にきっちりピントを合わせて撮影することができます。記念写真や子供の撮影などで重宝する機能です。

　また、ピント合わせの精度を向上させる機能に拡大枠AF（拡大表示）があります。これは、被写体を拡大表示させたうえで、ピント合わせを行う機能です。ピントがきちんと合っているのか確認しながら撮影に臨むことができます。拡大倍率も変更できるため、被写体の大きさやその距離に応じて自分で調整しながら利用してみましょう。

Chapter

3-4 好きなボケ味で撮る

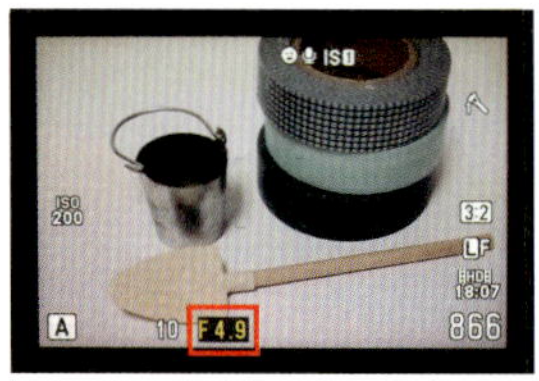

この部分が絞りの数値の表示です。数字が小さいほどボケ味が豊かになります。

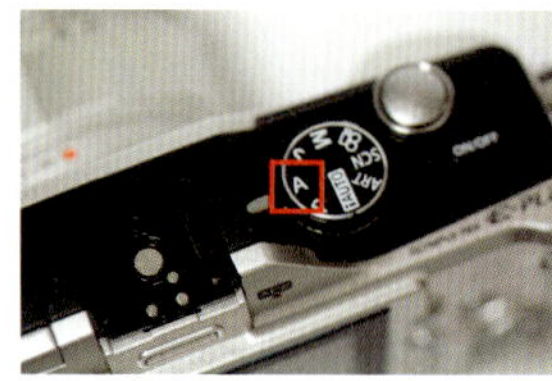

モードダイヤルをAに合わせ、コントロールダイヤルを回すと絞りの数値を変更できます。

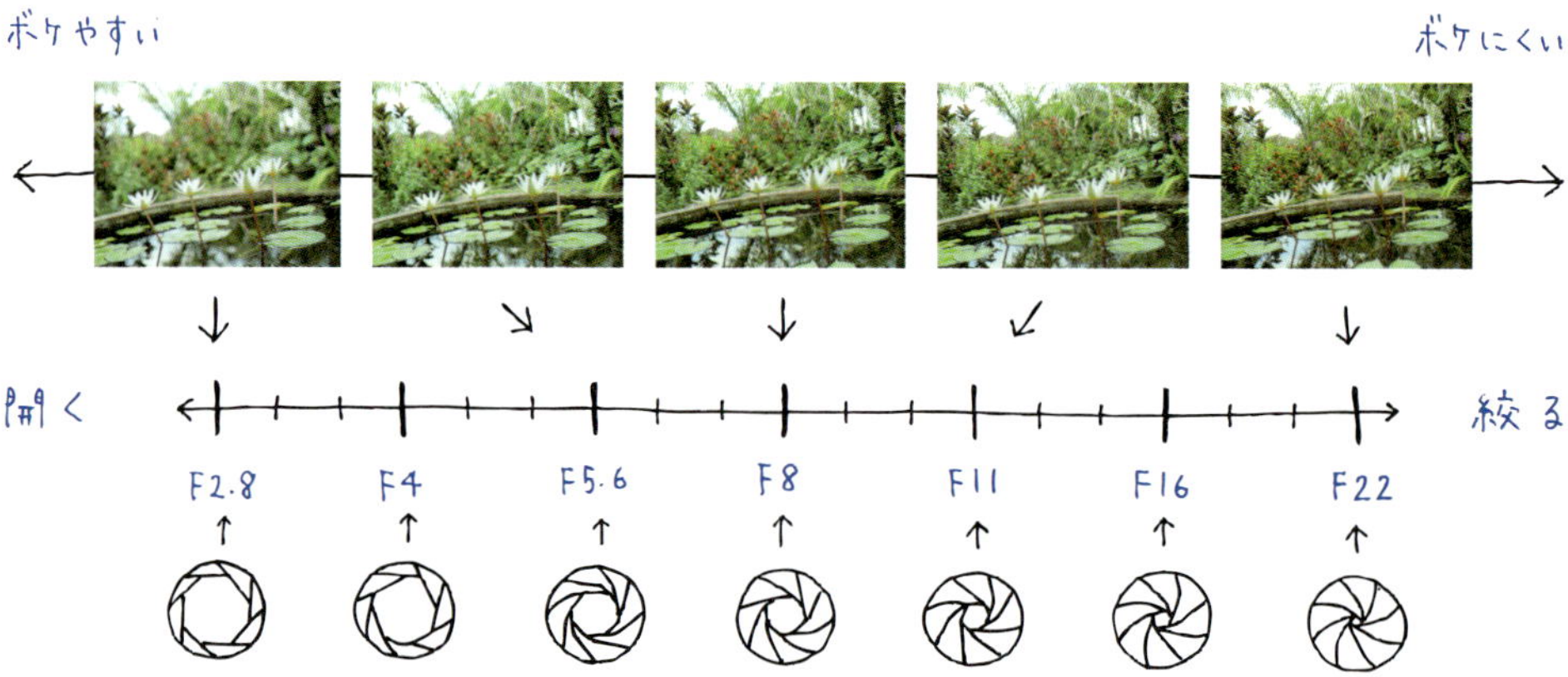

このように絞りの数値（F値）は小さいほど、絞り穴そのものは大きくなります。ちょっとややこしいですが、慣れてしまえばそれほど難しくありません。

絞りの仕組みと絞り優先撮影

背景をぼかしたり、手前から奥までピントを合わせて撮りたい場合には、モードダイヤルをA（絞り優先撮影）に合わせます。Aは、絞りの数値を自分で決めることができるモードです。絞りとは、カメラに光を通す穴のこと。この穴が大きいほどボケ味が豊かになり、小さいほどピントが手前から奥まで合いやすくなります。

この絞り穴の大きさは数値化されています。「F＋数字」で表され、数字が小さいほど絞り穴は大きくなり、数字が大きいほど絞り穴は小さくなります。簡単に言えば、このF値を小さくすればボケ味は豊かになり、F値を大きくするほど手前から奥までピントが合いやすくなります。ピントが合う幅を調整することができるのがAモードです。

用語解説

絞り穴 …… 絞り穴はその大きさを変える際に、「開く」もしくは「絞る」を使うことがあります。具体的には、「絞りを開く」（絞り穴を大きくする）といった場合は、F値を小さくすることを意味し、「絞りを絞る」（絞り穴を小さくする）といった場合には、F値を大きくすることを意味します。

▼ **F5.6で撮影**

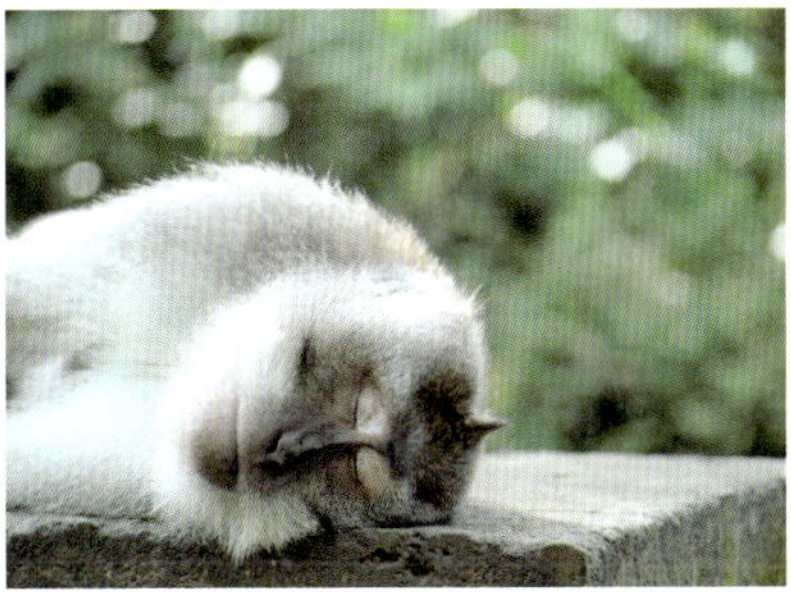

ボケを大きくすると、光が玉のように写ることが。背景にうまく持ってくるととてもきれいです。

▼ **F4.0で撮影**

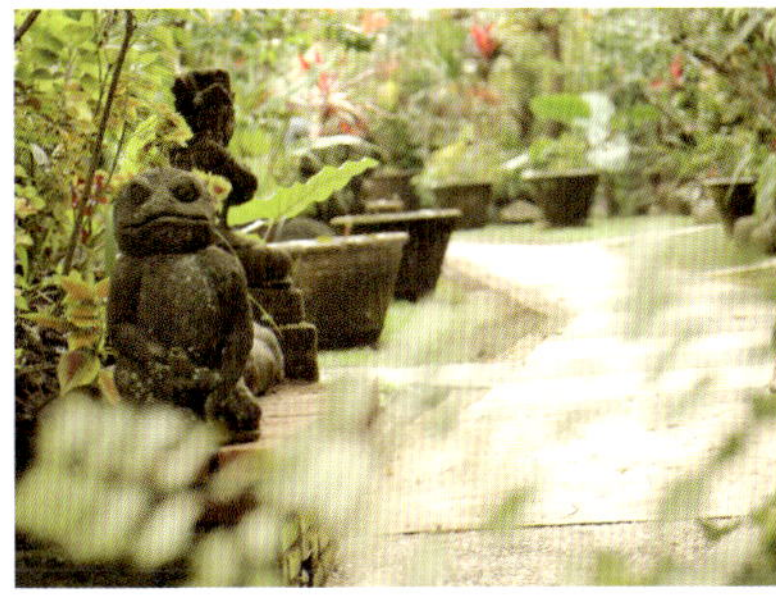

手前に大きなボケを置くと、画面に奥行きが生まれ、より被写体が印象的に仕上がります。

▼ **F11で撮影**

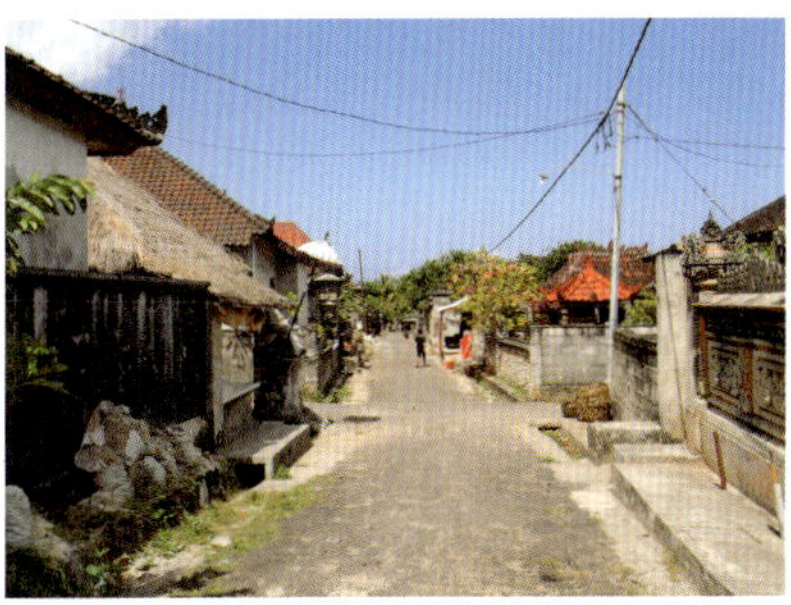

手前から奥までピントを合わせたほうが情感の出る被写体もあります。うまく使い分けましょう。

▼ **F4.0で撮影**

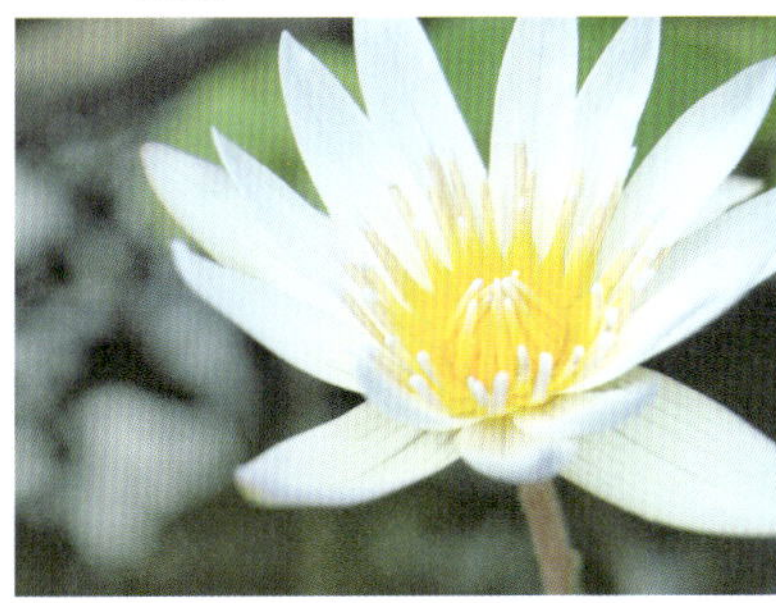

ボケ味を大きくしながら、被写体に寄って撮影すると、ボケの程度がより強調されふんわりとした描写に。

絞りの効果を生かした撮影方法

ボケの効果がうまく扱えるようになると、「前ボケ」や「後ボケ」といった撮り方が楽しめるようになります。手前や後ろに意図的に大きなボケを置く撮り方で、画面に奥行きが生まれ、主役の被写体がより印象的に仕上がります。特に前ボケは画的に変化が出やすく、画面作りのアクセントにもなります。なお、ボケ味を大きくする撮り方は、ピントの合う範囲が狭まるため、その分ピント合わせも難しくなるので注意しましょう。

ここまでを見ると、Aモードはライブガイド（P26）の「背景をぼかす」の応用だということがわかります。つまり、「背景をぼかす」をより詳細に〝絞りの数値を使って〟自分で調整することができるのがこのAモードだということです。

Chapter 3-5

好きな シャッター速度で撮る

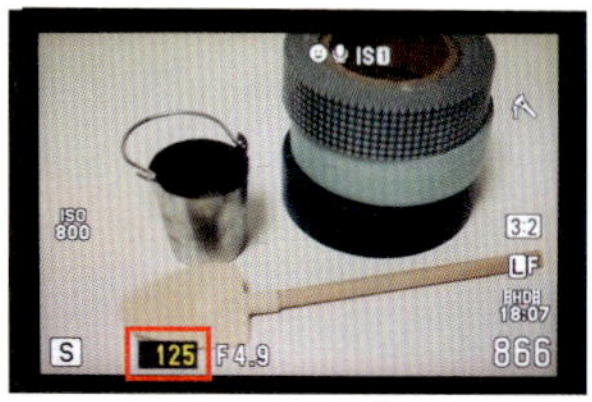

この部分がシャッター速度の数値の表示です。「125」とは1/125秒を意味します。

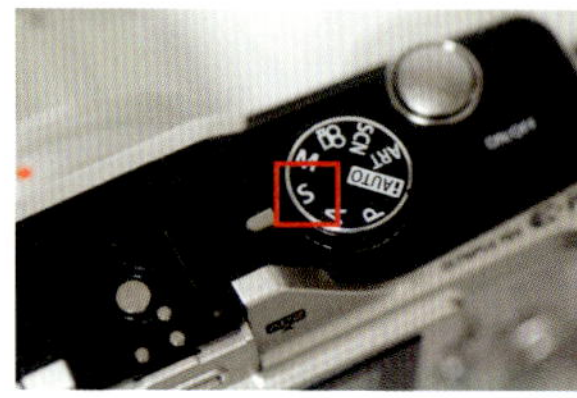
モードダイヤルをSに合わせ、コントロールダイヤルを回すとシャッター速度の数値を変更できます。

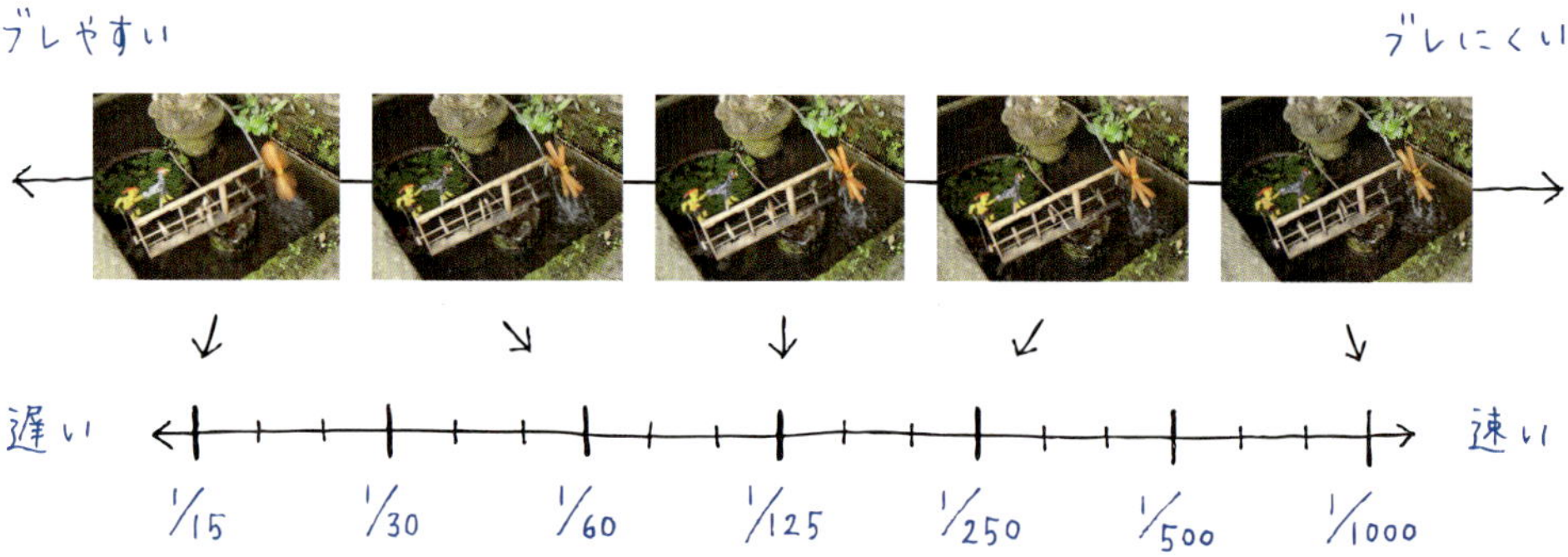

シャッター速度は速いほど、このように被写体を止めて写すことができます。絞りとは異なり、描写と数値の変化はわかりやすいです。

シャッター速度の仕組みとシャッター優先撮影

ライブガイドの「動きを表現する」をより詳細に設定して撮れるのがモードダイヤルのS（シャッター優先撮影）です。シャッター速度を自分で選択できるモードです。

シャッター速度とは、カメラが光を取り入れるためにシャッターを開けておく〝時間〟のこと。これが速いほど、動く被写体を止めて写すことができ、遅いほど、動く被写体をぶらして撮れるようになります。

この〝止めて写すか、ぶらして写すか〟は、被写体の動く速さにも依存します。ですから、1／125秒で撮れば被写体はぶれないということではありません。被写体の動きの速さに合わせ、いくつかシャッター速度を試しながら、撮影を行いましょう。

用語解説

被写体ぶれ … カメラが動いてしまい写真がぶれてしまう手ぶれに対して、被写体が動いてぶれてしまう現象を被写体ぶれと言います。こちらはシャッター速度よりも速く動く被写体で起こりやすい現象です。

▼ 1/1000秒で撮影

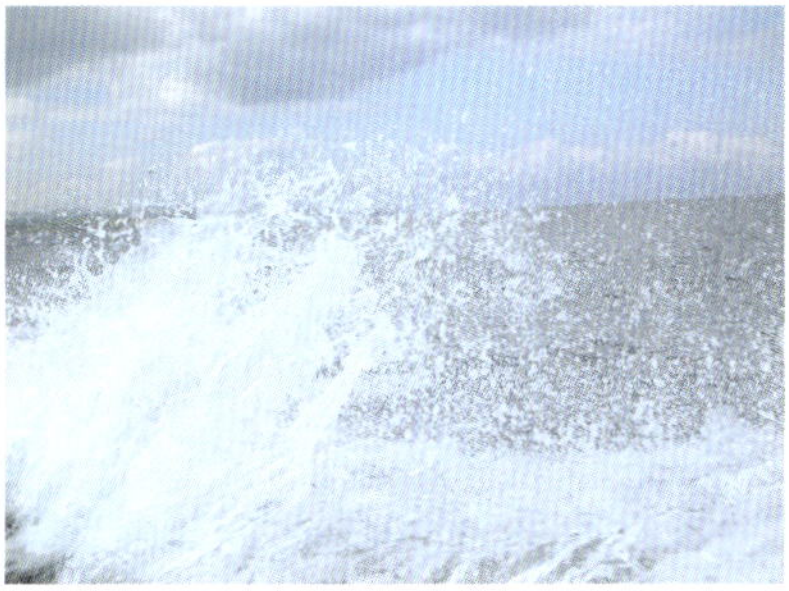

水などを被写体にすると、肉眼では見られない水滴が写せたりして楽しいです。

▼ 1/500秒で撮影

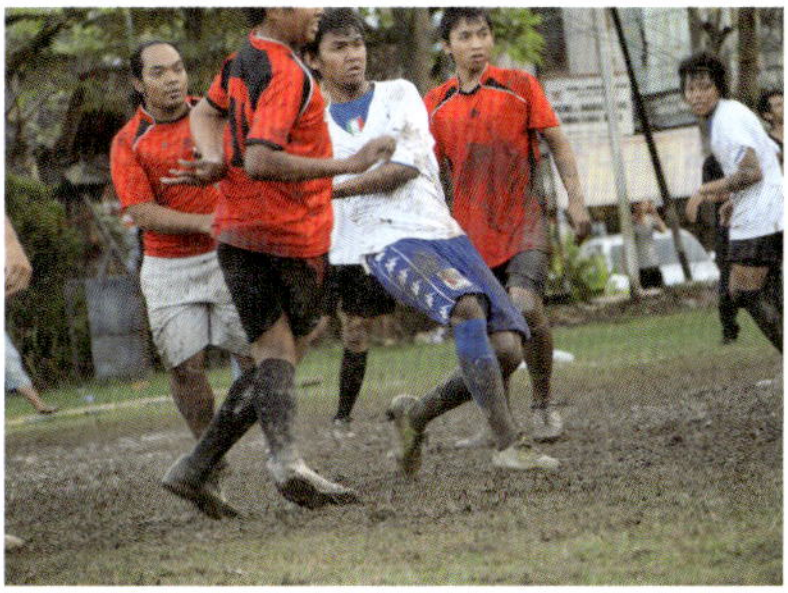

高速でとらえることで、より臨場感のある写真が撮れます。人物の場合は、表情もうまく狙ってみましょう。

▼ 10秒で撮影

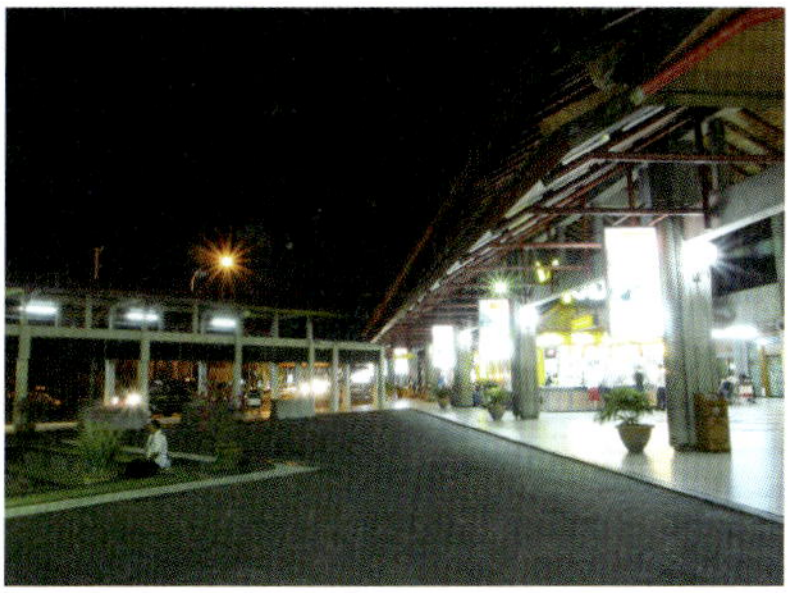

10秒、20秒…と超低速で撮影することを長時間露光と言います。低速ならではの描写が楽しめます。

▼ 1/30秒で撮影

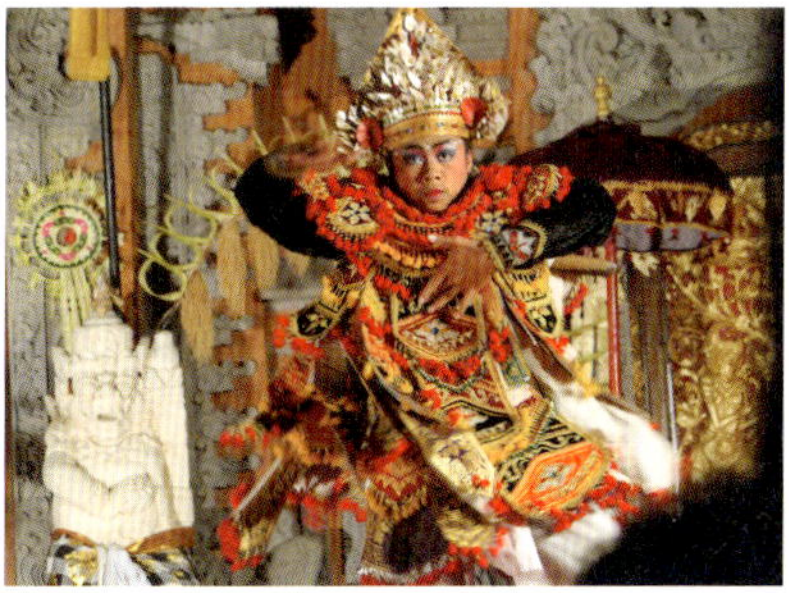

低速でシャッターを切ると、動いている部分だけがぶれて、より動感を強調した仕上がりも楽しめます。

シャッター速度の効果を生かした撮影方法

シャッター速度を大きく変化させた撮影は、肉眼では決して見ることができない描写で被写体を切りとることができます。例えば、スポーツなど動きの速い被写体に対してシャッター速度を速くすれば、細かい体のしぐさや動き、表情がその臨場感とともに表現することができます。逆に低速にすれば、川の水流などは白糸がまるで流れているかのように美しく撮影することができます。

なお、動きの少ない被写体を相手にした場合、三脚を使わず手持ちでぶらさずに撮影できるシャッター速度の基準は、だいたい1／60秒から1／125秒以上です。1／30秒以下になると、手ぶれや被写体ぶれが起りやすくなります。目安として覚えておくといいでしょう。

補足解説

絞りとシャッター速度の関係

蛇口 ＝ 絞り

水 ＝ 光

水を入れている時間 ＝ シャッター速度

コップが水でいっぱいになる状態 ＝ 適正露出

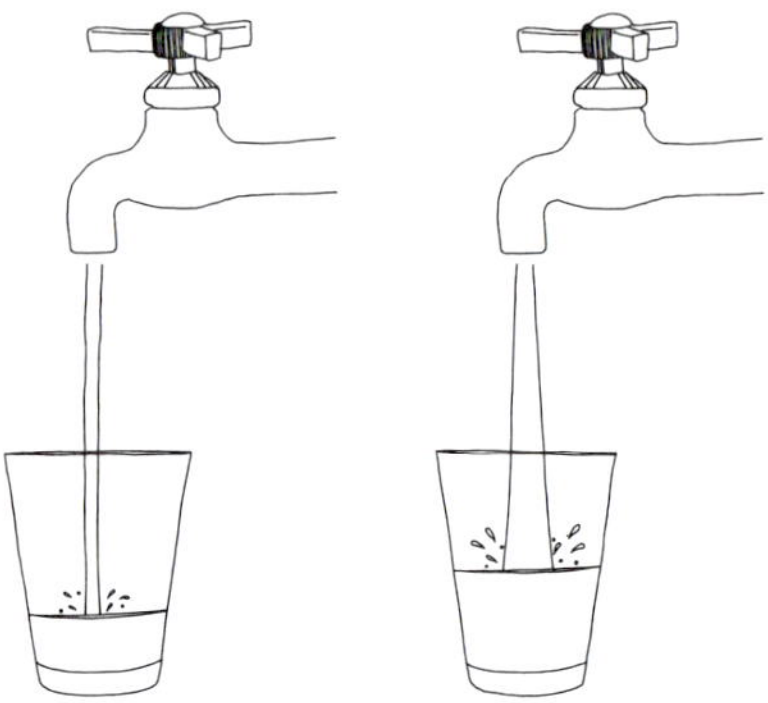

絞りとシャッター速度の関係は、コップに水を注ぐ行為に似ています。例えば、シャッター速度を遅くして撮影したければ（水がいっぱいになるまでの時間を長くしたければ）、絞りの穴は必然的に小さくなる（蛇口をその分閉める必要がある）のです。

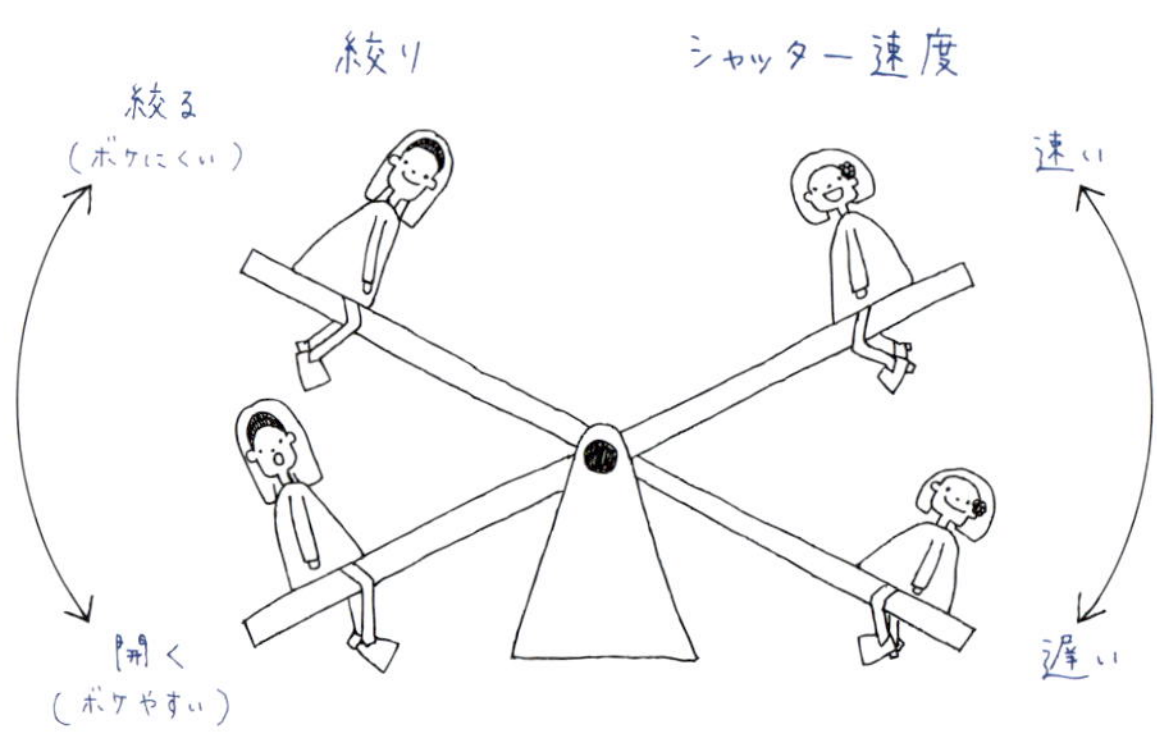

このように絞りとシャッター速度は連動しています。本文中では絞りの変化を例にしましたが、当然、逆から見ると、遅いシャッター速度で撮ろうとすれば、背景までピントが合いやすくなりますし、高速シャッターで撮影しようとすればボケ味はその分増すということになります。

コップに水を注ぐ行為に倣って

ここまで絞りとシャッター速度を個別に見ましたが、実はこれらは互いに関わり合っています。その好例がコップに水を注ぐ動作です。蛇口を開けば、水の勢いは増しコップはすぐに水でいっぱいになります。逆に蛇口を閉め水の勢いを弱めると、コップが水でいっぱいになるまでの時間は長くなります。

これを絞りとシャッター速度の関係に当てはめます。絞りの穴を大きくすれば、一度にたくさんの光が入るため、シャッター速度は速くなります。逆に、絞りを絞って穴を小さくすると、シャッター速度は遅くなります。

つまり、ボケ味を生かす場合は、シャッター速度は速くなり、背景までピントを合わせようとすると、シャッター速度は遅くなるということです。

用語解説

露出 — カメラに光を取り入れ、像を写す行為そのものを露出と言います。明るさを指す言葉として用いられることも多く、例えば、写真の明るさが狙い通りに撮れていない状態を「露出が合っていない」などと言ったりします。

適正露出 — 適正の明るさを適正露出と言います。基本的には、目で見えている状態の明るさが、適正露出の基準になります。きちんと目で見えている状態で撮れた写真を「適正露出で撮った写真」と言ったりします。

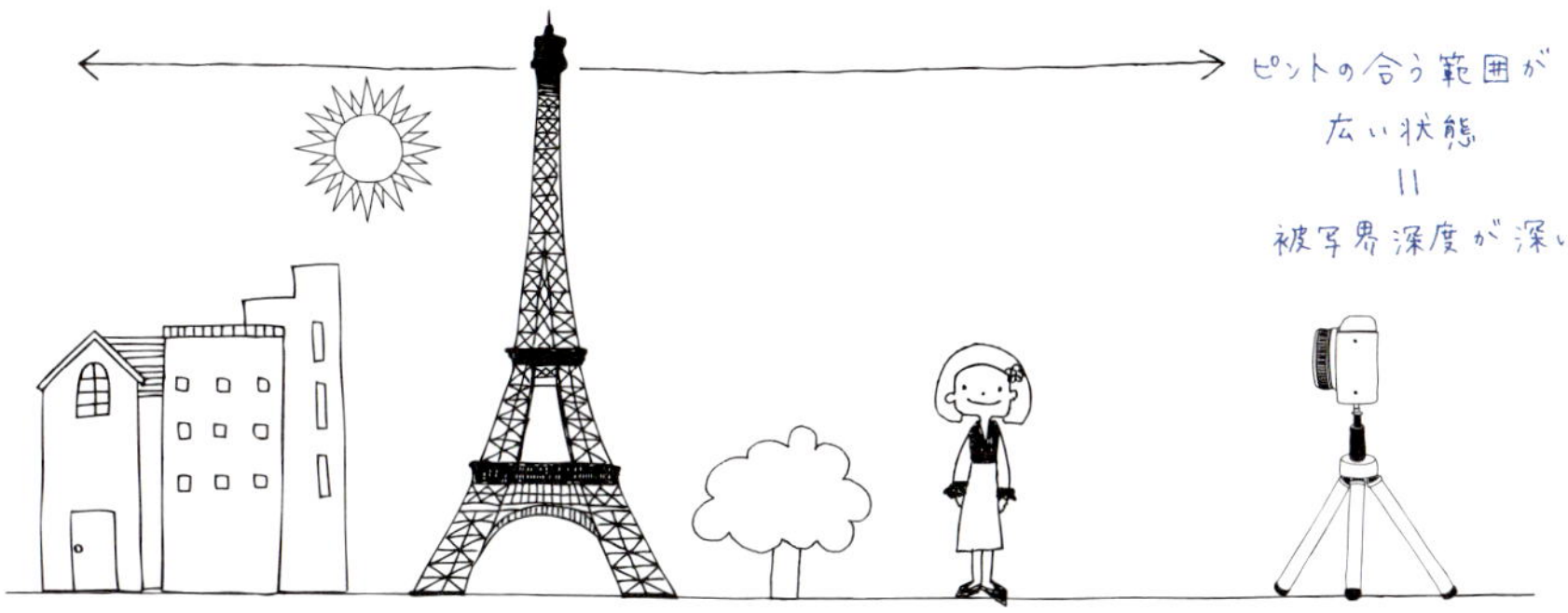

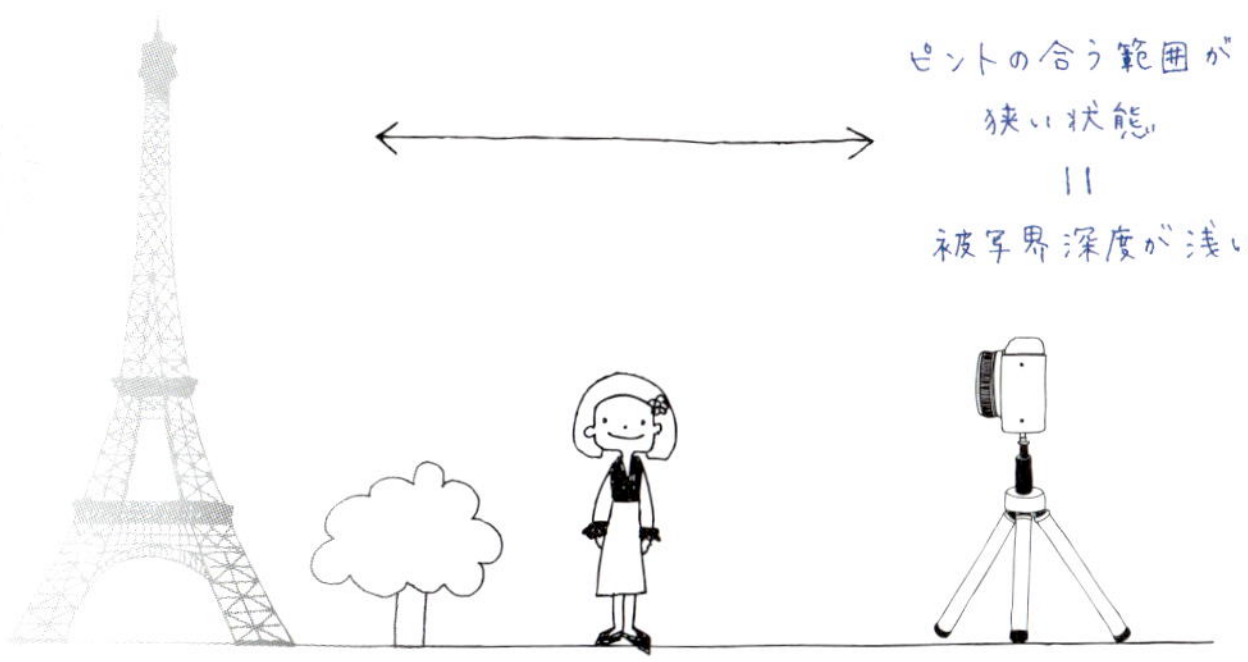

厳密に手前から奥までピントがしっかり合っている状態のみを被写界深度が深いと言うわけではありません。その傾向の強い写真全般を指す用語だと理解しましょう。被写界深度が浅い状態も同様です。

被写界深度の話とまとめ

写真には被写界深度という言葉があります。端的に言うと、ボケ味の程度を表す言葉です。ボケ味が豊かでピントの合う範囲が狭い状態を「被写界深度が浅い」と言います。逆に、手前から奥までピントが合っているような状態を「被写界深度が深い」と言います。写真用語としてたまに耳にしますから、頭の片隅に入れておきましょう。

ここまで絞りとシャッター速度の関係を具体例と合わせて見てきました。これらの内容から、そもそもAモードとは自分が決めた絞りの数値に合わせ〝シャッター速度がオートで決まる〟モードであり、Sモードは逆に自分で決めたシャッター速度に見合う〝絞りの数値がオートで割り出される〟モードだということがわかります。

Chapter

3-6 好きな明るさで撮る

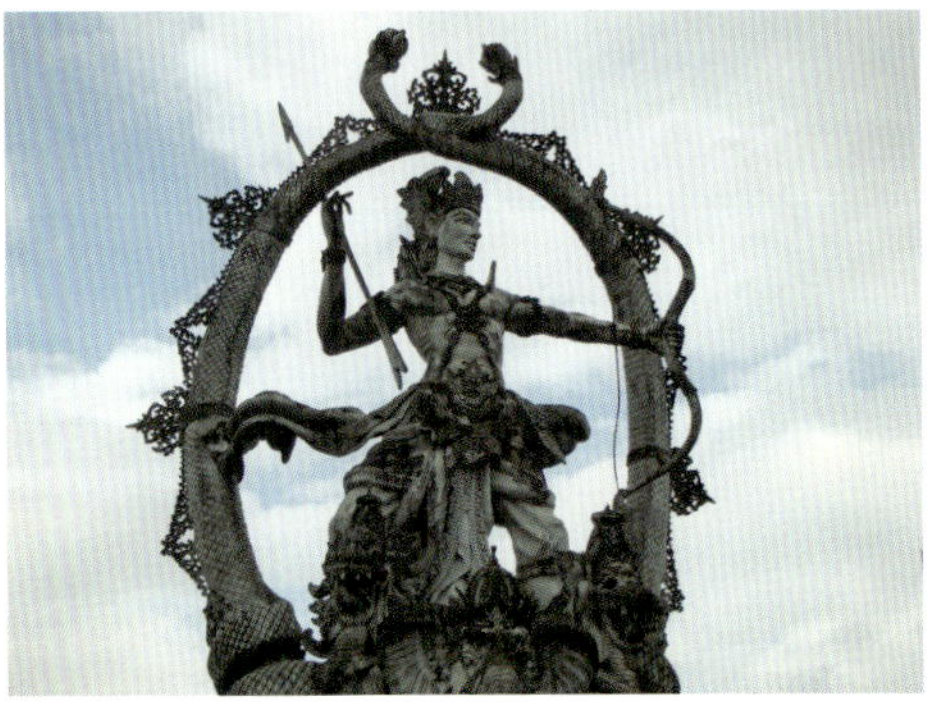

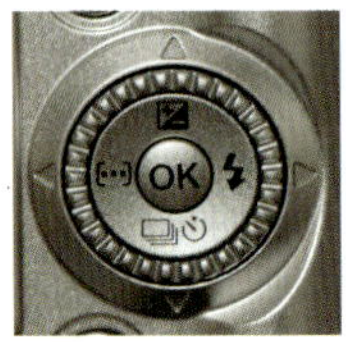

コントロールダイヤルの☑ボタンを押します。

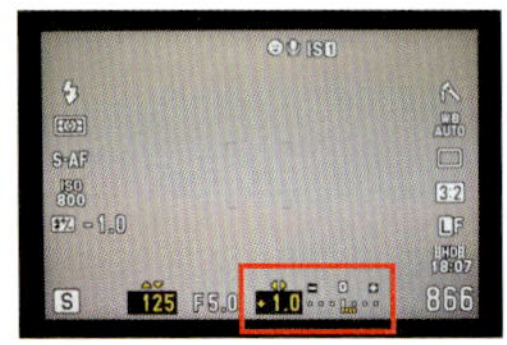

液晶モニター上の絞りの数値の隣に数字が表示されます。コントロールダイヤルを右に回すとプラスに数字が移動し、写真が明るく写ります。逆に左に回すとマイナスに数字が移動し、暗く写ります。

▼ 暗め

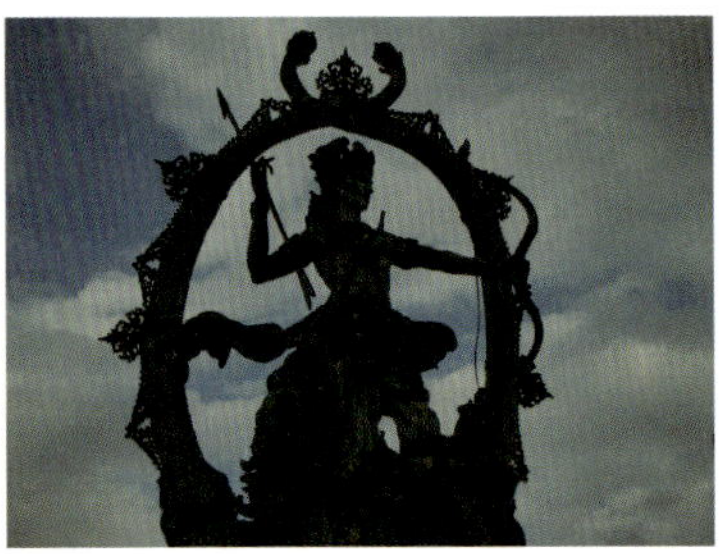

暗い写真は重厚感を演出できます。

▼ 明るめ

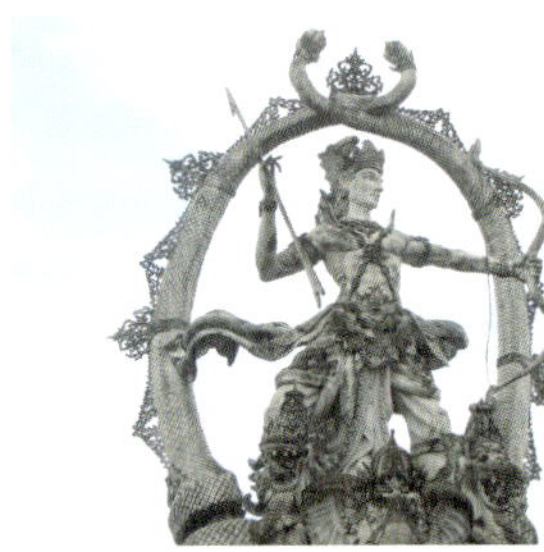

明るい写真は温かみのある仕上がりになります。

便利な露出補正機能

カメラは基本的に、目で見えている明るさで写そうとします。つまり前ページで説明した適正露出で写そうとします。しかし、この明るさはカメラの機能を使って変更することができます。淡く優しい印象から重厚感のある仕上がりまで、その被写体に合わせ、明るさを〝段階的に〟変えることができるのです。

　この機能を露出補正と言います。絞りやシャッター速度の変更と同様、もっとも利用する機会の多い機能のひとつです。ぜひ、使い方を覚えてさまざまな場面で活用してみましょう。

　なお、ライブガイドの「明るさを変える」は、露出補正をガイドに従って操作できるオートモードです。露出補正の機能のほうが、より細かい設定が可能です。

用語解説

モードダイヤルのM……マニュアルモードの略で、絞りとシャッター速度の数値の両方を、自分で決めて撮影を行うモードです。

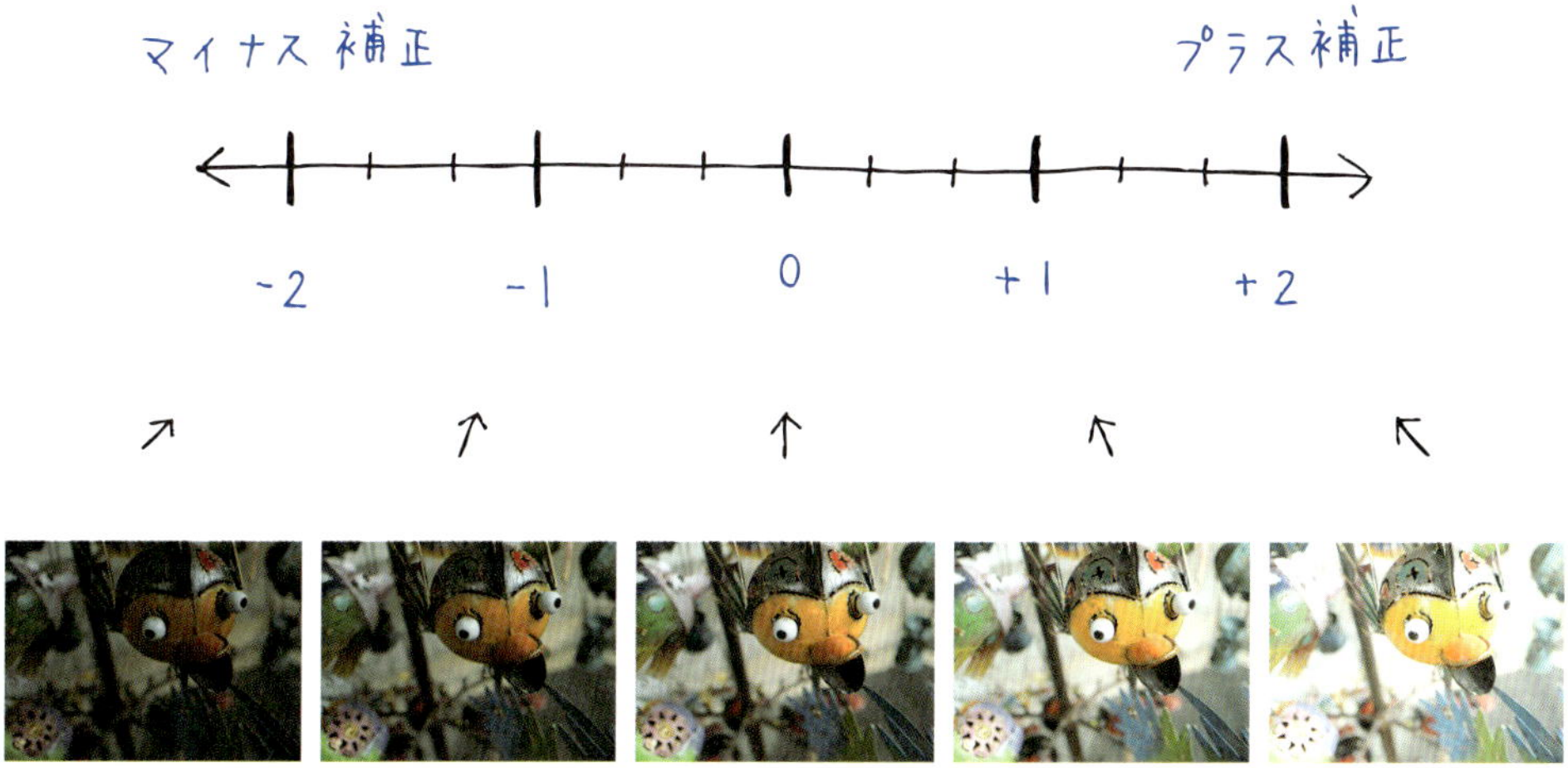

数値の変化でこのように明るさが変わります。なお、数字をプラスに移動させることを「プラス補正する」、数字をマイナスに移動させることを「マイナス補正する」と言います。また、明るくなっている写真を「露出オーバーの写真」、暗くなっている写真を「露出アンダーの写真」などと言います。

具体的な使い方

PENの露出補正は、+3から-3の間で数値を変えることで、明るさを調整します。プラスに進むほど明るく写り、マイナスに進むほど暗く写ります。±0が適正露出になります。また、単位は〝EV〟で表示します。これは露出を意味する名称で、例えば+1EVとは、プラスに1段ほど露出補正を行った状態であり、それだけ写真が明るく写ることを意味します。

数値のステップ(数値の刻み方)は、カスタムメニューで1/3EV、1/2EV、1EVのいずれかの中から選べるようになっていますが、基本的には初期の設定値の1/3EVで問題はありません。なお、露出補正はすべてのモードで使えるわけではなく、Mやシーンモードなどでは扱うことができません。

補足解説

露出補正の仕組み

適正露出の状態

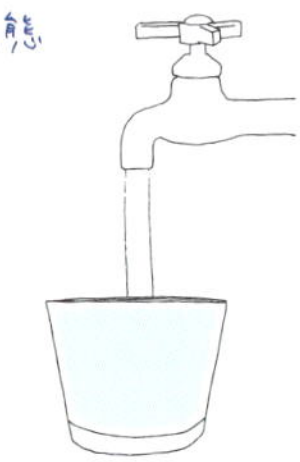

→

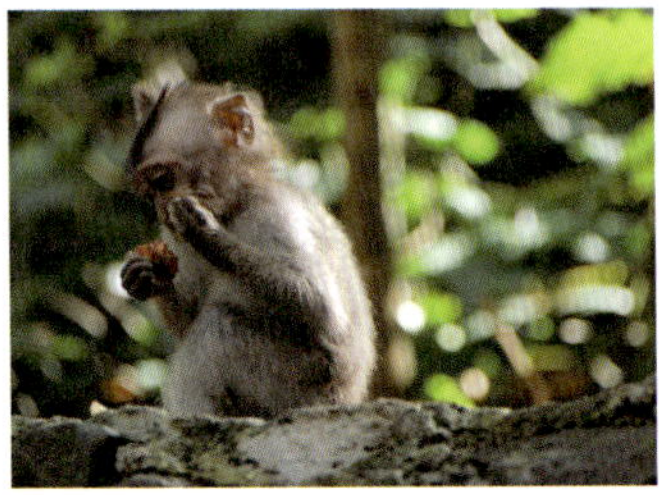

適正露出の状態

コップの中が水で満たされている状態といっしょです。基本的にカメラはこの状態で写すことを基準にします。

プラス補正した状態

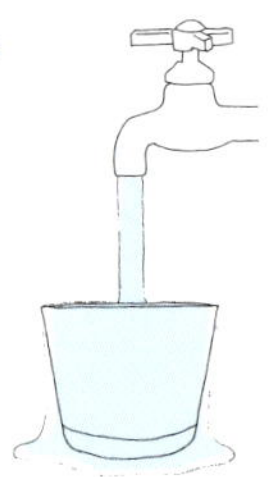

→

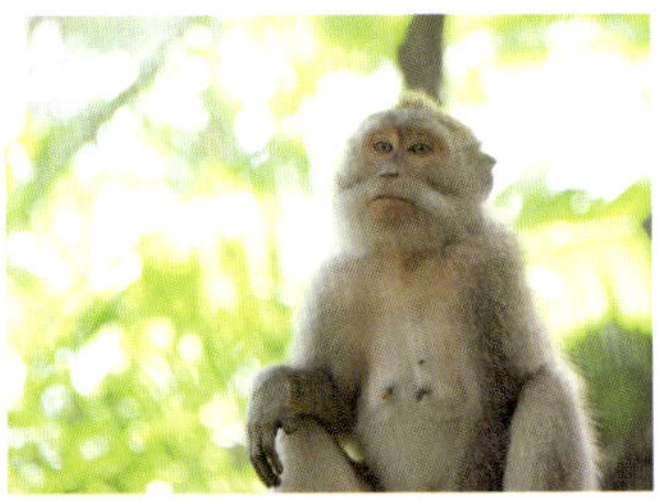

プラス補正した状態

明るめに写すということは、コップの中に水を入れすぎた状態です。適正露出で撮るよりも、シャッター速度は遅くなり、ボケ味は大きくなる傾向にあります。

マイナス補正した状態

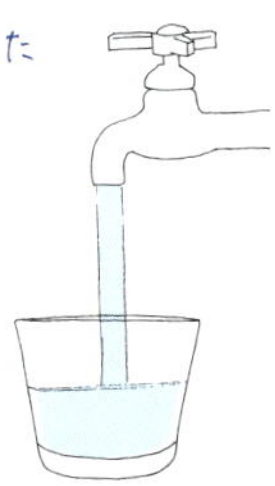

→

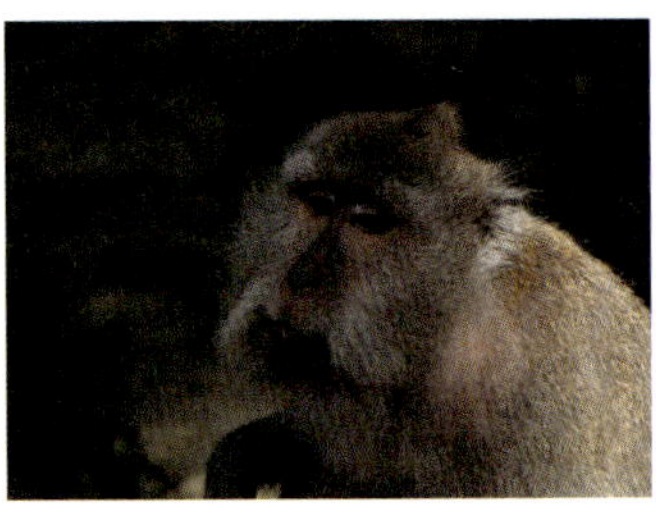

マイナス補正した状態

暗めに写すということは、コップの中に水が足らない状態です。すなわち、適正露出で撮る時よりも光を多く取り込まないということです。ですから、適正露出で撮るよりも、シャッター速度は速くなり、ボケ味は乏しくなります（背景までピントが合いやすくなります）。

明るい写真を撮るということ

ここでは、利用頻度の高いプラス補正を主体にして、露出補正時にカメラ側で行われている動作を少しだけ覗いてみます。

P46では、コップが水で満たされた状態を適正露出と言いました。実は明るい写真というのは、カメラの中に光を入れすぎた状態（コップから水が溢れた状態）を指します。例えば、絞りを自分の好きな数値に固定して撮影を行うAモードでプラス補正を行うと、光を多く取り込もうとするために、適正露出で撮る時よりも、シャッター速度が遅くなります。一方、Sモードの場合には、ボケ味が通常時よりも大きくなります。このように、写真の明暗を変化させるということは、絞りやシャッター速度が変化することを意味するのです。

用語解説

明るい海辺を撮る …… 明るい海辺は白い被写体ではありません。しかし、白い被写体同様、カメラは海辺の明るさを“明るすぎる”と判断して暗めに写してしまう傾向があります。そういった場面にも露出補正は有効です。

▼ +1EVで撮影

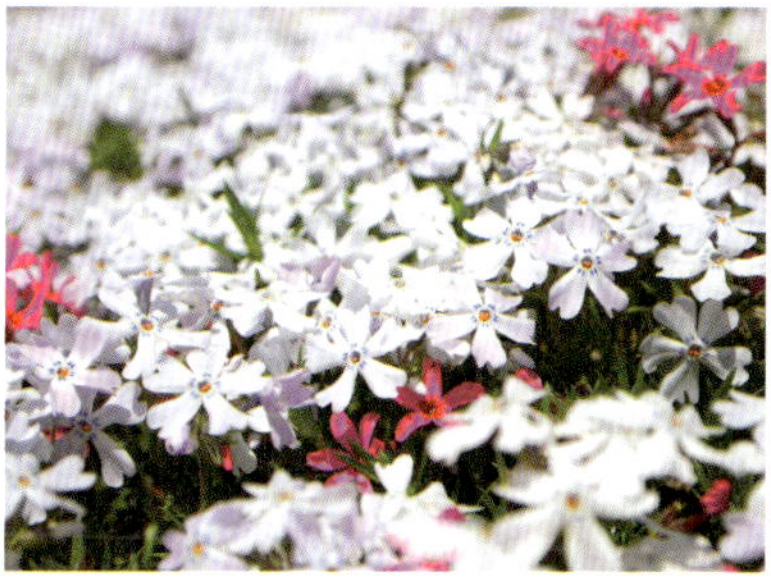

▼ 露出補正なし

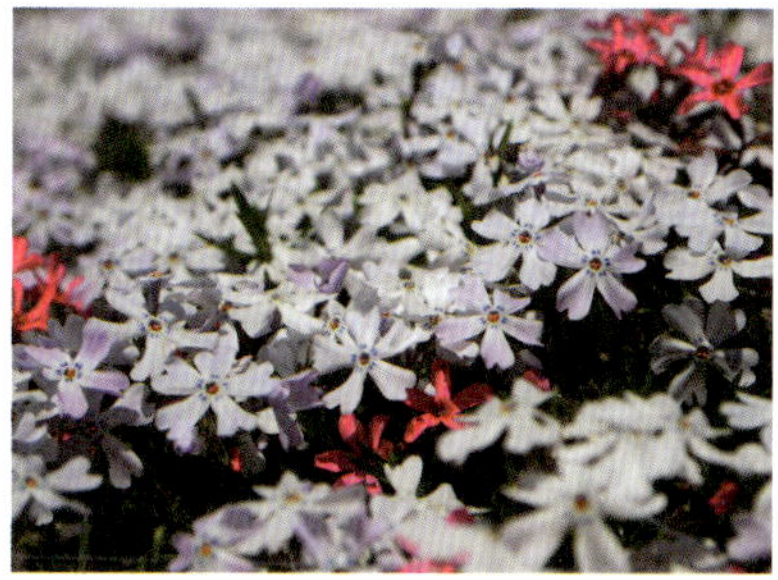

白い要素の多い場面では、プラス補正をしてあげます。ウェディングドレスの花嫁さんを撮る時や明るい海辺などの撮影で効果があります。

▼ -1EVで撮影

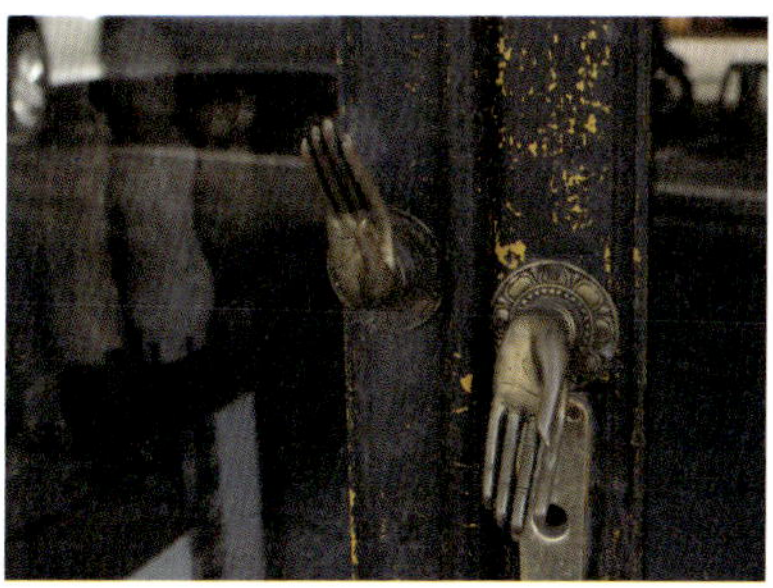

▼ 露出補正なし

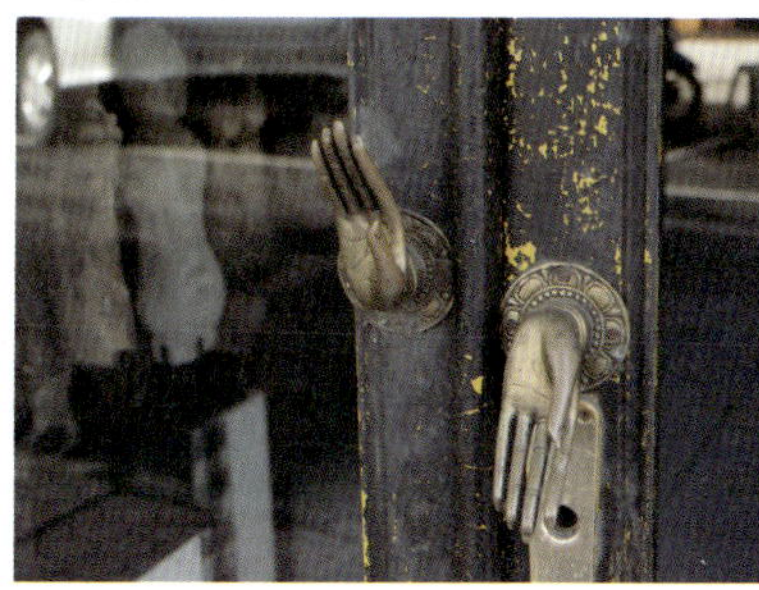

黒い要素の多い被写体を普通に撮ると、しまりのない少し明るい写真になりがちです。マイナス補正をすると、忠実な明るさを再現できます。

適正露出で撮るための露出補正

露出補正の効果を、〝適正露出で撮影する〟ために用いることがあります。それは、極端に黒い、もしくは白い被写体を相手にした場合です。

カメラは極端に黒いものを被写体にすると〝暗すぎる〟と判断して実際よりも明るく写そうとします。逆に、白い被写体の場合には、〝明るすぎる〟と判断して暗く写そうとします。これはPENに限らず、カメラ全般に言える〝カメラのクセ〟です。これらを撮る場合には、露出補正で調整を行います。

端的に言えば、黒い被写体を適正露出で撮影する場合にはマイナス補正を、白い被写体を適正露出で撮る場合にはプラス補正を行います。さまざまな場面で活用できるのでぜひ覚えておきましょう。

Chapter

3-7 好きな色合いで撮る

▼ 晴天モード

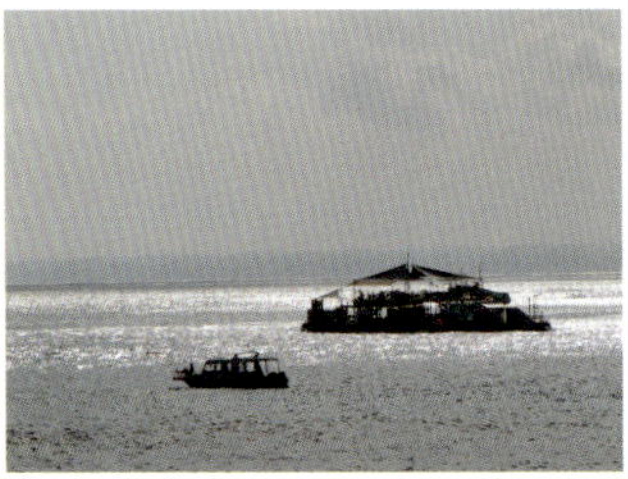

晴天時の強く出すぎる赤味や黄色みを軽減します。通常時に使用すると、青味や緑味が少々強く出ます。

▼ オート

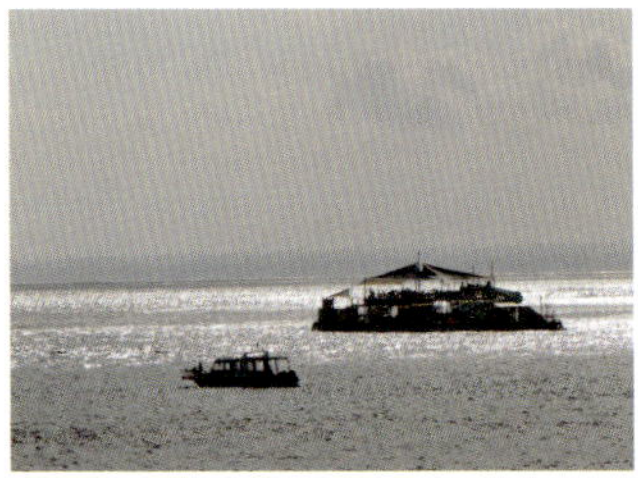

シーンに合わせて最適なホワイトバランスを選んでくれます。通常時はこれで問題ありません。

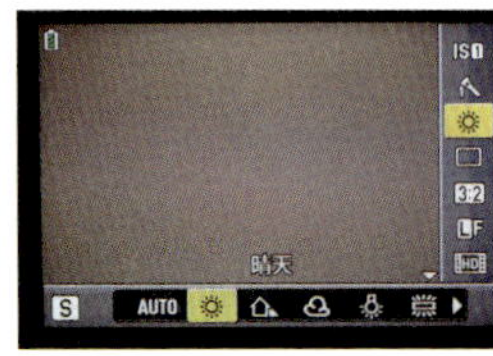

撮影中にOKボタンを押し、ライブコントロールを表示させ、その中からホワイトバランス（WB）を選びます。

▼ 電球モード

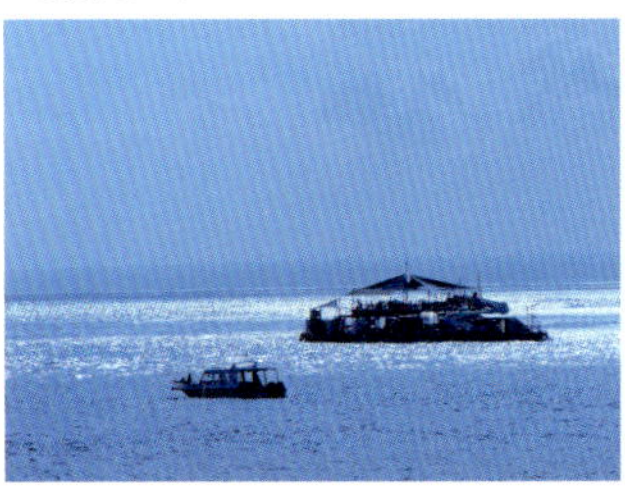

白熱灯下での赤味や黄色みを軽減します。通常時に使用すると、青味や緑味が強調されます。

▼ 曇天モード

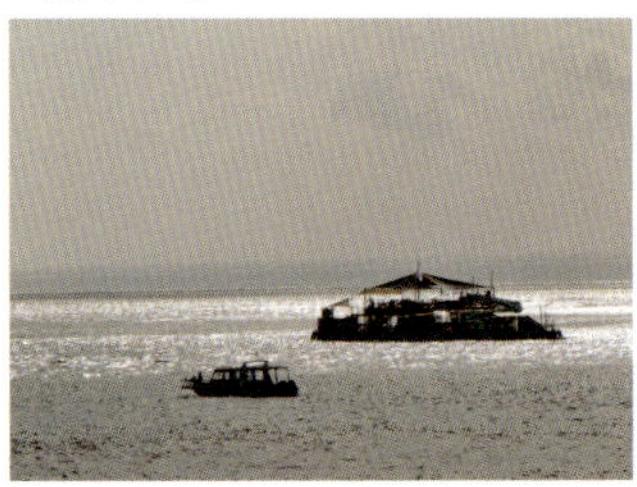

グレー色を抑える効果があります。通常時に使用すると、赤味や黄色みが強調されます。

ホワイトバランスの効果

被写体や仕上げたいイメージに合わせ、色合いを変更できる仕組みに、ホワイトバランスという機能があります。ライブガイドの「色合いを変える」は、これがより簡単に行えるオートモードです。

　ホワイトバランスは、オートの他に天気や光源に合わせた選択肢が設けられています。晴れている日には晴天モード（☼）を、曇り空の下では曇天モード（☁）を利用できます。例えば、全体的にグレーになりがちな曇り空の下で曇天モードを使用すると、赤味や黄色みがプラスされ、単調さが緩和されます。

　しかしホワイトバランスは、その効果を逆手に取って利用する場合があります。晴天時にあえて曇天モードを使用し、赤味や黄色みをより強調させて印象を変えたりします。

用語解説

色温度 …… 数値で示される光の色の温度のこと。K（ケルビン）で表します。色温度の数値は低くなるほど赤味を帯びた色味を、数値が高くなるほど、青味を帯びた色味を意味します。カメラ内で行うホワイトバランスは、"正常な色味に戻す"ための機能として利用されるため、数値的には逆に作用します。

▼ **6500Kで撮影**

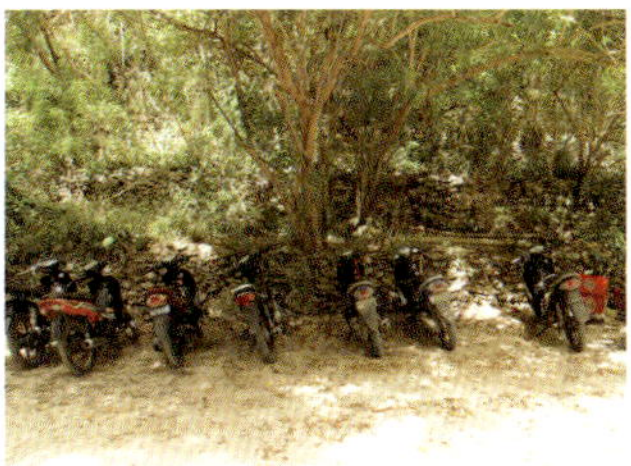

数値を高くするほど黄色みが増します。

▼ **2500Kで撮影**

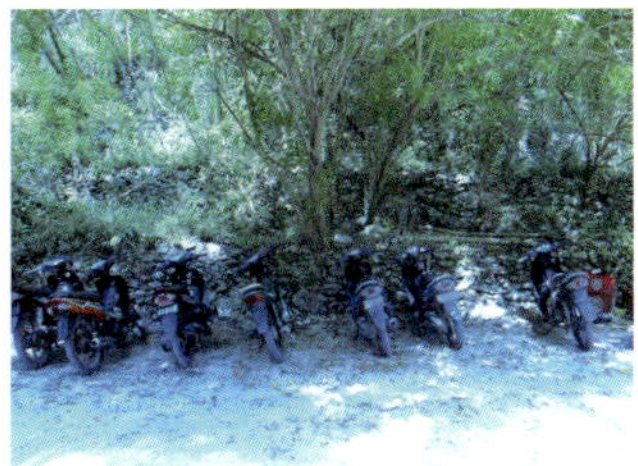

数値を低くするほど青味が増します。

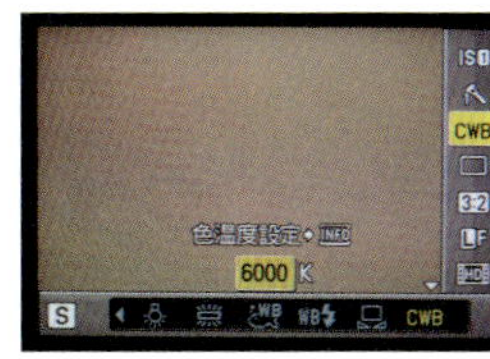

カスタムホワイトバランス（CWB）は、ホワイトバランスの選択肢の中にあります。このように色温度の数値を2000K～14000Kの範囲で変更できます。

▼ **A+5　G-3**

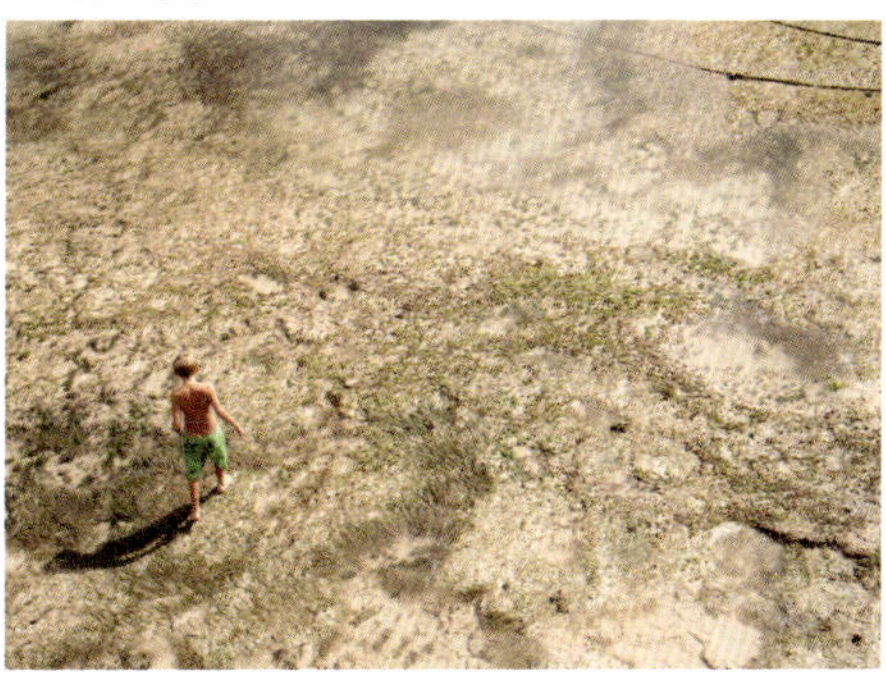

ホワイトバランス補正を行うと、例えばこのように赤味を強調して写したりできます。通常のホワイトバランス効果にアクセントを加えられます。

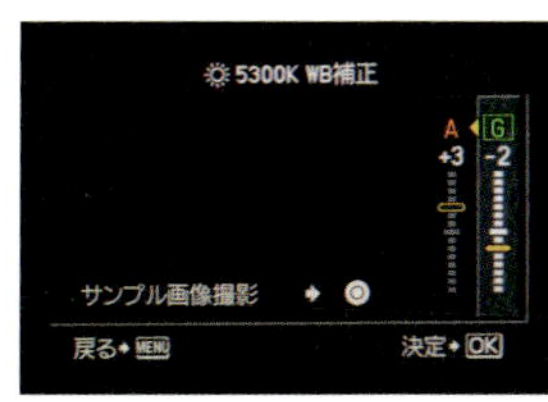

カスタムメニューからWBモードに進み、補正したいホワイトバランスを選択すると、ホワイトバランス補正の画面が出ます。Aが赤—青間、Gが緑—赤紫間で補正が行えます。

細かいホワイトバランスの調整

ホワイトバランスには、カスタムホワイトバランス（CWB）というものがあります。これは、直接色温度を変更して色味を変える項目で、数値を低くするほど青味が増し、高くするほど黄色みを増やすことができます。詳細に色味を設定したい場合に便利です。

またカスタムメニュー内には、赤、青、緑、赤紫の4色の強弱を微調整しながら撮影することができるホワイトバランス補正というものもあります。こちらも、より色味にこだわりたい場合にうってつけです。

ホワイトバランスは、手軽に色味を変更することができ、さまざまな場面で活用できるとても優れた機能です。ぜひCWBやホワイトバランス補正の機能と合わせて、自分なりの表現として試してみましょう。

Chapter

3-8 好きな色調で撮る

▼ i-FINISHで撮影

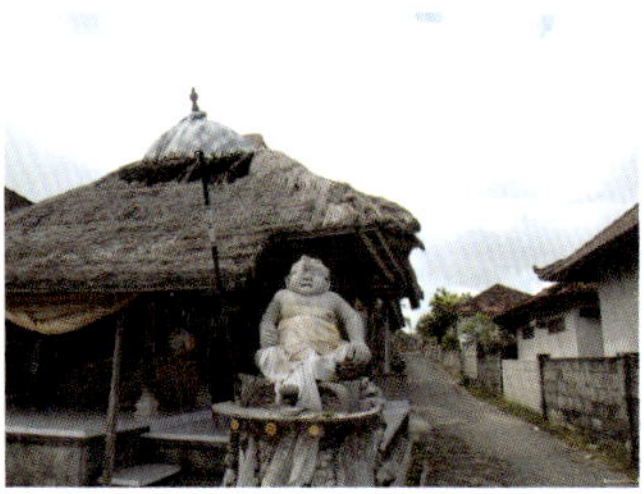

被写体に合わせて的確に色調を判断してくれます。通常時はこれを設定するようにしましょう。

▼ PORTRAITで撮影

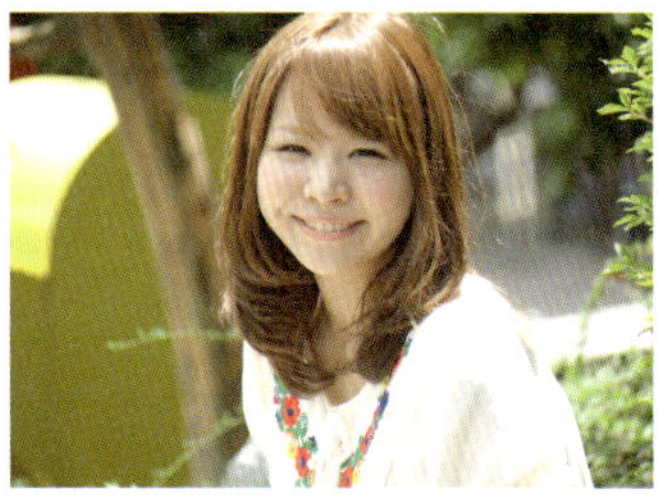

肌色をきれいに描写してくれます。人物の撮影、特に女性を被写体にした場合におすすめの補正機能です。

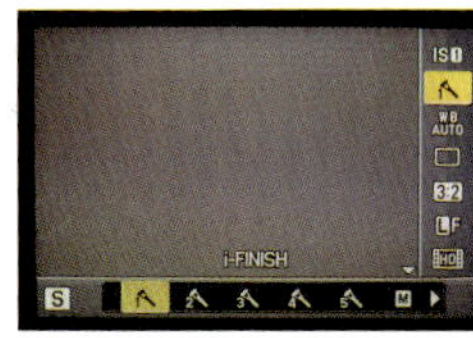

撮影中にOKボタンを押し、ライブコントロールを表示させ、その中からピクチャーモードを選びます。

▼ VIVIDで撮影

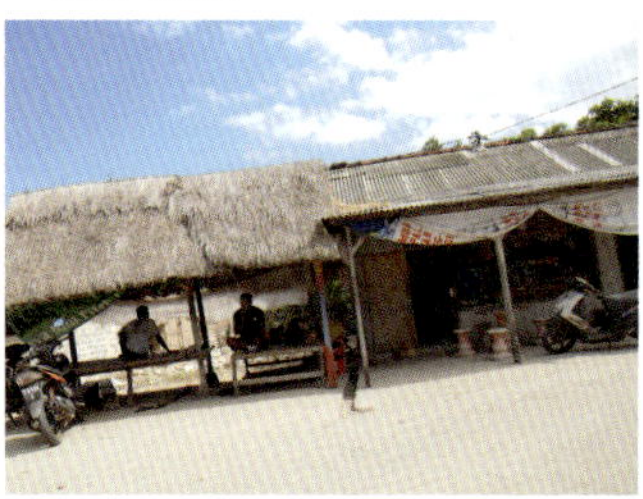

コントラストが高まり、色鮮やかな色調に仕上がります。単調に写りがちな風景などにも活用できます。

▼ モノトーンで撮影

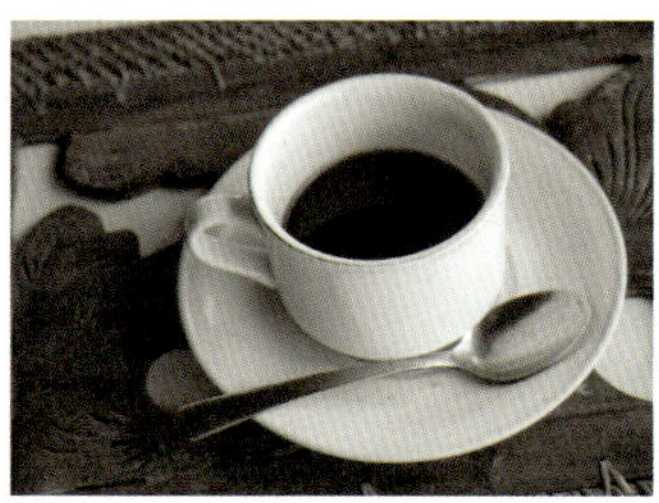

モノクロ調に仕上げられるモードです。このようにモノクロでも簡単に撮影が楽しめます。

ピクチャーモードの効果

写真における色調とは、コントラストやシャープネス、彩度といった仕上がりに関連する項目全般を指します。フィルムカメラでは色調の違いや次ページで説明するISO感度の違いでフィルム選びを行いますが、デジタルカメラでは色調補正という項目で、被写体やシーンに合わせ、カメラ内で簡単にこれを変更することができます。

PENでは、この色調補正をピクチャーモード（E-P2では仕上がり）と呼びます。撮影シーンに合わせてカメラが自動で色調を選択する「i-FINISH」をはじめ、色鮮やかな仕上がりを演出する「VIVID」や人物の肌色をきれいに仕上げる「PORTRAIT」、モノクロ調の「モノトーン」などが選択できます。

用語解説

シャープネス …… 被写体に対する“鮮鋭度”のこと。これを強くすると全体的に写真が硬いシャープな仕上がりになり、弱くすると、やわらかい仕上がりになります。

▼ VIVIDパラメータ調整前

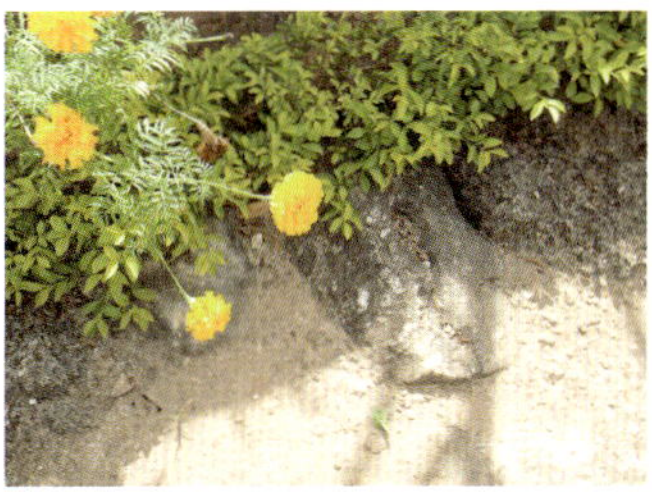

▼ VIVIDパラメータ調整後

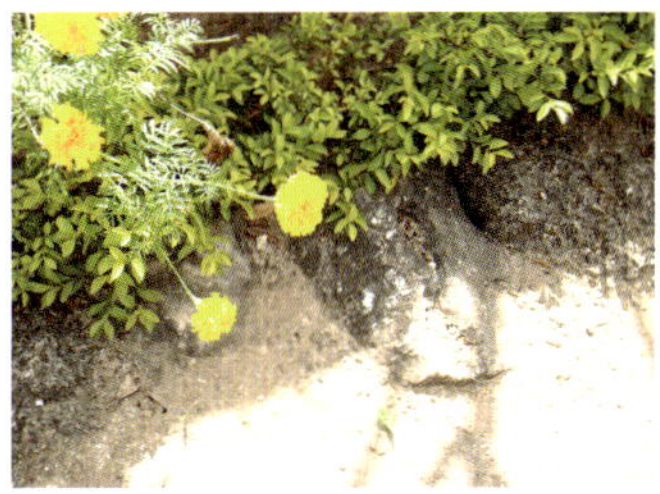

コントラストを高くして、階調を少しハイキーにしました。このように画像パラメータを微調整することで、仕上がり具合に幅を持たせることができます。

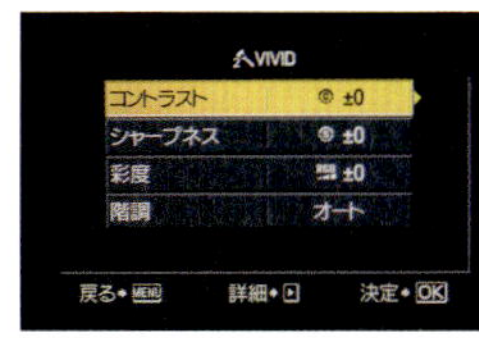

撮影メニューからピクチャーモードを選び、仕上がり項目をさらに選びます。各項目で十字ボタン右を押すと、各項目のパラメータを調整できます。

▼ モノトーンパラメータ調整前

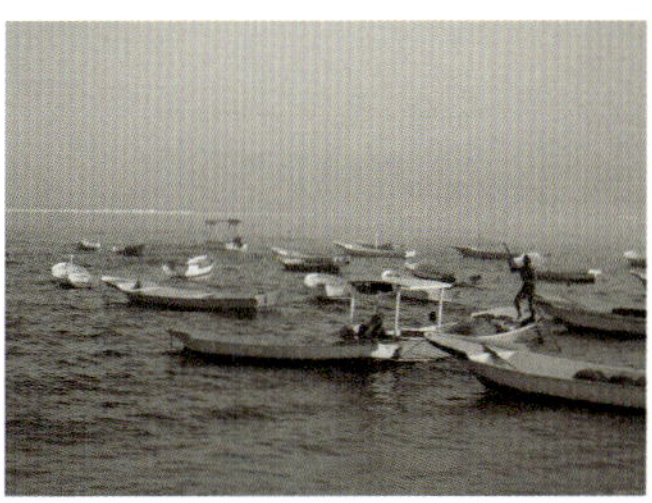

▼ モノトーンパラメータ調整後

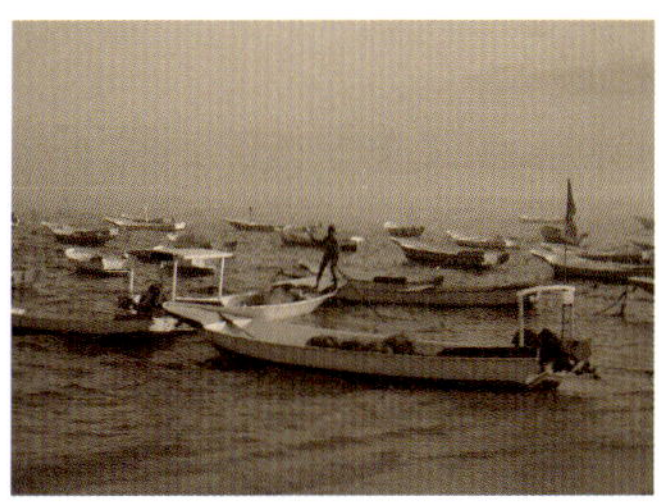

モノクロ調でも被写体によって白黒の濃度を変えたり、色味をつけることができます。夕日の輝きが強調されるフィルターとセピアの色味を加えてみました。

画像パラメータを調整する

ピクチャーモードは、ライブコントロールやスーパーコンパネからだけでなく、撮影メニューからも設定変更が可能です。この場合、項目ごとに画像パラメータを微調整することができます。例えば、VIVIDであれば、その特徴を踏まえたうえで、さらに細かい設定を自分で行うことができるということです。

変更できる項目は、利用するピクチャーモードによって異なりますが、具体的には、コントラストやシャープネス、彩度、ハイキーやローキーといった階調、効果の強弱など、その内容は多彩です。モノトーンの場合には、白黒の仕上がりから、セピアなどへ変更も可能です。仕上がりに大きく影響を与える機能として、ホワイトバランスと合わせて覚えておくといいでしょう。

❖ Chapter

3-9 ISO感度を変えて撮る

撮影中にOKボタンを押し、ライブコントロールを表示させ、その中からISO感度を選び、好きな数値を設定します。

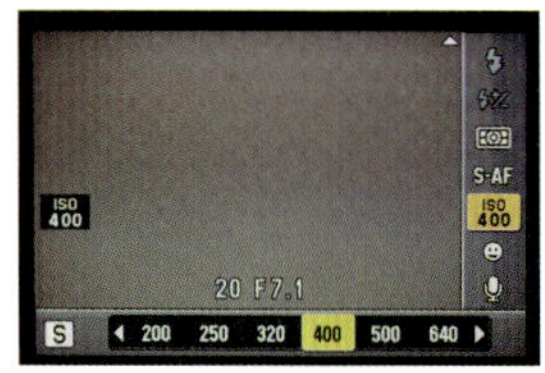

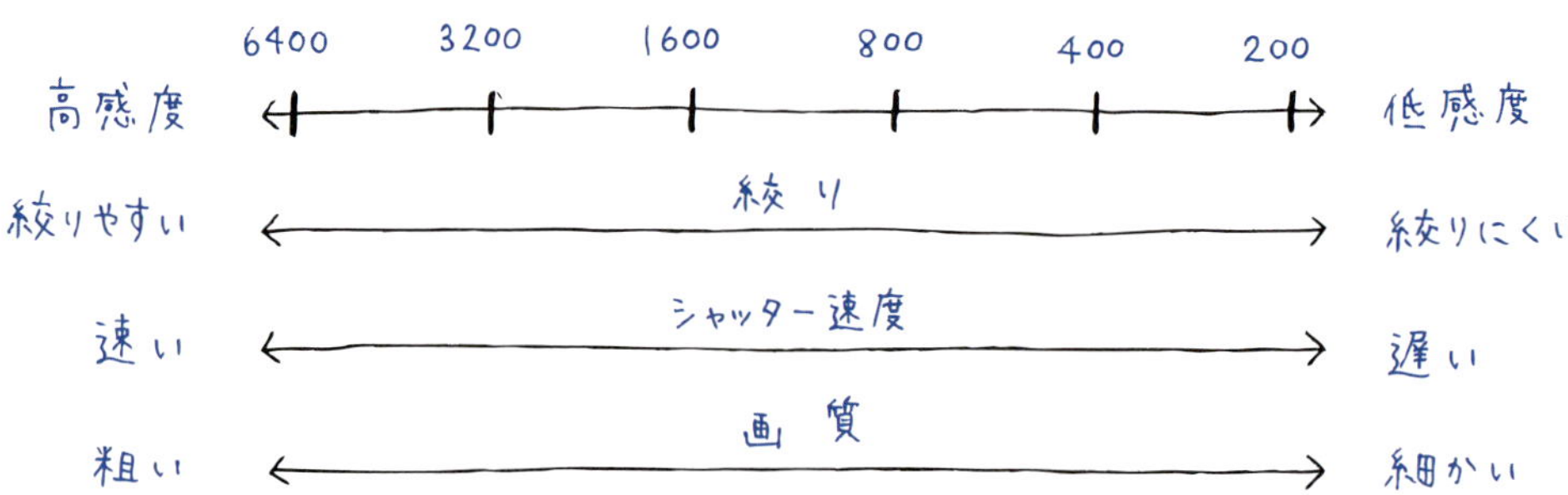

ISO感度の特徴と絞りとシャッター速度の関係

このようにISO感度は絞りとシャッター速度の両方に影響を与えます。またISO感度が高い状態を「高感度」、低い状態を「低感度」と言います。

ISO感度を変更してみよう

ISO感度とは、カメラが光を受ける際の感度のことです。その数値が高いほど、少ない光量で写真を写すことが可能になります。この〝少ない光量で写真を写すことができる〟とはどういうことでしょうか。

コップと水の例（P46参照）で言うと、これはコップ自体が小さくなることを意味します。すなわち、ISO感度は高くするほど、シャッター速度を速くしやすくなり、絞りを絞り込んで撮影しやすくなるのです。

しかし、ISO感度は高くするほど画像が劣化し、ノイズが起りやすくなります。そういった意味では、安易に感度を上げすぎてもいけません。明るい場所で撮影するならば、ISO感度はなるべく低めが理想的です。

用語解説

ノイズ …… 画像のざらつき全般を指します。本来そこにあるはずのない色味が粒子状に生じる現象を言います。

▼ **ISO400で撮影**

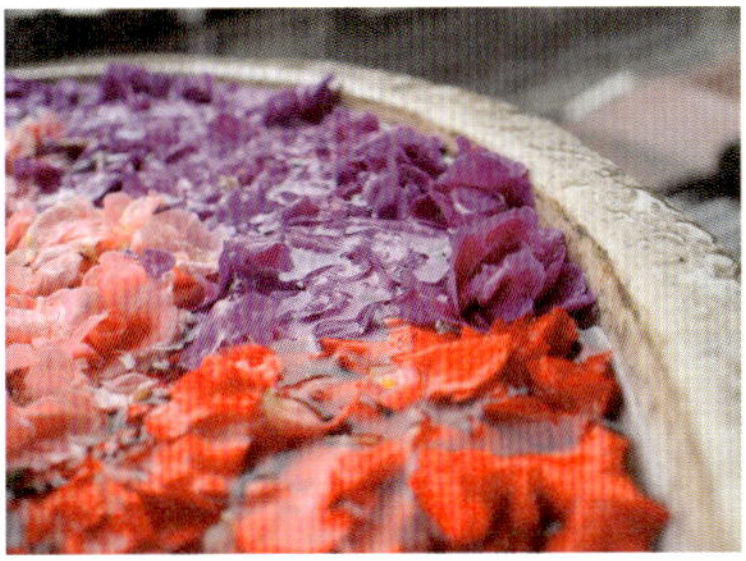

もっとも利用しやすいISO感度です。多少暗くてもシャッター速度がそれほど遅くなりません。さまざまなシチュエーションで扱えます。

▼ **ISO200で撮影**

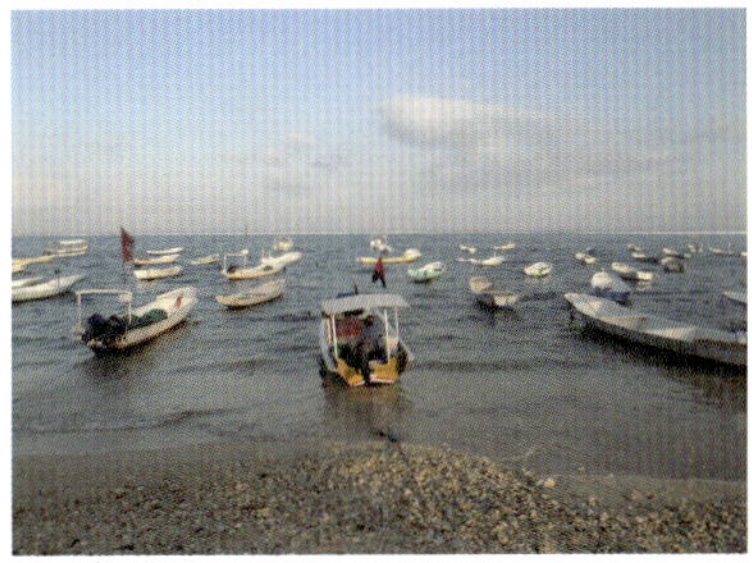

明るい日中であれば、なるべく低感度で撮影したほうが画質も劣化せずおすすめです。三脚を使った風景撮影などでも利用できます。

▼ **ISO1600で撮影**

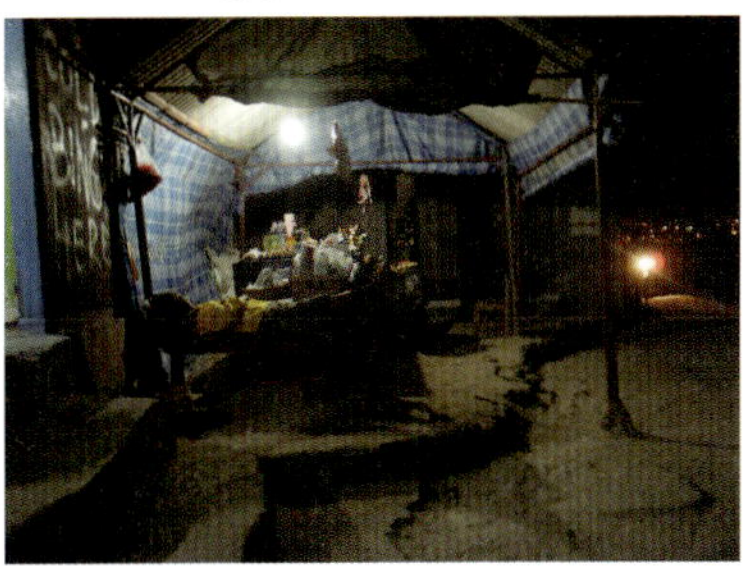

暗い場所では非常に便利なISO感度です。確かに感度が高いほど、画像は劣化しますが、この程度ならば、実際それほど目につきません。

▼ **ISO800で撮影**

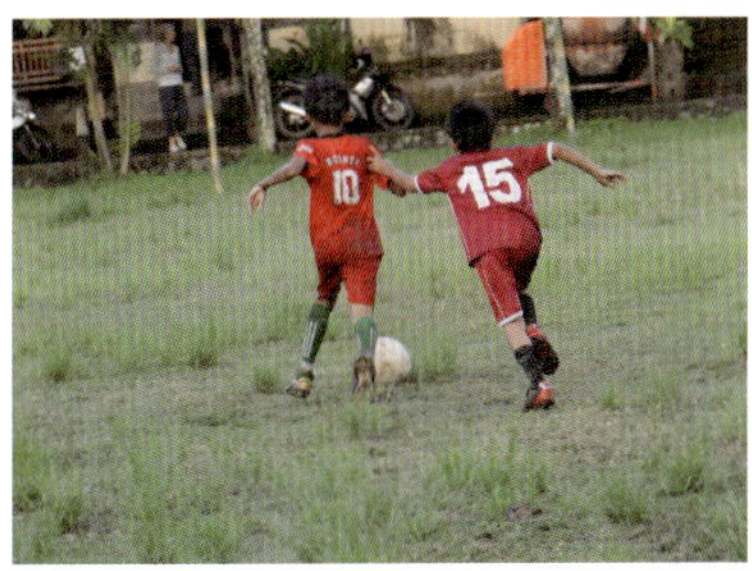

暗い場所だけでなく、動きの速い被写体を撮影するのにも向いているISO感度です。風景というより動く人物や動物の撮影に適します。

それぞれのISO感度の特徴

では一般的に、ISO感度はどのくらいの数値で利用したらいいのでしょうか。PENではまずISOオートがあり、これを選択すると、その場の光量に応じて、ふさわしいISO感度をカメラ側が自動で設定してくれます。最初のうちは、これを利用するのもひとつです。

しかし、慣れてきたらぜひ自分でISO感度を設定してみましょう。明るい日中ならば、ISO200〜ISO400程度。暗い場所での撮影やスポーツなどの動く被写体を撮る場合には、ISO800〜ISO1600程度に設定すると、速いシャッター速度で撮影が行えます。一応、ISO感度は6400程度まで高くできますが、ノイズなどが起りやすくなるので多用は避けたいところです。

Chapter

3-10 レンズで楽しむ

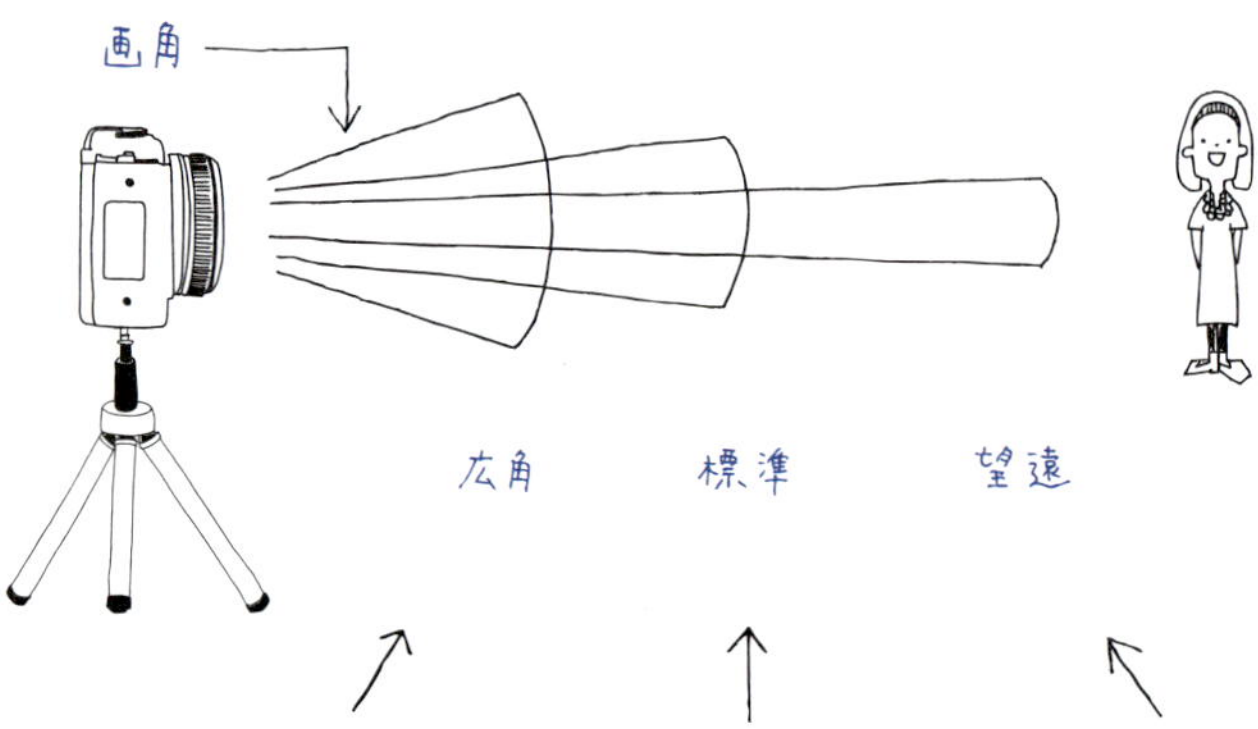

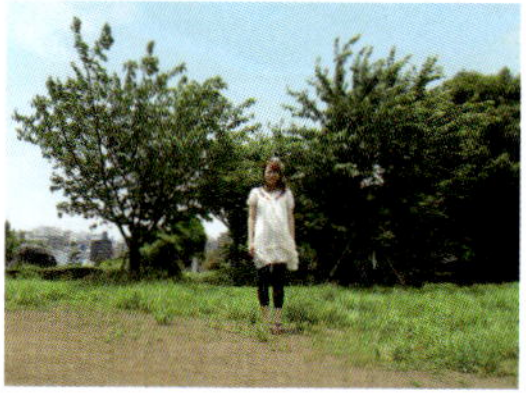

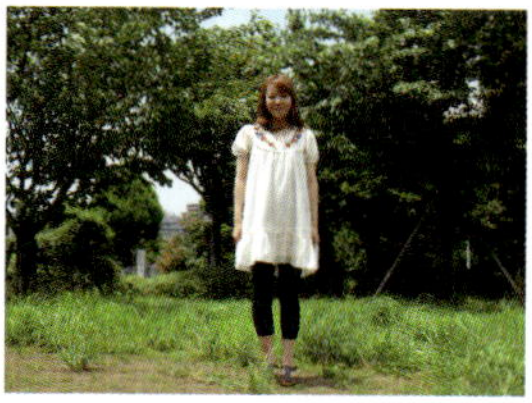

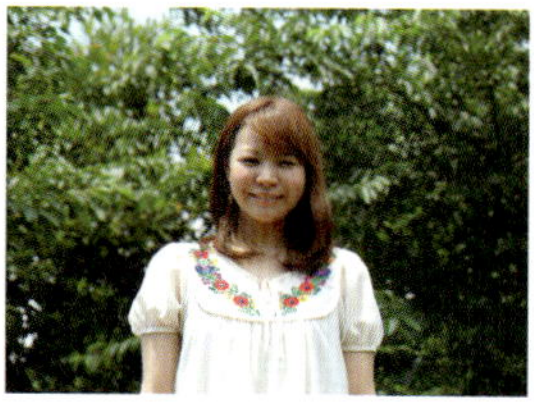

画角と焦点距離の違いと写せる範囲の関係

画角や焦点距離の違いで写る範囲はこのように変化します。ちなみに、広角と望遠の間は“標準”と言います。

レンズの違いと写真への影響

レンズによって、写真の印象は大きく変わります。それは画角や焦点距離が異なるからです。画角とは、被写体をどの程度の広さで写せるのかを示した角度です。一方、焦点距離とは、撮像素子（P158参照）からレンズの中心までの距離のことで、この数値（単位は㎜）が大きいほど、狭い範囲を大きく写せます。この画角が広く焦点距離が短いレンズを広角レンズ、画角が狭く焦点距離の長いレンズを望遠レンズと言います。

PENでは購入時、広角系の単焦点レンズか、広角から望遠までを確保するズームレンズのいずれかを選択する場合が多いです。利用するレンズによって、“写せる範囲”が異なります。撮りたい内容に合わせてレンズを選びましょう。

用語解説

単焦点レンズ……焦点距離が固定されているレンズを単焦点レンズと言います。17mmの単焦点レンズならば、17mmでしか利用できないということです。PENではレンズキットの「M.ZUIKO DIGITAL 17mmF2.8」が単焦点レンズです。

ズームレンズ……焦点距離を選びながら撮影できるレンズをズームレンズと言います。被写体に合わせて焦点距離を選べるのが最大の特徴です。PENではレンズキットの「M.ZUIKO DIGITAL 14-84mmF3.5-5.6 II」がズームレンズになります。

広角で撮る

広い範囲を一度に写せるレンズを広角レンズと言います。焦点距離でだいたい17㎜以下のレンズです。また、12㎜以下を超広角レンズを魚眼レンズと言ったりもします。風景を広大に撮りたい場合などに有効です。全体的に手前から奥までピントが合いやすく、手ぶれが起りにくいのも特徴です。

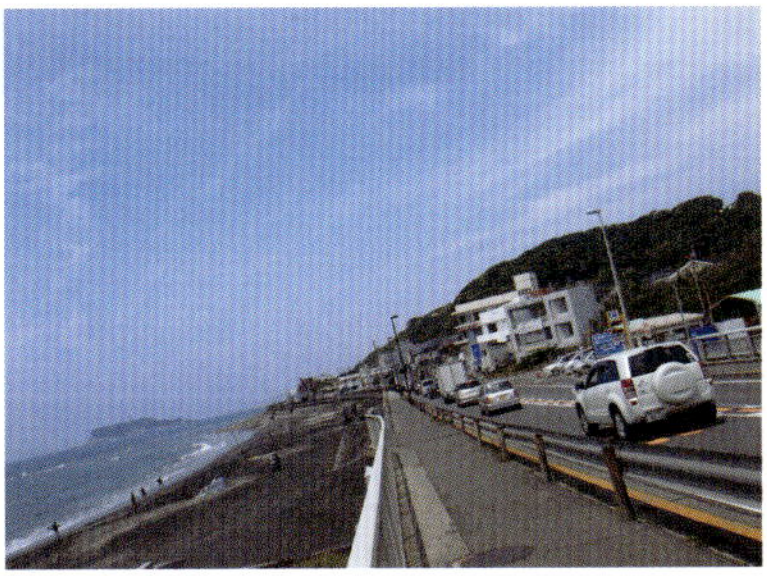

広角レンズの効果はP70などでも取り上げます。

望遠で撮る

狭い範囲を大きく写せるレンズを望遠レンズと言います。焦点距離でだいたい35㎜以上のレンズです。その距離に応じ、中望遠（35㎜以上67㎜以下）、望遠（67㎜以上）などと分けて呼ぶことも。望遠レンズは絞り値に関わらず、ボケ味豊かに写せるのも魅力。ただ、手ぶれも起りやすくなります。

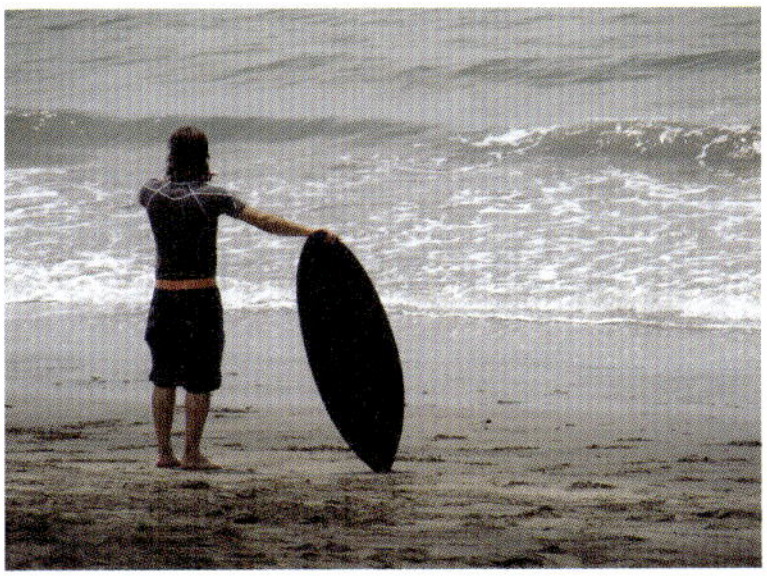

望遠レンズの効果はP80などでも取り上げます。

標準で撮る

広角と望遠の中間で、人間の目と同じ程度の画角で切りとれるレンズを標準レンズと言います。焦点距離でだいたい25㎜前後のレンズです。広角や望遠のように個性的な特徴はありませんが、逆にレンズ効果に依拠しない自分なりの視点で切りとれるレンズです。街角スナップなどにも多用されます。

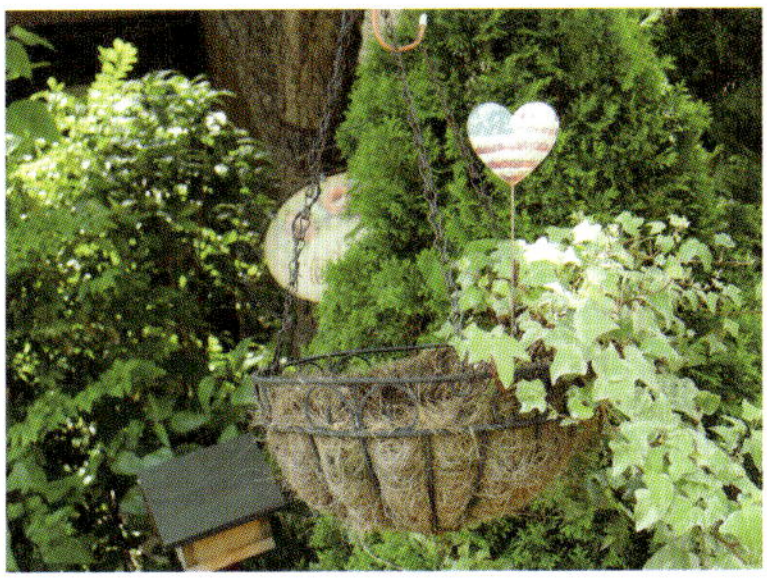

標準レンズの効果はP94などでも取り上げます。

補足解説

レンズに関する知識

M.ZUIKO DIGITAL 17mmF2.8

こちらもPENのレンズキットとして購入できるレンズのひとつ。単焦点レンズには、明るいレンズが多いのも特徴です。基本薄型なので持ち運びにも便利です。一般的に、ズーム機能のある明るいレンズももちろんありますが、非常に高額ですし、数も少ないです。

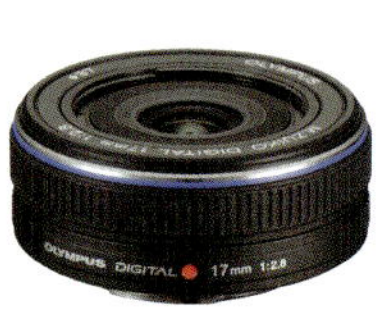

M.ZUIKO DIGITAL 14-42mmF3.5-5.6 II

PENのレンズキットについてくるズームレンズです。このレンズの開放値はF3.5-5.6。これは、14mmを使用する際はF3.5まで、42mmを使用する際はF5.6までF値を小さくできることを表します。ですから、42mmではF3.5というF値は利用できません。

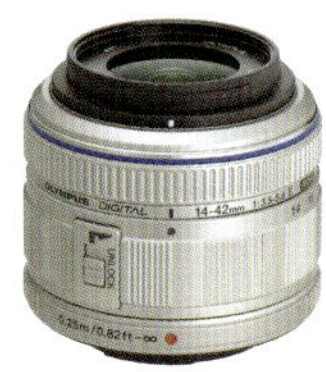

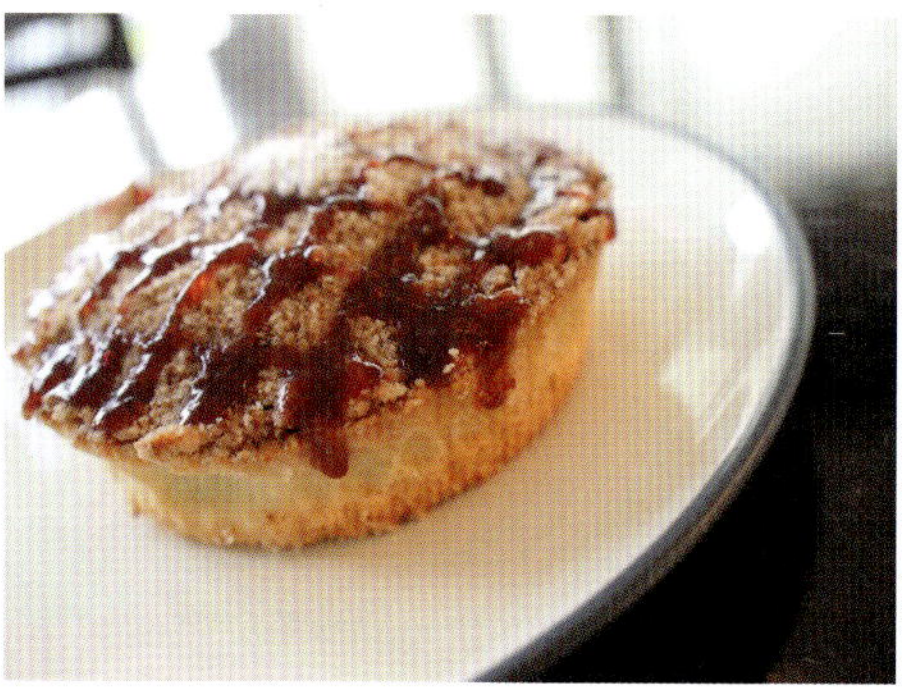

どこまで接写できるかもレンズ選びでは大切な要素です。近づくことで、被写体の繊細な様子が浮かび上がります。

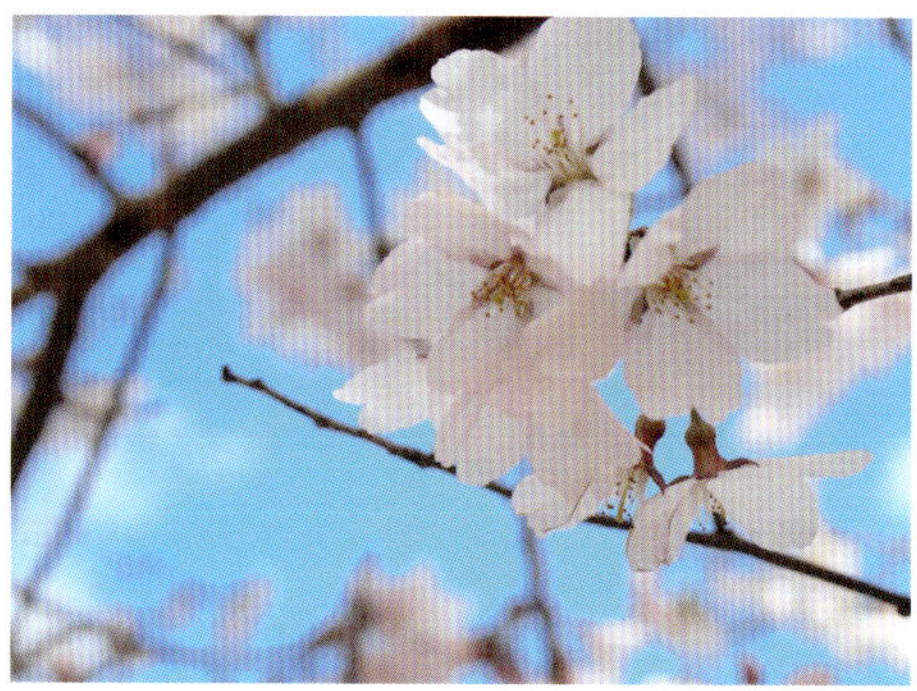

明るいレンズがあれば、暗い場所でも手ぶれさせずに手持ちで撮影しやすくなります。

明るいレンズと最短撮影距離

前ページで紹介したPENの単焦点レンズの名称は、「M.ZUIKODIGITAL 17㎜ F 2.8」でした。17㎜は焦点距離を意味しますが、ではF2.8とは何でしょうか？ これは、〝このレンズで利用できる最小の絞りの数値〟を表しています。これを「開放値」と言います。実は、絞り穴はレンズ側についています。このレンズではF2.8までF値を利用できるということです。また、この開放値の小さなレンズを「明るいレンズ」と言います。

もう一点、レンズのスペックで注目したいところが「最短撮影距離」です。これはそのレンズがどれだけ被写体に接近できるかを示した数値です。例えば、先述したレンズの最短撮影距離は0.2m。これが小さいほど表現の幅も広がります。

用語解説

一眼レフカメラ …… レンズから取り入れた像を専用の鏡で反射（レフレックス）させて、そのままファインダーを覗きながら撮影できるタイプのレンズ交換式カメラのこと。PEN は、ファインダーそのものは搭載されていないため、実は一眼レフカメラではありません。

▼ **35mm 判換算と PEN 専用レンズの焦点距離**

レンズの種類	レンズ名	35mm判換算
広角ズーム	M.ZUIKO DIGITAL ED 9-18mmF4.0-5.6	18-36mm
標準ズーム	M.ZUIKO DIGITAL 14-42mmF3.5-5.6 II	28-84mm
標準ズーム	M.ZUIKO DIGITAL ED 14-42mmF3.5-5.6	28-84mm
標準ズーム	M.ZUIKO DIGITAL ED 14-150mmF4.0-5.6	28-300mm
望遠ズーム	M.ZUIKO DIGITAL ED 40-150mmF4.0-5.6	80-300mm
望遠ズーム	M.ZUIKO DIGITAL ED 75-300mmF4.8-6.7	150-600mm
単焦点	M.ZUIKO DIGITAL 17mmF2.8	34mm

PEN専用のレンズ（マイクロフォーサーズ規格のレンズ）は、35mm判換算の 1/2 になります。例えば、一般的に焦点距離 25mmのレンズというと広角レンズの部類に入りますが、PEN専用のレンズでの 25mmは、すなわち 35mm判に換算すると 50mmで、標準レンズに該当するわけです。

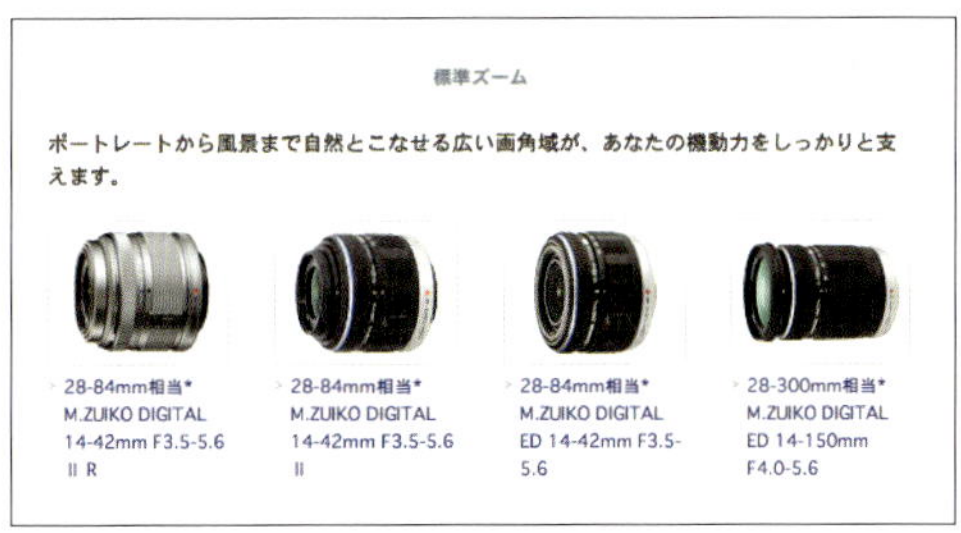

オリンパスによる PEN専用レンズを紹介したホームページを一部抜粋しました。このように、「●● mm相当」という表示が参考値として記載されています。

35mm判換算の話

オリンパスのホームページを覗いてみると、PENで使えるレンズの説明書きには必ず「（●●mm相当）などという表示があります。これを「35mm判換算」と言います。

これは、フルサイズの撮像素子を持つ（P158参照）一眼レフカメラで使用するレンズの焦点距離に置き換えた数値です。35mmフィルムカメラの流れを組んだものです。こちらの焦点距離のほうが〝どれだけ広く写せるのかイメージしやすい〟人も多いため、参考値として表示しています。

ちなみにPENは、マイクロフォーサーズと呼ばれる規格（P159参照）を採用しているデジタルカメラです。そのため、それ専用にレンズがあり、それに応じた焦点距離が設けられています。

» Column 03

手作りフィルターで撮ってみよう

レンズフィルターは、もちろん市販のものを使ってもいいですが、自分で作って遊ぶこともできます。ここでは誰にでも試せるアイテムを使って、一風変わったぼんやり写真に挑戦します。

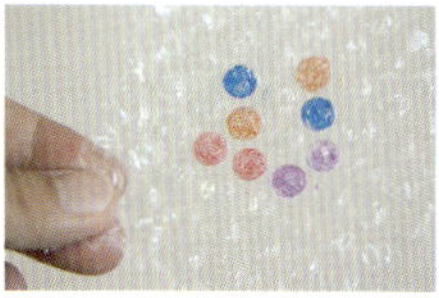

このように、部分的に色を塗ると着色部分がぼんやりと写り楽しい描写になります。

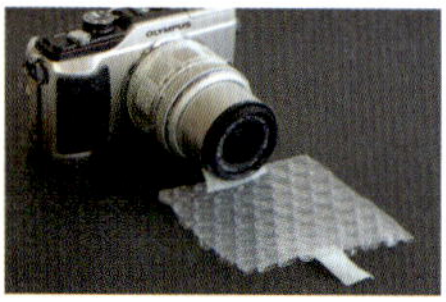

プチプチはこのくらいの大きさで十分です。撮影時は、フィルターをつけずに、まずMFでピント合わせをします。この際、下側だけテープをつけておくと、すぐに撮影に入れます。

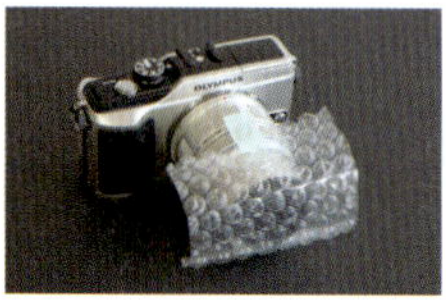

ピントを合わせたら、プチプチでレンズを覆います。テープは、跡のつきにくいマスキングテープが便利です。

色を塗ったプチプチを使用し、アートフィルターのポップアートで撮影。まるで、ピンホールカメラで撮影したかのような仕上がりです。色の写り込みも前ボケのようです。

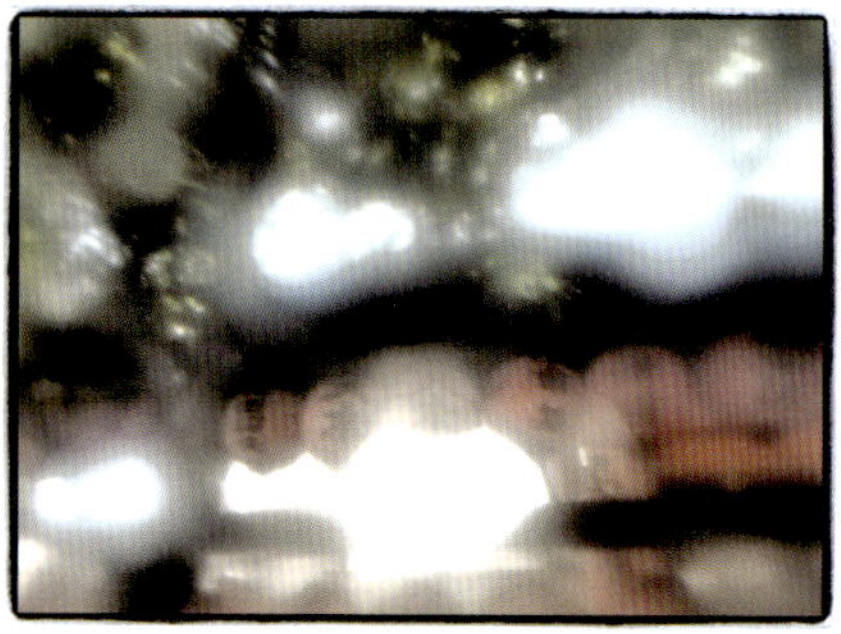

アートフィルターのドラマチックトーンと組み合わせて撮影。このようにプチプチの球面の影響で、少し画面が歪んで写り、不思議な描写に。

気軽にソフトフォーカス気分

気軽に手作りできて、効果が出やすいフィルターに、ソフトフォーカスフィルターがあります。失敗する確率も低いです。これに利用できる素材として、薄手の半透明のビニール袋やラップなどがあります。ポイントは〝透明性の度合い〟です。レンズの上に被せるものなので、透明度が低すぎるとうまく写せません。〝霧の中で何も見えない風景写真〟のようになってしまいます。

それ以外でおすすめの素材が、〝プチプチ〟です。ソフトフォーカスのようにぼやけるだけでなく、その球面が風景をうっすら歪ませ、独特の風合になります。ここで、カラーマジックなどでプチプチの球面を一部塗ると、カラーフィルターを混ぜたような仕上がりも楽しめます。

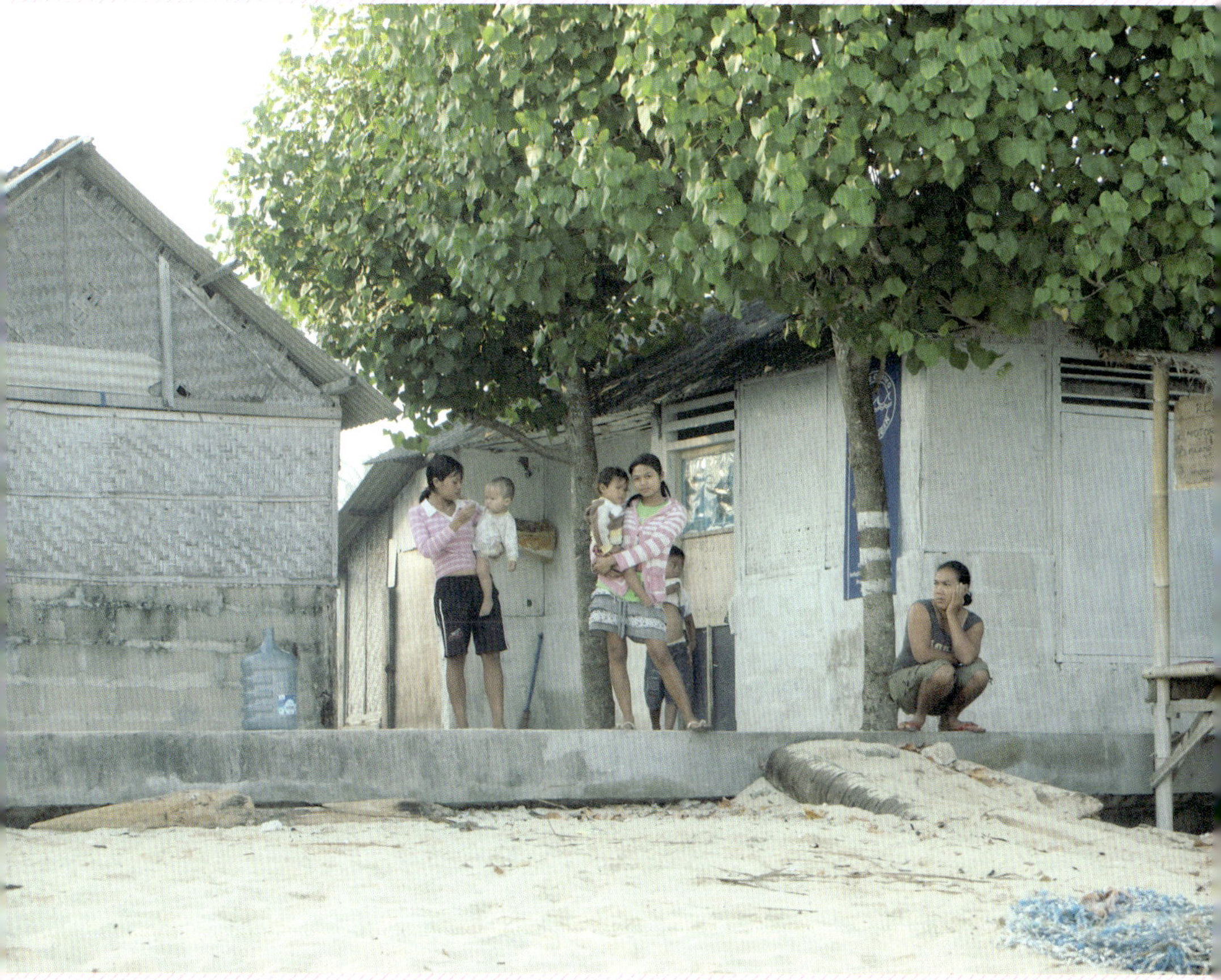

Chapter 4

シーン別、もっとかわいくかっこよく、おしゃれに撮るコツ

被写体や表現内容に応じて、当然利用する機能は異なります。ここで紹介する8つのシーンから、より実践的な撮影テクニックをいっしょに磨いていきましょう。PENとの写真ライフが、より充実していくはずです。

Chapter

4-0-1 シーン別を見る前に光について考えてみよう

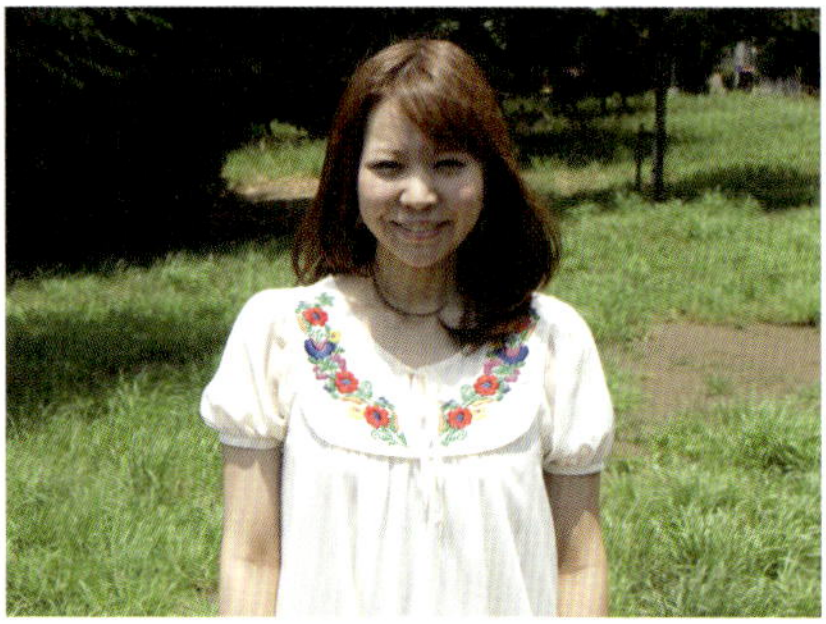

順光

正面から光を受けるため、人物の場合、眩しそうな表情になりがちなので注意が必要です。

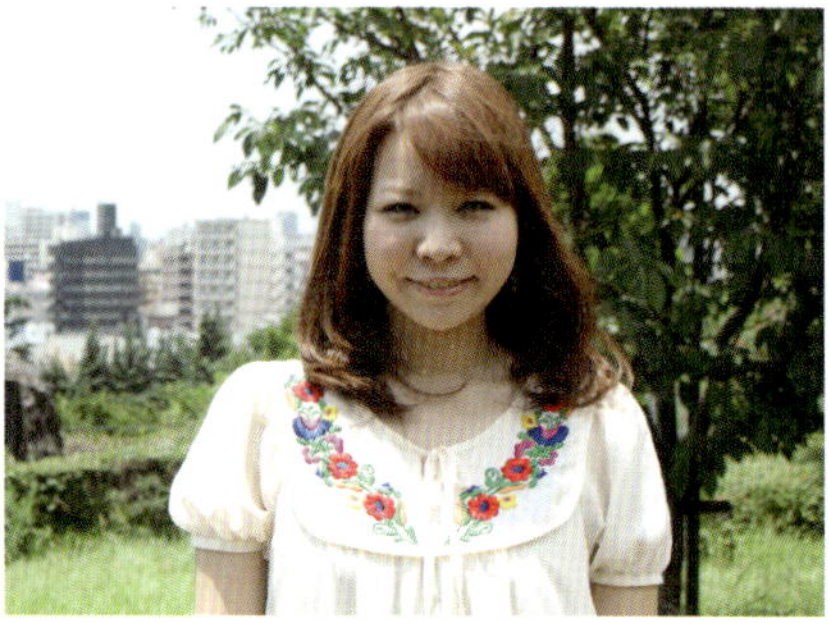

斜光

被写体の凹凸に合わせ陰影ができます。夕方の斜光は、よりドラマチックな仕上がりが期待できます。

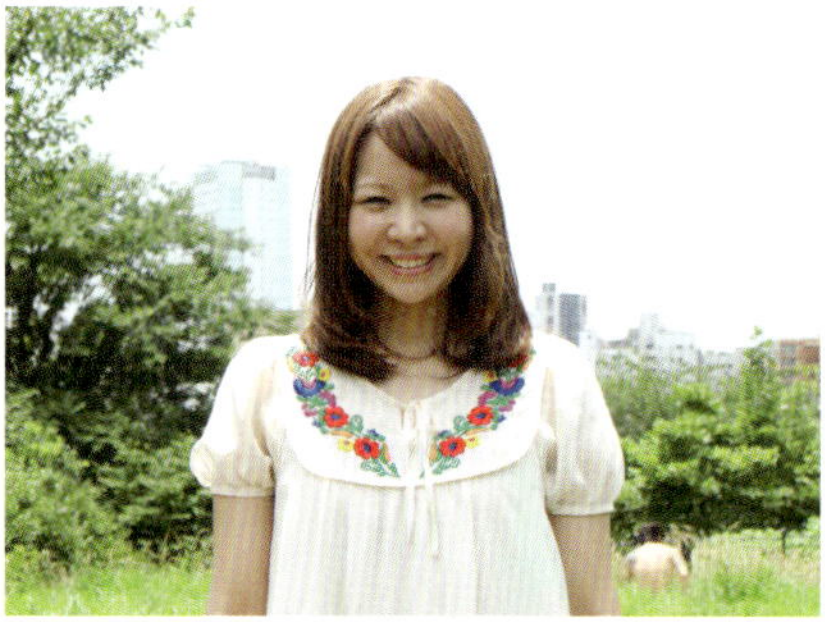

逆光

被写体が暗くなる場合には、露出補正を活用します。逆光に関しては、P103で詳しく紹介します。

光の向きの話

目の前の被写体を撮影する場合、光をどの向きから当てる（ライティング）かは、とても重要な要素です。

まず被写体が正面から光を受ける状態が順光です。全体的にコントラストの高い、色味の濃い仕上がりになるのが特徴です。横や前方斜め横から被写体が受ける光をサイド光もしくは斜光と言います。被写体の凹凸に合わせ、より陰影が付きやすく、立体感のある描写が魅力です。そして、被写体に対して背後から光を受ける状態を逆光と言います。逆光は難しいと思われがちですが、直接的な光を受けずに回り込む光源で撮影できるため、人肌をきれいに表現できます。このようにそれぞれに特徴があるので、意図に応じて光の向きを選ぶ姿勢がたいへん重要です。

用語解説

ライティング……写真では、自然光や照明などの当て方そのものを指します。ライティング次第で写真のイメージは大きく変わります。

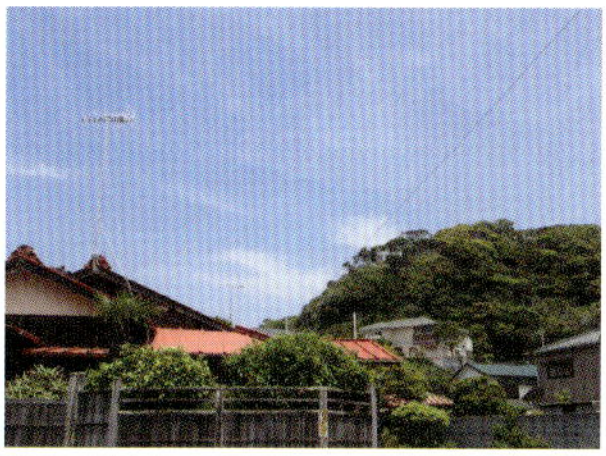

晴天

光の向きも選びやすく、撮影の仕方にも幅が出る天候です。

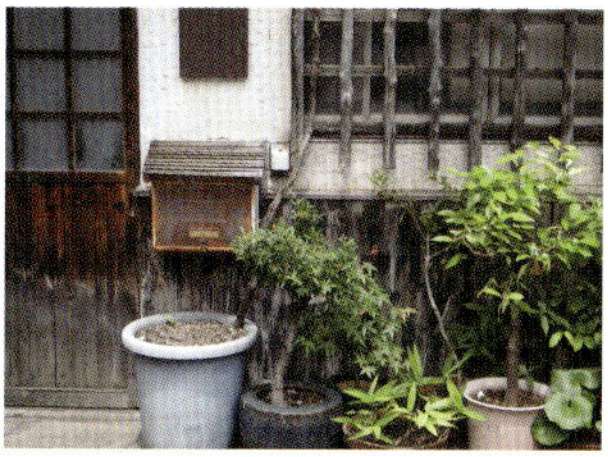

曇天

やわらかい光を利用できますが、少し雲の影響でグレー色が強まります。

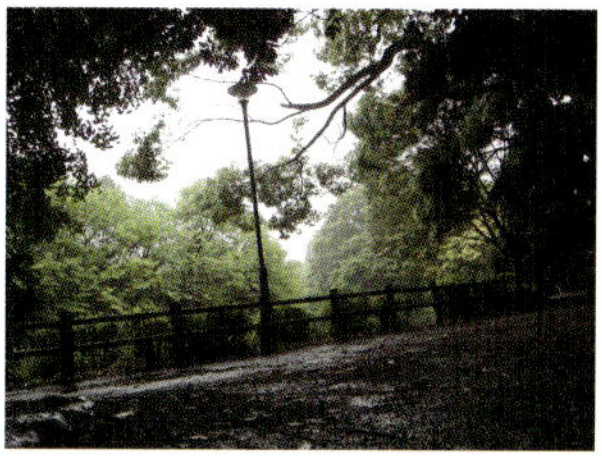

雨天

しっとりとした情感で撮影できます。暗いので手ブレに注意。

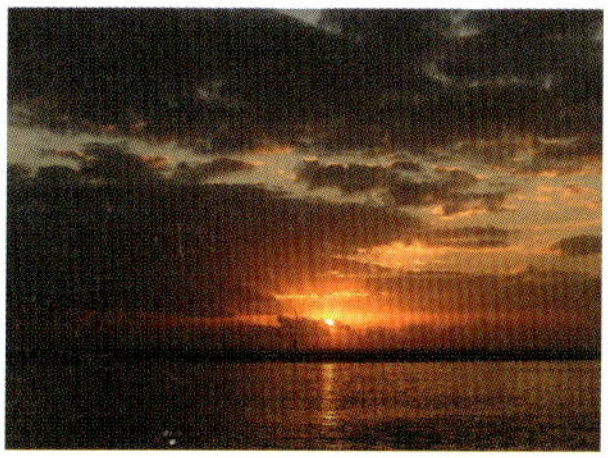

夕方

赤味を帯びた光源で撮影できます。陰影もはっきり出やすくなります。

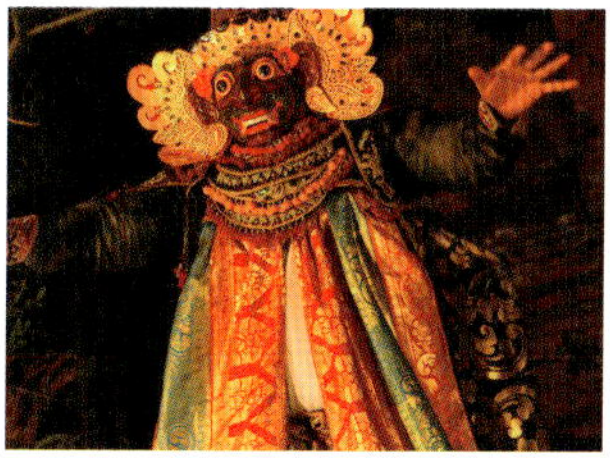

白熱灯

全体的にアンバーな雰囲気で撮影が楽しめます。

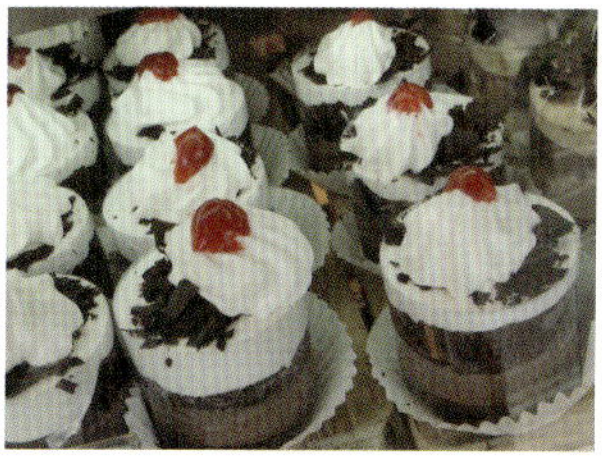

蛍光灯

種類によって色味は異なりますが、総じて自然光に近い仕上がりです。

光の種類の話

ホワイトバランスや色温度の項目でお話ししたように、光にはさまざまな色味があります。自然光においては、時間帯や天候で色味は変化しますし、雲の出具合で、光の強さも変わります。当然、人工光の種類によっても同様のことが言えます。

例えば、晴天時は太陽光がそのまま注ぐため、赤味や黄色みの強い、色鮮やかな仕上がりになりますし、曇天時は太陽光が雲で拡散し、やわらかい質感の光源で撮影が楽しめます。大切なことは、〝雨が降っているからいい写真が撮れない〟というのではなく、〝その天候ではないと写せない写真がある〟ということです。個々の光源の特徴を生かしながら、撮影に臨むことが大切です。

Chapter 4-0-2 シーン別を見る前に構図について考えてみよう

3分割構図

数ある構図法の中で利用頻度の高いものが、画面を縦横に3分割して被写体を配置していく3分割構図です。この典型例が海の写真。空を多めにすれば開放感が出ますし、海を多くすれば重厚感のある仕上がりになります。他にも、人物の配置に迷ったり、要素を整理したい場合などで活用できます。

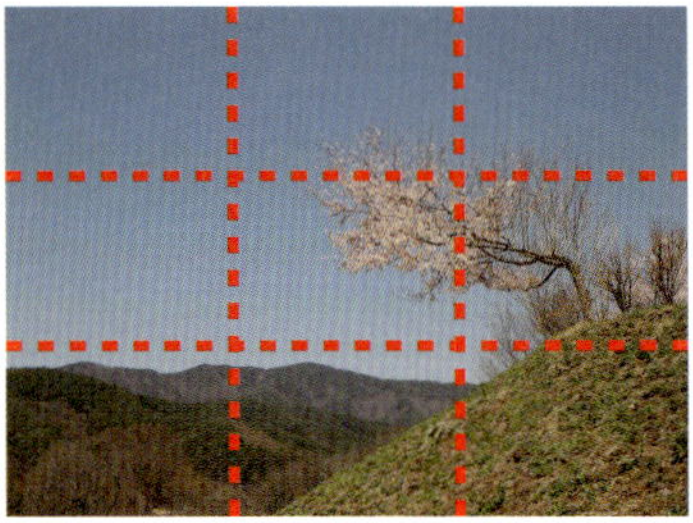

被写体が同じでもこれを利用すれば、さまざまなイメージがより簡単に撮影できます。

2分割構図

画面を縦横半分に分けて構成を考える構図法です。風景やスナップ撮影で扱われることが多いです。ごちゃごちゃとしている中で、シンプルに被写体をとらえたい場合などにも効果があります。ポイントは2分割できるラインを、自分で見つけることです。それを基に、画面を組み立てていきます。

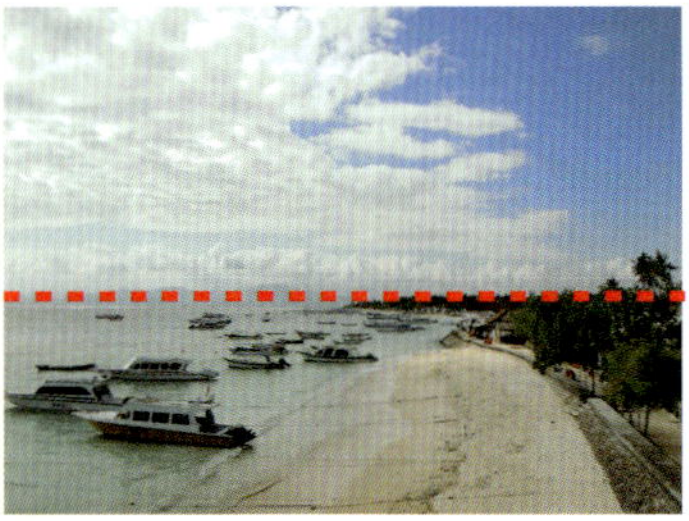

左右対称になるのがこの構図法の特徴。画面が単調にならないよう注意しましょう。

日の丸構図

画面中央に被写体を配置する構図法です。例えば、人物の表情をより強調したい場合や、被写体をもっとも目立たせたい場合などに用いたりします。芸のない構図として否定的に扱われることも多い構図法ですが、その特性を生かし、意識的に扱うのであれば、何も過剰に反応する必要はありません。

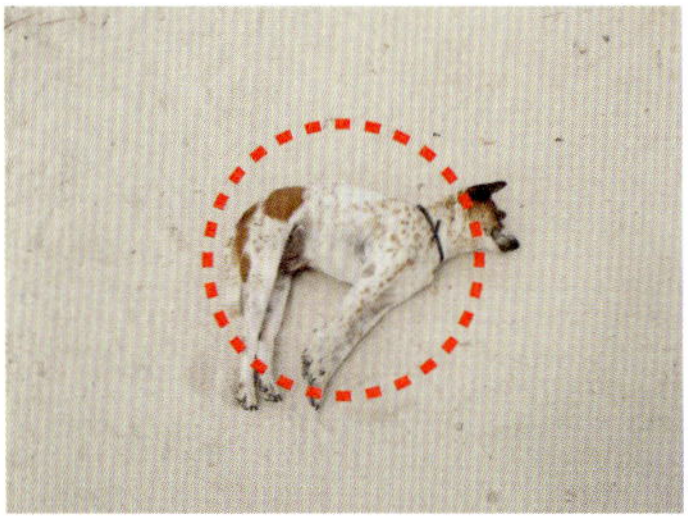

ポートレート撮影などでは、より人物像に焦点を当てて撮影できます。

用語解説

ライン …… 写真の中でライン（線）を見つけ、それを生かしながら撮影するというのが構図法の基本です。自分なりの視点で、構図のラインを意識してみましょう。

対角線構図

画面上の交差する対角線を利用した構図法です。遠近感構図とも言います。道路や河川、鉄道など一直線に伸びる被写体で利用できます。遠近感が強調できる広角レンズを使うとより効果的。ダイナミックな画作りが楽しめます。また、人物を対角線の中心に置くと、迫力のある描写になります。

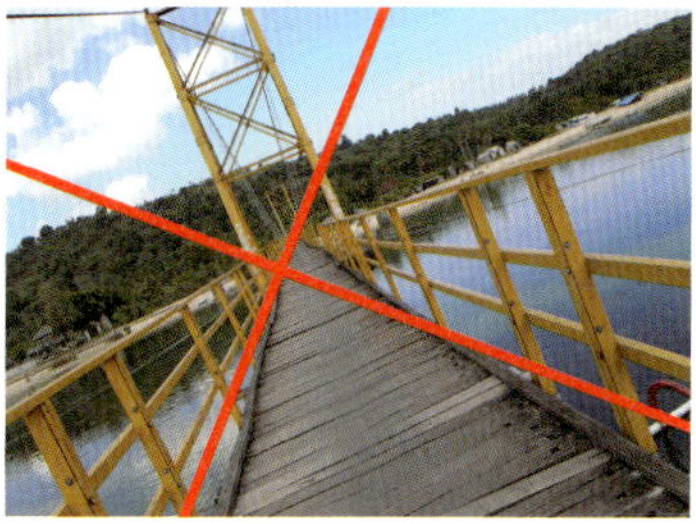

躍動感のある仕上がりも魅力。人通りの多い道路などでも効果的です。

パターン構図

同じ形状の被写体を、その形の類似性を強調して切りとる構図法です。形とその連続性のおもしろさで写真を作るということです。この特徴は、類似するもの以外はなるべく画面に入れないほうが、より印象的に仕上がるということです。関係のない要素が入ると、効果は弱まる傾向にあります。

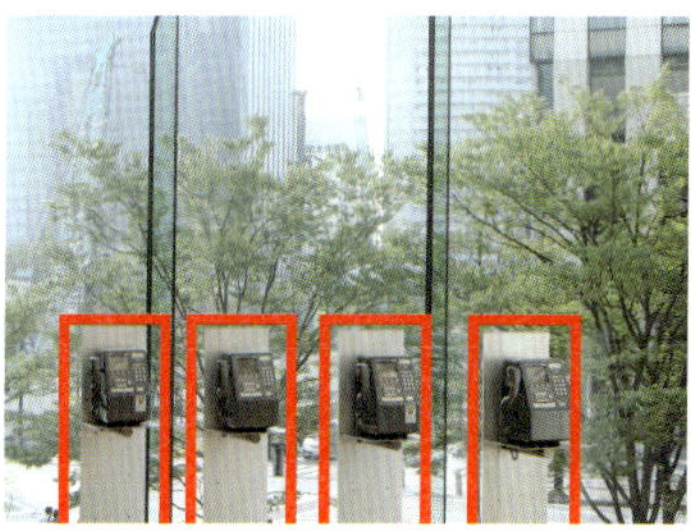

このように、同じ形状のものだけで画面を作ると、写真自体が幾何学的に見えます。

三角構図

画面の中に三角型を形作る構図法です。安定感が増すのが特徴で、風景の中で建物を撮る場合などで活用したりします。この他にも、丸みを帯びた被写体を強調する曲線構図や、斜めのラインを使う斜線構図などさまざまな構図法があります。これらをうまく使えれば、写真は格段に上達するはずです。

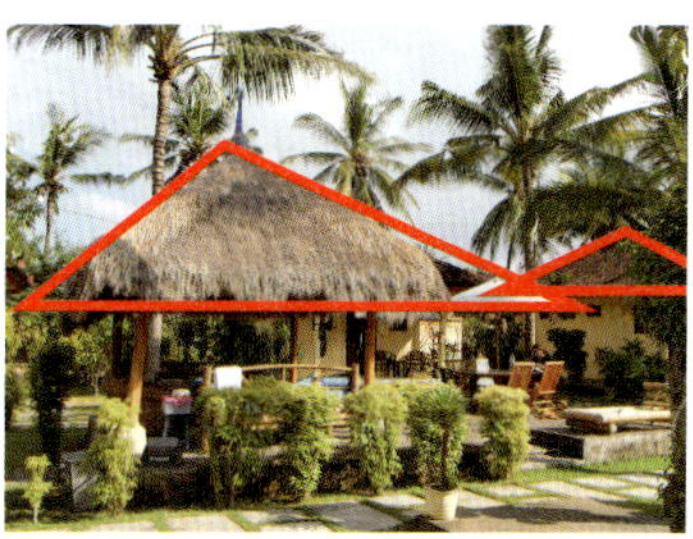

三角構図は観光地の風景を撮ったりするのにも役立ちます。画面構成が早く決まります。

Chapter 4-0-3

シーン別を見る前に カメラアングルと寄り引きについて考えてみよう

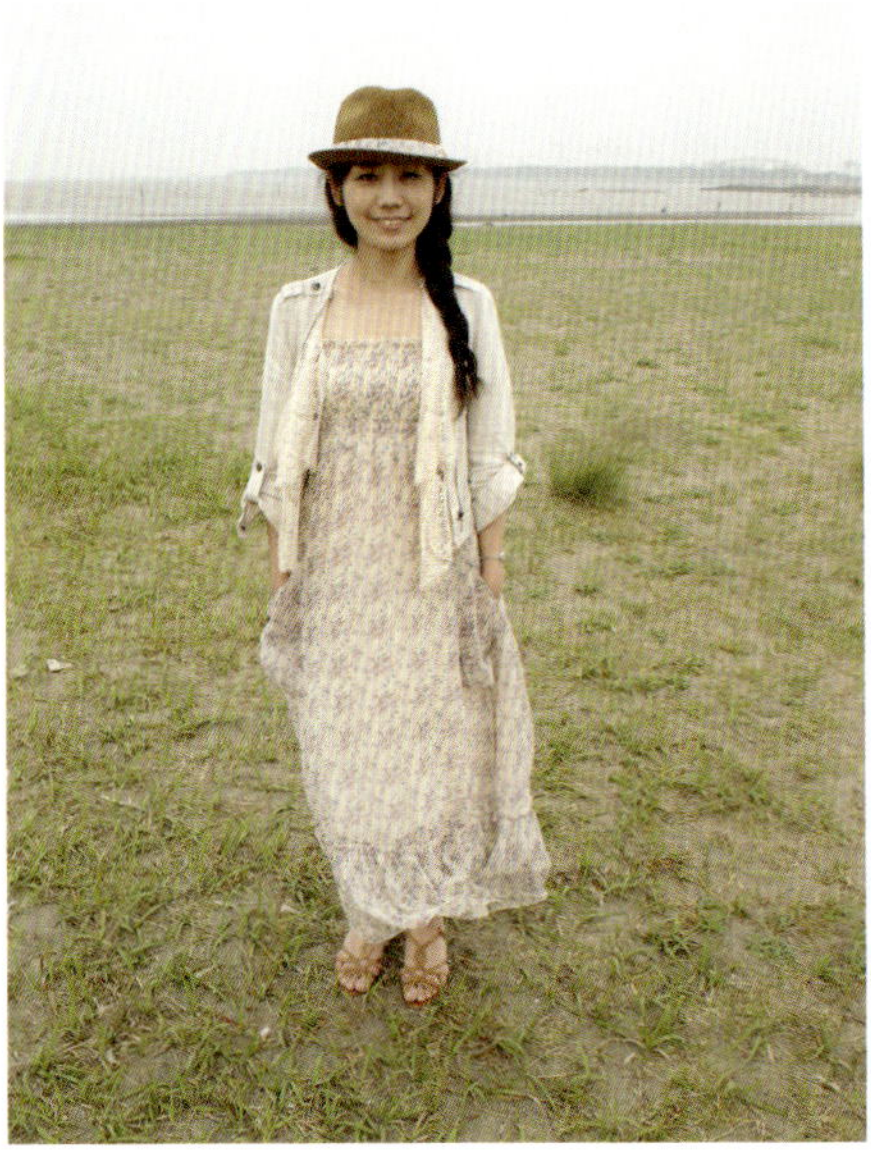

ハイアングル

本文で、広角レンズを使ってハイアングルで人物を撮ると、頭でっかちの短足に写ると言いましたが、もちろんこれは写し方次第。その特徴を生かして、表情をより強調した撮り方もできます。

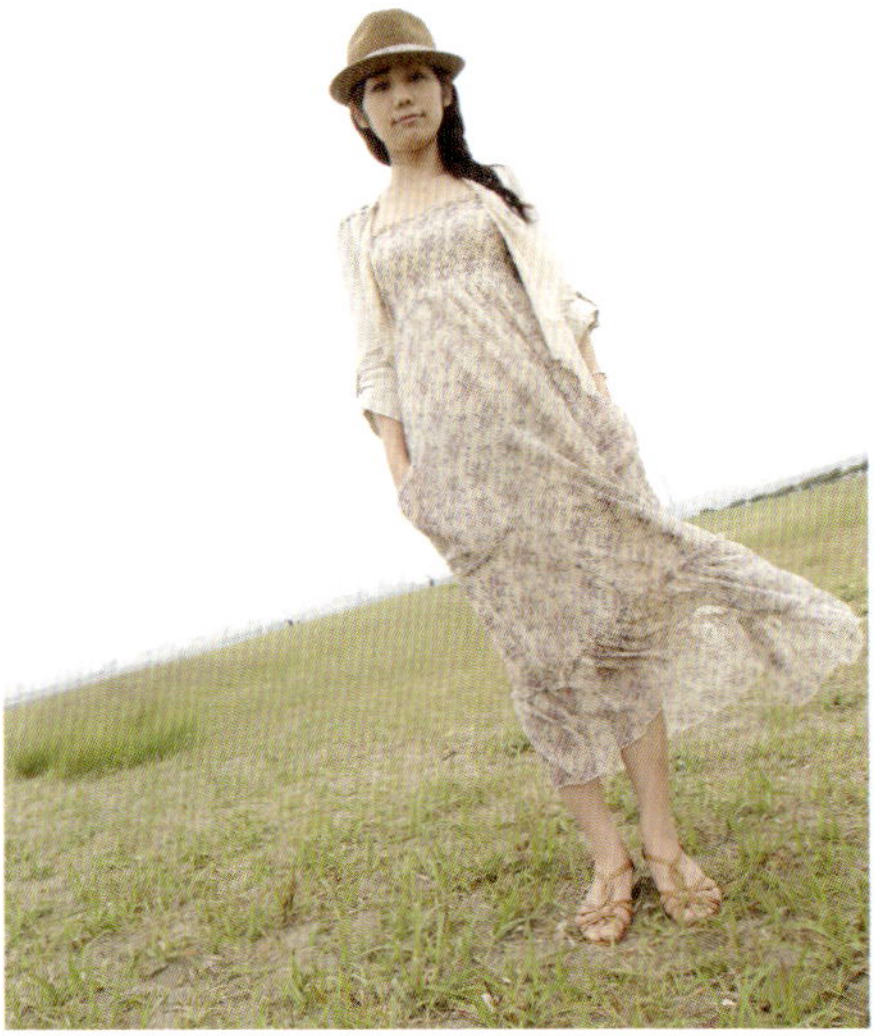

ローアングル

ローアングルだと、このように脚をすらりと長く見せることもできます。同じ被写体でも、カメラアングルが違うだけでまったく印象は異なります。

カメラアングルの話

写真撮影では、どうしてもアイレベルでカメラを構えてしまいがちです。しかし、少ししゃがんでローアングルから撮ってみたり、上目からハイアングルで撮ってみると、また違った印象で被写体を切りとることができます。

例えば広角レンズを使って、人物撮影を行う場合、足先からあおるようにローアングルで撮影すると、脚は長く、顔は小顔に撮影することができます。逆に、ハイアングルから撮影すると、頭でっかちの短足に写ります。これは遠近感を強調できる広角レンズの特性を生かした撮影方法ですが、単純に花などは、アングルを上下に変えただけで、写り方が変わります。アングルを意識して撮影できると、写真表現の幅は大きく広がるはずです。

用語解説

アイレベル …… 普段の自分の目線のこと。意識しないと、どうしてもアイレベルでの撮影は増えます。

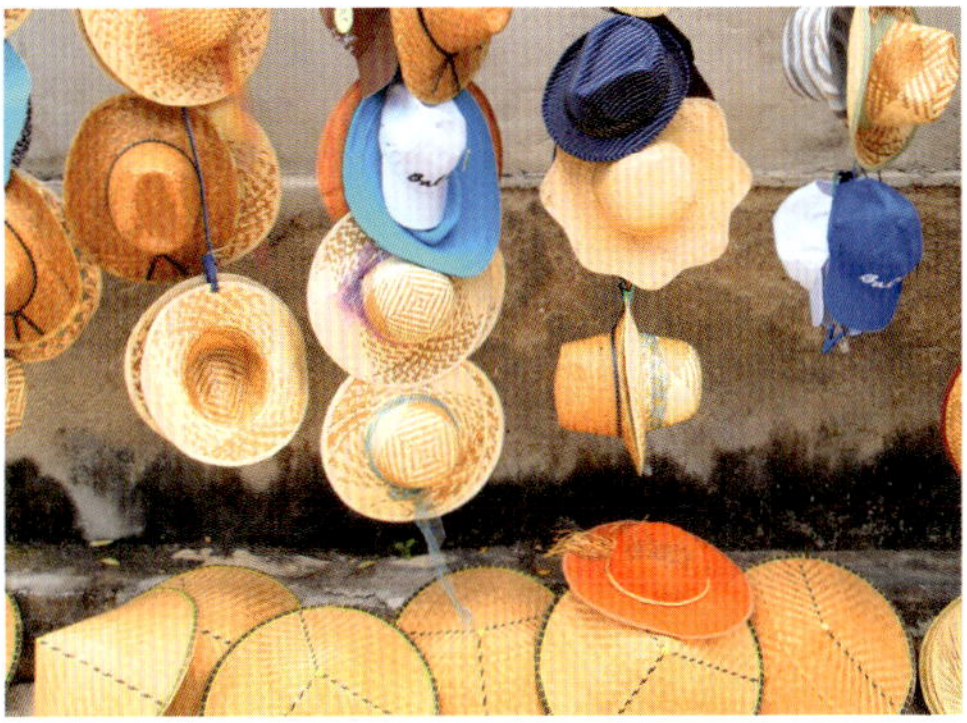

寄り

被写体に寄ってみると、離れた場所からでは認識できなかった情景が見えてきたりします。さまざまな風景でこれを試していくと、自分の好きな距離感をつかむことができます。

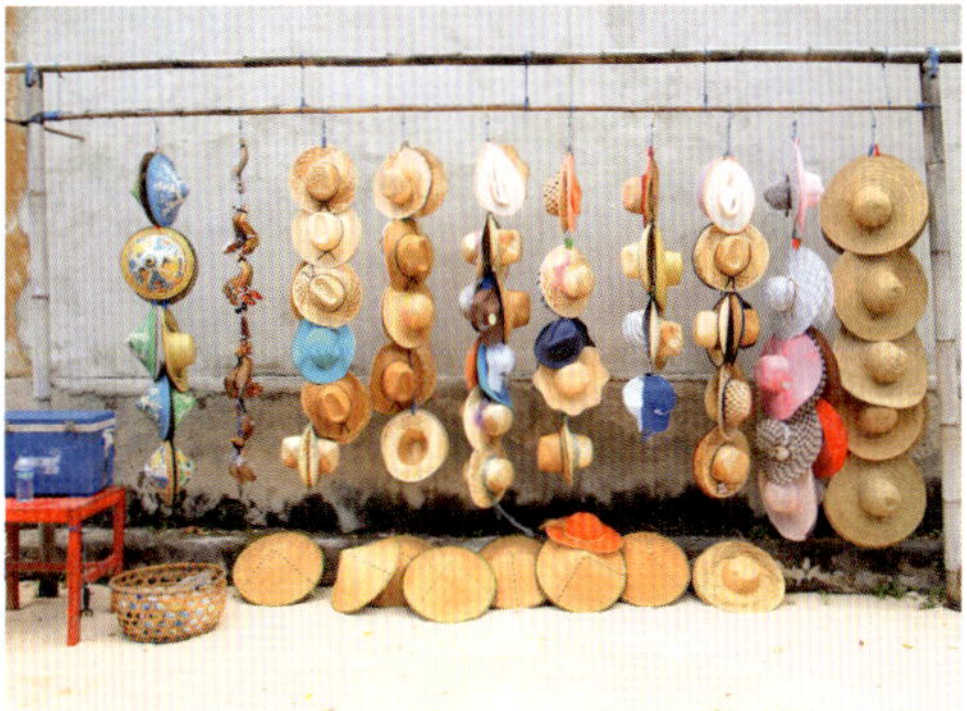

引き

距離を置くと、目の前の情景が俯瞰で確認できます。見落としていたものに気づけたり、新たな発見も多いはず。感動したままに写せたら、距離を取って冷静に被写体を見てみましょう。

寄り引きの話

被写体との距離感もとても重要な要素です。まず、目に入った情景に対して、見つけたままの距離で撮影を終えたら、引いたり、寄ったりしながらさまざまな切りとり方で被写体を見てみましょう。

特に寄って撮影を行う場合には、風景をどう切りとるのかも意識したいところです。ポイントは、主役をひとつ選ぶことです。それを中心に画面を構成していきます。いろいろ入れ込みたくなりますが、そこは思い切って外しましょう。要素はシンプルなほうが、見る側には情景が伝わりやすいものです。

またこの場合、ズームレンズに頼らないで、なるべく自ら動いて寄り引きを行いましょう。そのほうが、広角から望遠までの画的な変化に影響を受けず画面作りをすることができます。

Chapter 4-1-1

風景編

雄大な自然を感動したそのままに写したい

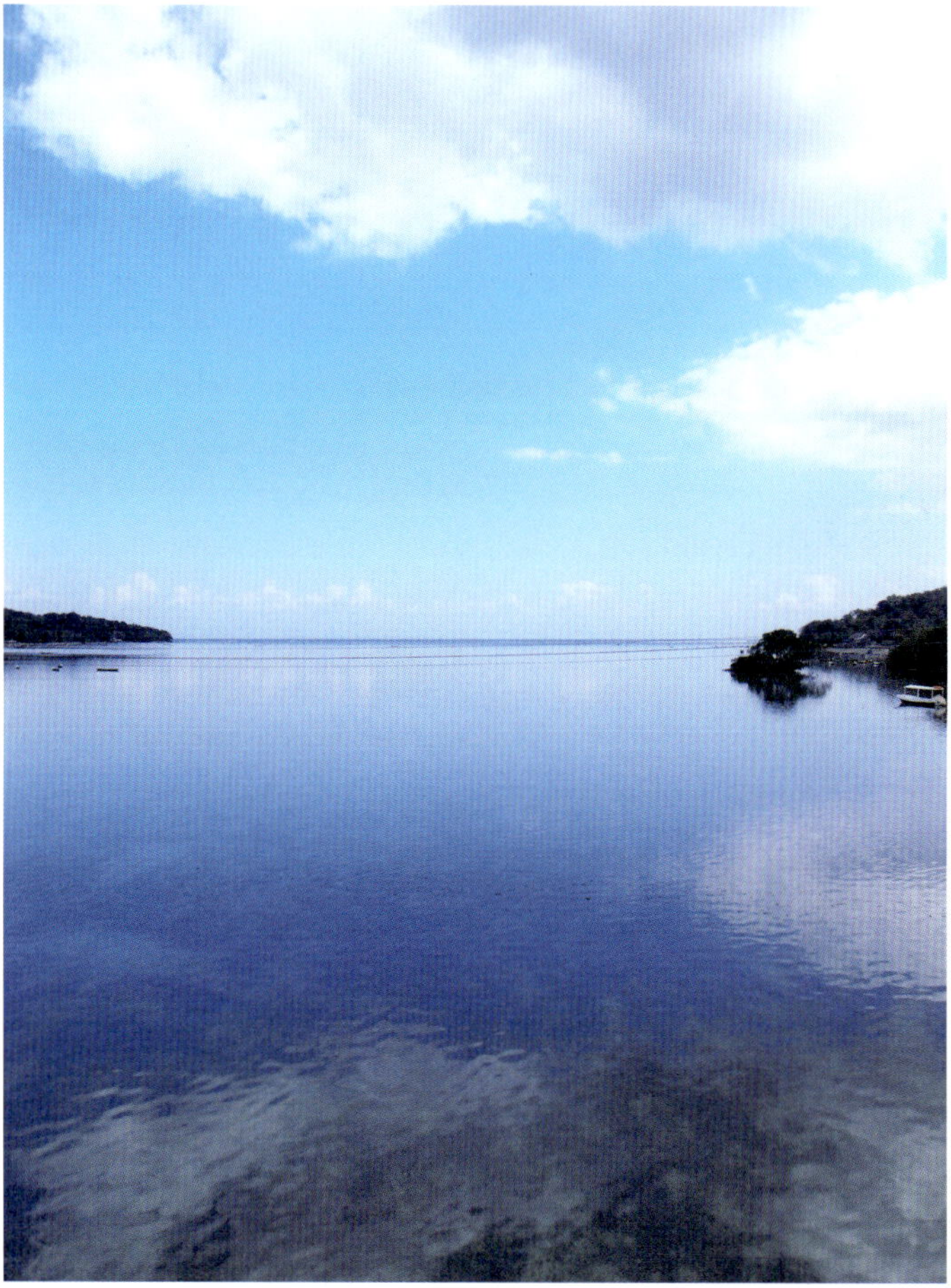

水面に写る雲の残像を、実際の雲と対比的に見せるために、2分割構図を意識しながら、広角レンズでワイドに撮影しています。

※ E-PL2　Aモード　F9　1/1250秒　ISO200　＋1.3EV　WB：晴天
ピクチャーモード：i-FINISH　レンズ焦点距離：14mm

POINT この写真のポイント

❶ 広角レンズの効果を利用して広大さを演出する

❷ 3分割構図や2分割構図を参考に構図を組み立ててみる

❸ 縦位置と横位置の両方で切りとり比較する

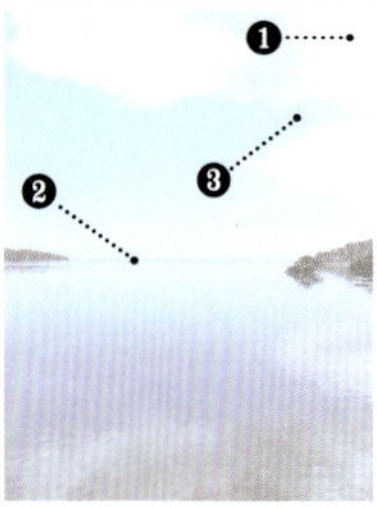

用語解説

広角系のレンズで撮るのがおすすめです …… 遠くの被写体を大きく写せる望遠レンズだと、遠近感をなくした写し方に。そういった意味では、意図に応じて広角から望遠まで試してみるのもいいです。

縦位置と横位置の両方を意識する

同じ風景も縦横で印象が異なります。総じて、横位置は優しい雰囲気で写真が撮れますし、縦位置は力強い構成力が魅力です。

※いずれも E-P2　A モード　F5.6　1/1000 秒　ISO200　＋ 0.3EV　WB：オート　仕上がり：i-FINISH　レンズ焦点距離：14mm

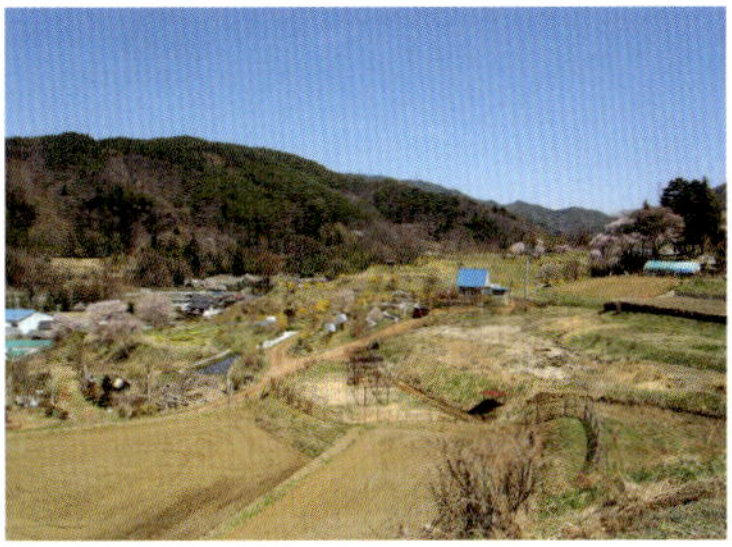

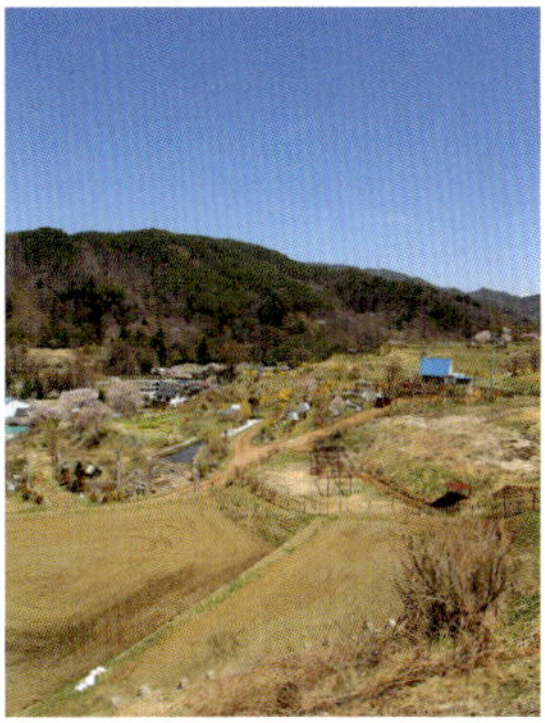

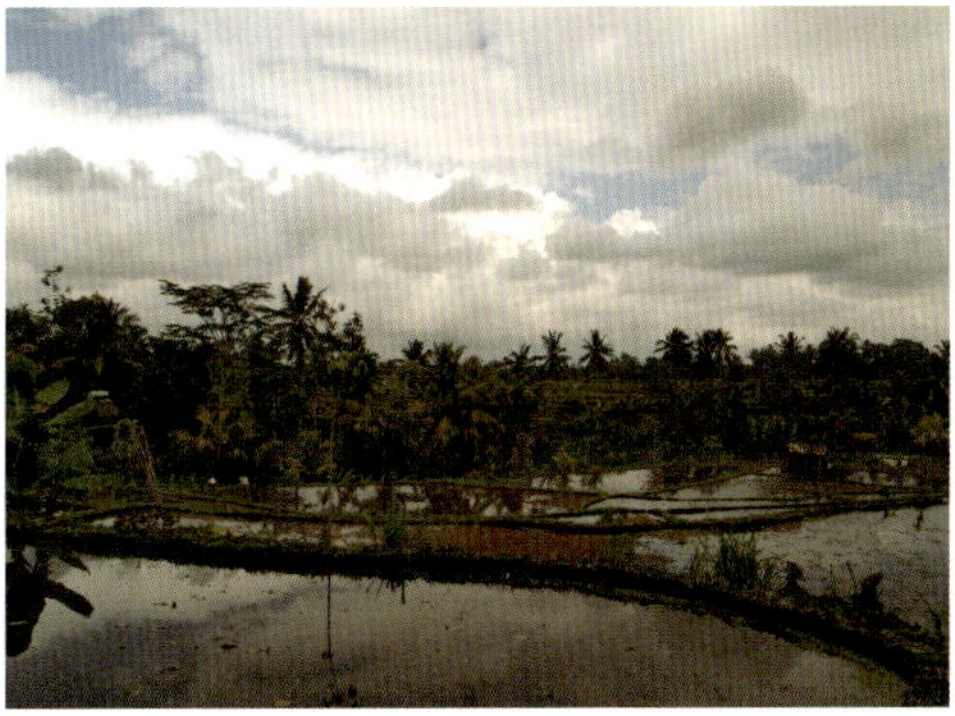

構図法の助けを借りる

風景を広く写し込みながら、3分割構図や2分割構図を使って、陸と空の割合にも注目してみましょう。ひとつの風景で、さまざまなバリエーションが写せることに気づきます。

※ E-PL2　P モード　F8　1/1250 秒　ISO250　＋ 0.3EV　WB：CWB6200K　ピクチャーモード：i-FINISH　レンズ焦点距離：14mm

広角レンズをうまく使おう

雄大な自然を写すならば、広角系のレンズで撮るのがおすすめです。遠近感を強調しながら、ダイナミックに写し込むことができます。ただし、広角にするほど遠くの被写体は小さく写ります。一番写したい被写体が遠くにある場合は、その被写体の印象が薄まらない程度の広角を意識しましょう。もし被写体に近づけるならば、広角であることを考慮しながら、意識的に寄って撮影してもいいでしょう。

また、自然の風景は画面内にラインを作りやすいので、3分割構図や2分割構図をぜひ試してみましょう。空を大きく入れ込んだり、地上の広大さを強調したり、さまざまな切りとり方を楽しむことができます。縦位置と横位置の両方を撮影し比較してみるのもいいです。

Chapter 4-1-2

風景編

空と雲をかわいく撮りたい

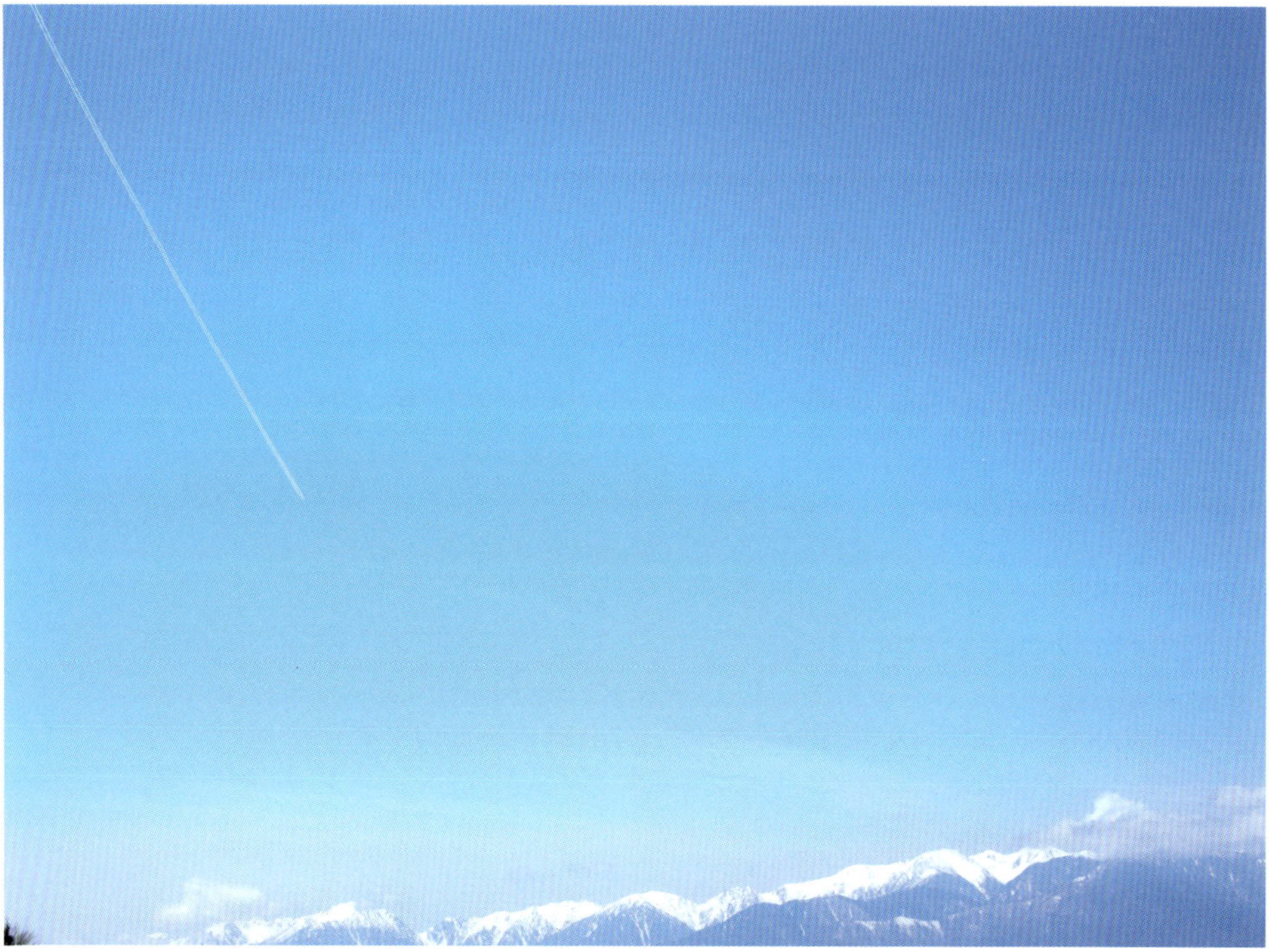

空は非常に淡白な被写体です。地上のものをいっしょに入れ込むと空の大きさが強調できます。

※ E-P2　A モード　F5.6　1/1600 秒　ISO200　＋1.0EV　WB：CWB4900K　仕上がり：i-FINISH　レンズ焦点距離：29mm

POINT この写真のポイント

❶ 空が青く見える位置をきちんと狙う

❷ 地上にあるものを意図的に入れると変化が出る

❸ ホワイトバランスや露出補正も効果的に利用する

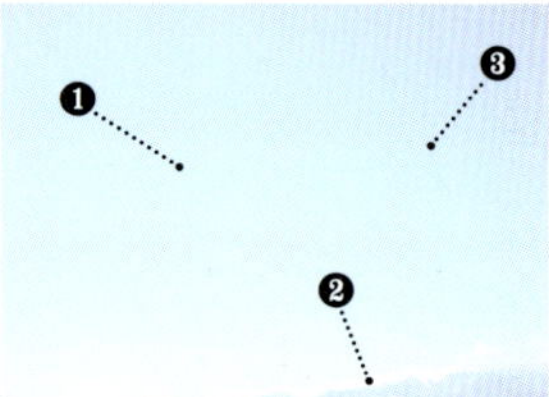

用語解説

どんなにいい雲が出ていても …… なお、いい形の雲が出ている場合には、レンズを広角気味にして撮影すると、雄大に流れるように雲を写すことができます。

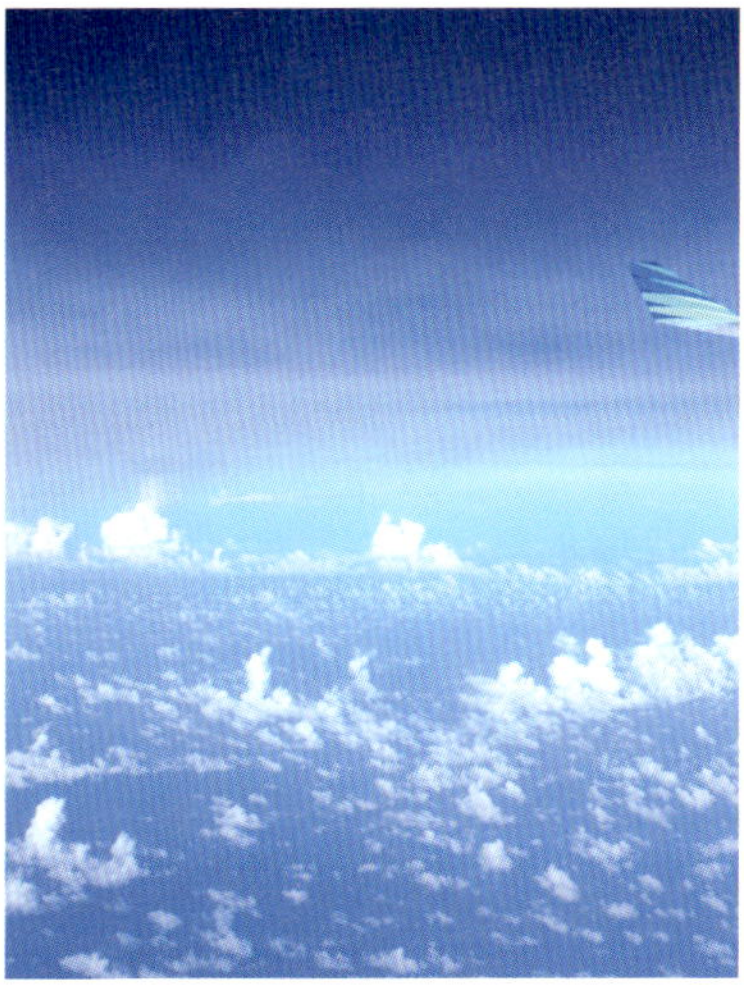

飛行機の中からも雲写真を撮ってみよう

飛行機の中からも、素敵な雲の写真が撮れます。なおホワイトバランスは電球モードでも青味を強調できますが、少し濃く出すぎるため、自分で細かく設定できるCWBがおすすめです。

※ E-PL2　Pモード　F11　1/640秒　ISO200
＋1.3EV　WB：CWB4500K
ピクチャーモード：i-FINISH　レンズ焦点距離：20mm

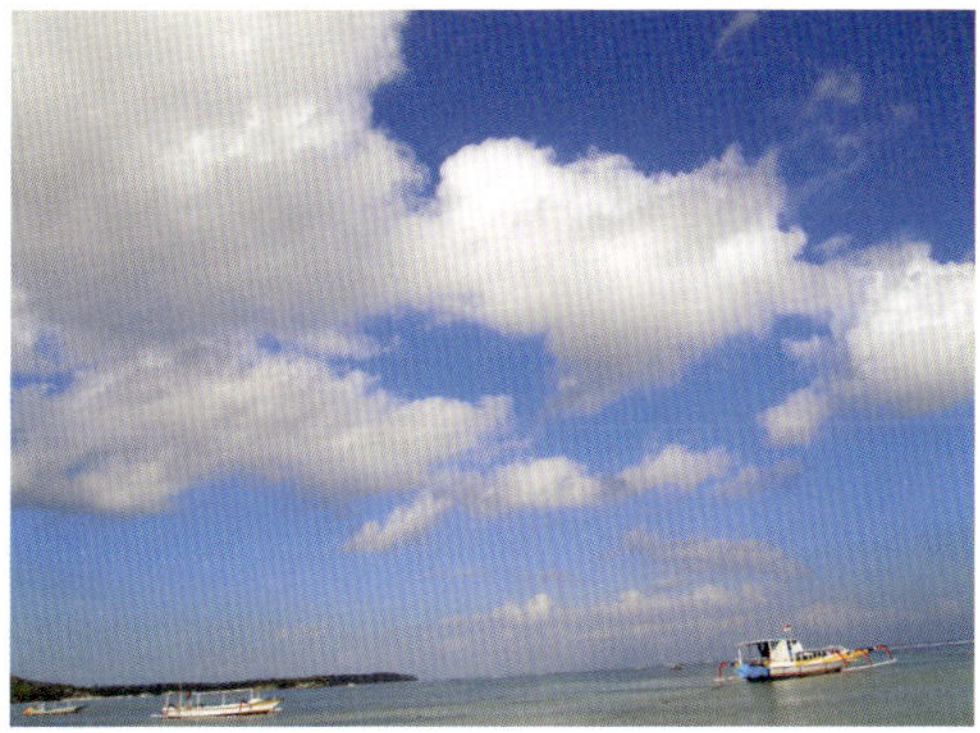

アートフィルターも効果的

アートフィルターのポップアートやクロスプロセスなどを使うと色調や色味に変化が加えられ楽しめます。

※ E-PL2　アートフィルター　ポップアート　F9　1/500秒　ISO200
＋0.3EV　WB：オート　レンズ焦点距離：14mm

空の青さをきちんと出そう

青空をうまく撮るには、きちんと空が青くなっている場所を狙います。これは、空が太陽に近づくほど"晴天にも関わらず"白く明るくなり、どんなにいい雲が出ていても、背景の白い色と同化してしまうからです。青空は太陽を背にし、順光でとらえるのが理想です。

もちろん、空だけを切りとるのもいいですが、地上の被写体を少し入れ込むだけで、物語性が加わります。画面に奥行きが生まれ、空の大きさも伝えられます。ここにホワイトバランスや露出補正を加えます。例えば、色温度を自由に変えられるCWB（P53参照）で、色温度を青味が強まる4000～5000K程度に設定し、＋1EV程度露出補正をします。すると、淡く明るい印象で青空が写せます。

Chapter

4-1-3

風景編

雨の日でも風景をきれいに撮りたい

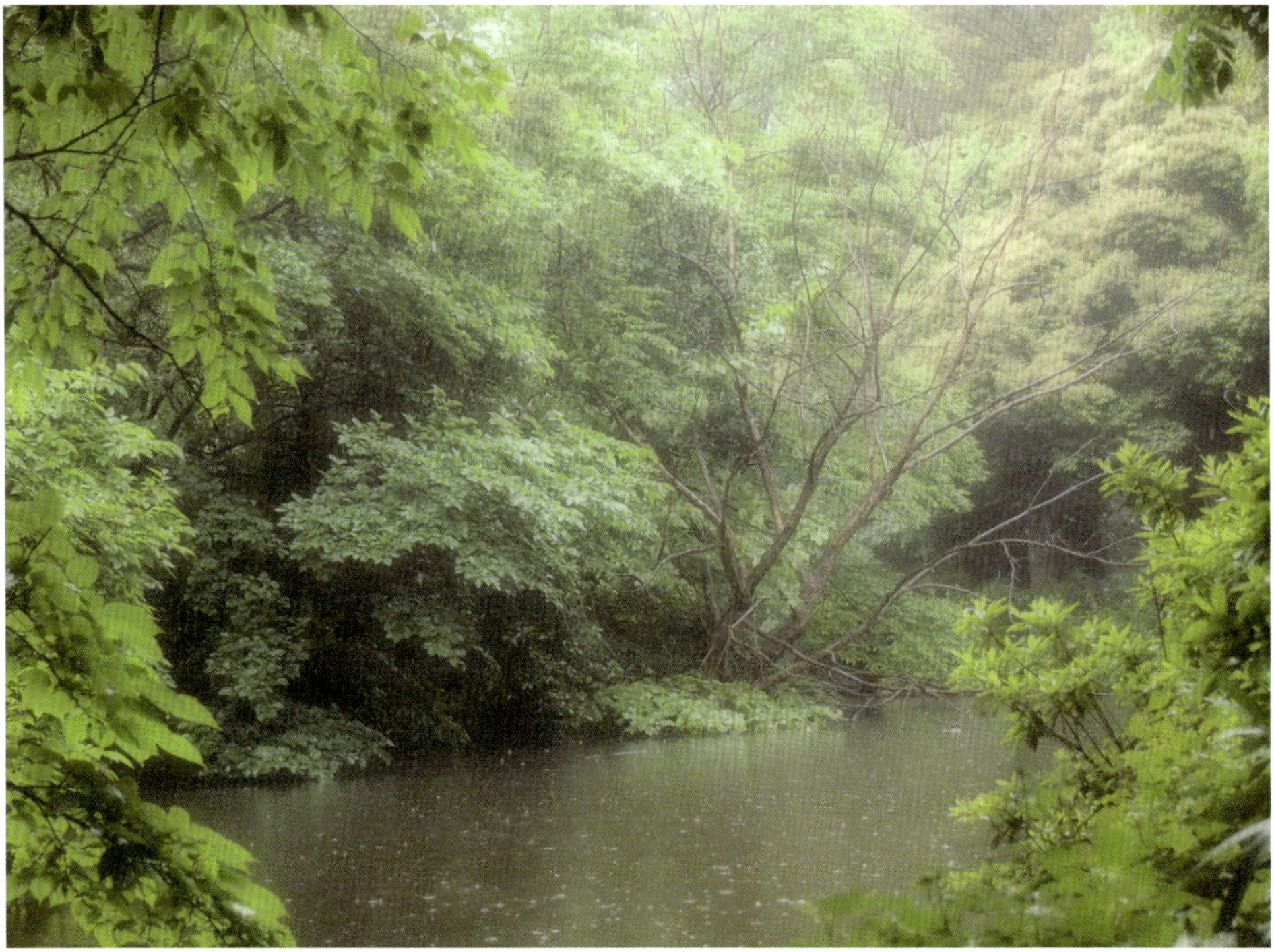

雨の日は暗いため、明るめに撮ってあげるとやわらかい質感で撮影できます。手ブレには注意しましょう。

※ E-PL2　アートフィルター　ファンタジックフォーカス　F5.0　1/400秒　＋0.7EV　ISO1600　WB：オート　レンズ焦点距離：33mm

POINT この写真のポイント

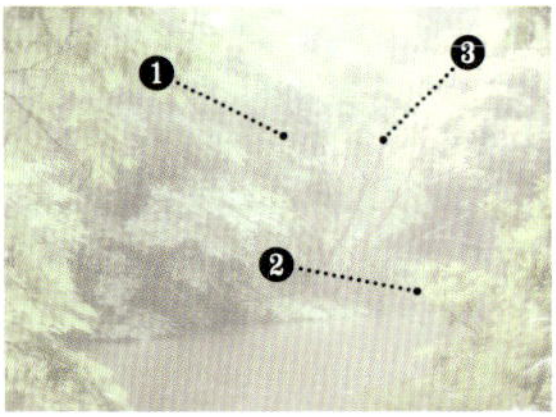

❶ プラス補正で明るい雰囲気を演出

❷ ファンタスティックフォーカスでふんわり写真に

❸ シャッター速度を意識しながら、手ブレに注意する

用語解説

光量が少ないため…… 雨の日は光量が少なく、手ブレを起こしやすいです。そのため、雨の日は比較的明るい午前中に撮影するのがベストです。

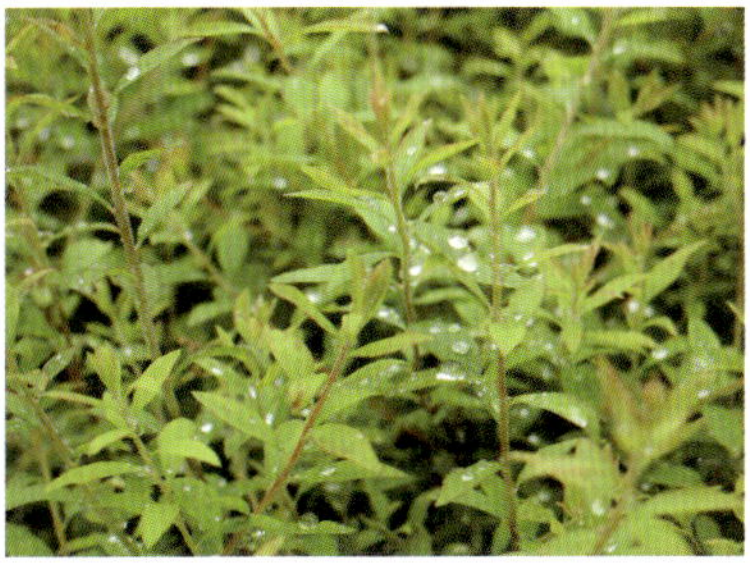

雨露に注目してみよう

雨の日ならではの被写体なのが、雨露です。なるべく接写で輝く水滴を撮ってみましょう。

※ E-PL2　A モード　F5.6　1/500 秒　ISO800
＋ 0.7EV　WB：CWB5400K
ピクチャーモード：i-FINISH　レンズ焦点距離：42mm

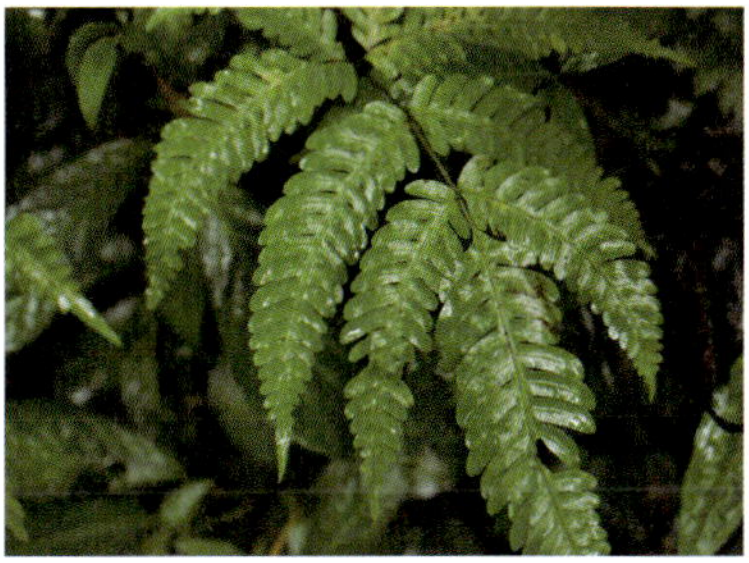

マイナス補正でしっとり感を強調

マイナス補正をすると、植物のテカリがより強調され、しっとりとした質感で撮影できます。

※ E-PL2　A モード　F2.8　1/30 秒　ISO400
−0.7EV　WB：オート　ピクチャーモード：i-FINISH
レンズ焦点距離：17mm

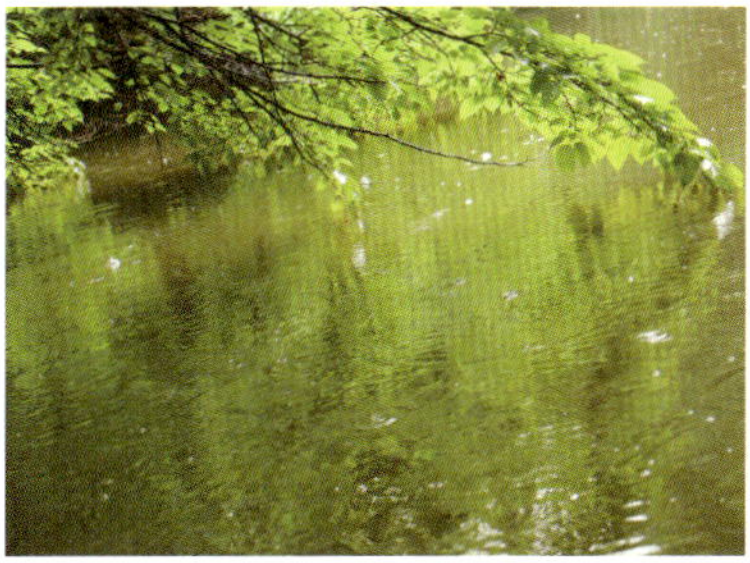

ホワイトバランスを曇天モードにしてみる

全体的にグレー調に仕上がるのも雨の日の特徴。ホワイトバランスを曇天モードにすると、赤味や黄色みが加味されます。

※ E-PL2　A モード　F5.6　1/100 秒　ISO800　＋ 0.7EV
WB：曇天　ピクチャーモード：i-FINISH
レンズ焦点距離：42mm

雨の日は情感豊かに

雨の日の撮影ポイントは、露出補正をうまく活用することです。プラス補正で少し明るめにすると、雨雲で拡散したやわらかい光がより印象的に写し込めます。例えばここでアートフィルターのファンタジックフォーカスを加えるとふんわり感がさらに増します。一方、マイナス補正でしっとりとした情感も演出できます。水滴などは、テカリがより引き立ちます。

注意したいのは手ブレ。光量が少ないためにシャッター速度は遅くなりがちです。モードダイヤルSで、手ブレを起こさない程度のシャッター速度を利用するのもおすすめです。ISO感度もオートにしておくと、その場の状況で自動的に感度が変化し、絞りやシャッター速度の数値が選びやすくなります。

Chapter

4-1-4

風景編

夕日をドラマチックに撮ってみたい

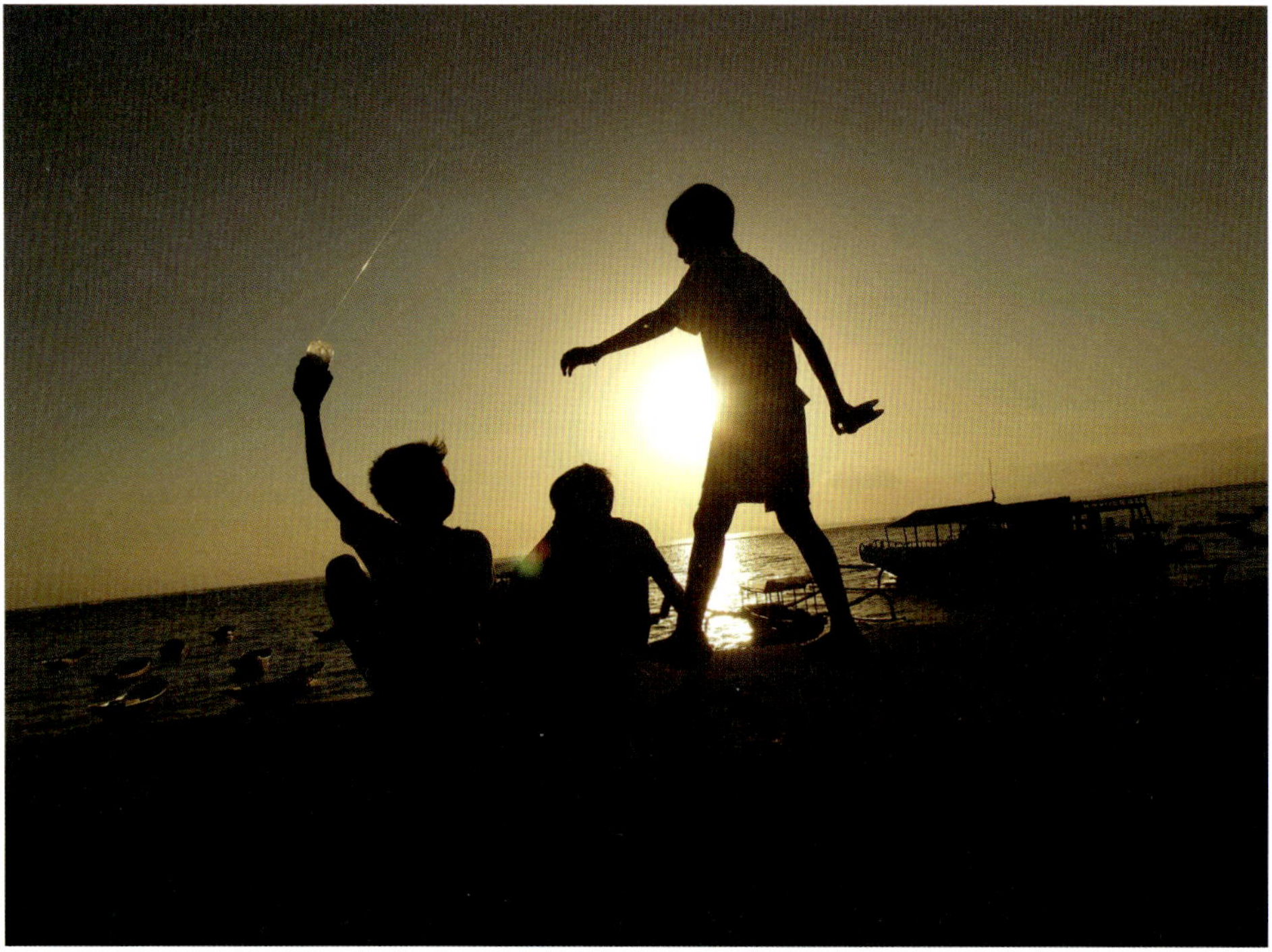

夕暮れ時の海をバックにマイナス補正を行い、子供たちをシルエットにしてより動きのある描写にしています。

※ E-P2　Aモード　F8　1/1600秒　ISO200　－1EV　WB：日陰　仕上がり：i-FINISH　レンズ焦点距離：14mm

POINT この写真のポイント

❶ フレアの入り方を見ながら、強い逆光をうまく使う

❷ 手前の風景は暗く落として大胆にシルエットにする

❸ ホワイトバランスの日陰モードで黄色みをアップ

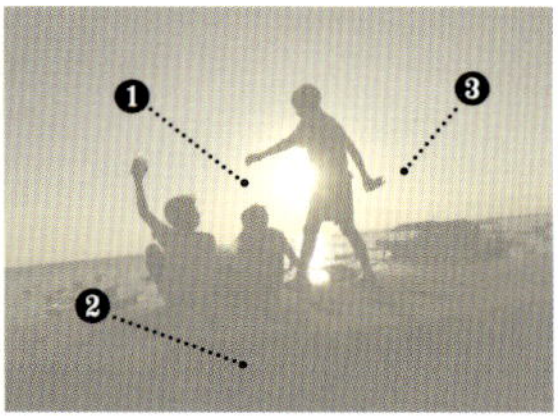

用語解説

フレア …… カメラに写り込む白いぼんやりとした光のこと。ハレーションとも言います。強い光を直接カメラ内に入れることで起こります。

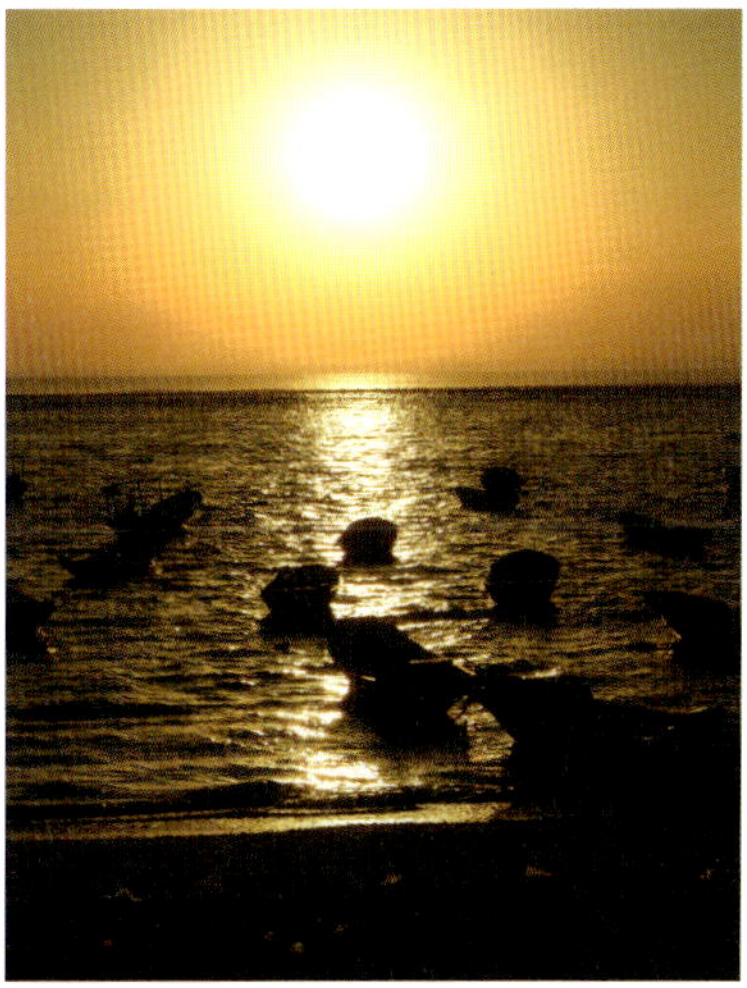

夕空は何を入れるかがポイント

暮れ行く空だけを撮影してももちろんいいですが、空の撮り方同様、地上の被写体を入れ込むと、より風景に奥行きが出ます。

※ E-P2　Aモード　F16　1/1250秒　ISO400　−0.3EV　WB：CWB5700K　仕上がり：i-FINISH　レンズ焦点距離：53mm

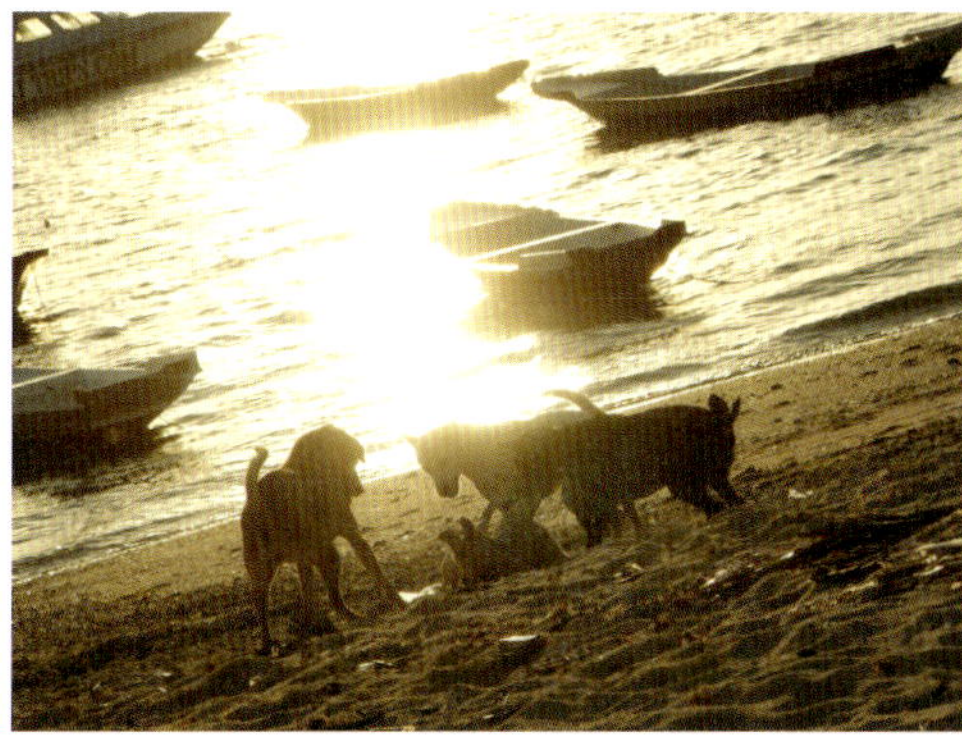

フレアで光を演出する

海に反射した光がフレアになっています。フレアは入り方次第で、ふんわりとした質感を作り出すことができます。

※ E-P2　Sモード　F11　1/400秒　ISO400　WB：CWB6800K　仕上がり：i-FINISH　レンズ焦点距離：78mm

自分好みに夕日を写す

夕日のきれいな日には、ぜひ被写体をシルエットにして日の沈むシーンを撮影してみましょう。ポイントは、太陽光の強さに合わせてマイナス補正を行うことです。全体的に暗めに写すことで、目で見ているものとはまったく異なる情景で写すことができるはずです。

この際、ホワイトバランスを日陰や曇天モードにすると、全体的に黄色みが増し、黄昏感が演出できます。カスタムホワイトバランスを利用して自分で色温度を調整してもいいでしょう。

夕日撮影の注意点は、強い逆光の影響でフレアが生じやすいことです。これはカメラの角度を変えるだけでなくすことができます。また意図的にフレアを入れ込んでもおもしろいです。光に包まれているような温かみのある描写になります。

❖ Chapter

4-2-1

ペット・動物編

家の中で猫をかわいく撮りたい

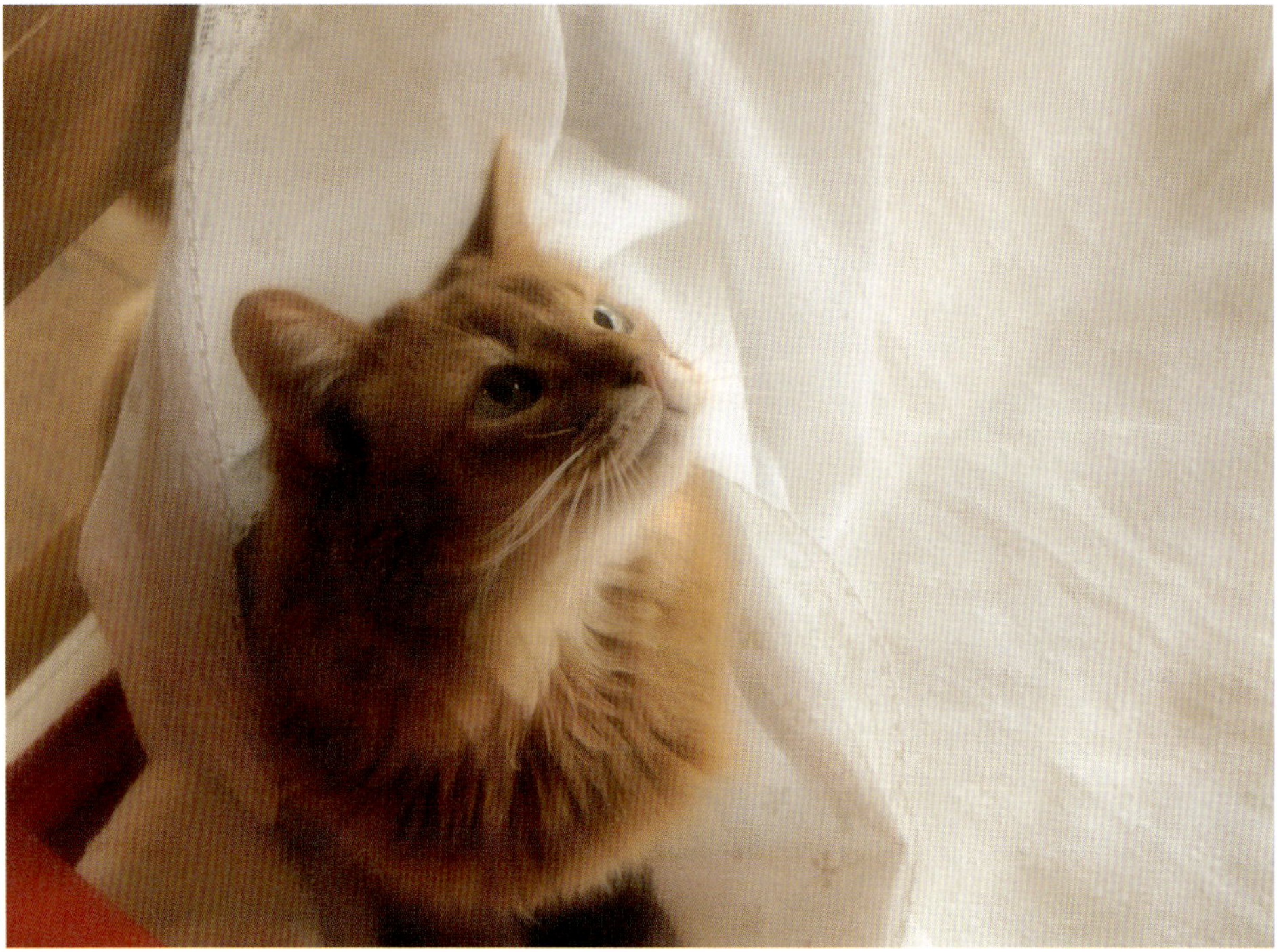

猫はなかなか言うことを聞いてくれません。辛抱強く待ちながら撮影することも大切です。

※ E-PL2　アートフィルター　ファンタジックフォーカス　F5.6　1/100秒　ISO800　WB：オート　レンズ焦点距離：42mm

POINT この写真のポイント

❶ 窓際などの明るい場所を選んで撮る

❷ 白いシーツなどを使ってなるべく明るくする

❸ ファンタジックフォーカスでやわらかい雰囲気に

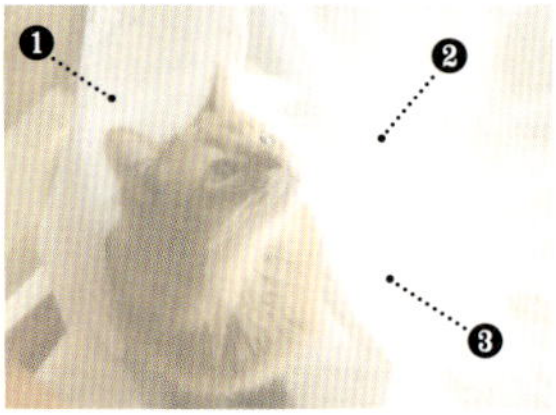

用語解説

反射光 …… 反射光を作る場合、白系のものに反射させたほうがより効果があります。黒系のものは光を吸収してしまうためおすすめできません。

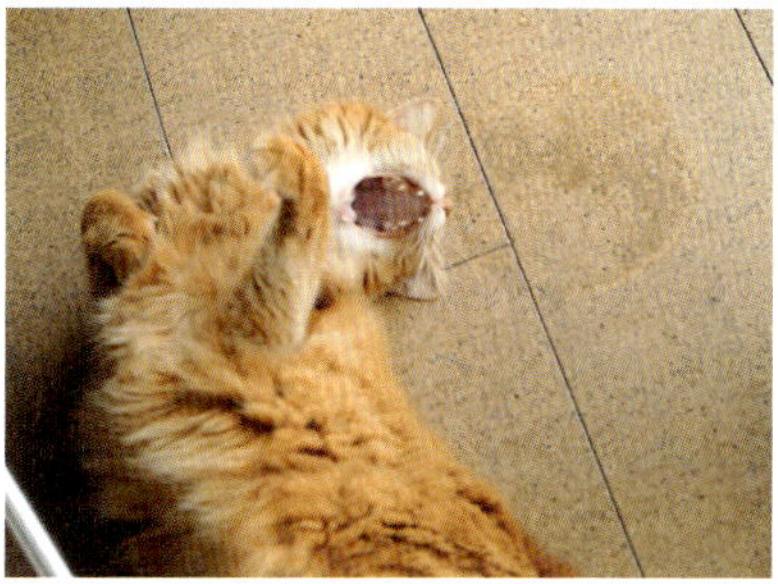

寝転んだ所をパシャリ

窓際の明るい場所での撮影です。こういったシャッターチャンスを逃さず撮影できます。

※ E-PL2　S モード　F4.5　1/200 秒　ISO1250
WB：オート　ピクチャーモード：i-FINISH
レンズ焦点距離：53mm

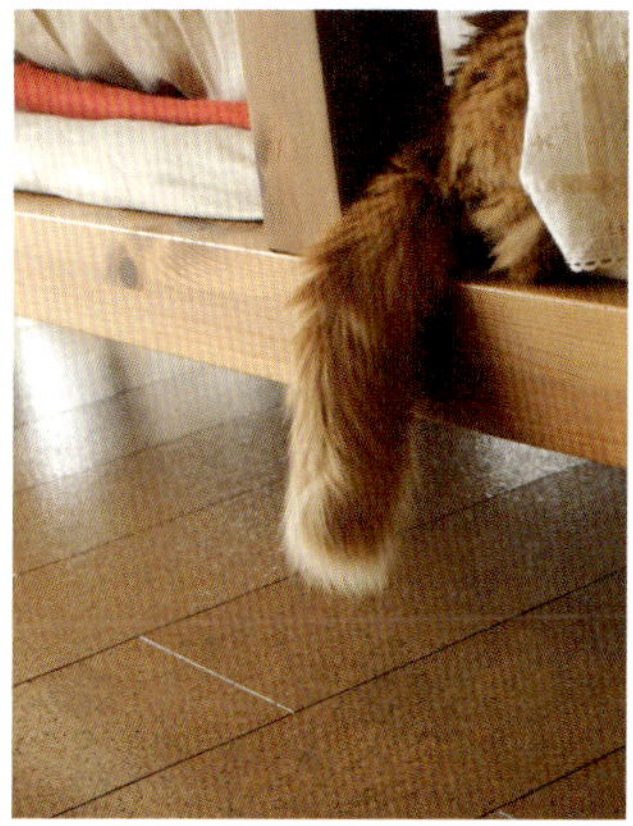

部分も切りとってみよう

表情ばかりではなく、パーツに注目してみてもおもしろいです。微笑ましいひとコマを撮影できます。

※ E-PL2　A モード　F5.6　1/100 秒　ISO1600　WB：オート
ピクチャーモード：i-FINISH　レンズ焦点距離：42mm

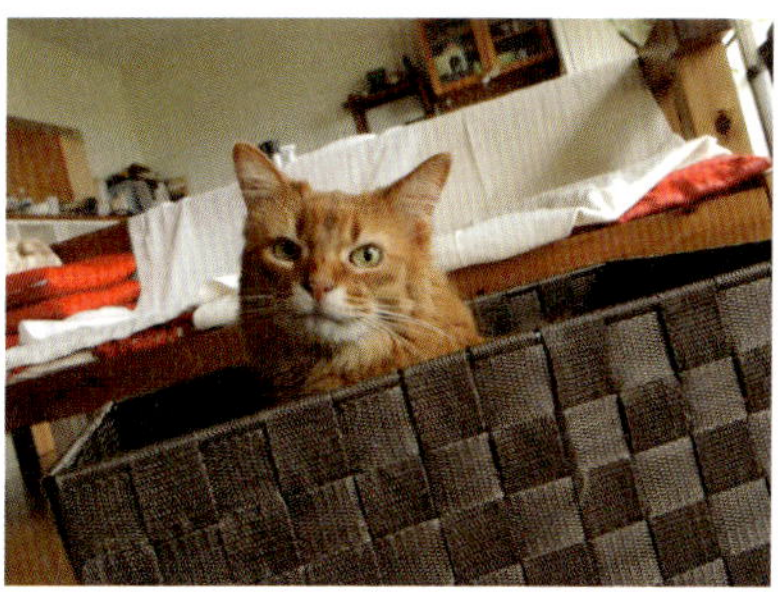

猫は箱の中が好き

猫は狭い空間を好みます。お気に入りの箱などがあれば、そこに入っているところも撮れます。

※ E-PL2　A モード　F6.3　1/30 秒　ISO1600
WB：オート　ピクチャーモード：i-FINISH
レンズ焦点距離：14mm

室内はとにかく手ブレに注意

家の中でペットを撮影する際には、窓際の明るい場所が、シャッター速度も遅くなりにくく撮りやすいです。レースのカーテンなどを通したやわらかい光の下で撮れたらベストです。また、白系のシーツやソファの上の猫を撮るのもおすすめ。窓から入る自然光がこれらに反射して、空間全体を反射光で明るくしてくれます。室内の撮影では、何においても手ブレに注意です。しっかりと明るい場所を確保することが大切です。

またモードダイヤルをAにして、なるべく背景をボカして撮影すると、猫のしぐさや表情をより印象的に仕上げられます。さらに、カメラアングルもこだわりどころのひとつです。ハイからローまでさまざまなアングルを試してみましょう。

❖ Chapter

4-2-2

ペット・動物編

動き回る犬をきちんと止めて写したい

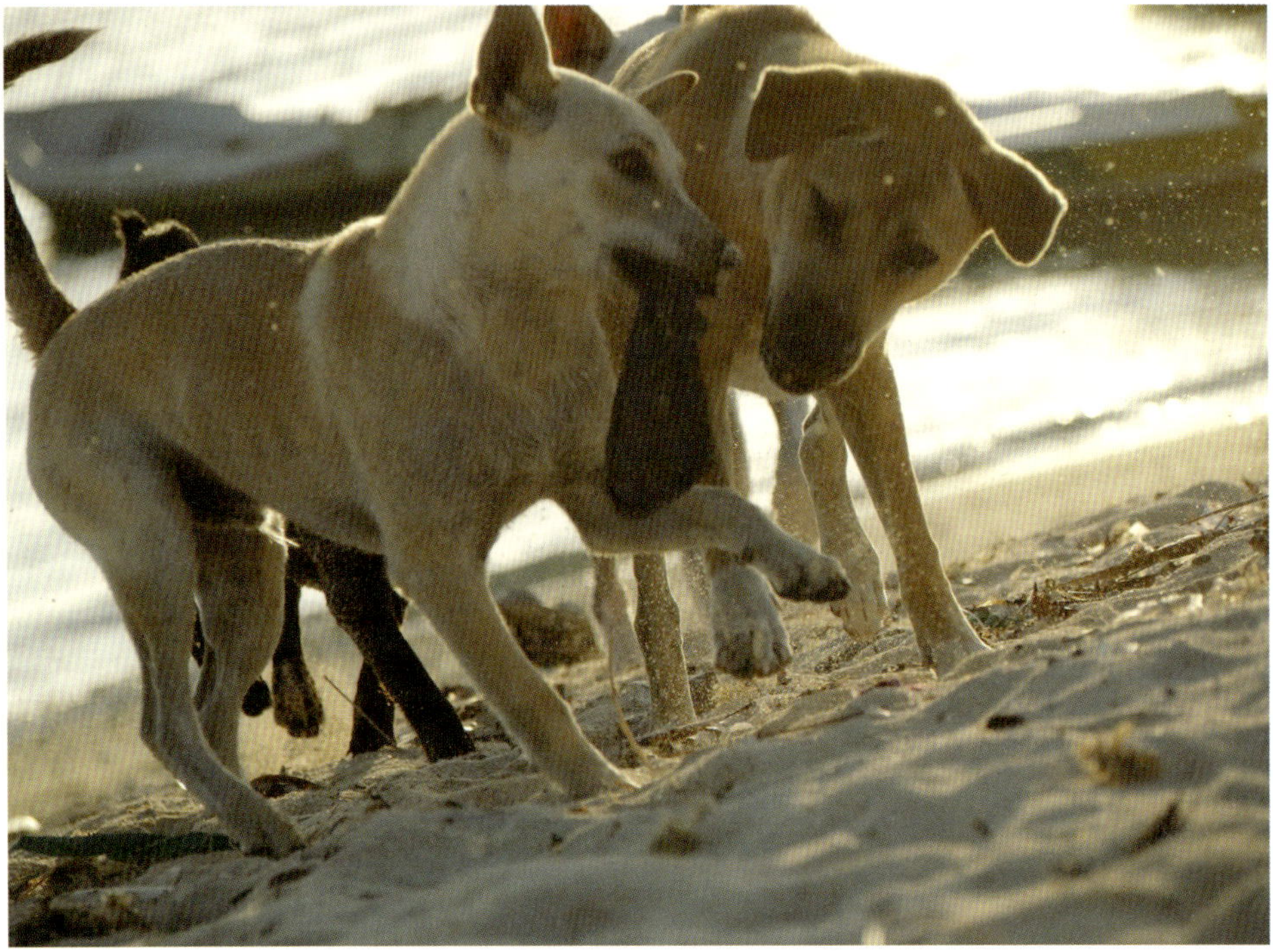

高速シャッターを利用することで、肉眼ではとらえられない細かな体の動きまでも写すことができます。
※ E-P2　Sモード　F5.1　1/2000秒　ISO800　WB：晴天　仕上がり：i-FINISH レンズ焦点距離：105mm

POINT この写真のポイント

❶ Sモードでシャッター速度を速く設定

❷ コンティニュアスAFでピント合わせをしっかり行う

❸ 望遠レンズで思い切り寄って躍動感を演出

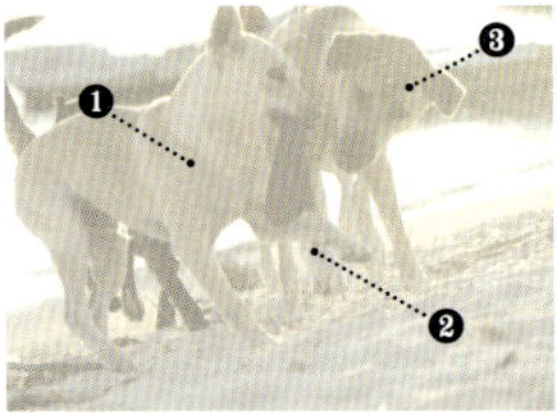

用語解説

連写機能 … シャッターボタンを押している間、連続して撮影ができる機能のこと。PEN では 1 秒間に 3 コマの連続撮影ができます。ただし、連写するほど記録メディアへの保存にも時間がかかるので注意しましょう。

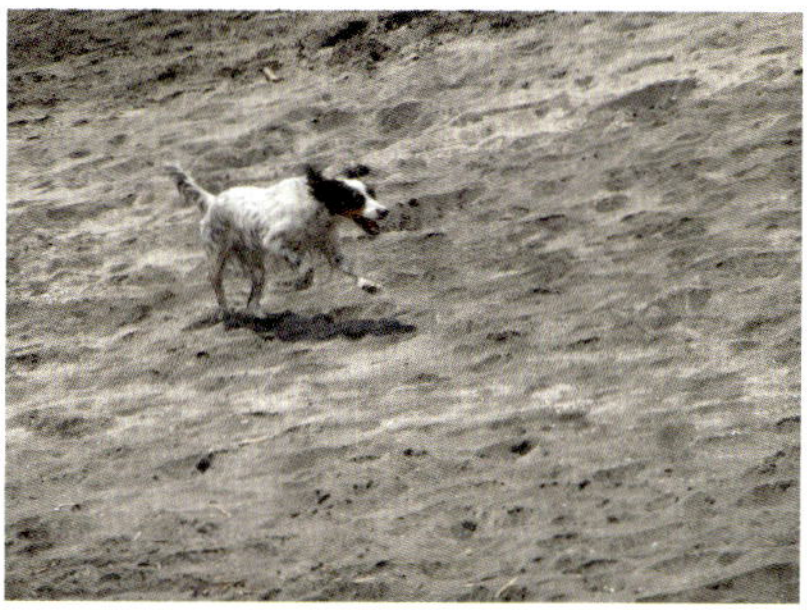

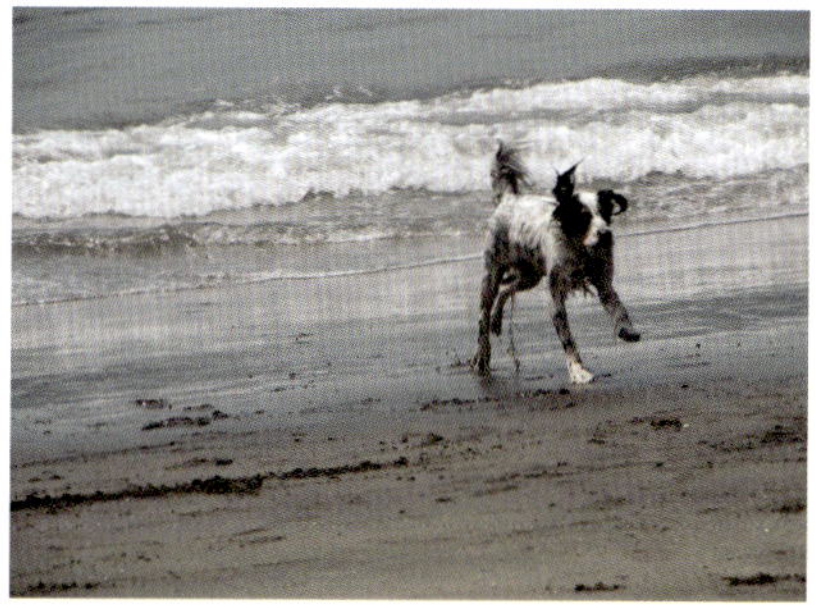

空間を作って疾走感を演出

進む方向が見当のつく状況であれば、空間を作って場面を作り込んでみましょう。前方と後方に空間を作るのではずいぶん印象が変わります。

※いずれも E-PL2　S モード　F10　1/640 秒　ISO200　WB：晴天
ピクチャーモード：i-FINISH　レンズ焦点距離：150mm

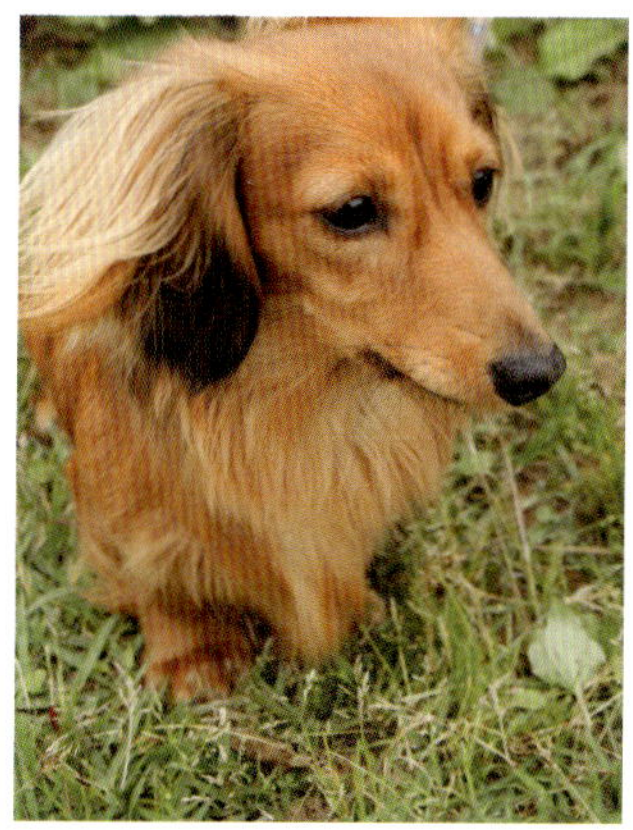

動かない犬を撮る場合の注意

犬は全般的に鼻にピントが合いがちなので、瞳にピントが合うよう心がけましょう。ちなみに少し上目から撮ったほうが、表情をかわいく撮れます。

※ E-PL2　A モード　F5.6　1/200 秒　ISO200
WB：晴天　ピクチャーモード：i-FINISH
レンズ焦点距離：41mm

決定的瞬間を逃さない

犬などの動き回る被写体は、ピントを合わせること自体が難しいです。まず、AF方式をコンティニュアスAFや追尾AFに切り替えて、動く被写体にもピント合わせが行いやすくなるよう対応します。それから、当然シャッター速度が遅いと被写体ブレを起こします。モードダイヤルをSにして、速いシャッター速度を設定しましょう。また、連写機能を使うと、思いがけない被写体の動きが切りとれたりします。なお多少暗い場合には、ISO感度は800〜1600程度が、高速シャッターを利用するにはちょうどいいです。

また、こういった被写体の場合は、ボケ味豊かな望遠レンズを活用してみましょう。焦点をより被写体に集中させて写すことができます。

Chapter

4-2-3

ペット・動物編

動物園の動物を作品として撮りたい

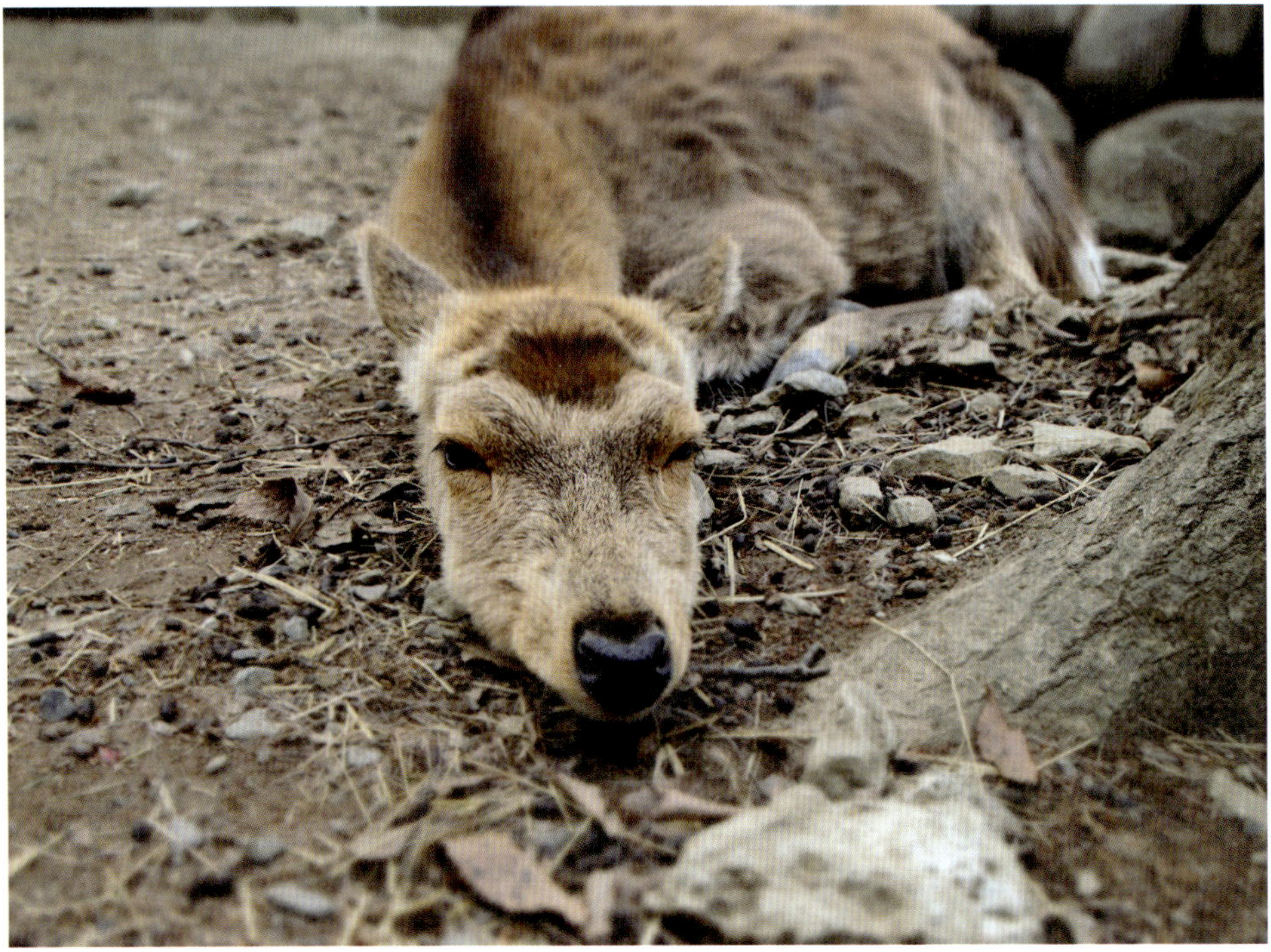

寝ているシカを撮影。ジオラマを使って画面内の上下をぼかし、被写体の表情をより強調してみました。

※ E-P2　アートフィルター　ジオラマ　F5.6　1/125 秒　ISO400　WB：オート　レンズ焦点距離：20mm

POINT この写真のポイント

❶ アートフィルターでアクセントを加える

❷ 被写体と同じ目線で臨場感を演出

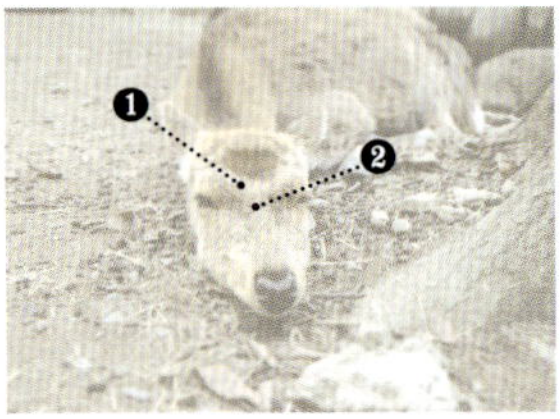

用語解説

檻や柵があってもボカして……檻や柵が手前にあり、ピントが合わせにくい場合には、AF方式をAFからMFに切り替えます。自分でピント合わせを行うほうが撮りやすかったりします。

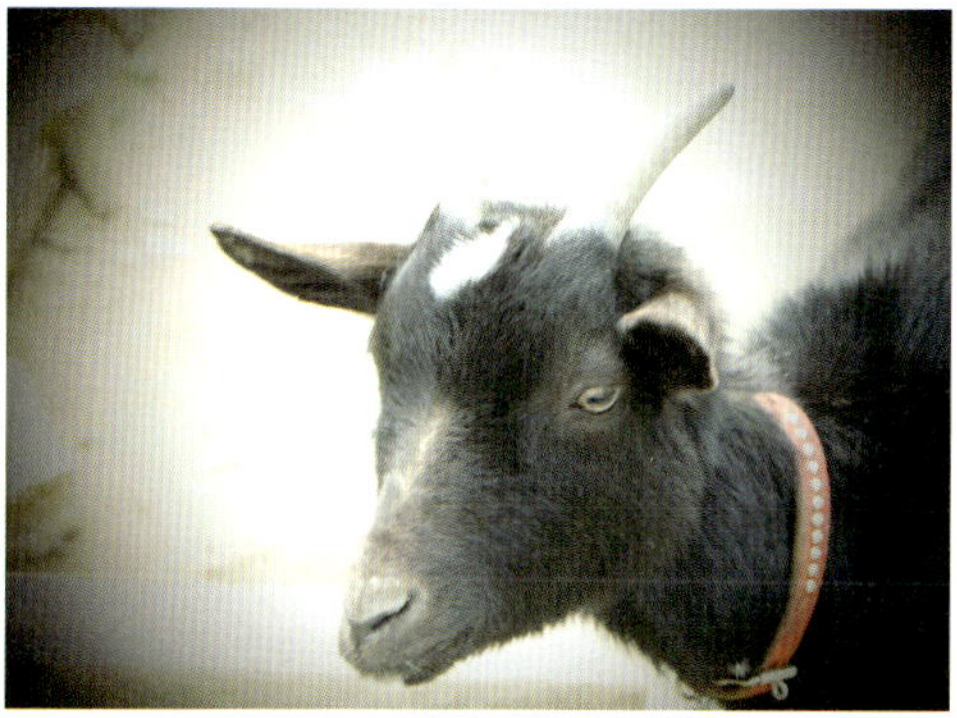

トイフォトで

単調なはずの切りとり方でも、フィルター効果と組み合わせるとしっかり作品として仕上がります。

※ E-P2　アートフィルター　トイフォト　F5.2
1/80秒　ISO400　WB：オート
レンズ焦点距離：35mm

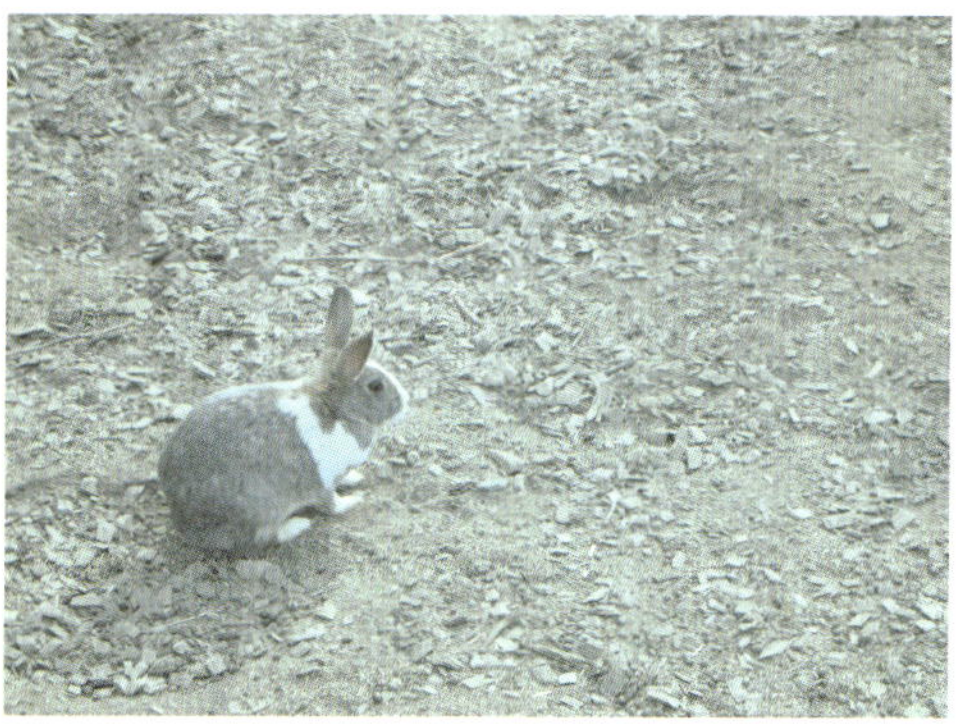

デイドリームで淡い感じに

かわいらしいうさぎのイメージに合っています。このように動物によって自分なりにフィルターを変えて楽しめます。

※ E-P2　アートフィルター　デイドリーム
F7.1　1/160秒　ISO400　WB：オート
レンズ焦点距離：42mm

アートフィルターで遊ぶ

まず動物園では、自分の目線から単調にシャッターを押してしまいがちです。意識的に動物の目線から撮ってみたり、ハイアングルやローアングルを試してみたり、カメラアングルを自分なりに工夫すると写真の仕上がりに広がりが生まれます。そして、ここでアートフィルターをうまく使ってみましょう。動物に合わせてフィルターを変えると、それぞれの動物で個性的な描写が楽しめ、飽きがきません。

また動物園の動物たちは、私たちから離れた場所にいて、近づいて撮れない場合も多いです。その際は、望遠レンズで動物たちを大きく切りとりましょう。しかも、望遠レンズであれば、檻や柵があってもボカして目立たせなくできます。

❖ Chapter

4-2-4

ペット・動物編

水族館の魚をちゃんときれいに撮ってみたい

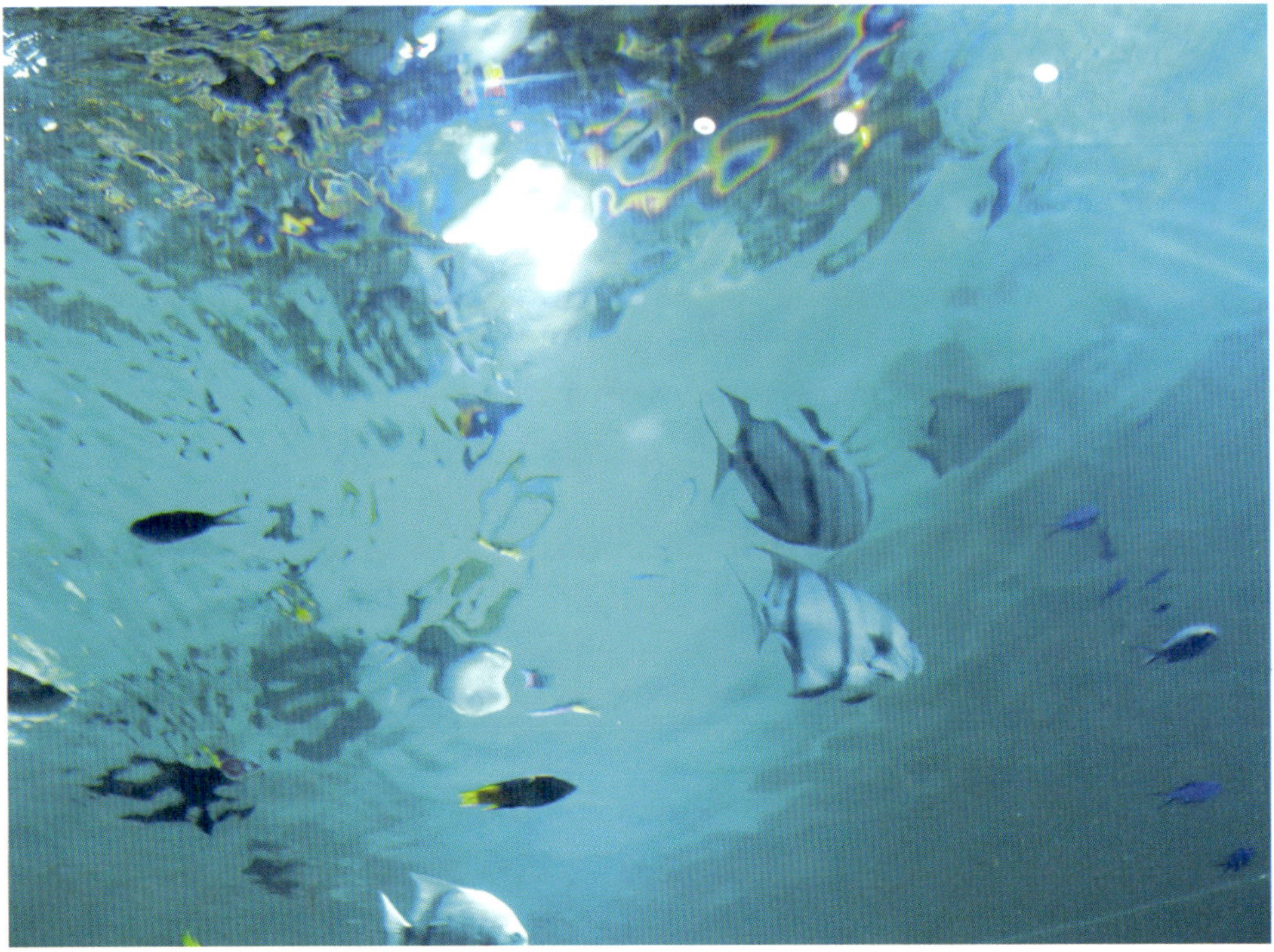

水族館では水槽によって照明の当たり方や自然光の入り方が違います。上から射す光は幻想的に被写体をとらえます。

※ E-PL2　Sモード　F4.5　1/50秒　ISO1600　＋1EV　WB：CWB2600K　ピクチャーモード：i-FINISH　レンズ焦点距離：14mm

POINT この写真のポイント

❶ 明るい照明の当たる水槽を選び、露出補正で明るく

❷ 水の色をきれいに出すためにホワイトバランスを調整

❸ ISO感度はオートにしておくと楽に撮影できる

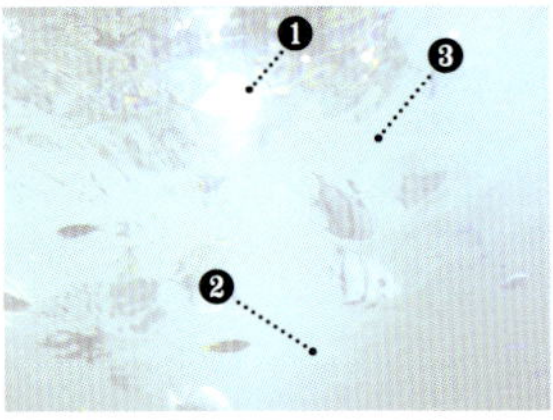

用語解説

コンティニュアスAFがいいです……動く被写体にはコンティニュアスAFが便利ですが、水槽そのものの反射が大きかったり、魚や海藻が密集している場所では、合わせたい被写体にきちんとピントが合わない場合も。そんな時はMFに切り替え、自らピント合わせを行ったほうがスムーズに撮影できます。

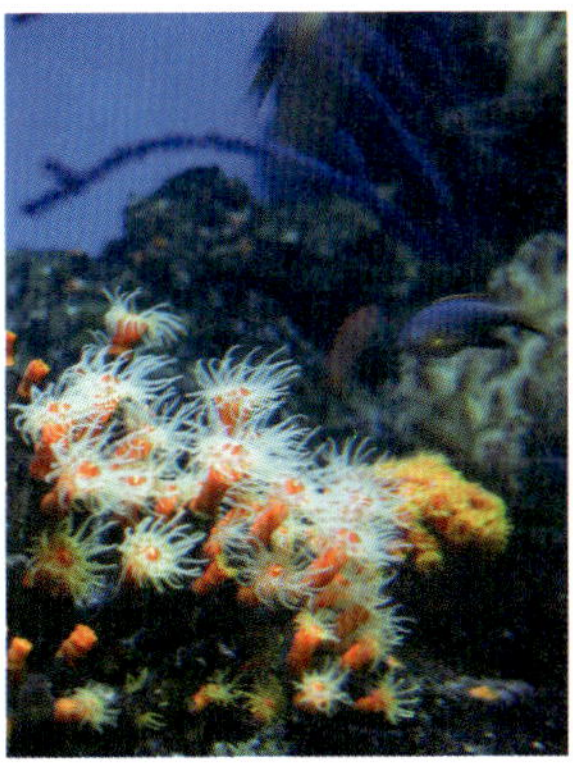

イソギンチャクも立派な被写体に

水族館では、イソギンチャクのような生き物もカラフルで楽しい被写体です。風景写真のように撮ってみましょう。

※ E-PL2　Aモード　F5.1　1/10秒
ISO1600　WB：晴天
ピクチャーモード：i-FINISH
レンズ焦点　距離：34mm

寄りで魚そのものに焦点を当てる

明るい水槽であれば、小さな魚もぶらさずに十分撮影できます。じっくり近づいてくるところを狙って撮りましょう。

※ E-PL2　Sモード　F4.5
1/80秒　ISO1600
＋1EV　WB：CWB4000K
ピクチャーモード：i-FINISH
レンズ焦点距離：14mm

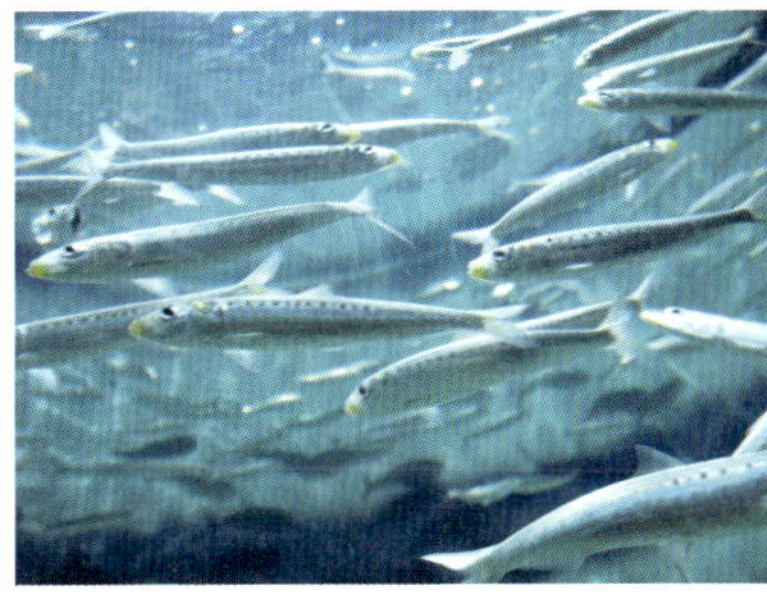

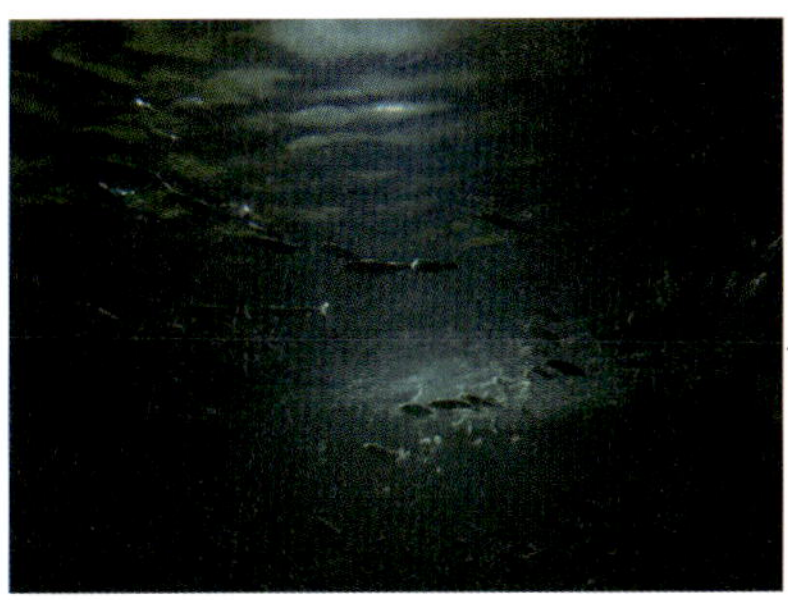

マイナス補正で深海のイメージを

マイナス補正を行うと、重厚感のある仕上がりに。光の強弱や当たり方でさまざまに表現できます。

※ E-PL2　Sモード　F4.5
1/80秒　ISO1600
－1.3EV　WB：CWB2800K
ピクチャーモード：i-FINISH
レンズ焦点距離：14mm

明るい水槽を選んでみよう

水族館で泳ぐ魚を撮影するのは、意外に簡単です。明るい照明の当たる水槽を選べば、Sモードで速いシャッター速度を利用して撮影できます。この際ピント合わせはコンティニュアスAFがいいです。予測が難しい魚の動きに対応できます。ISO感度もオートにしておけば、明るさに差があっても、速いシャッター速度が継続できます。

さらに表現の幅を広げたい場合には、ここでもホワイトバランスや露出補正がポイントになります。例えば、ホワイトバランスを電球モードにすると、青味が強まり水の青色をより印象的に仕上げることができます。なお、プラス補正で明るい雰囲気を出す場合は、シャッター速度が遅くなるので手ブレや被写体ブレに注意しましょう（P50参照）。

» Column 04

PEN専用アクセサリーを使ってみよう

PENにはオリンパス純正のさまざまな専用アクセサリーが用意されています。PENに合わせて、デザイン的にも素敵なものが多いです。写真ライフを強力にサポートしてくれるこれらの中から、おすすめの純正品をいくつかご紹介します。

エレクトロニックフラッシュ FL-300R

チルト機構搭載の最新モデル

このフラッシュの利点は、何と言っても上向き60度、下向きに30度まで可動するチルト機構になっているところです。例えば天井に向けて発光することで、よりやわらかい光で撮影が楽しめます。他にも、ワイヤレスでフラッシュを発光できる仕組みを搭載するなど、人工光を使った表現幅を向上させてくれる外部フラッシュです。

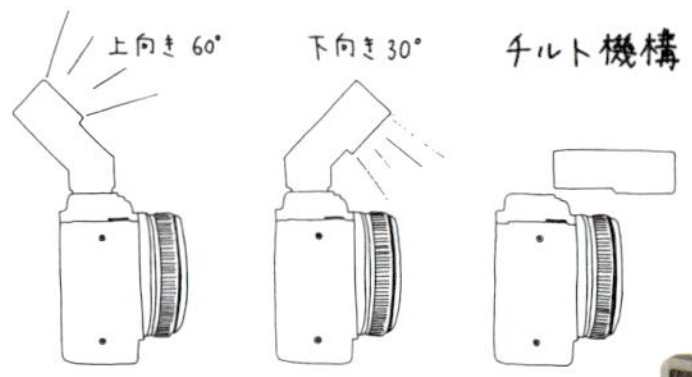

外部フラッシュはカメラトップのアクセサリーポートに接続し、このように可動できます。取り付けたままでの折りたたみ収納も可能です。

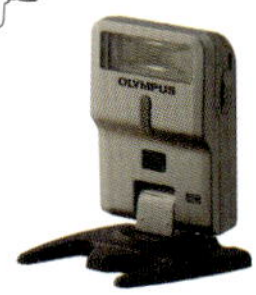

希望小売価格：17,500円（税別）

エレクトロニックフラッシュ FL-14

PENのフォルムにぴったり

PENのデザインを意識して作られた外部フラッシュ。取り付けるだけで、自動的に適切な光量を割り出してくれるため、込み入った操作も必要ありません。シンプルで軽量コンパクトな外観でありながらも光量は十分で、日常的な被写体であれば、問題なく対応できます。

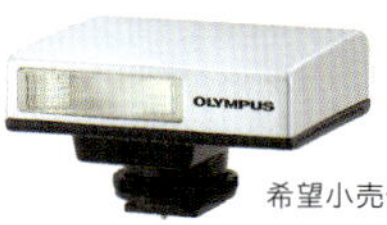

希望小売価格：20,000円（税別）

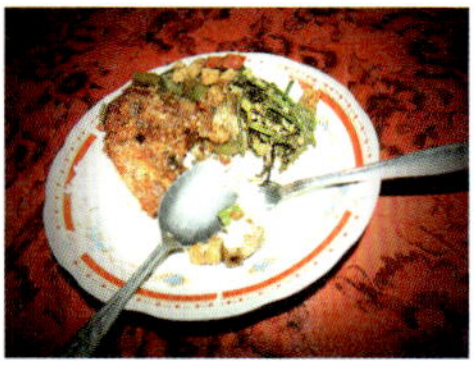

アートフィルターのトイフォトを使用しつつ、FL-14を発光させて撮影。このようにフラッシュは表現のひとつとしても使用できます。

マクロアームライト MAL-1

小さい被写体に最適

小物などを近接撮影する際などに便利なアーム式のLEDライトです。長さが17cmもあり、照明を当てる向きを自在に変更できるのも魅力です。光量を補う目的での使用はもちろんのこと、わざと陰影をつけ、少し変わったライティングを楽しんでみたり、アイデア次第でさまざまな撮り方が試せるライトです。

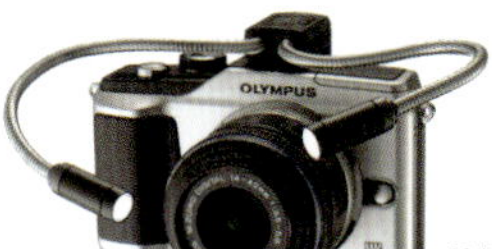

希望小売価格：6,000円（税別）

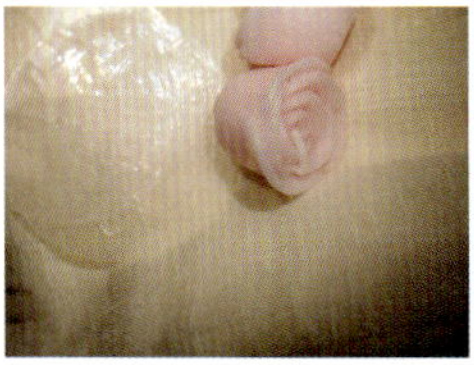

アーム式のため、ピンポイントでライトが当てられます。そのため、変化をつけたライティングが気軽に楽しめます。

電子ビューファインダー VF-2

外付けの高性能ファインダー

アクセサリーポートに接続して利用する電子ビューファインダー（EVF）です。覗いて見ている範囲と実際に写真になる範囲を示す視野率は100％。つまり、ファインダーから覗いている通りの広さで写るということです。液晶モニターでの撮影で、周辺の風景が気になる人には、ファインダーからの眺めのみに集中できるEVFは重宝するはずです。

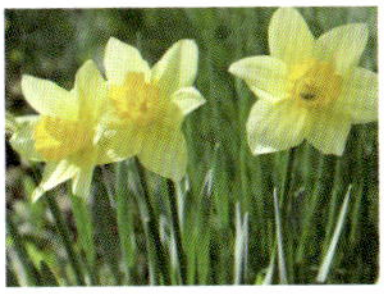

VF-2を利用して撮影。このような低い位置での撮影が気軽に行えます。

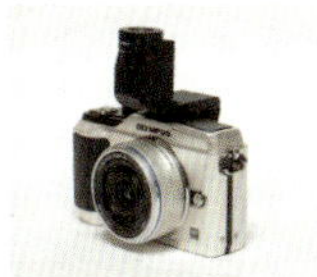

上向きに90度まで角度を変えられます。ローアングルでの撮影にも便利です。

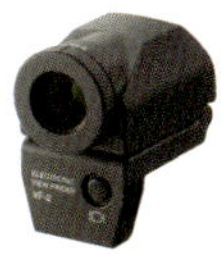

希望小売価格：30,000円（税別）

リモートケーブル RM-UC1

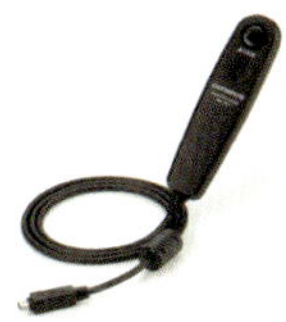

希望小売価格：6,000円（税別）

低速シャッターでのブレを解消

シャッター速度を遅くする夜景などの撮影では、シャッターボタンを押した反動で、カメラが動き写真がぶれてしまうことも。そんな問題を解消するのがリモートケーブルです。ケーブルのボタンを押すだけで写真が撮影できます。三脚を使う撮影に役立つアイテムです。

コミュニケーションユニット OLYMPUS PENPAL PP-1

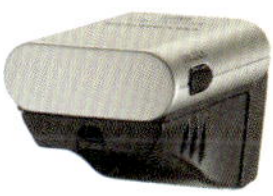

希望小売価格：8,400円（税別）

写真を気軽に共有しよう

アクセサリーポートに接続して利用します。Bluetooth通信に対応したスマートフォンなどに、リサイズしたJPEG画像を簡単に送ることができるユニットです。メモリーを内蔵しているため、2600枚もの写真（画像サイズ1920×1440）を保存することもできます。

マイクセット1 SEMA-1

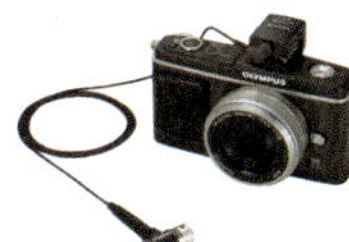

希望小売価格：10,700円（税別）

高音質での録音が可能

動画撮影の際には、録音も合わせて行うことができます（P143参照）。もし、高品質で録音したければ、このマイクセットはおすすめ。ステレオリニアPCM録音と呼ばれるハイクオリティーでの録音を楽しむことができます。AF時の雑音なども最大限省けます。

防水プロテクター PT-EP03

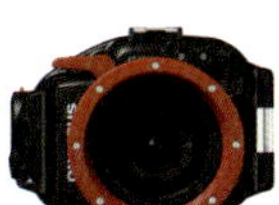

希望小売価格：71,000円（税別）

水中撮影での必須アイテム

水深40mまで利用できるE-PL2専用の防水プロテクターです。この防水プロテクターは、各機種専用で作られていて、汎用性がないので注意が必要です。なお現在、E-P1、E-P2、E-P3に対応する防水プロテクターはまだありません。

Chapter 4-3-1

街編

街の様子をちょっと変わった感じで撮ってみたい

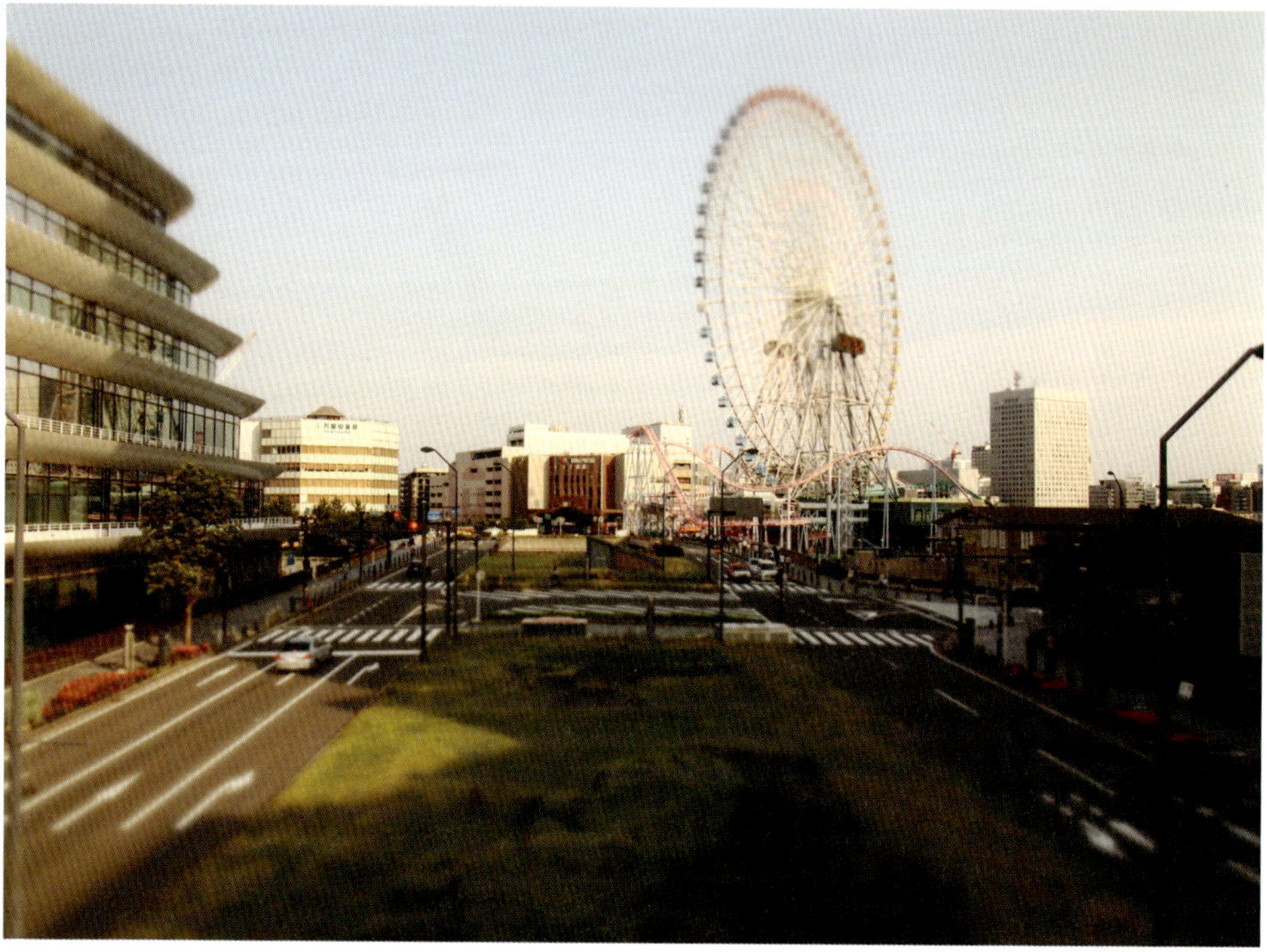

ジオラマ効果は、どんな単調な風景も魅力ある被写体に変えます。高い場所に来たら、ぜひ試してみましょう。

※ E-PL2　A モード　F10　1/250 秒　ISO200 ＋ 0.7EV　WB：日陰　ピクチャーモード：ジオラマ　レンズ焦点距離：14mm

POINT この写真のポイント

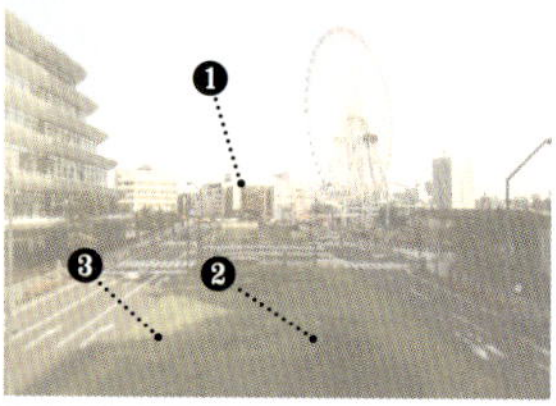

❶ アートフィルターのジオラマで撮影

❷ ホワイトバランスの日陰モードで非日常を演出

❸ 斜光を利用しインパクトのある画作りに

用語解説

ノーファインダー …… 液晶モニターやファインダーを見ずに、撮影を行うこと。自分で画面を見ながら構図を決めて撮るわけではないので、偶然的に斬新な切りとり方ができたりします。

露出補正やホワイトバランスなどと組み合わせて …… モードダイヤルをアートフィルターに合わせた場合、ホワイトバランスは併用できません。オート以外の撮影モードを使用し、ピクチャーモード内から好きなアートフィルターを設定すると利用が可能になります。

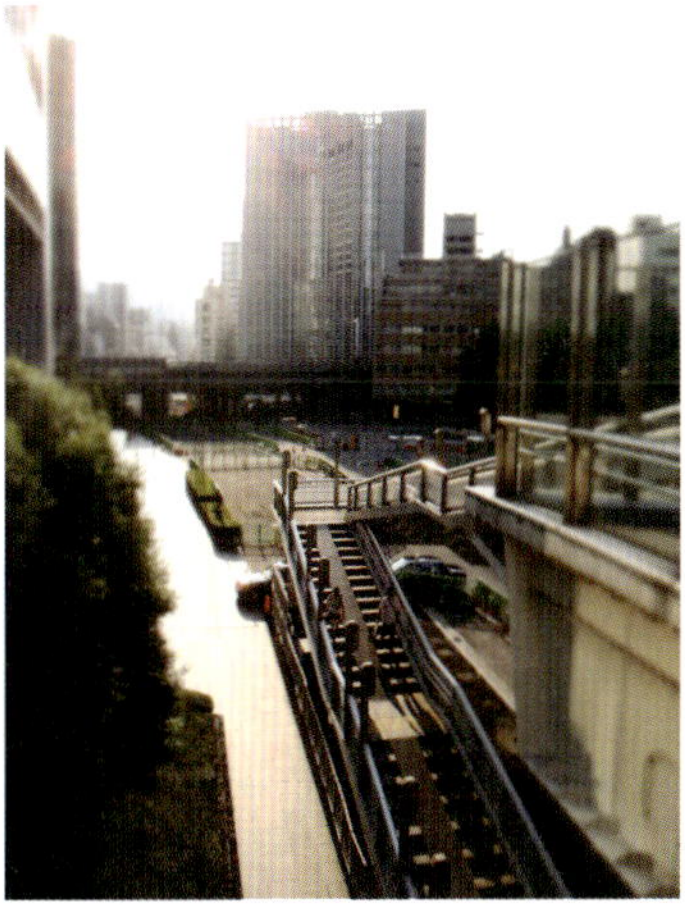

縦位置でも撮ってみよう

ジオラマは縦位置で撮ると、画面の左右が大きくぼけます。よりダイナミックで新鮮な描写になるのが楽しいです。

※ E-PL2　P モード　F9　1/500 秒　ISO400
WB：オート　ピクチャーモード：ジオラマ
レンズ焦点距離：14mm

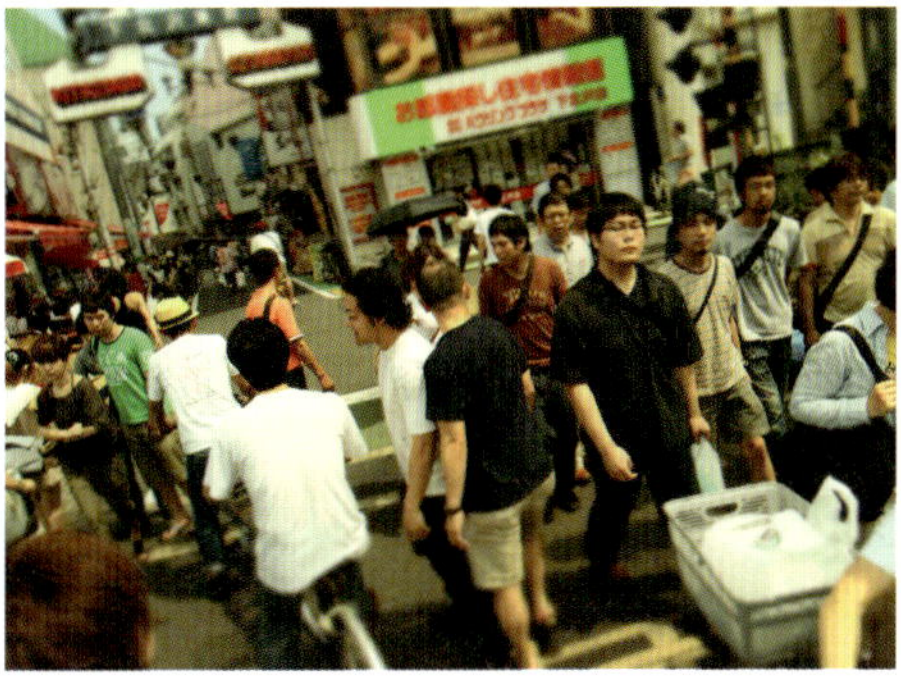

ハイアングルで人の動きをミニチュア風に

手を伸ばしノーファインダーで撮影。このように、高い場所に立たなくてもジオラマ効果はさまざまなシーンで活用できます。

※ E-PL2　A モード　F5　1/1600 秒　ISO400
WB：CWB7000K　G＋5　ピクチャーモード：ジオラマ
レンズ焦点距離：14mm

街角をミニチュア化する

ミニチュア風に撮れるジオラマを利用すれば、街の様子は一変します。ジオラマは高い場所から見下ろすように撮影したほうがよりボケ味が強調されて効果的です。また、光の向きも重要で、おすすめは斜光を利用して撮ること。陰影や色味がはっきり出て、より印象的な仕上がりになります。

もうひとつポイントにしたいのは、アートフィルターは露出補正やホワイトバランスなどと組み合わせて利用できることです。色味を大きく変えてみても楽しい写真が撮れます。先ほど高い位置から撮ると効果的だとお話ししましたが、これは遠景でも近景でも同じことです。高い所に上らなくても、腕を伸ばして頭上からノーファインダーで撮ってみても効果があります。

❖ Chapter

4-3-2

街編

街の雑踏をかっこよく撮ってみたい

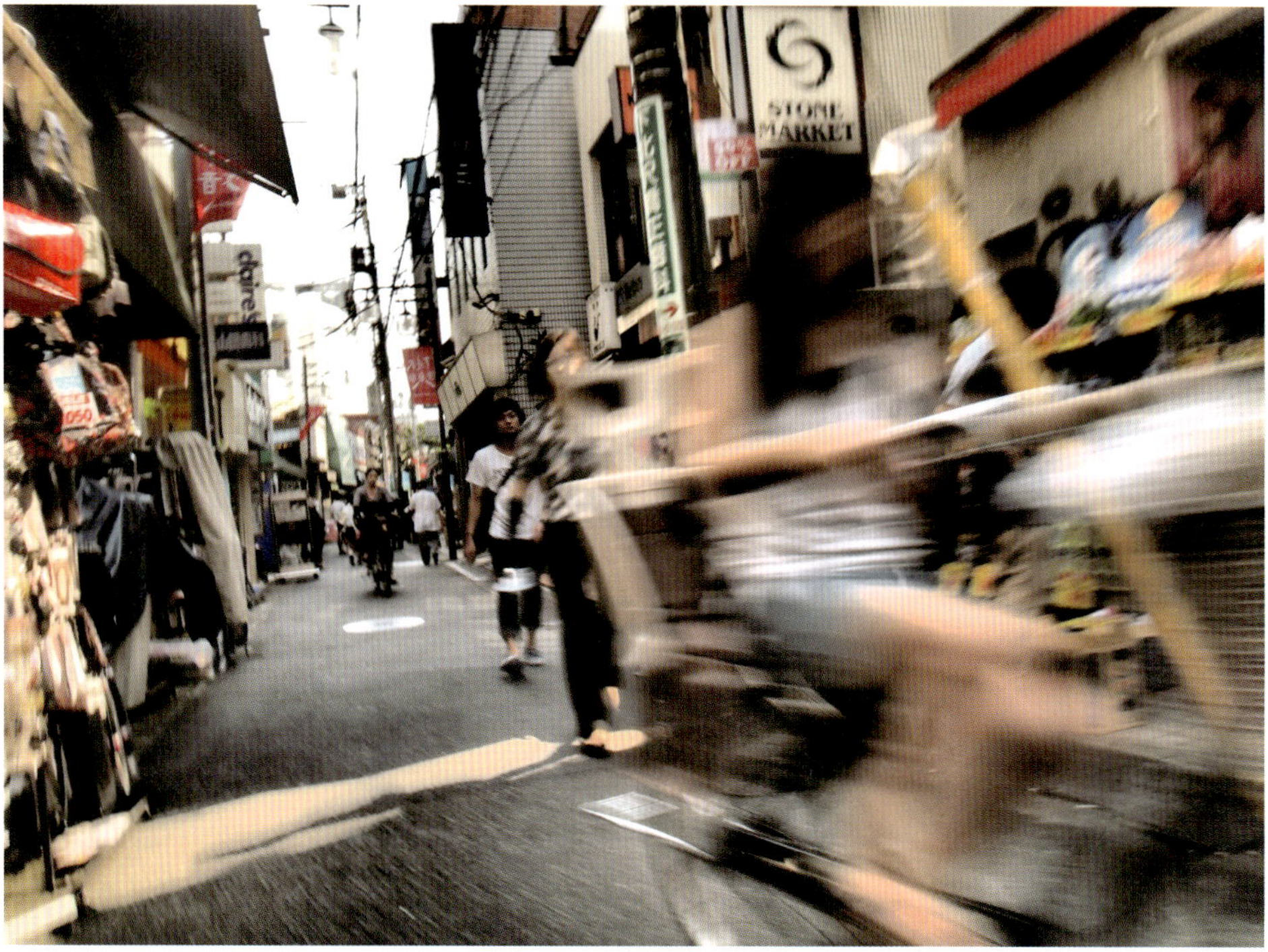

低速で歩きながら撮影。向こうから来る人たちの動感が強調されています。ここでは、ドラマチックトーンも効果的に作用しています。
※ E-PL2　Sモード　F16　1/30秒　ISO200　WB：CWB6000K　ピクチャーモード：ドラマチックトーン　レンズ焦点距離：14mm

POINT この写真のポイント

❶ シャッター速度を遅くして被写体ブレを生かす

❷ 広角気味で撮影し、迫力のある画面に

❸ アートフィルターをアクセントに活用する

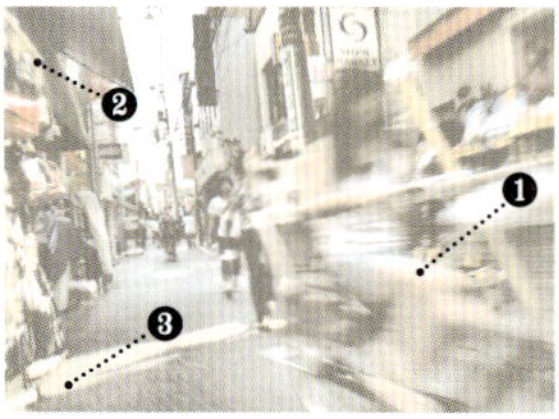

用語解説

シャッター速度を1/30秒程度に固定……… 手ブレを起こさない自信があれば、1/15秒～1/8秒くらいでも試してみましょう。よりダイナミックなブレを写すことができます。

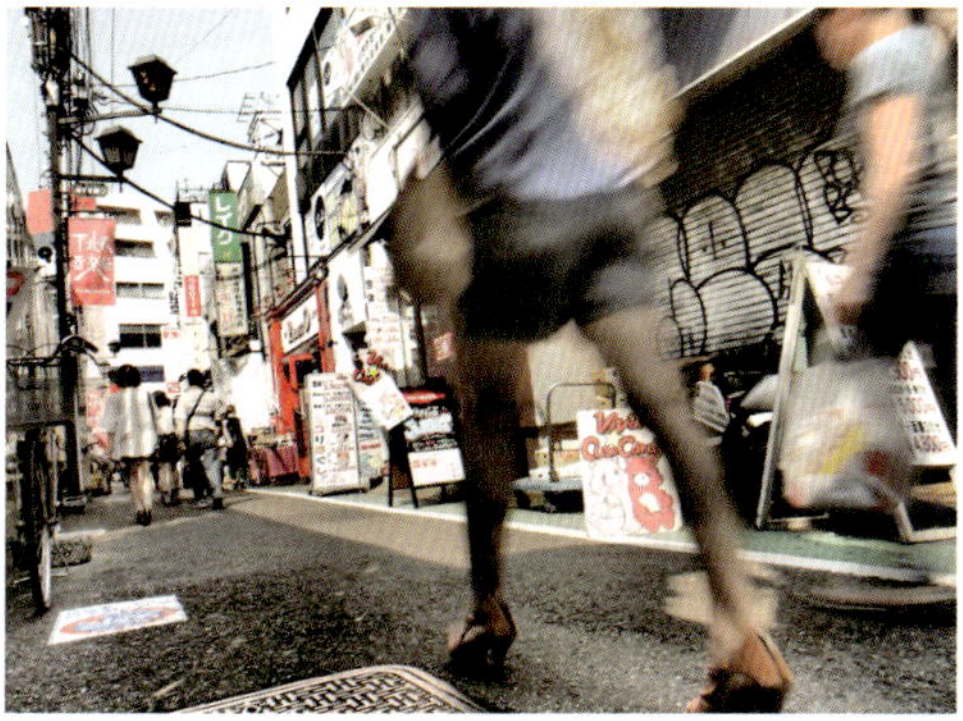

ローアングルから動感を演出

広角気味に下目から撮ると、開放感もプラスされます。これはしゃがんで自分は動かず撮影しています。

※ E-PL2　Sモード　F16　1/30秒　ISO200
WB：オート　ピクチャーモード：ドラマチックトーン
レンズ焦点距離：14mm

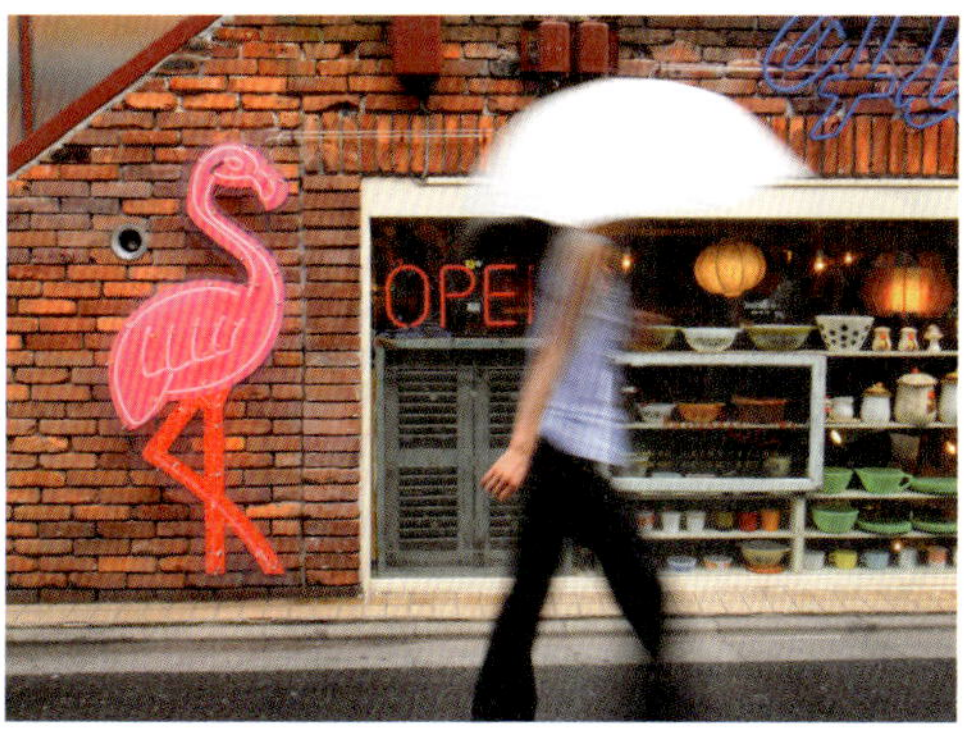

動く被写体をぶらしながら街の様子を撮る

このように真横から平面的に写す方法もあります。ぶれる被写体がアクセントになっています。

※ E-PL2　Sモード　F18　1/15秒　ISO200
WB：オート　ピクチャーモード：ポップアート
レンズ焦点距離：21mm

被写体ブレの効果を生かす

人が行き交う交差点や、往来の激しい道路などでは、雑踏をうまく生かした撮影が楽しめます。そのひとつが、流し撮り（P27参照）を使った撮り方です。Sモードでシャッター速度を1／30秒程度に固定し、手ブレを起こさないようしっかりカメラを持ち撮影します。すると、動く被写体が一方向にきれいに流れ、より印象的に街の雑踏を写すことができます。この際、広角気味に撮ると迫力のある描写になります。

また、この方法で、自らも歩きながら撮影すると、〝画面全体を流して〟撮ることができ、より動感が強調できます。この撮影で大切なことは、止まるべきところはしっかり止めて写すことです。手ブレはそのすべてを台無しにしてしまいます。

❖ Chapter

4-3-3

街編

見慣れた街並を、いつもと違った雰囲気で撮りたい

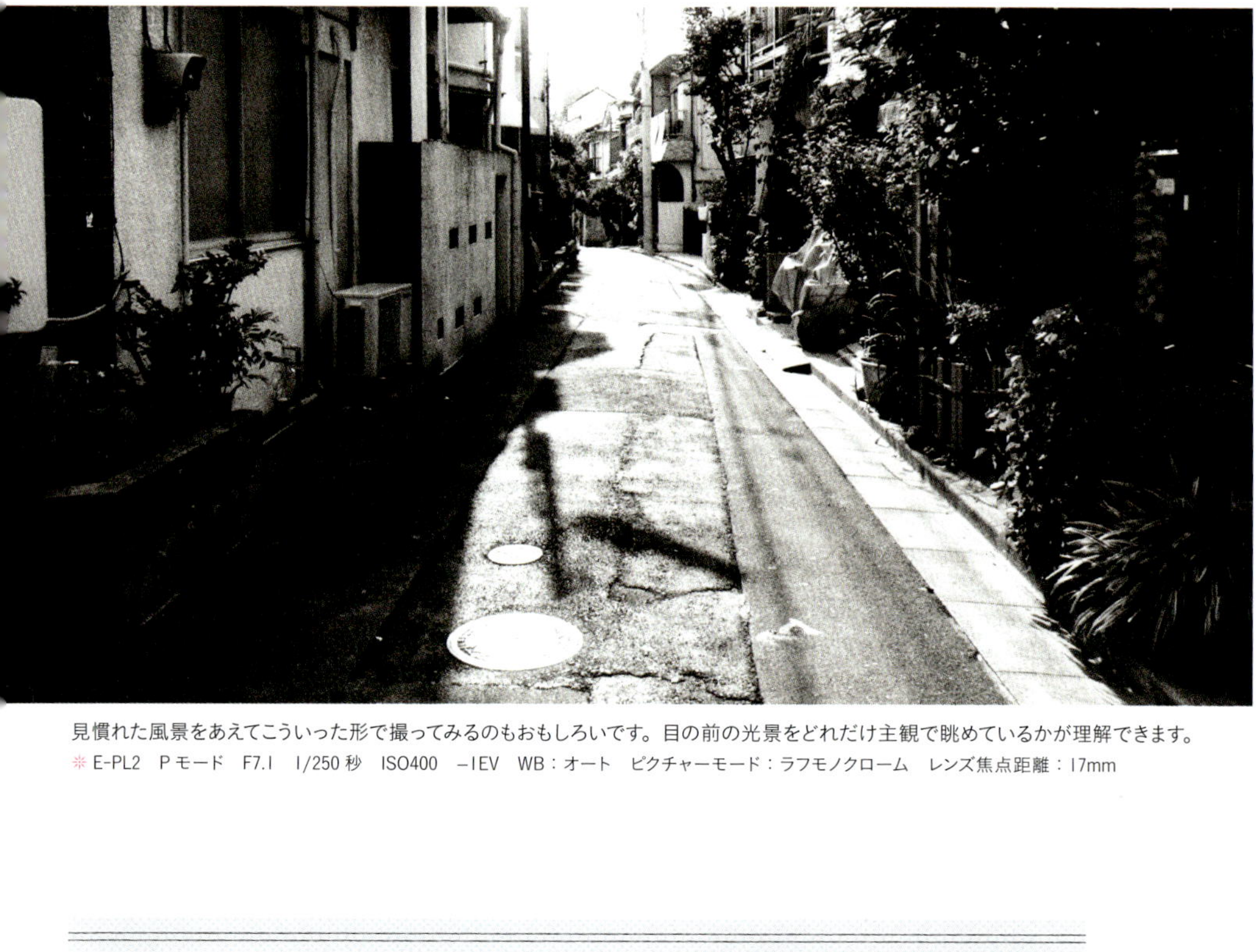

見慣れた風景をあえてこういった形で撮ってみるのもおもしろいです。目の前の光景をどれだけ主観で眺めているかが理解できます。
※ E-PL2　P モード　F7.1　1/250 秒　ISO400　−1EV　WB：オート　ピクチャーモード：ラフモノクローム　レンズ焦点距離：17mm

POINT

この写真のポイント

❶ ラフモノクロームで非現実的な雰囲気を作る

❷ アスペクト比を変更して映画のひとコマのような一場面に

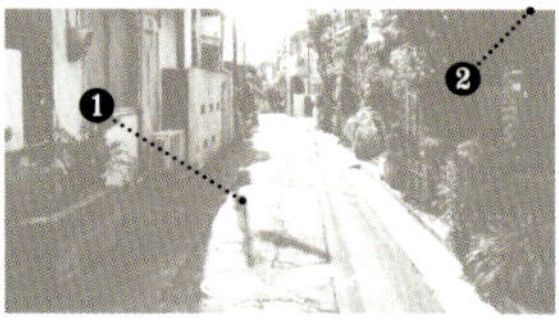

用語解説

アスペクト比 …… 写真を写す際の縦横の比率のこと。ここで紹介した以外に3:2の比率があります。

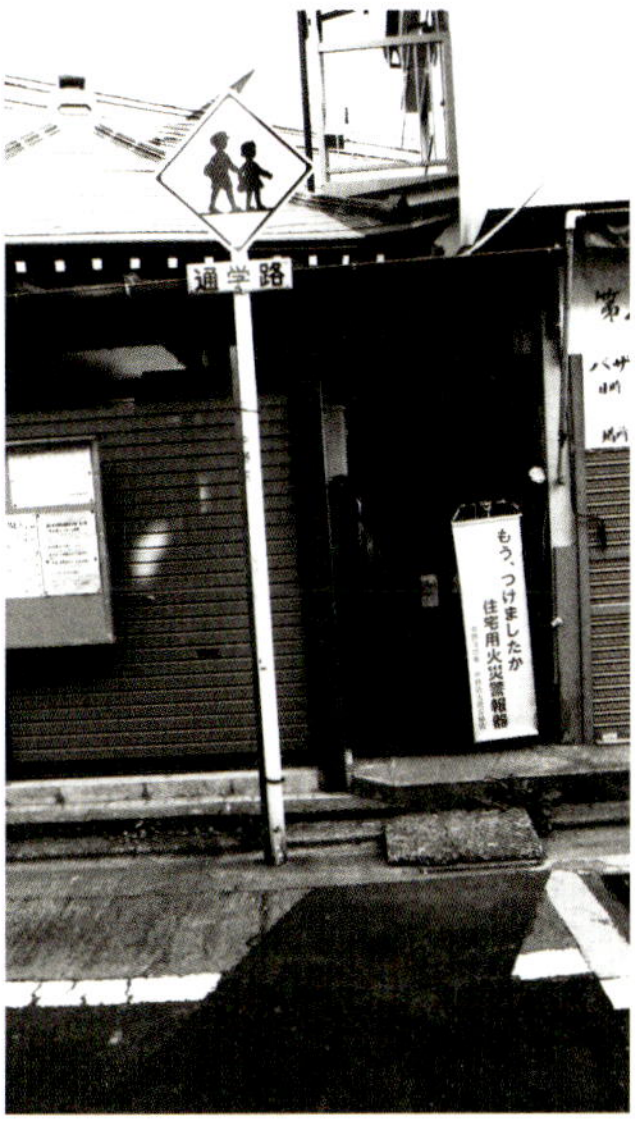

16：9の縦位置で斬新に切りとる

横長に扱われがちなこのアスペクト比を、あえて縦位置で使用する方法もあります。風景の見方が変わります。

※ E-PL2　Pモード　F5.6　1/200秒 −1EV　ISO400　WB：オート　ピクチャーモード：ラフモノクローム　レンズ焦点距離：14mm

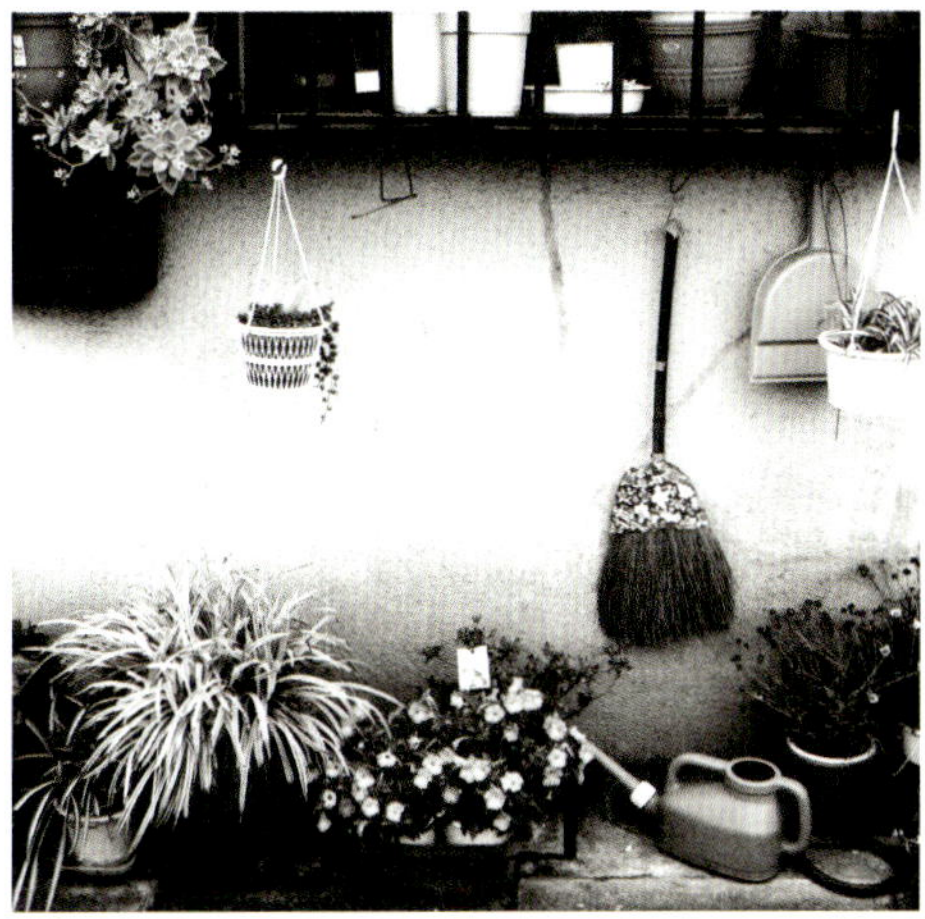

6：6でやさしいイメージを

正方形のアスペクト比は、余計なものが画面の中に入りにくく、構図が決めやすいのもひとつの特徴です。

※ E-PL2　Pモード　F4.5　1/1250秒　ISO400　−1EV　WB：オート　ピクチャーモード：ラフモノクローム　レンズ焦点距離：24mm

いつもの風景を激変させる

例えば、近所の風景や、通勤途中の街並などは、どうしても新鮮みが欠けてしまい、写真を撮ろうと思う気持ちがなかなか湧き上がりません。こんな時には、アスペクト比を通常の4：3から、他の比率に変更してみるのもいいでしょう。横長の16：9は、まるで映画の中のひとコマのように切りとれますし、正方形の6：6は、優しい印象で情景を表現することができます。

この際、アートフィルターの力も借りてみましょう。おすすめはラフモノクロームです。いつもの目に馴染みのある風景が、びっくりするほど〝退廃的〟に仕上がります。

撮り方や機能の使い方次第で、世の中のものの大抵は、魅力的な被写体へと姿を変えます。

❖ Chapter

4-3-4

街編

街角の風景を雰囲気よく切りとりたい

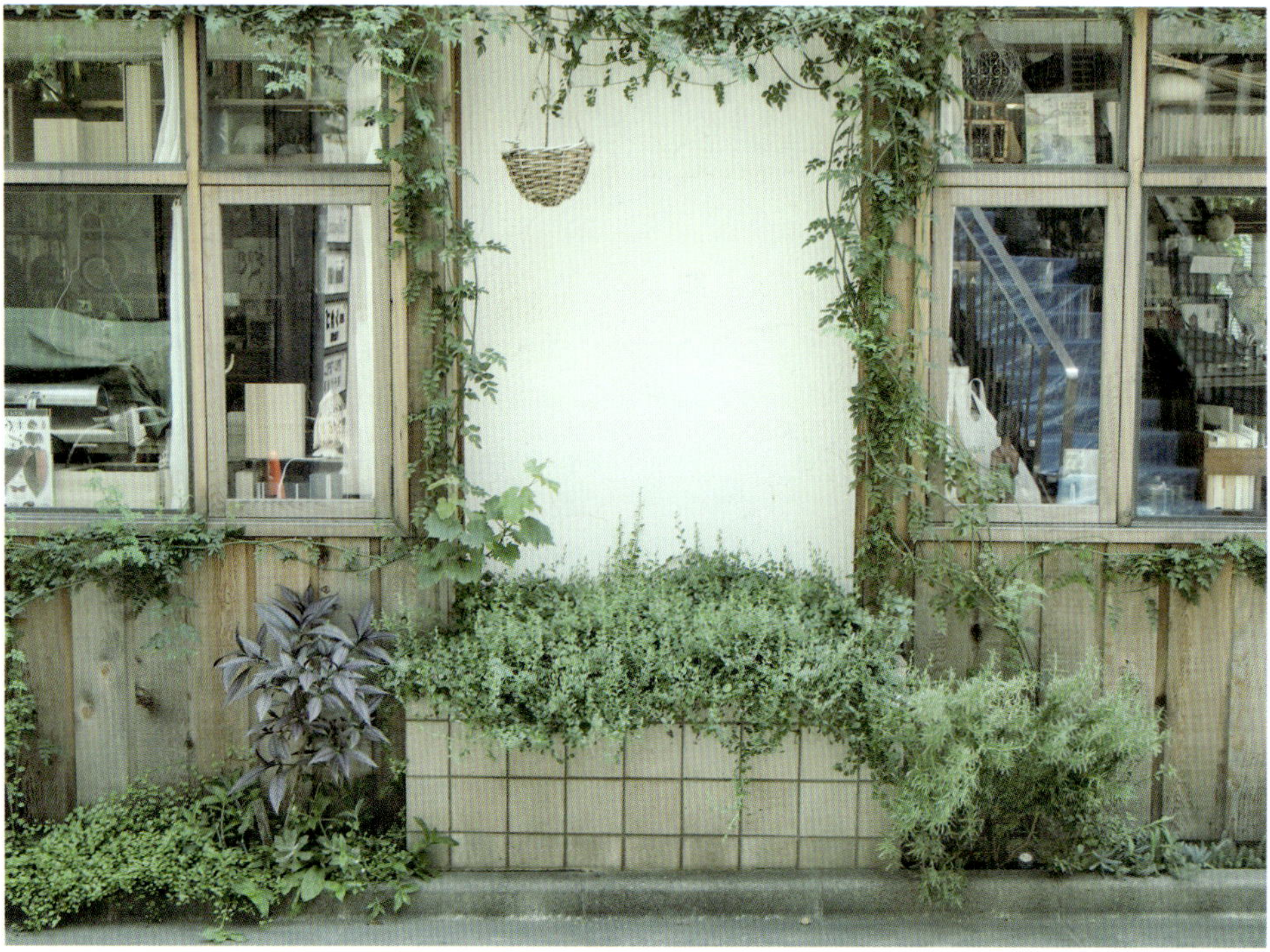

しっとりとした情感で写すために、ピクチャーモードの他に、ホワイトバランスも少しブルーとグリーンをプラス。淡い感じに仕上げました。

※ E-PL2　P モード　F5　1/250 秒　ISO200　WB：CWB4100K　G＋7　ピクチャーモード：NATURAL　レンズ焦点距離：25mm

POINT この写真のポイント

❶ 人の目に近い焦点距離で切りとる

❷ ピクチャーモードを NATURAL にしてグリーンをしっとり

❸ 撮影モードを P（プログラムオート）にして撮る

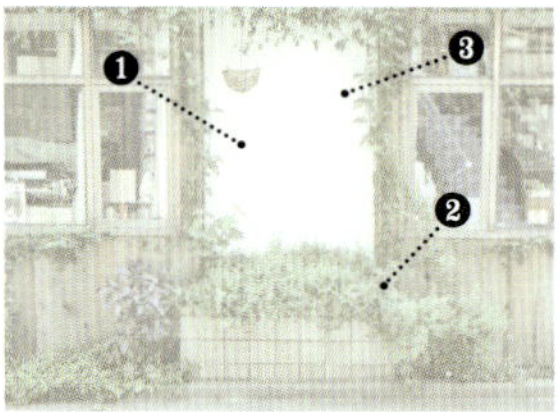

用語解説

Pモード … Pモードは通常のオートと異なり、露出補正やホワイトバランスを変更できるのも大きな魅力です。暗い場所で勝手にフラッシュが発光するようなこともありません。

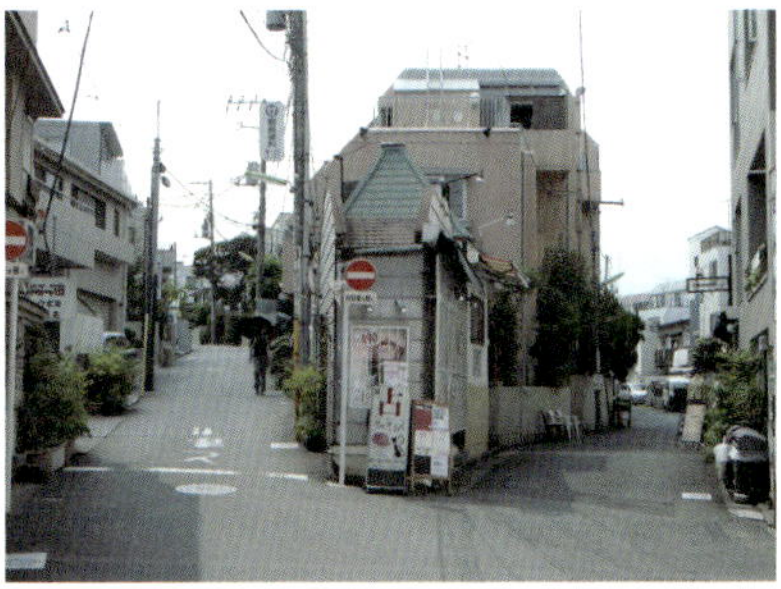

ブルートーンで涼やかに

ピクチャーモードのFLATを使い、色温度で青味を強くすると、涼やかなトーンで写せます。

※ E-PL2　Pモード　F5　1/1000秒　ISO200
WB：CWB4600K　ピクチャーモード：FLAT
レンズ焦点距離：27mm

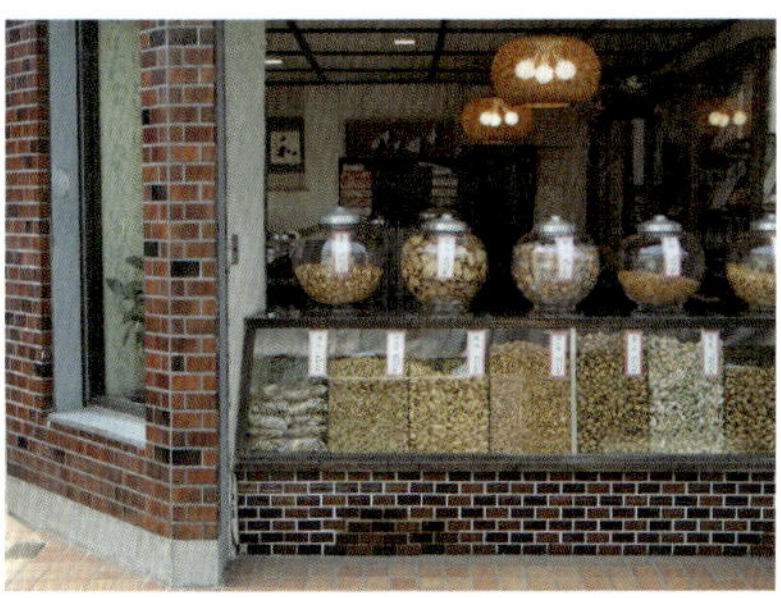

平面的な視点で写す

前頁の写真もそうですが、街の風景は平面的にとらえやすい被写体でも。造形で切りとるのもおもしろいです。

※ E-PL2　Pモード　F5　1/640秒　ISO200　WB：CWB4700K
ピクチャーモード：NATURAL　レンズ焦点距離：25mm

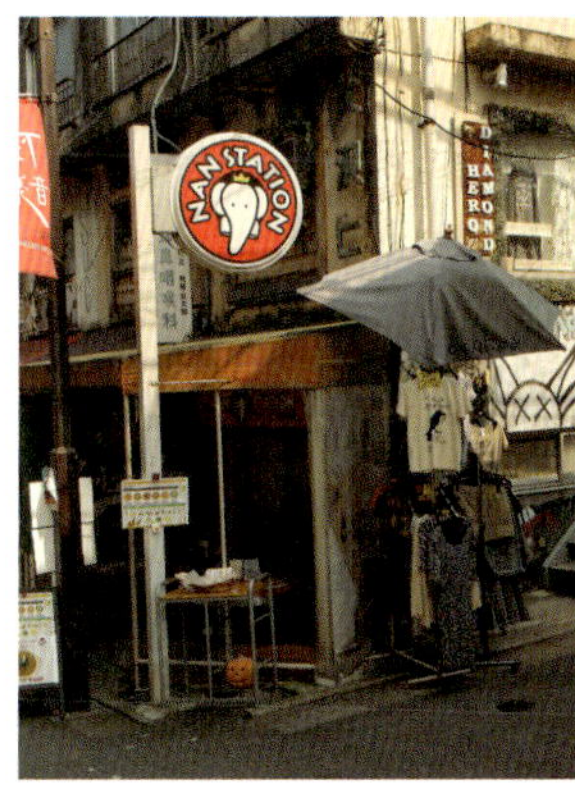

ピクチャーモードのVIVIDを使う

色味豊かな街並を見つけたら、ピクチャーモードのVIVIDを利用すると看板などをカラフルに写せます。

※ E-PL2　Pモード　F8　1/250秒　ISO200　WB：曇天
ピクチャーモード：VIVID レンズ焦点距離：25mm

目で見たままの感動を写す

街角をスナップするなら、標準レンズを使って撮るのもおすすめです。人の目にもっとも近い範囲を切りとれる標準レンズは、お散歩中に気になった風景を気軽に撮るにはぴったりです。また、絞りやシャッター速度にそれほどこだわらないのであれば、モードダイヤルをP（プログラムオート）にしてみましょう。Pは、絞りとシャッター速度がオートで決まる撮影モード。スナップ撮影には最適です。

それから、街角ではカラフルな被写体も多いです。そんな時にはピクチャーモードを意識してみましょう。VIVIDで色の鮮やかさを強調してみたり、NATURALでしっとりとした仕上がりを目指してみたり、楽しさが広がります。

Chapter
4-4-1

友達・子供編
子供の自然な様子を撮りたい

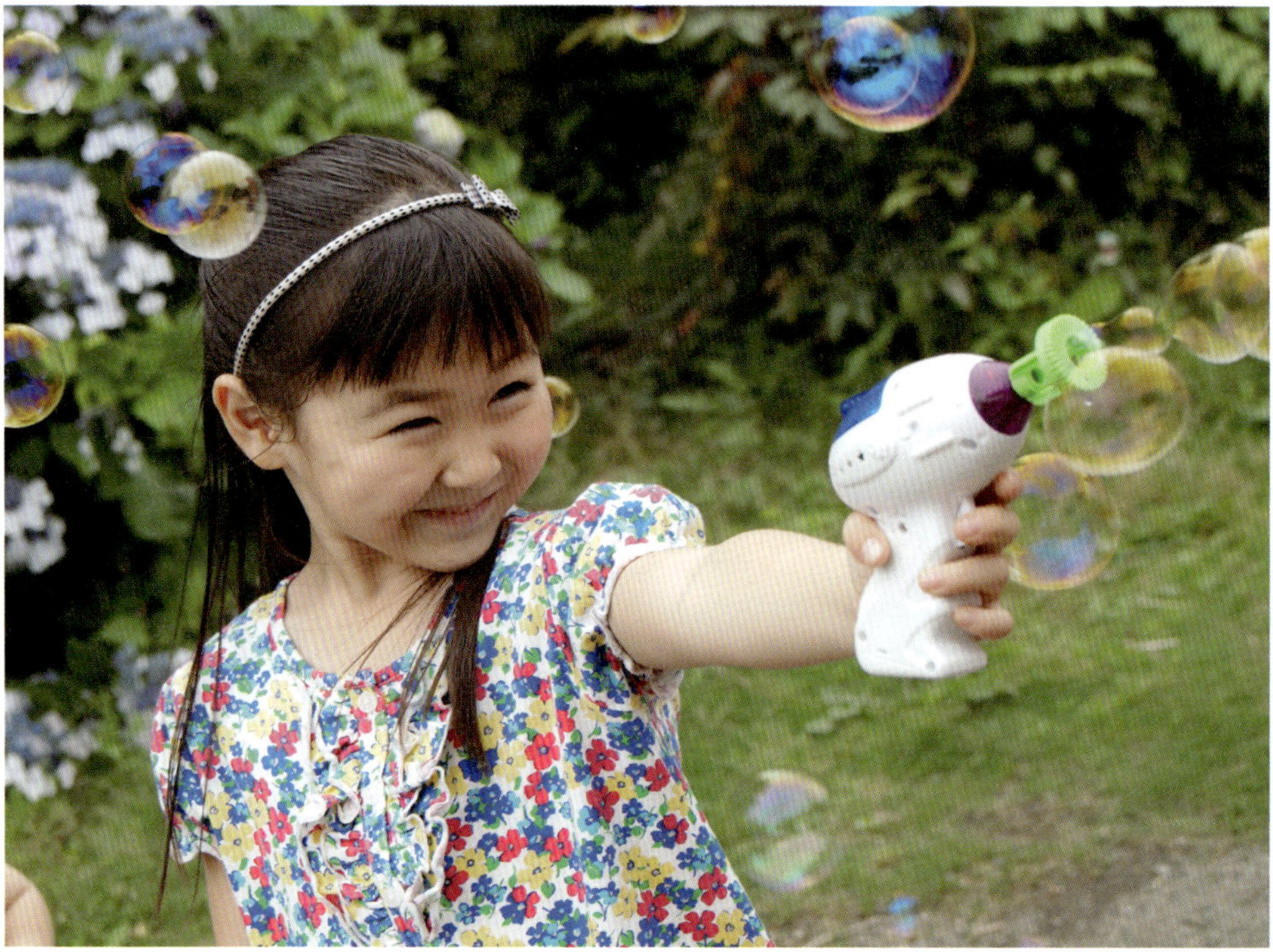

シャボン玉で遊ぶ女の子を望遠レンズで撮影。シャボン玉がたくさん入ることで画面に奥行きも生まれます。
※ E-PL2　A モード　F5.6　1/500 秒　ISO400　WB：晴天　ピクチャーモード：i-FINISH　レンズ焦点距離：53mm

POINT この写真のポイント

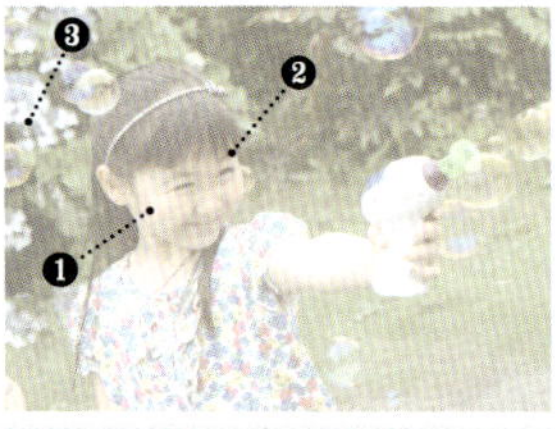

❶ 望遠レンズで自然な表情を切りとる

❷ 上目から表情を狙う

❸ しゃぼん玉がたくさん飛んでいる瞬間を意識する

用語解説

視点の置き所 … 写真は視点をどう自分なりに変化させられるかが重要です。同じような写真しか撮れないならば、何かひとつの視点に縛られていないか、時に立ち止まって考えてみることも大事です。

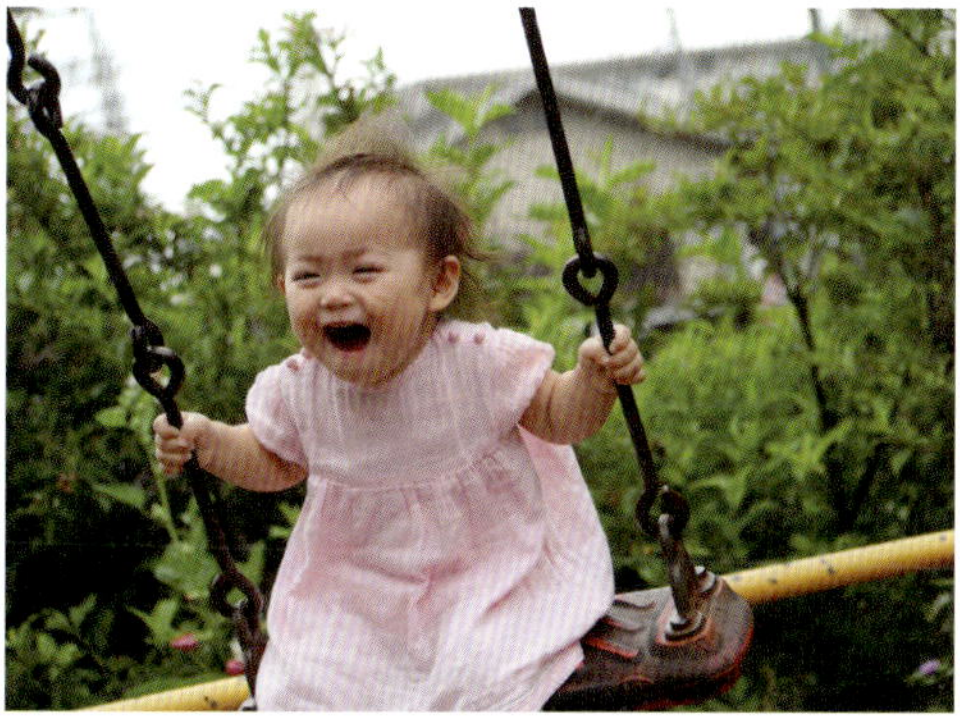

望遠レンズでボケ味の効果を生かす

それほどF値が小さくなくても、望遠レンズを使えば、ボケ味を生かして人物の表情をより豊かにとらえることができます。

※ E-PL2　Sモード　F4.7　1/800秒
ISO400　WB：晴天
ピクチャーモード：i-FINISH
レンズ焦点距離：78mm

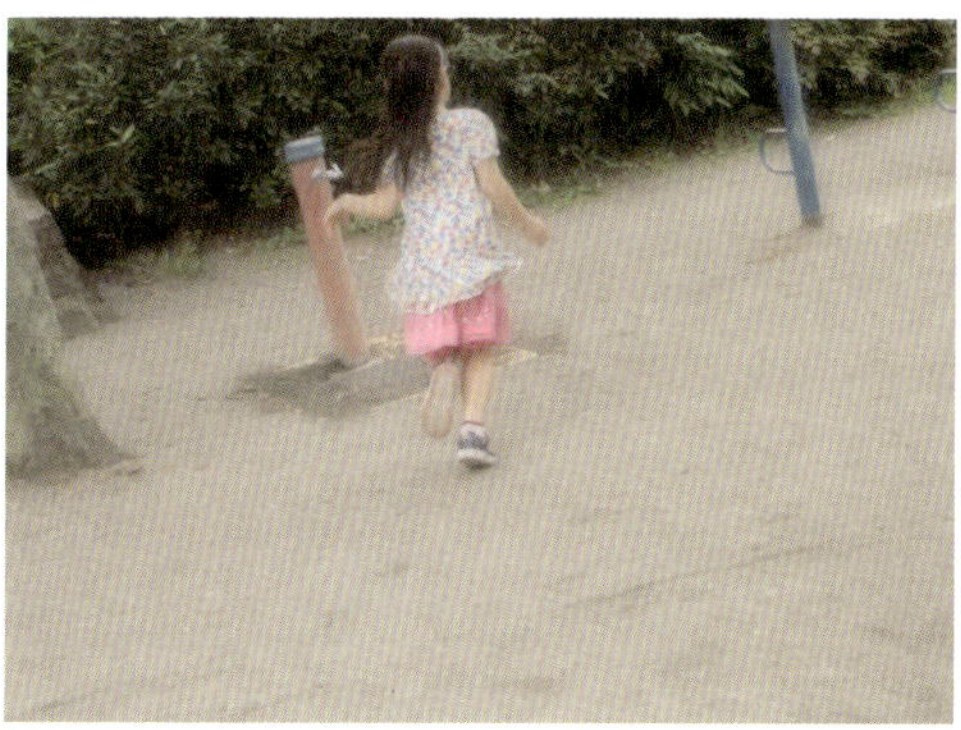

さまざまな動きを写真に収めよう

正面からだけでなく、いろんな動きを撮ってみましょう。視点の置き所を変えてみることも大切です。

※ E-PL2　Sモード　F6.3　1/400秒
ISO400　WB：晴天
ピクチャーモード：ファンタジックフォーカス
レンズ焦点距離：36mm

レンズ効果をうまく活用しよう

子供の自然な表情やしぐさを写したいならば、望遠レンズを利用するか、ズームレンズを望遠気味にして撮影するのがおすすめです。遠くから子供をとらえられるため、写されていることを意識させずに撮影に臨めます。かつ、ボケ味が豊かな望遠レンズであれば、背景を大きくぼかしながら、被写体の表情をより印象的にとらえることができます。どんな小さなしぐさでも、ドラマチックに写すことができます。

また、子供が外で遊んでいるところを撮る場合には、Sモードで速いシャッター速度を設定し、被写体ブレが起きないように撮影しましょう。AF方式も、場合によってはコンティニュアスAFを使い、ピント合わせにも注意したいです。

❖ Chapter

4-4-2

友達・子供編

情感豊かに子供を撮りたい

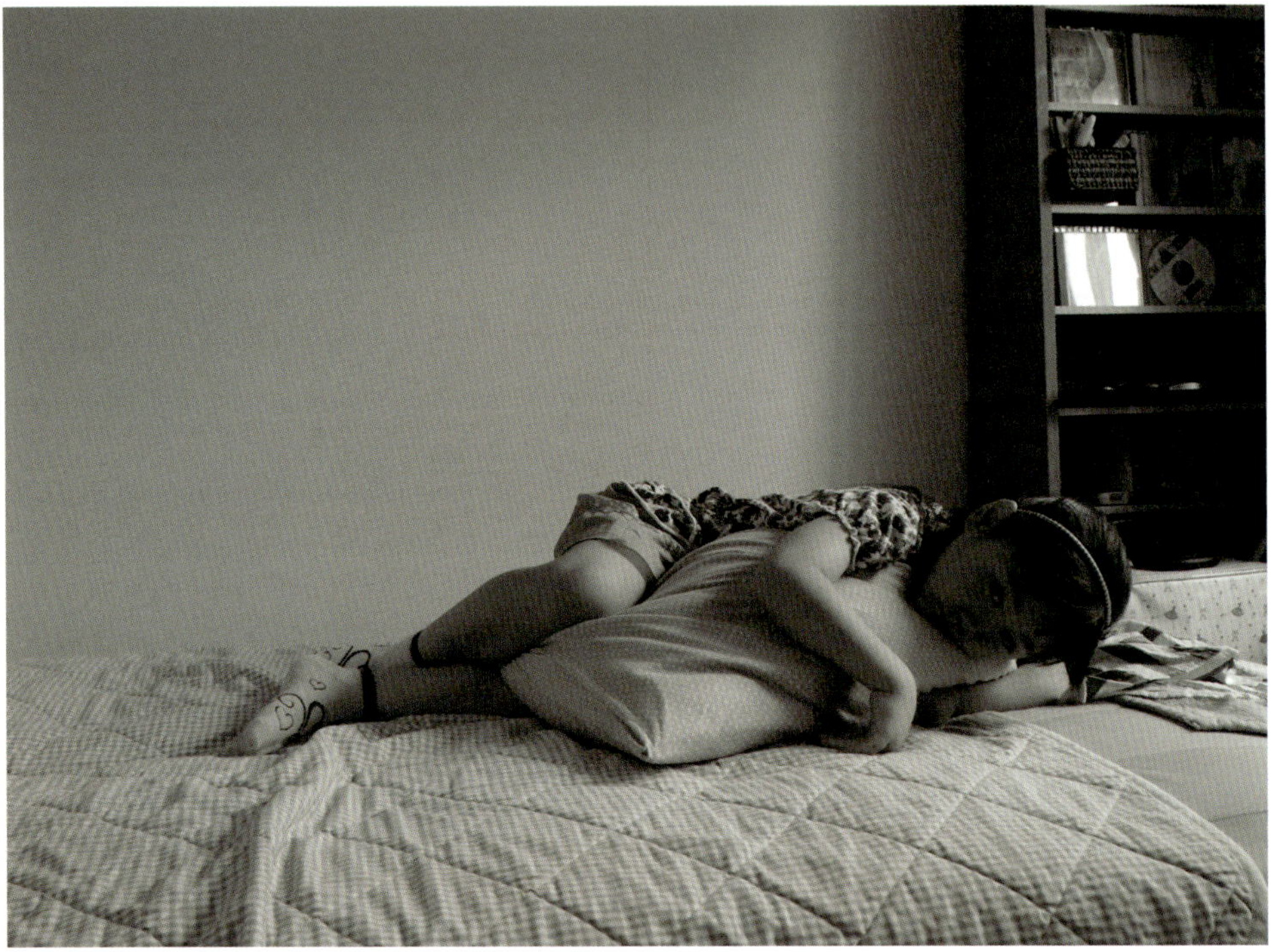

モノクロームの世界は独特の風合いがあります。何気ない情景を作品に変化させます。

※ E-PL2　A モード　F5.6　1/60 秒　ISO640　WB：オート　ピクチャーモード：モノトーン　レンズ焦点距離：17mm

POINT この写真のポイント

❶ ピクチャーモードをモノトーンに

❷ 広角気味にぐっと寄る

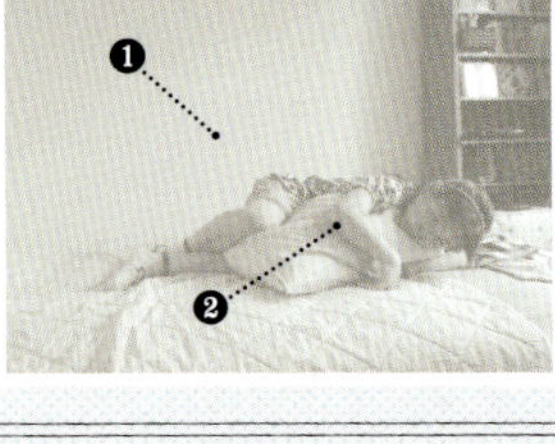

用語解説

パンケーキレンズ … パンケーキのように薄いレンズのことをパンケーキレンズと呼びます。パンケーキレンズは広角や標準の単焦点レンズに多いです。

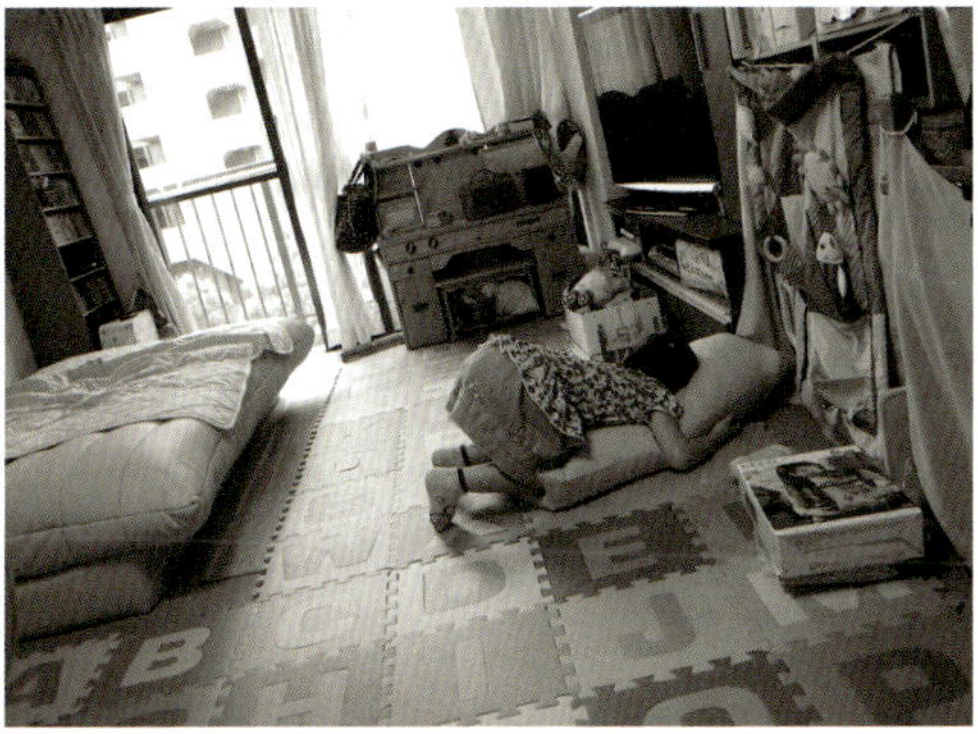

パンケーキレンズで何気ない日々の記録を撮る

PEN のパンケーキレンズは広い範囲を写すことがでるため、人物の入った気軽なスナップ写真でも、周辺の生活のにおいを取り込めます。

※ E-PL2　S モード　F2.8.　1/50 秒　ISO250
WB：オート　ピクチャーモード：モノトーン
レンズ焦点距離：17mm

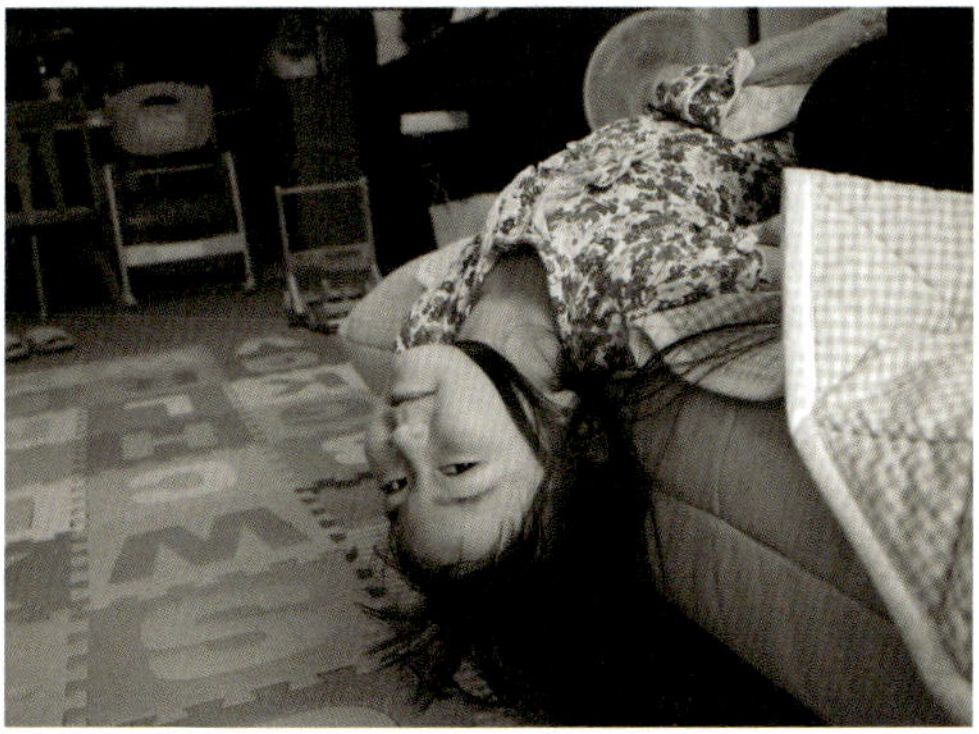

画面に変化をつけながら撮ることも大事

こういった写真では、被写体への寄り引きや空間の作り方も大事。この場合少し画面を傾けて構図に変化をつけています。

※ E-PL2　S モード　F4　1/125 秒　ISO1250
WB：オート　ピクチャーモード：モノトーン
レンズ焦点距離：20mm

モノクロームの質感で撮る

モノクロ写真は、色の情報が少ない分、目の前の被写体そのものをシンプルに、より印象的に写し出してくれます。日々の生活の断片を、情感豊かに写すのにも向いています。PENでは色調を自由に変えられるピクチャーモード内で気軽にモノクロ写真を作ることができます（P54参照）。一度利用してみれば、その世界観にはまるはずです。

また、こういった気軽なスナップでは単焦点レンズを利用するのもいいです。PENにも広角17㎜のパンケーキレンズが用意されています（P60参照）。自らの寄り引きで撮影を行うこのタイプのレンズは、いわば〝ズームを行う時間が省ける〟ため、より直感的に何気ないシーンを切りとることができます。

Chapter

4-4-3

友達・子供編

友達をファッションフォトっぽく撮りたい

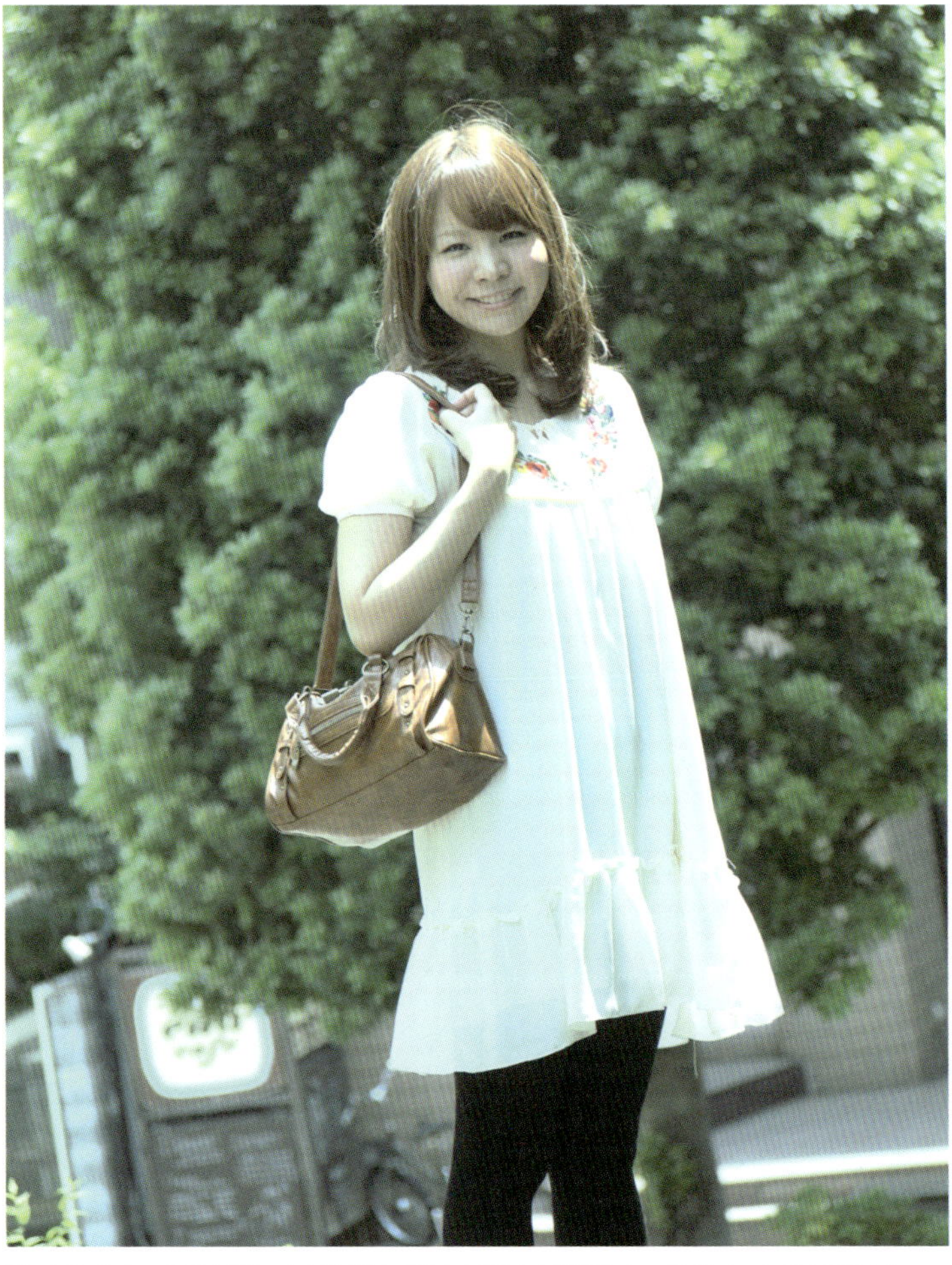

アートフィルターのデイドリームを使うことでふんわりとした雰囲気に。ライトトーンでも同じような仕上がりが楽しめます。

※ E-P2　アートフィルター　デイドリーム　F5.6　1/125 秒
ISO200　WB：晴天　レンズ焦点距離：102mm

POINT この写真のポイント

1. デイドリームで淡い仕上がりを演出
2. 抜けのいい場所を背景に開放感のある印象に
3. 望遠気味に撮影し、人物をより引き立たせる

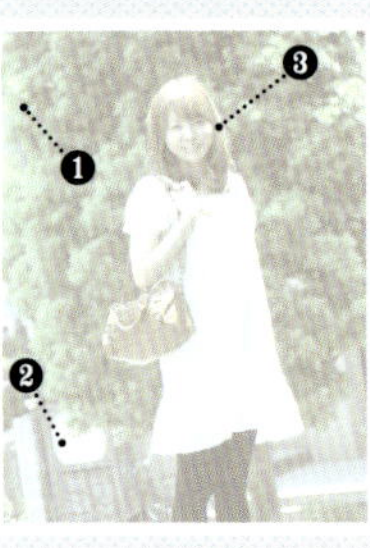

用語解説

背景がごちゃごちゃ…… 例えば、電柱などが被写体の頭に刺さったように写っている写真を「串刺し写真」、首を横切るようにラインが走っている写真を「首切り写真」と言ったりします。

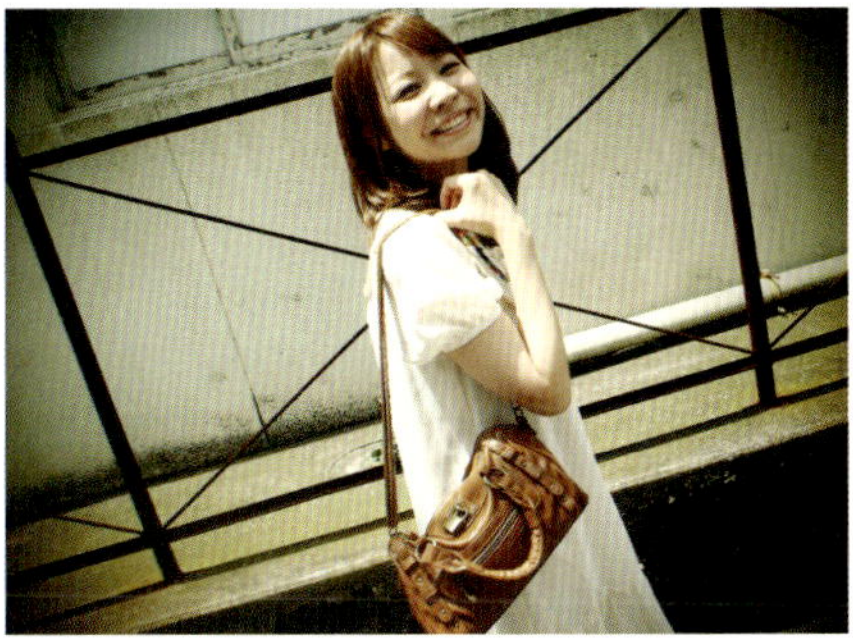

動きをつけて ポップな仕上がりに

カラフルで明るい感じに仕上げたければ、動きをつけながらポップアートやトイフォトなども使ってみましょう。より表現幅が広がります。

※ E-P2 アートフィルター ライトトーン F11 1/200 秒 ISO200 WB：CWB4600K レンズ焦点距離：16mm

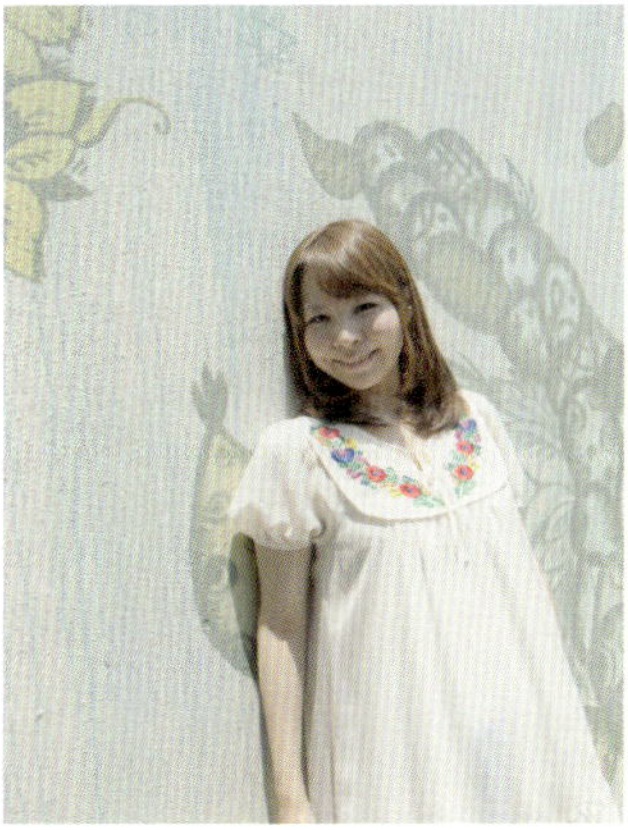

シンプルな背景は 人物に焦点を 合わせやすい

撮る場所に迷う場合には、とりあえずシンプルな壁を探してみるのもいいです。人物の表情に焦点を絞り、じっくりと撮影できます。

※ E-P2 アートフィルター トイフォト F8 1/250 秒 ISO200 WB：晴天 レンズ焦点距離：17mm

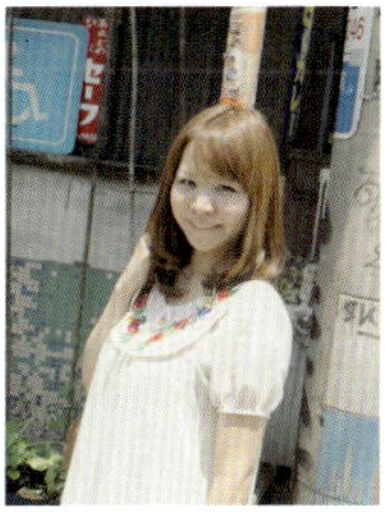

ごちゃごちゃした 場所での 撮影は控える

背景選びは意外に重要です。とくに顔周辺に余計なものが写り込むと、人物の印象が弱まります。

フィルターで仕上がりに変化を

ポートレートの撮影でも、アートフィルターはおおいに活躍します。例えば、しっとりとしたやわらかい質感で撮りたければ、デイドリームやライトトーンが効果的ですし、派手な色味やインパクトのある仕上がりにしたければ、ポップアートやトイフォトもおすすめです。自分の好みに合わせて試してみましょう。

また街中でポートレートを撮る場合には、背景やレンズ選びも大切です。例えば、抜けのいい道路などを背景に、望遠レンズを使えば、ボケ味をより強調させながら、奥行きのあるポートレートが撮れます。逆に背景がごちゃごちゃしている場合には、シンプルな壁などを背景にするのもおすすめ。より人物に焦点を当てて撮影が楽しめます。

Chapter 4-4-4

友達・子供編

自然光を生かして人物を撮りたい

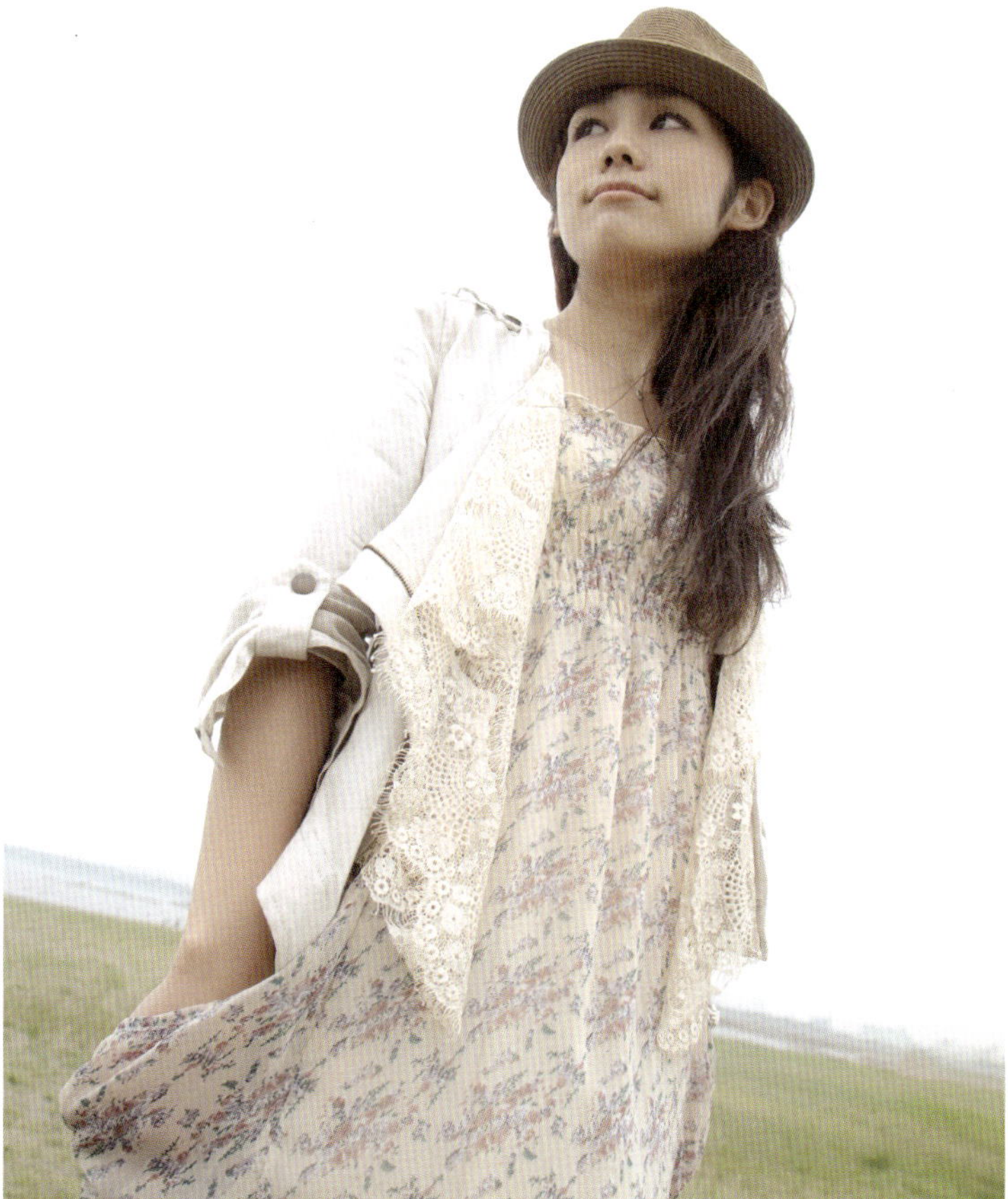

曇り空の日は、光の角度もそれほど意識する必要もなく撮影に臨めます。ローアングルには、背景をよりシンプルにする目的もあります。

※ E-PL2　Aモード　F4.1　1/1000秒　ISO200　WB：オート　ピクチャーモード：i-FINISH
レンズ焦点距離：16mm

POINT この写真のポイント

❶ 明るい曇りの日のやわらかい光源を使って撮影

❷ ローアングルから狙い、より被写体を強く印象的に

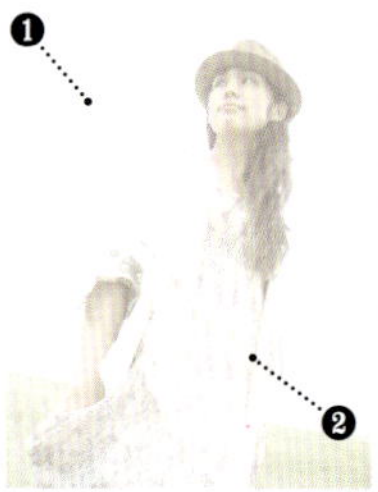

用語解説

晴天時の日中…… 晴れていればいい写真が撮れると思われがちですが、例えば順光などは、光の当たる角度によっては、肌の質感をつぶして写してしまいがちなので注意が必要です。なお、逆光は夕方になると光線が強くなるため扱いにくくなります。

eポートレート使用

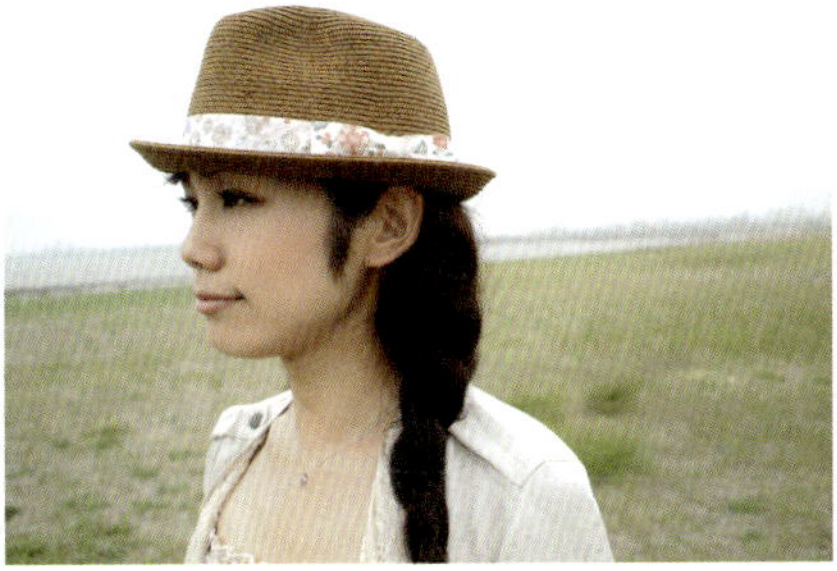

eポートレート未使用

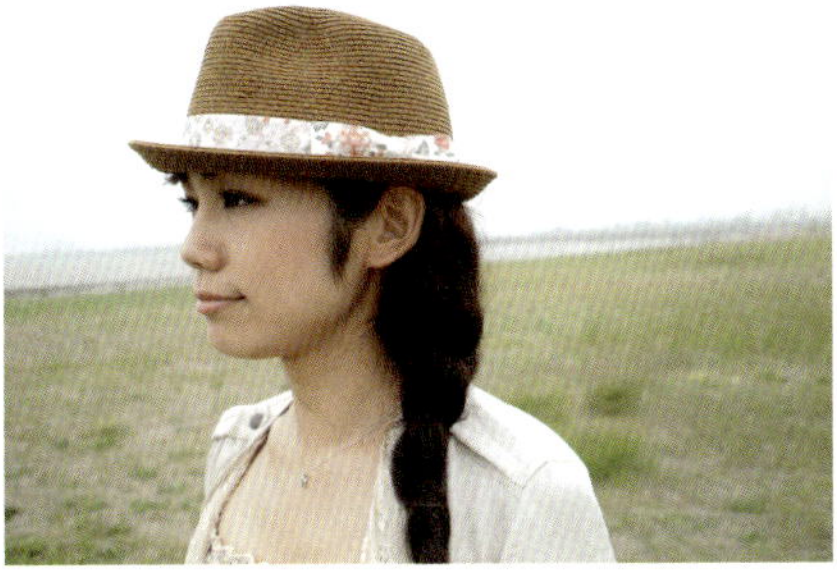

eポートレートできれいな肌を演出する

PENにはeポートレートという人肌をきれいに写すことができる機能が搭載されています。これを使うと、つるんとした質感で人物を撮影できます。

※ E-PL2　eポートレートモード　F5.6　1/250秒　ISO200　WB：オート　レンズ焦点距離：17mm

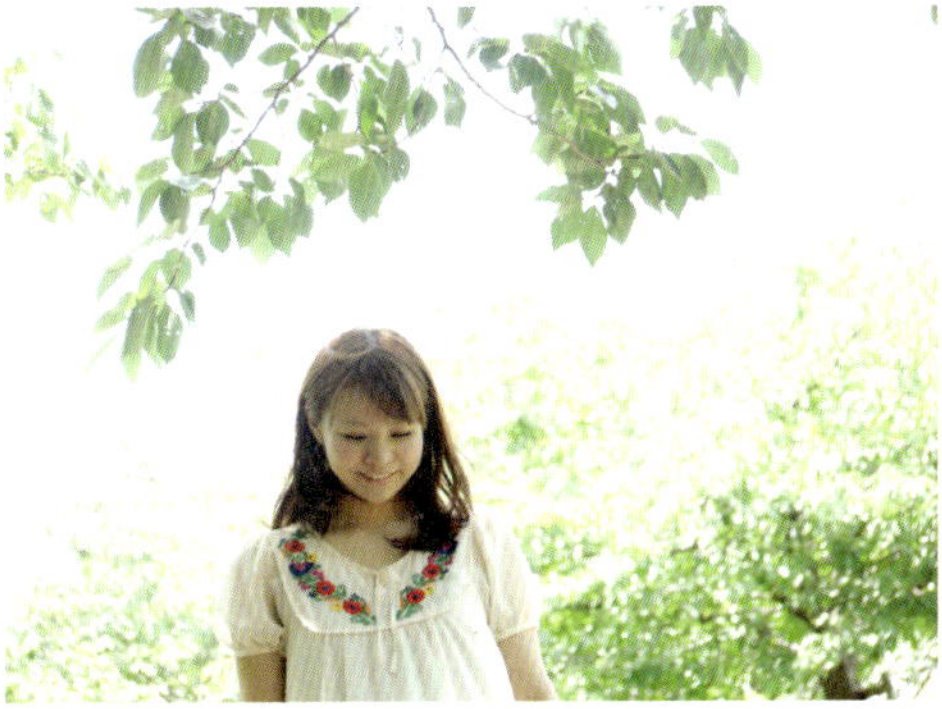

日陰の逆光を使いふんわりポートレート

逆光の強弱に合わせてプラス補正の程度は決めます。何度か試し撮りをしながら判断していきましょう。

※ E-P2　Aモード　F4.7　1/80秒　ISO200　＋2EV　WB：オート　仕上がり：i-FINISH　レンズ焦点距離：74mm

それぞれの光源を理解しよう

自然光の中で明るい曇りの日は、もっとも写真が撮りやすいシチュエーションのひとつです。拡散したやわらかい光が人物に当たるため、人肌を滑らかに描写してくれます。もしグレートーンの単調な色味が気になる場合には、ホワイトバランスで調整します。

晴天時の日中であれば、逆光をうまく活用しましょう。プラス補正を行うことで、こちらも同様に人物の肌をきれいに写すことができます。露出補正を行わないと、被写体が暗く写ってしまうので注意しましょう。また、晴天時は日陰もおすすめ。強い光が間接的に回り込みながら被写体に当たり、やわらかい質感で人物を撮影できます。このようにそれぞれの光源を吟味しながら撮影を行うことが大切です。

❖ Chapter

4-4-5

友達・子供編

旅先で出会った人を作品として残したい

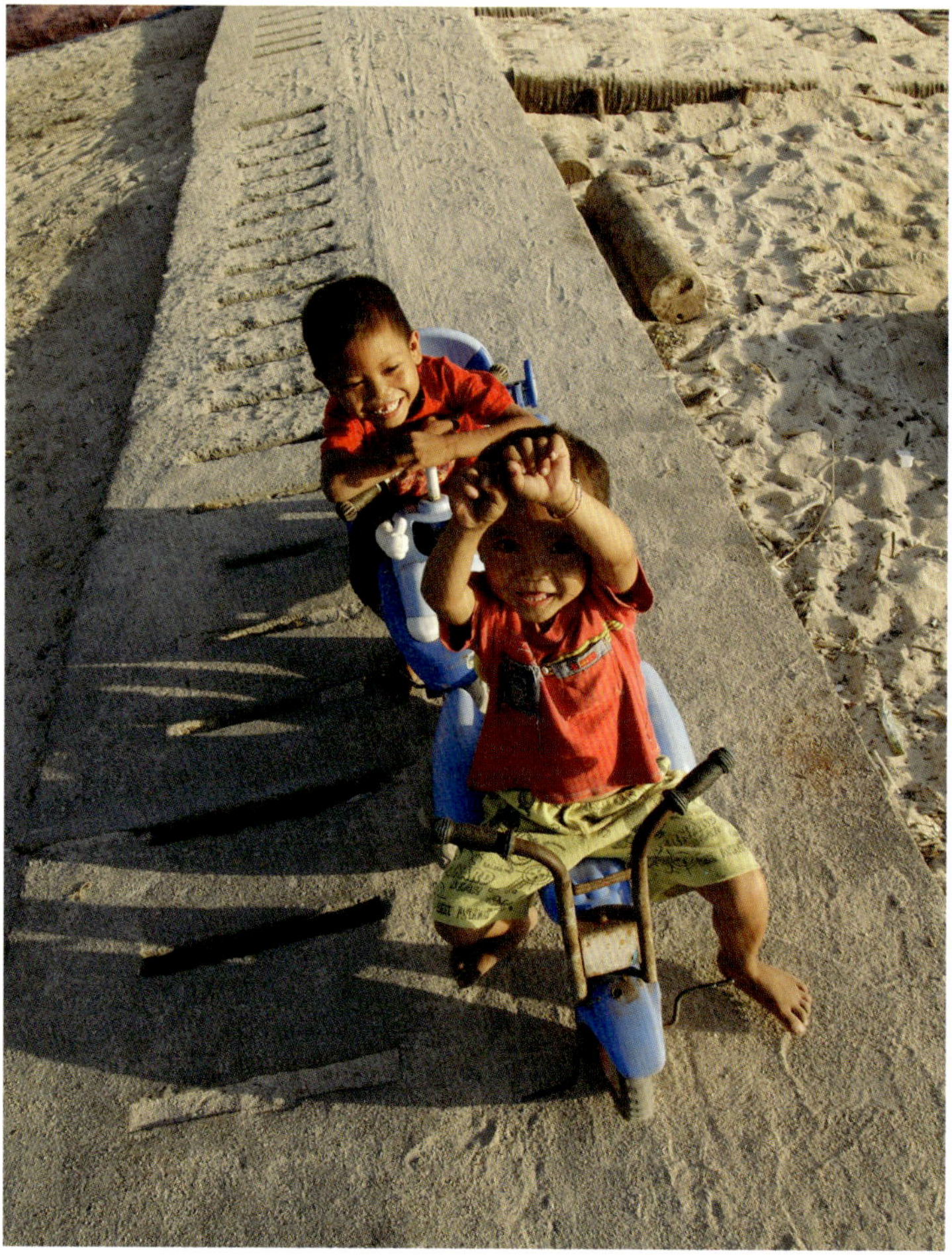

夕暮れ時のシーン。何を言っているのかは結局不明でしたが、ポーズがおもしろくて撮影。道のラインを生かし、画面を傾けています。

※ E-P2　Aモード　F8　1/160秒　ISO200　WB：晴天　ピクチャーモード：i-FINISH
レンズ焦点距離：14mm

POINT この写真のポイント

❶ 広角気味に撮って開放感を演出

❷ おもしろいしぐさや表情を逃さずに撮る

❸ 画面を傾けて動きを作る

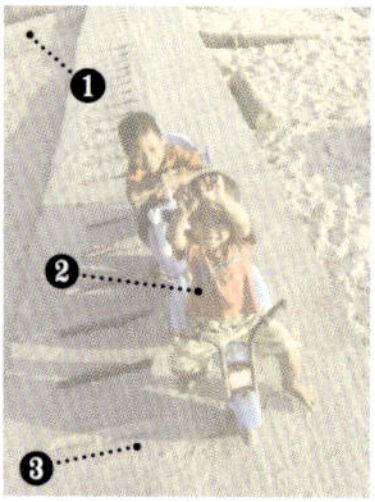

用語解説

レンズを広角気味にすれば ……… 広角レンズでハイアングルから子供を撮ると、頭でっかちでかわいらしく写せます。しかも、子供は上を向くわけですから、大きな瞳をさらに大きくさせながら撮影できます。

会話をせずに素のままを切りとる

相手の表情をそのままに写すのもいいです。自然でリアリティある内容に仕上がります。

※ E-PL2　A モード　F4.5　1/400 秒　ISO400
WB：晴天　ピクチャーモード：i-FINISH
レンズ焦点距離：20mm

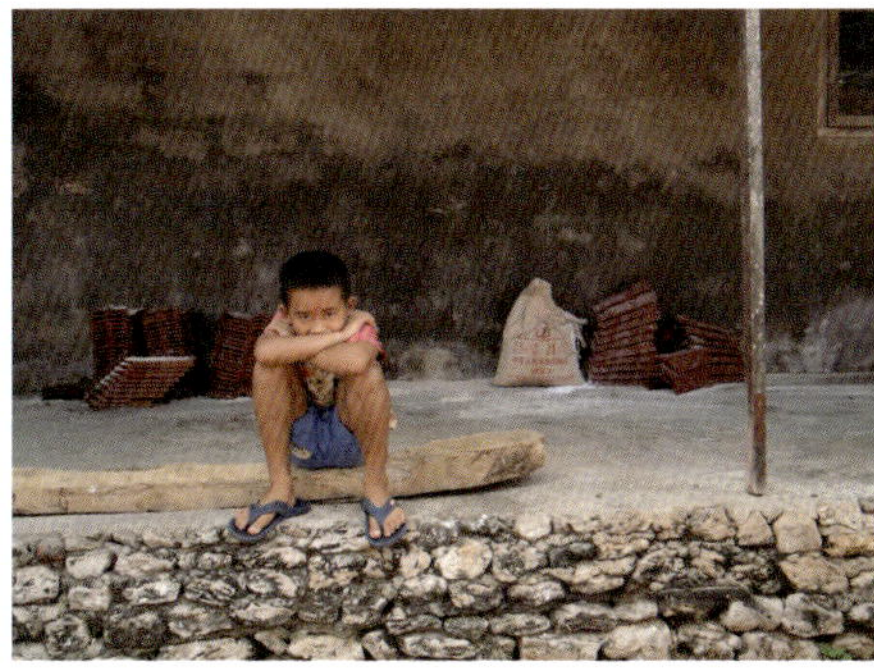

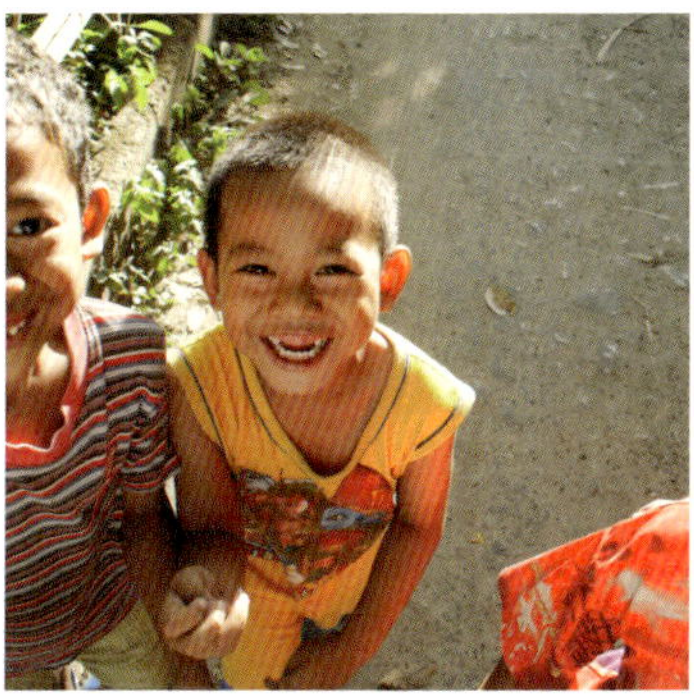

被写体がはみ出てもそれもあり

動きながら撮るのも楽しいです。構図は大切な要素ですが、頭でっかちになってもいけません。

※ E-P2　A モード　F4.5　1/400 秒　ISO400
WB：晴天　仕上がり：i-FINISH
レンズ焦点距離：17mm

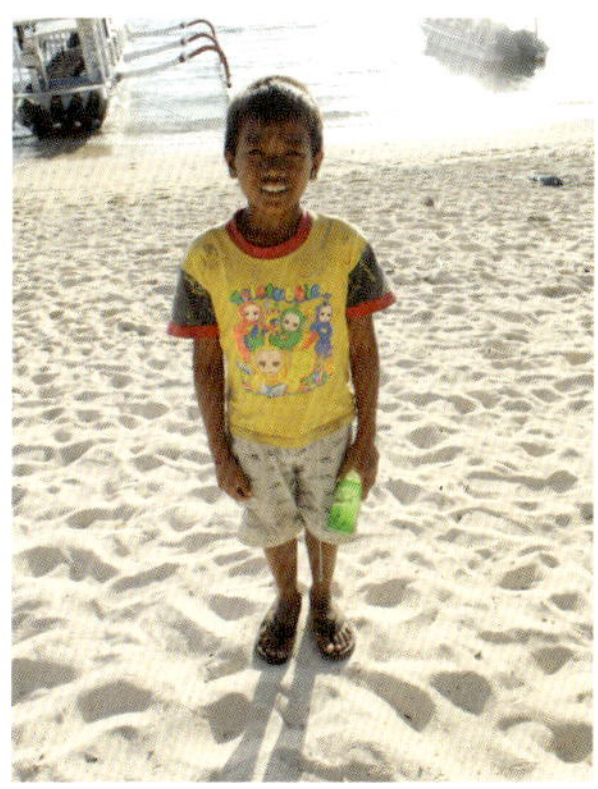

光を選びながら撮る

海に反射する光や逆光線を利用することで、ドラマチックな仕上がりに。

※ E-P2　A モード　F8
1/500 秒　ISO200
WB：晴天　仕上がり：i-FINISH
レンズ焦点距離：17mm

一期一会を大事にしよう

旅行に行ったら、ぜひ現地の人たちのポートレートも撮ってみたいもの。一期一会の出会いをドラマチックに切りとってみましょう。例えばレンズを広角気味にすれば、風景を入れ込みながら迫力のある画作りができますし、望遠気味に撮れば、より表情に焦点を当てることができます。出会い頭にただスナップするだけではなく、光や構図、アングルなどにもこだわってみましょう。

また、どんな表情を撮りたいのか、そのイメージを持つことも大事です。素の表情を撮りたいならば、多くの会話をせず、そのままカメラを相手に向ける方法もあります。逆に相手とコミュニケーションが取れれば、当然笑顔は引き出しやすくなります。撮る内容に合わせて距離の縮め方があるということです。

» Column 05

PENで使えるいろいろなレンズ

PENはそれ専用のレンズではないと、そのまま取り付けて利用はできません（P61参照）。しかし、専用のマウントアダプターを用意すれば、「ZUIKO DIGITAL」レンズなどの使用が可能になります。また、専用のコンバーターレンズで、楽しい描写も気軽に行えます。

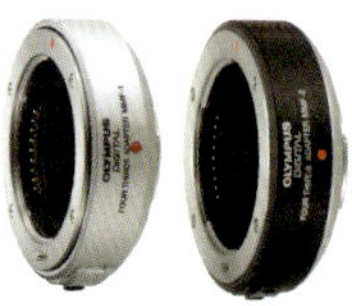

フォーサーズアダプター MMF-1/MMF-2

フォーサーズレンズをマイクロフォーサーズシステムのマウントに装着するためのアダプター。すべての「ZUIKO DIGITAL」レンズが使用できるようになります。

希望小売価格：20,000円

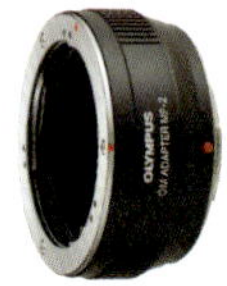

OMアダプター MF-2

オリンパスOMシステムレンズをマイクロフォーサーズシステムのマウントに装着するためのアダプター。ピント合わせはMFで行う格好になります。

希望小売価格：20,000円

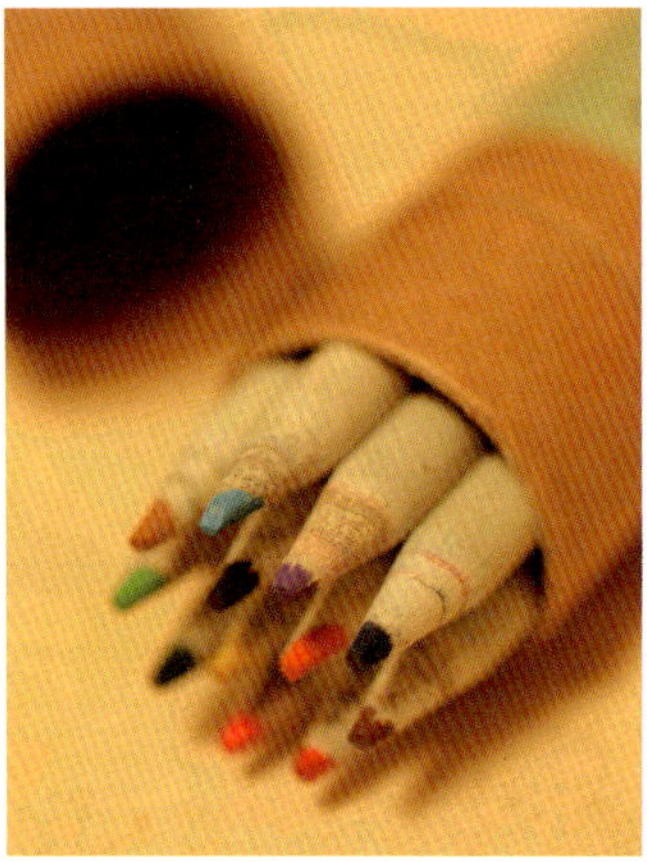

通常のレンズとはひと味違った、フォーサーズレンズならではの描写が楽しめます。ZUIKO DIGITAL ED 50mm F2.0 Macroで接写してみました。

フォーサーズ規格のレンズの装着方法

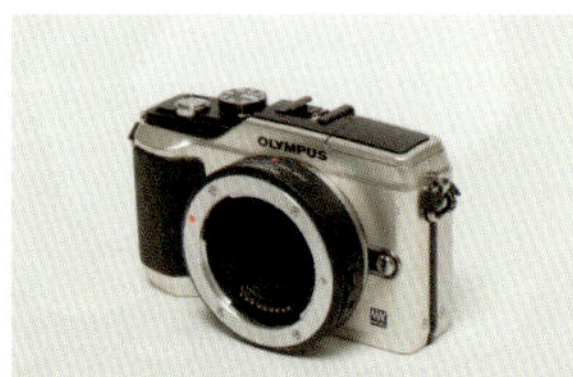

まずPENにフォーサーズアダプターを装着します。

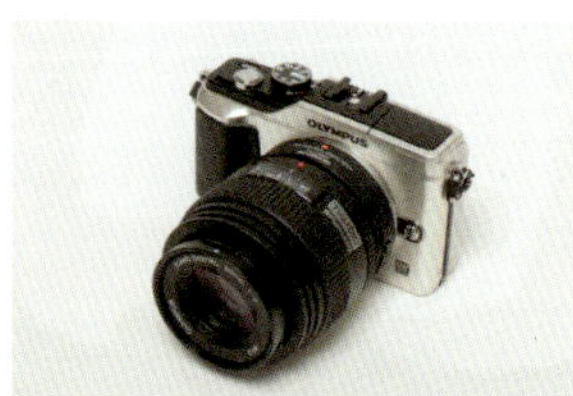

アダプターにフォーサーズレンズを装着したら完了です。今回はZUIKO DIGITAL ED 50mm F2.0 Macroを装着してみました。

マウントアダプターを活用する

オリンパスには、PENで使用できるマイクロフォーサーズ規格対応のレンズ群の他に、フォーサーズ規格のデジタル一眼レフ専用の交換レンズやフィルム式一眼レフ専用の交換レンズなどがあります。これらは、他の規格のカメラでも専用のマウントアダプターを装着することで利用することができます。

つまりPENであっても、このアダプターを使用すれば、フォーサーズ規格の交換レンズやフィルム式一眼レフで使用されてきたオリンパスOMシステムレンズなどが装着できるのです。マイクロフォーサーズ規格のレンズではどうしても得ることのできなかったボケ味を生かした撮影やマクロ撮影などが、PENで気軽に行えます。

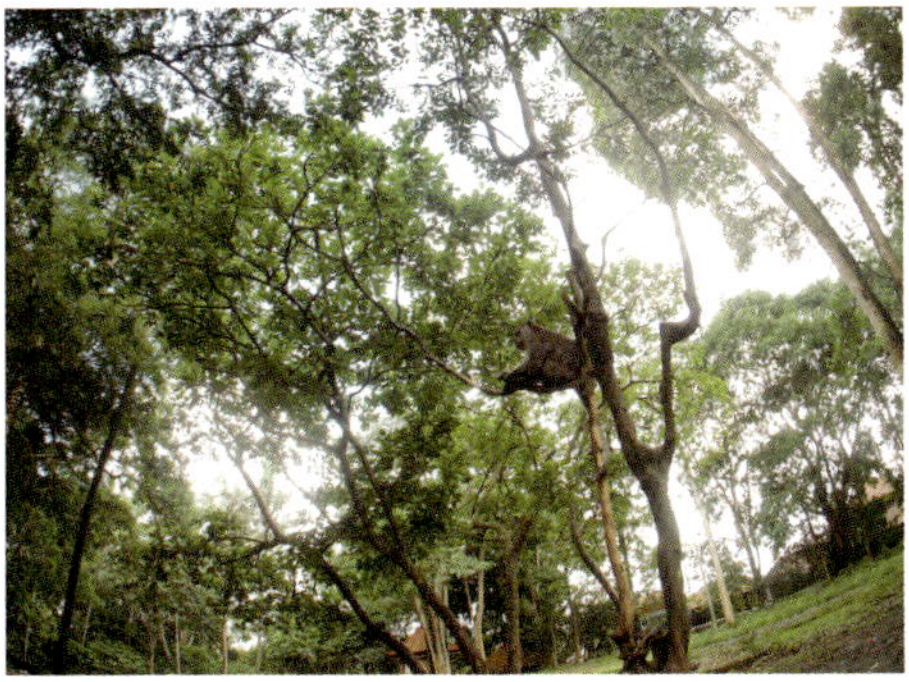

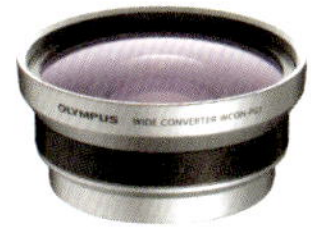

ワイドコンバーター
WCON-P01
希望小売価格：12,000円

かなり広がりのある写真になりました。実際の標準ズームレンズよりも、約1.2倍の角度の撮影を実現しています。

※シーンモード　ワイド　F4　1/180秒　ISO200　WB：オート　レンズ焦点距離：14mm

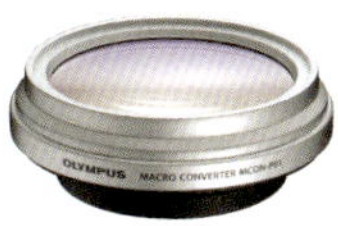

マクロコンバーター
MCON-P01
希望小売価格：8,400円

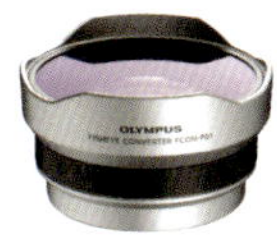

フィッシュアイコンバーター
FCON-P01
希望小売価格：20,000円

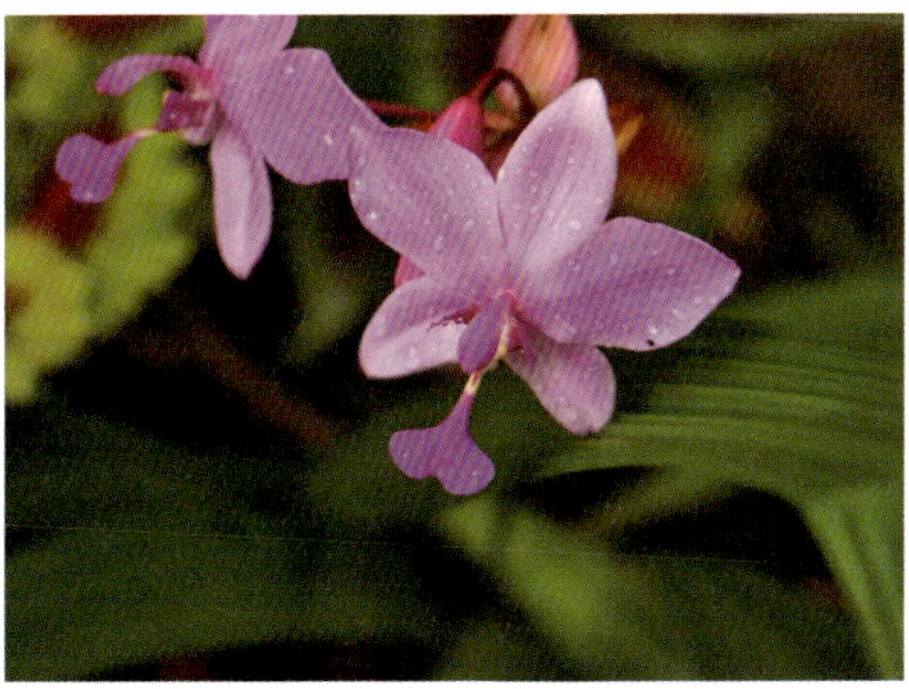

花や小さな小物の撮影に重宝しそうです。接写で生じる気持ちのいいボケ味を生かして、どんどん被写体と向き合ってみましょう。

※シーンモード　マクロ　F5.6　1/125秒　ISO800　WB：オート　レンズ焦点距離：42mm

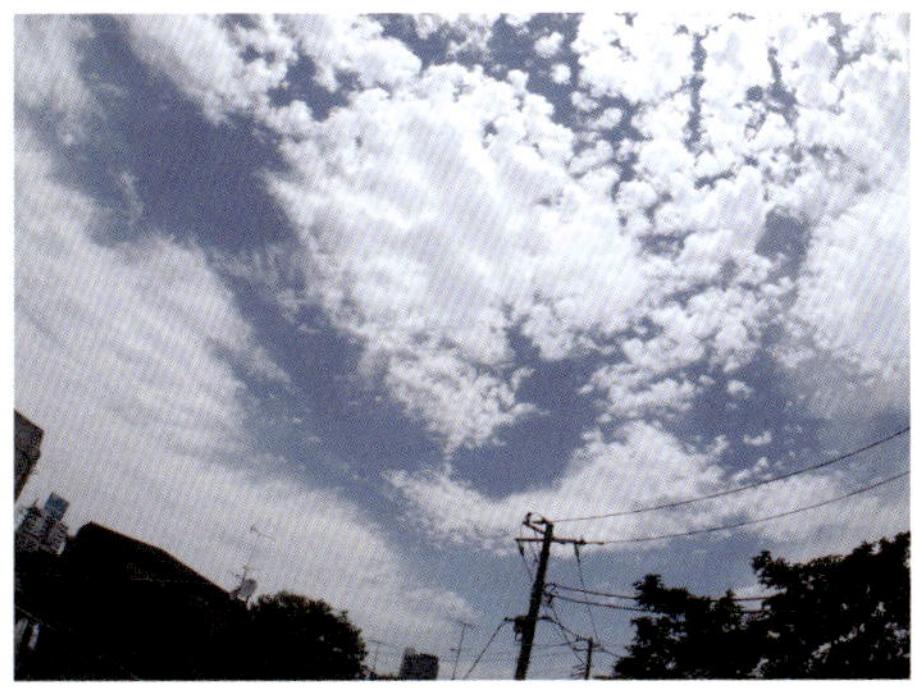

地上の被写体を大きく歪ませながら、雲の流れる様子がうまく表現できています。他にも狭い空間を広く見せたりするのにも効果が。

※シーンモード　フィッシュアイ　F11　1/640秒　ISO200　WB：オート　レンズ焦点距離：14mm

コンバーターレンズを利用する

コンバーターレンズとは、レンズに直接取り付けて使用するレンズアタッチメント。PENでは3種類が用意されています。ワイドコンバーターは、より被写体を広角に撮影できるレンズアタッチメントです。風景を広大に撮影したい場合などで力を発揮します。フィッシュアイコンバーターは、広い範囲を一度に入れ込み、画面を大きく歪ませながら撮影することができます。被写体をデフォルメさせながらユニークな写真が撮れます。最後にマクロコンバーターは、マクロ撮影が行えるレンズアタッチメントです。レンズ先端から最大で13cmまで被写体に近づけます。

これらはシーンモード内にあるそれ専用の項目（ワイド、フィッシュアイ、マクロ）を設定することでより効果を上げます。

Chapter

4-5-1

料理・スイーツ編

明るい雰囲気で料理を撮りたい

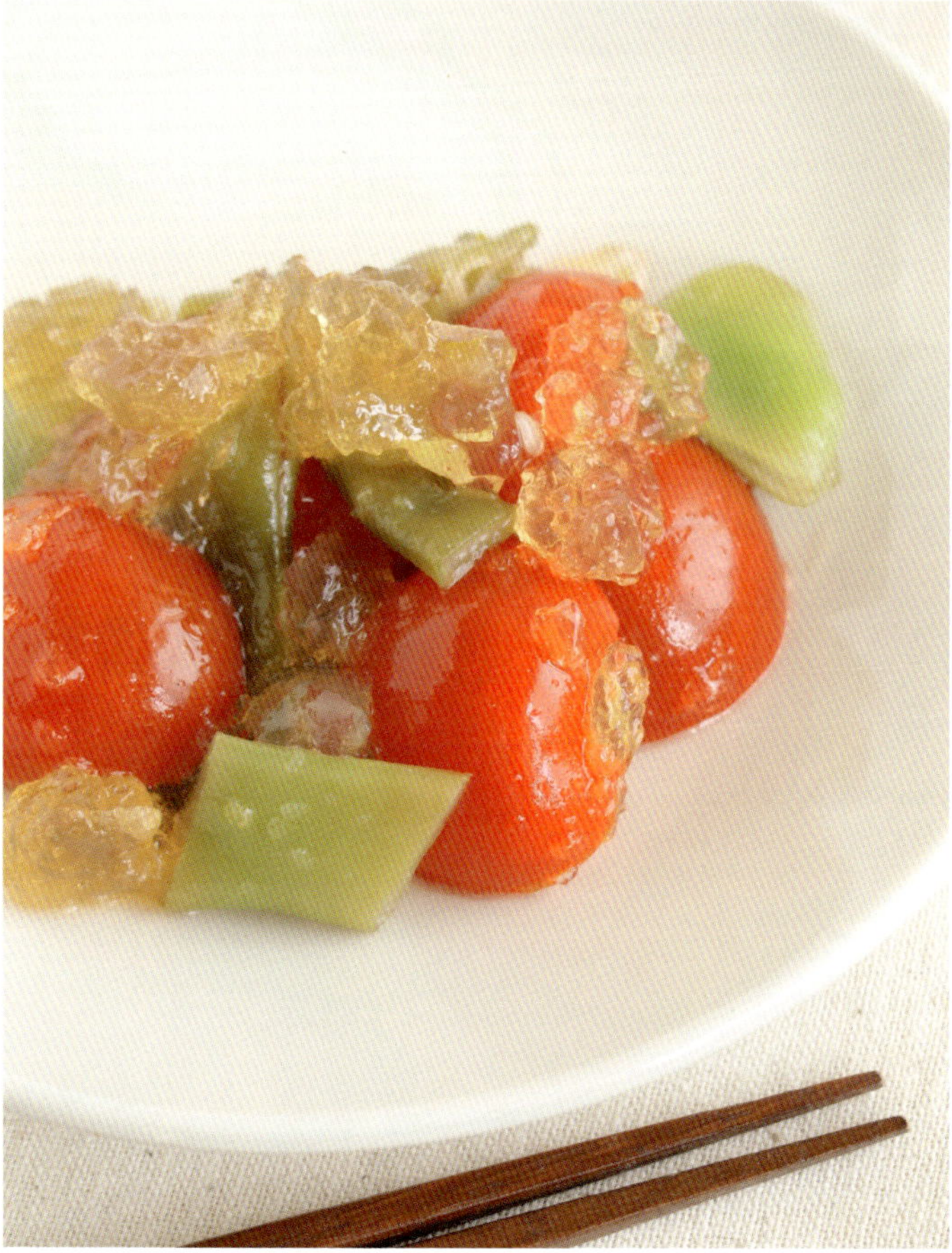

右サイドの窓から入る自然光を使い、キラキラ感が際立つアングルで撮影。左サイドに白紙を置くだけで、左右の明暗差を縮められます。

※ E-PL2　A モード　F5.6　1/13 秒　ISO200　＋1EV　WB：オート　ピクチャーモード：NATURAL　レンズ焦点距離：42mm　三脚使用

POINT この写真のポイント

1. 窓際の明るい場所で撮影
2. 暗くなりがちな左側に白紙を置き明るくする。
3. 光の反射を見ながらキラキラ感を意識する

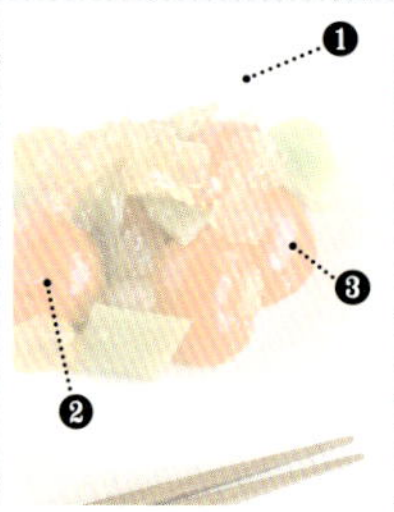

用語解説

レフ板……光を反射させるための撮影アイテム。サイズもさまざまで、小さなものは1000円くらいから購入できるので、試しに一個持っておいてもいいかもしれません。

白紙を置かずに撮影

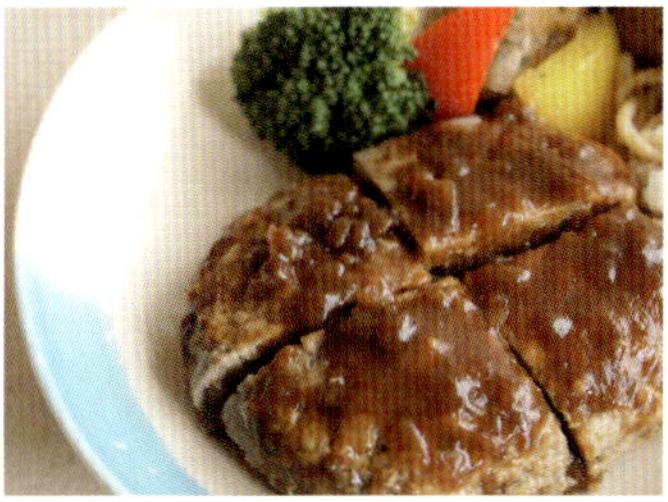

左サイドに白紙置

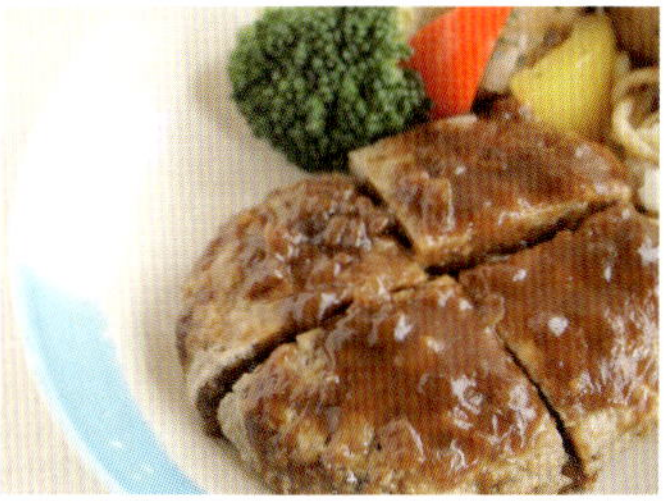

レフ板の効果を生かしてみよう

レフ板の役割を果たす白紙は、ただそこに置けばいいというものではありません。自分で白紙を出し入れして効果を確認しましょう。

※ E-PL2　Aモード　F5.6　1/10秒　ISO200
＋0.3EV　WB：オート
ピクチャーモード：NATURAL
レンズ焦点距離：38mm　三脚使用

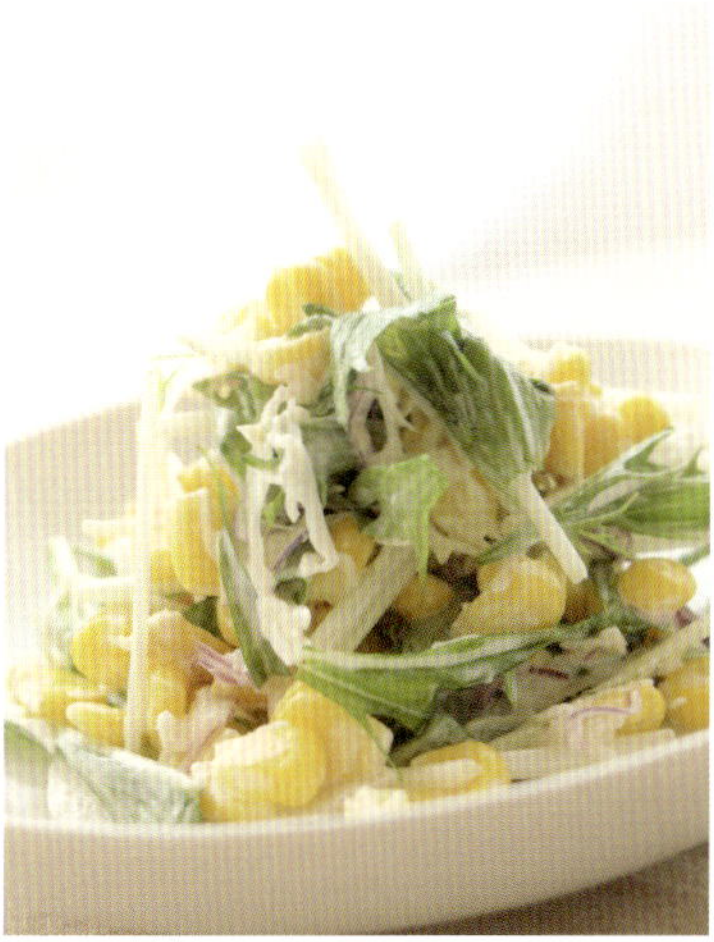

逆光は光の強さに注意しよう

逆光線は背景を明るくしてくれる特徴があります。全体的にもふんわりとした質感が作りやすいです。

※ E-PL2　Aモード　F5.6　1/8秒　ISO200
＋1.7EV　WB：オート
ピクチャーモード：NATURAL
レンズ焦点距離：41mm　三脚使用

窓際の明るい場所で撮影する

食べ物などを撮る場合にも、猫を撮る時と同様に、なるべく窓際などの明るい場所を探して撮影を行いましょう。この際、意識したいのが光の入る向きです。窓際を横に見ながら斜光線を利用すると、陰影を生かし立体的に被写体をとらえることができます。また、窓際を背景にすると逆光線となり、後ろを明るく写すことができます。ただし逆光が強すぎると、被写体そのもののコントラストが低くなり、ディテールがきちんと写りにくくなるので注意が必要です。

また、白紙などで光を反射させると、暗くなりがちな部分の光量を補うことができます。レフ板を使用しなくても、このくらいの被写体であれば白紙で十分対応できます。

❖ Chapter

4-5-2

料理・スイーツ編

ふんわりとスイーツを撮りたい

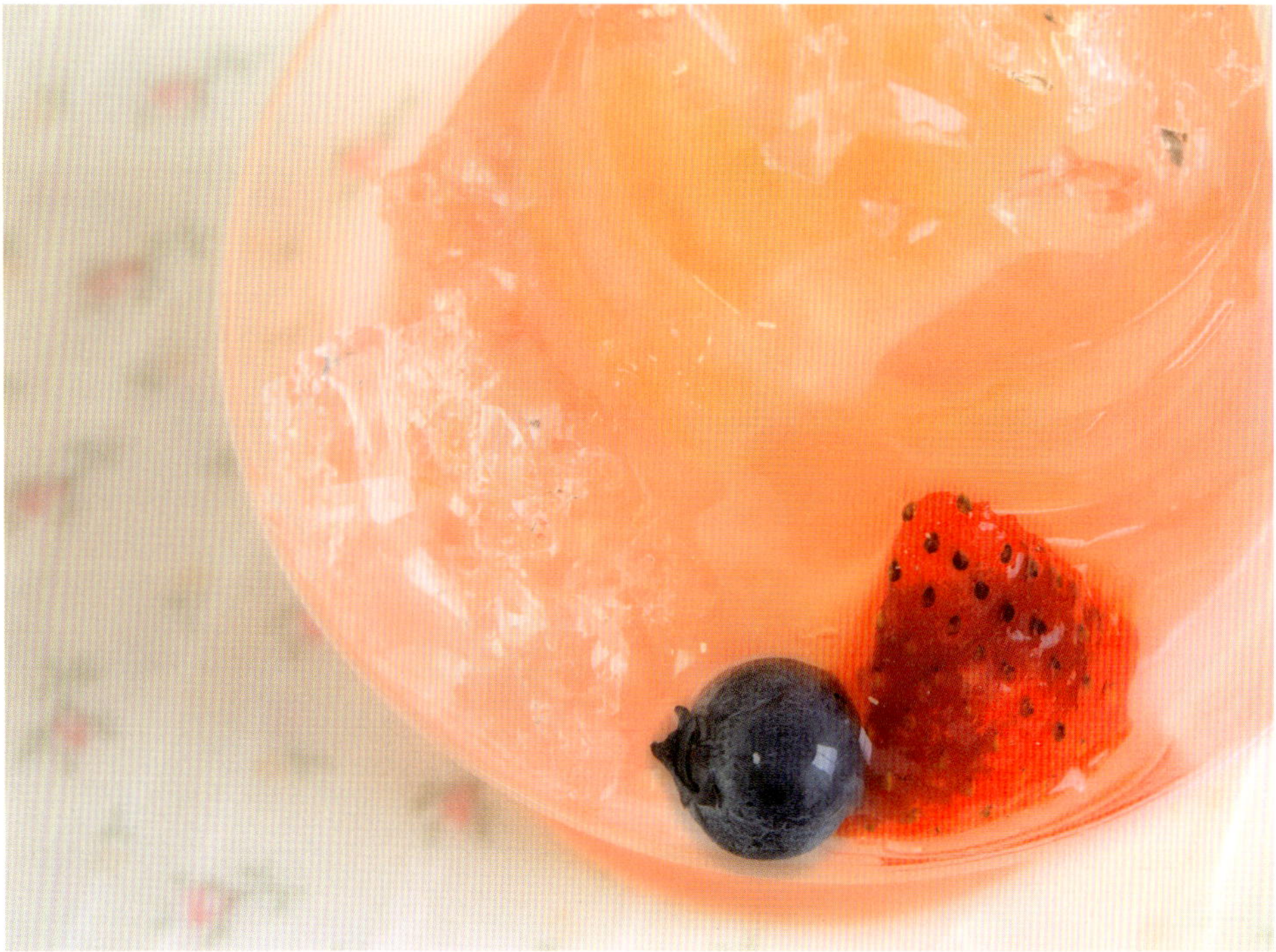

背景をぼかし明るめに撮ると、ふんわりとした質感が演出できます。ここでフィルターを組み合わせると、よりバリエーションが増えます。

※ E-PL2　A モード　F5.4　1.6 秒　ISO200　＋ 1.3EV　WB：オート　ピクチャーモード：ファンタジックフォーカス　レンズ焦点距離：41mm
三脚使用

POINT この写真のポイント

❶ A モードで絞りの F 値を小さく

❷ プラス補正で明るめに

❸ ファンタジックフォーカスでさらにふんわり

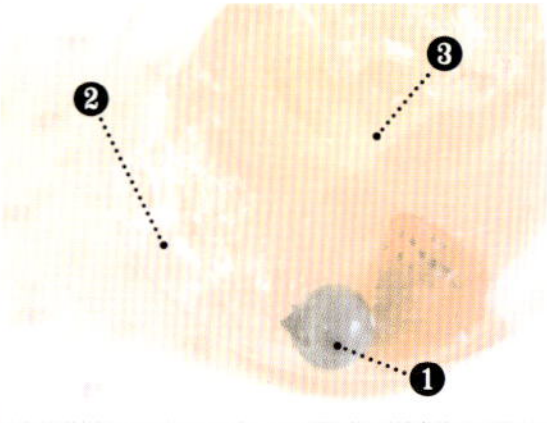

用語解説

可能な限りボケ味を大きく……… ズームレンズを使う場合、望遠気味に撮影しようとすると、扱える最小のF値は広角気味で使用するよりも大きくなりがちです（P60参照）。しかし、もとから望遠レンズはボケ味を強調して写せるのがその特徴。広角は画面を歪んで写す特徴も持ち合わせているため、そのF値だけを基準にするのではなく、望遠寄りも試しながら、自分の好きな仕上がり具合を探すことも大切です。

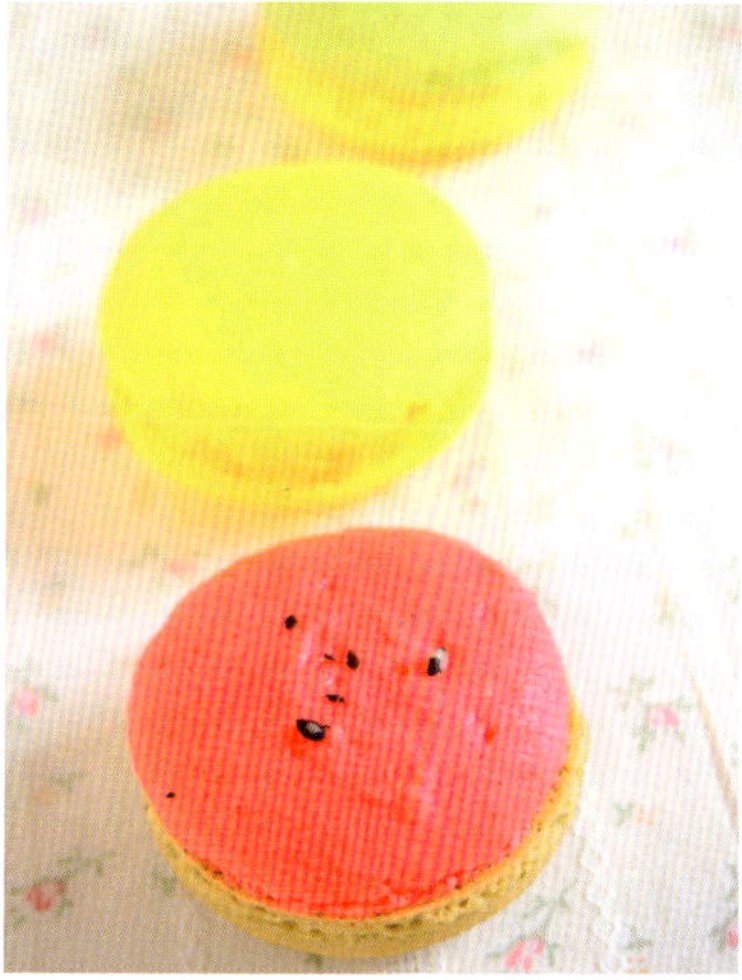

カラフルな色彩を強調する

マカロンのようなカラフルで小さな被写体は撮りがいがあります。背景をぼかしてみたり、色味を強調してみたり、自分でいろいろ練習できます。

※ E-PL2　Aモード　F5.3　1/10秒　ISO200　＋1.7EV
WB：オート　ピクチャーモード：ポップアート
レンズ焦点距離：36mm　三脚使用

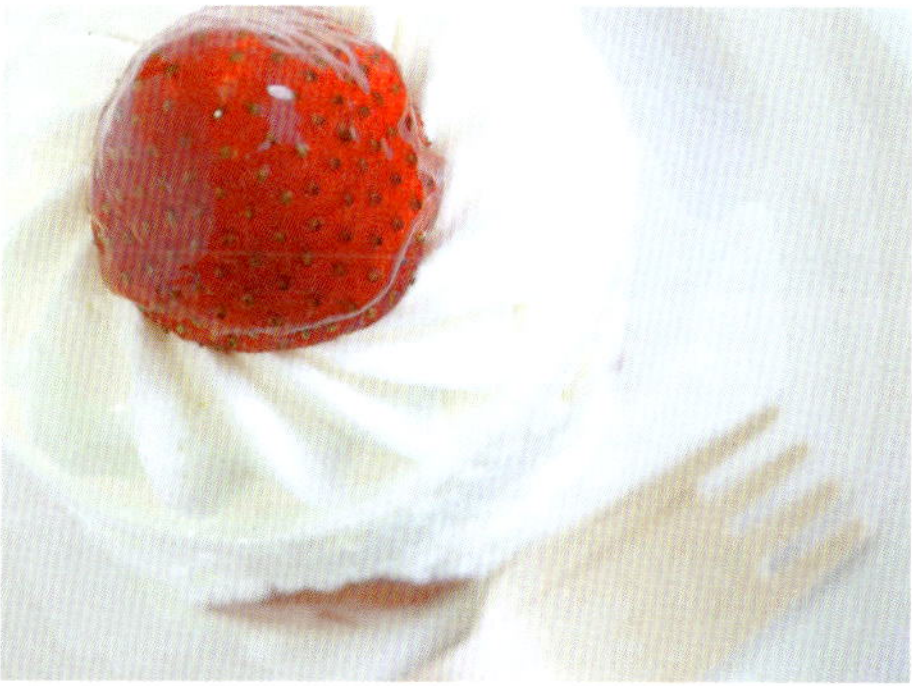

ブルートーンで涼やかに

CWBで少し青味を強くして透明感のある仕上がりに。イチゴを印象的に見せるために大胆にハイアングルから撮影しています。

※ E-PL2　Aモード　F5.6　1/2秒　ISO200　＋1.3EV
WB：CWB3600K　G＋1　ピクチャーモード：i-FINISH
レンズ焦点距離：42mm　三脚使用

絞りの効果を最大限に生かす

やわらかい雰囲気でスイーツを撮りたければ、まずはボケ味を作ることが大切です。撮影モードをAにして、F値を小さくし、可能な限りボケ味を大きくして撮影します。さらに、プラス補正を行い全体的に明るい雰囲気が作れると、よりふんわり、かわいらしく撮影することができます。この際にも、先に説明したように窓際の明るい場所を使って撮影を行えたらベストです。

色味豊かな被写体の場合には、ピクチャーモードをVIVIDにしてみたり、アートフィルターのポップアートを使うと、よりカラフルに撮れます。ふんわり感をより全面に出して表現したい場合には、ファンタジックフォーカスやライトトーンなどと組み合わせてみてもおもしろいです。

❖ Chapter
4-5-3

料理・スイーツ編
お店でその場の雰囲気を生かしながら撮影したい

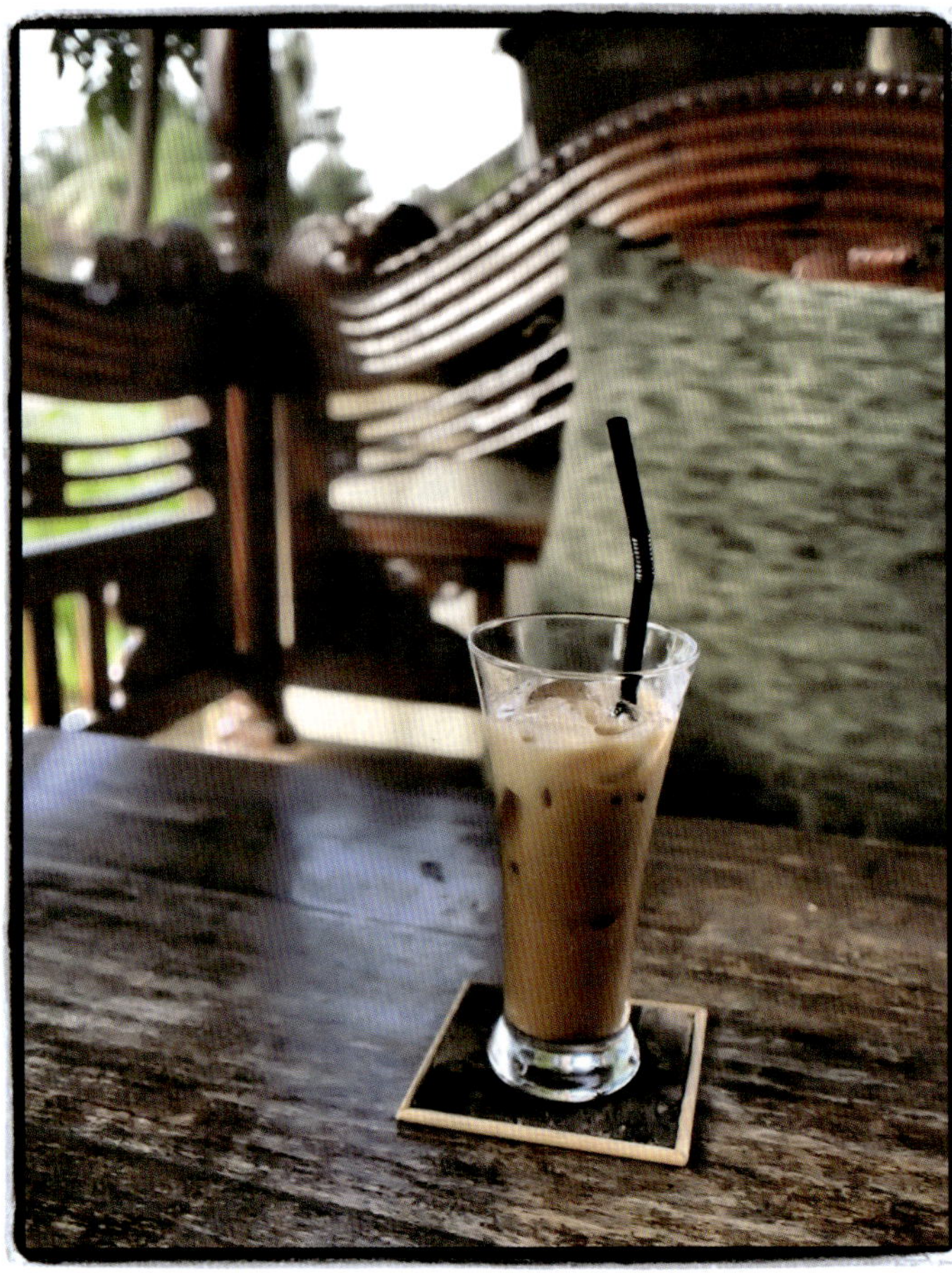

素敵なテラス席だったので背景を入れ込んで撮影。グラスをより印象的に仕上げるために、絞りを開放値に設定し、背景のボケ味を大きくしました。

※ E-PL2　アートフィルター　ドラマチックトーン+アートフレーム効果　F2.8　1/1600秒　ISO1600
WB：オート　レンズ焦点距離：17mm

POINT この写真のポイント

1. 広角気味に撮って開放感を演出
2. 絞りを開いてボケ味を大きくして被写体をより強調する
3. ドラマチックトーンを使って、メリハリのある仕上がりに

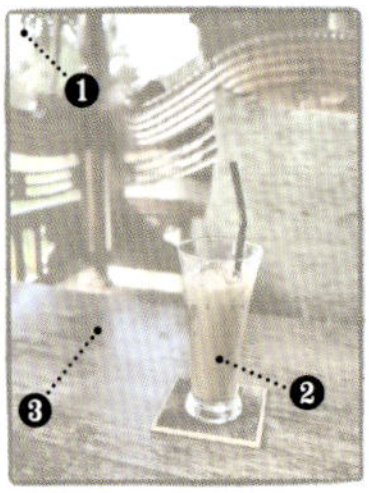

用語解説

スローシンクロ……シャッター速度を遅くしつつフラッシュを発光する撮り方。その場の光源を反映させながら撮影できます。ライブコントロール内のフラッシュモードで設定ができます。

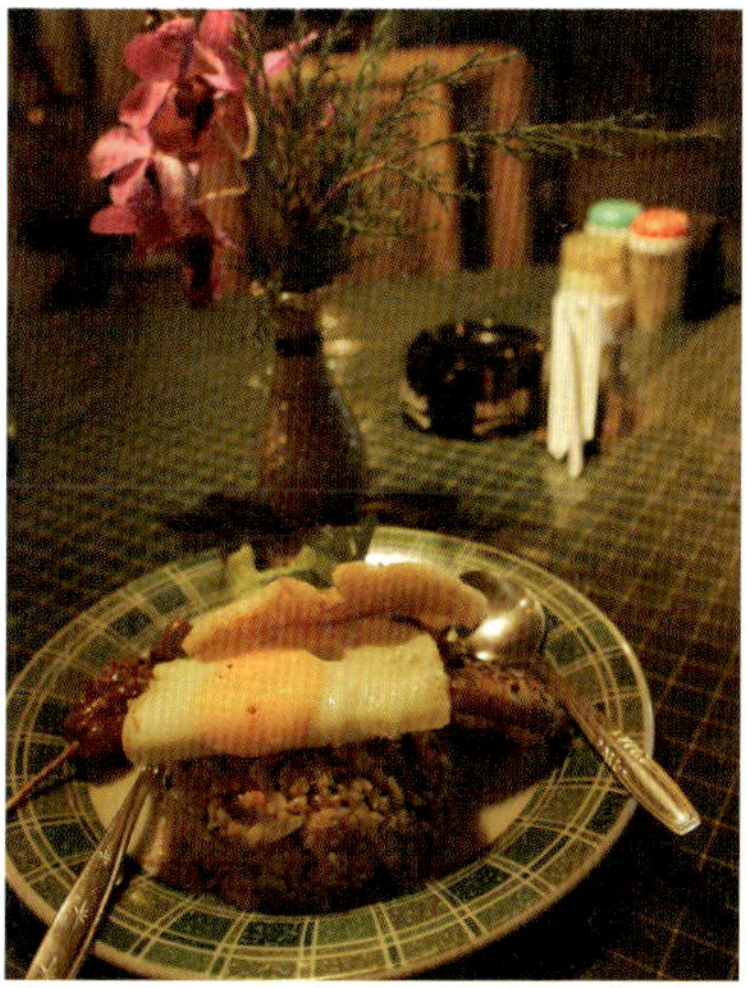

店内の照明を生かす

照明の明かりをそのまま生かし、ISO感度を高くして撮影。アンバーな雰囲気が強調されています。

※ E-PL2　Aモード　F3.2　1/20秒　ISO1600　＋0.3EV　WB：オート　ピクチャーモード：i-FINISH　レンズ焦点距離：17mm

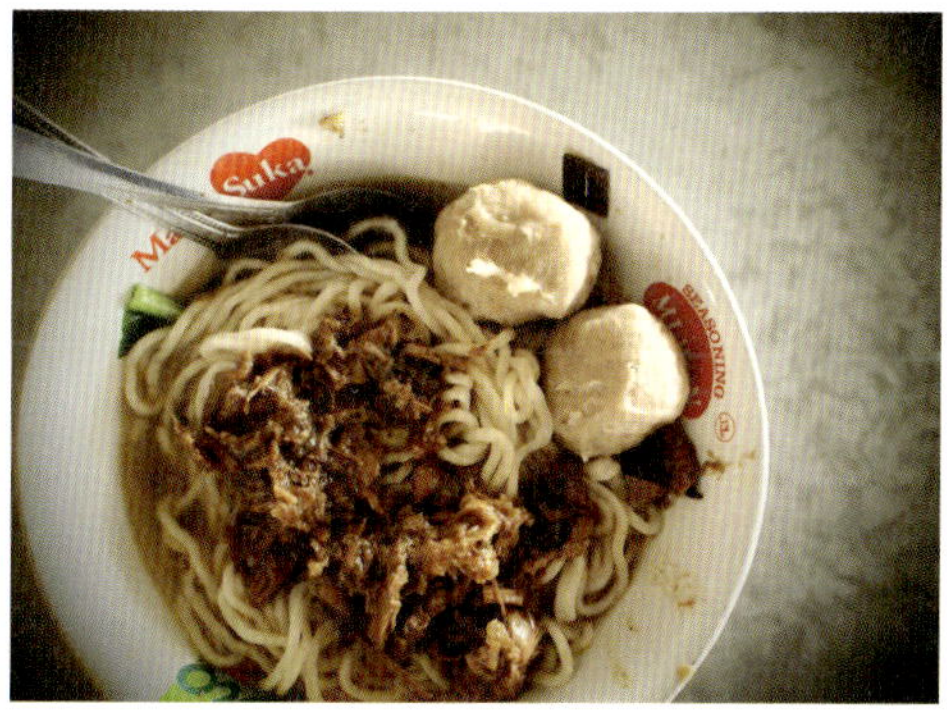

背景のテーブルの質感といっしょに写す

使い込まれたテーブルの質感もいっしょに写したくて俯瞰で撮影。トイフォトと組み合わせることで、より情感が増しています。

※ E-PL2　Aモード　F2.8　1/40秒　ISO1600　＋0.7EV　WB：晴天　ピクチャーモード：トイフォト　レンズ焦点距離：17mm

背景や照明の明かりを生かす

お店で出てきた料理は記録として残しておくだけでなく、その場の雰囲気を生かしながら、作品としても撮り下ろしてみましょう。

もし背景が素敵な場所であれば、後ろの風景を入れ込むと臨場感が出ます。この際にボケ味を大きくすると、より主役の被写体を浮き立たせて写せます。また照明の明かりを生かしながら撮ってみてもおもしろいです。暗い場合はISO感度を高めに設定し、手ブレを起こさないように注意しましょう。スローシンクロという方法もありますが、その場の雰囲気を生かすならば、フラッシュは使わなくてもいいです。ホワイトバランスは電球モードにすると、照明の黄色みを極端に抑えてしまうため、オートを基準にいくつか試してみましょう。

❖ Chapter

4-5-4

料理・スイーツ編

きちんと構図を考えながら料理を撮りたい

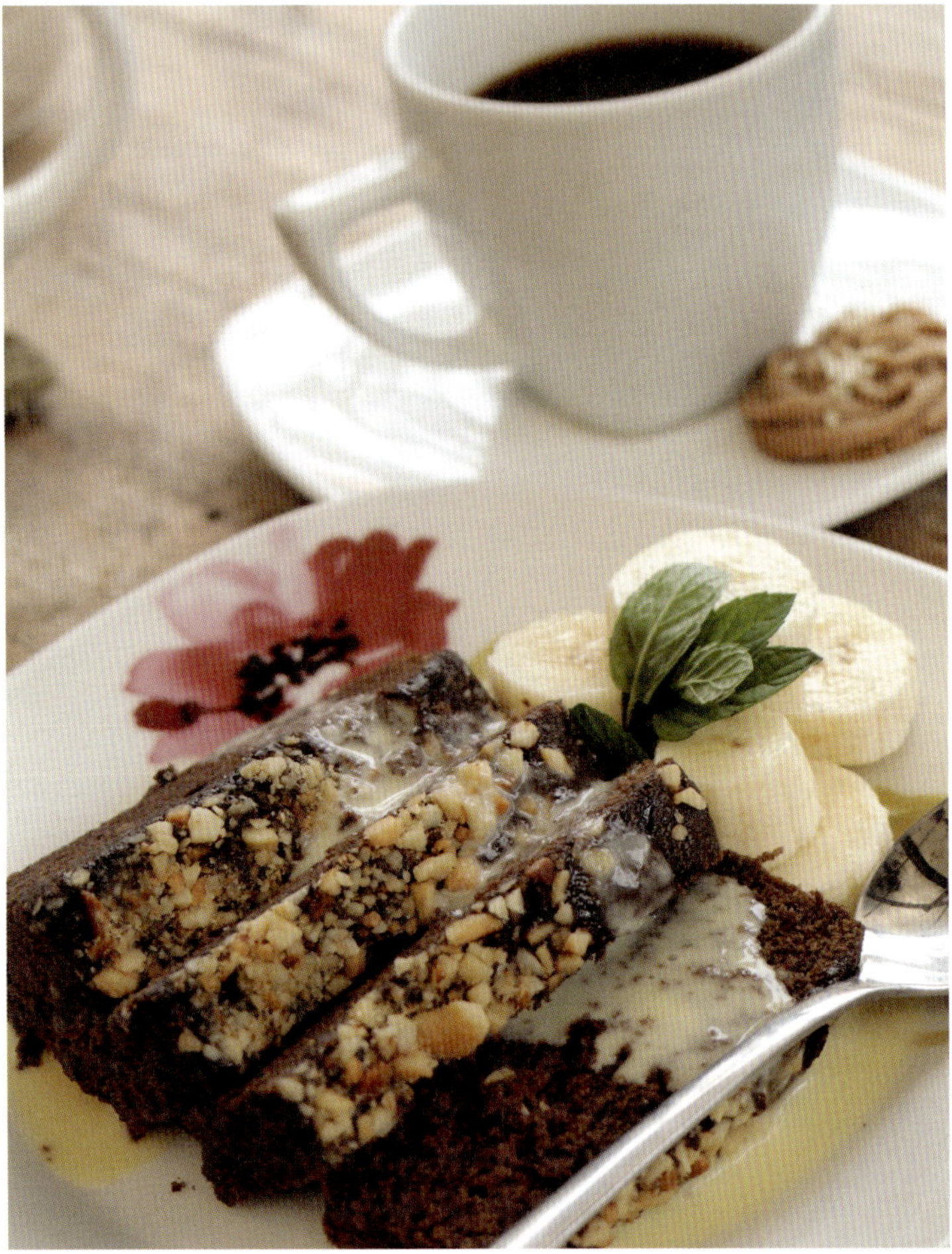

もっとも見栄えする位置に主題を置き、空いた空間にコーヒーカップを置きました。ケーキを真ん中にすると返って画面は単調になります。

※ E-PL2　A モード　F5.6　1/60 秒　ISO400　＋0.7EV　WB：晴天　ピクチャーモード：i-FINISH　レンズ焦点距離：17mm

POINT この写真のポイント

❶ 斜め 45 度くらいのアングルを意識する

❷ 主題（チョコブラウニー）と副題（コーヒーカップ）をはっきり表現

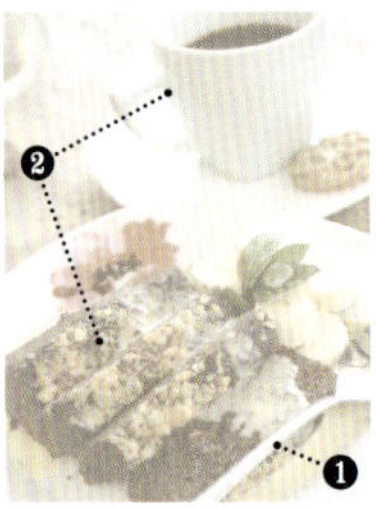

用語解説

テーブルフォト……大まかに料理や小物などをテーブルの上で撮影することを指します。

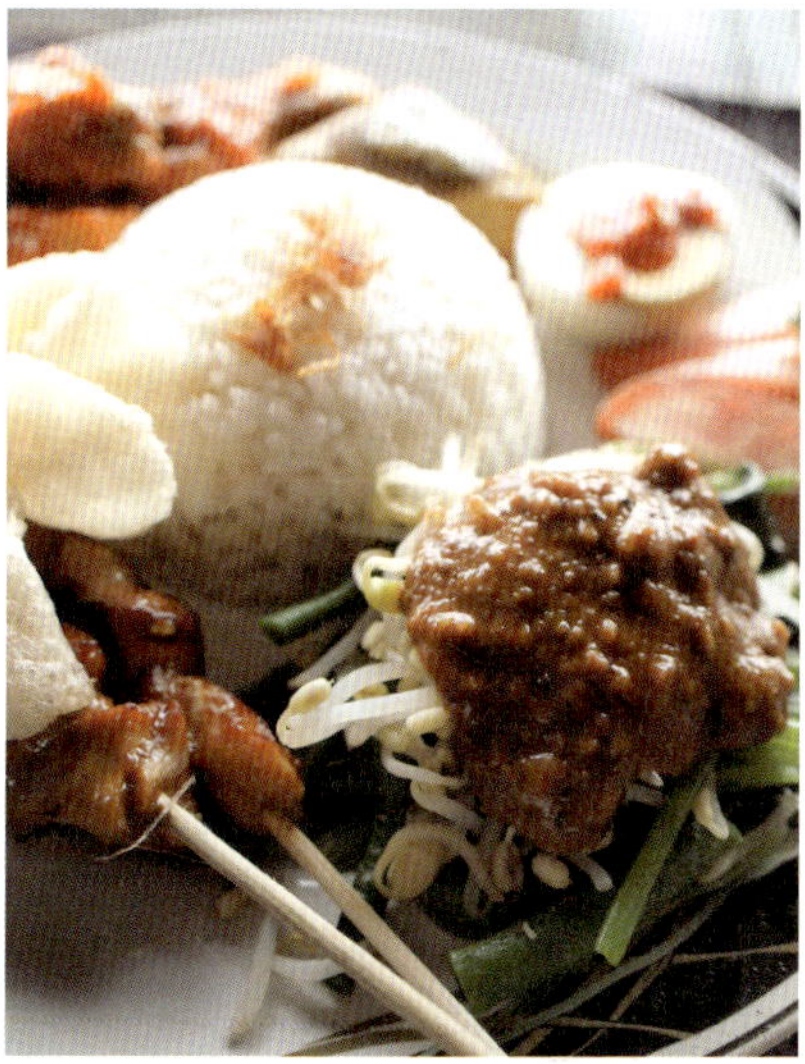

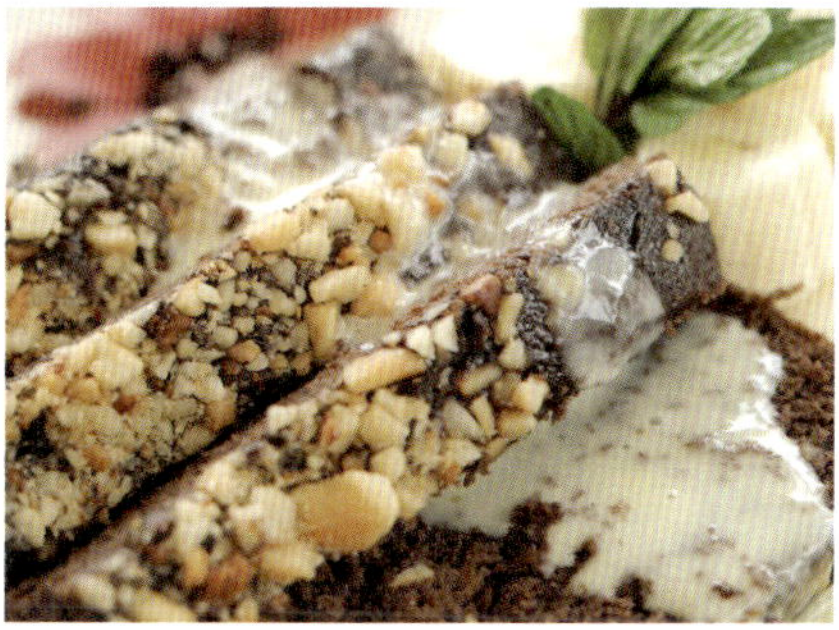

寄りで食べ物の細部を写す

思い切り被写体に寄って撮ってもおもしろいです。画面上部のピンクとグリーンがアクセントになるように意識しながら構図を組み立てます。

※E-PL2　Aモード　F5.6　1/30秒　ISO400　＋0.7EV
WB：晴天　ピクチャーモード：i-FINISH
レンズ焦点距離：42mm

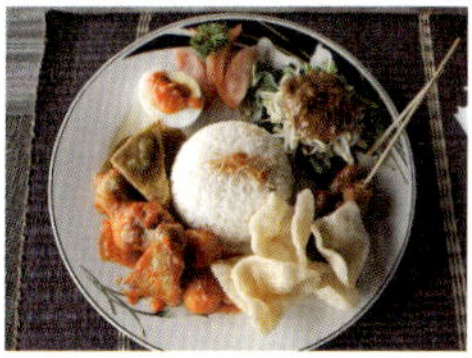

何をどのように切りとるか考えよう

こういった被写体は、すべてを写そうとするのではなく、限られた要素で切りとると画にしやすいです。斜め45度から、もっとも立体的に写るアングルで撮りました。

※縦写真：E-PL2　Aモード　F2.8　1/160秒　ISO250　＋0.7EV
WB：晴天　ピクチャーモード：i-FINISH　レンズ焦点距離：17mm
横写真：E-PL2　Aモード　F2.8　1/500秒　ISO250　＋0.3EV
WB：晴天　ピクチャーモード：i-FINISH　レンズ焦点距離：17mm

まずは要素を少なくしてみよう

料理は、なるべく写す要素を少なくしたほうが撮りやすい傾向にあります。いろいろなものを一度に写そうとするほど、構図の組み立ては難しくなってしまいます。まずは一番写したい主題を決め、それを中心に画面を組み立てます。具体的には、〝一番見栄えのする位置〟に主題を置き、空いた空間に副題を置くとスムーズに構図が決まります。

さらにカメラアングルも大事です。自分がフォークや箸を入れる目線を意識してみましょう。斜め45度くらいを考えてみるのでもいいです。このくらいのアングルが、もっとも被写体を収まりよく、かつ立体的に見せてくれます。あとは、自分の気になるアングルをいくつか試し撮りしながらもっとも理想的な構図を引き寄せていきましょう。

Chapter

4-6-1

夜景編

打ち上げ花火をきれいに撮りたい

1.3秒しかシャッターを開けていませんが、これだけの花火が一度に撮影できます。試し撮りで写真を確認しながら、構図や明るさを調整します。

※ E-PL1 Mモード F8
BULB（1.3秒） ISO200
WB：オート 仕上がり：VIVID
レンズ焦点距離：30mm 三脚使用

POINT この写真のポイント

❶ BULBを使って、花火が打ち上がる前からシャッターを開ける

❷ ミニ三脚でカメラをしっかり固定させる

❸ 花火は種類によって明るさが大きく異なるので注意

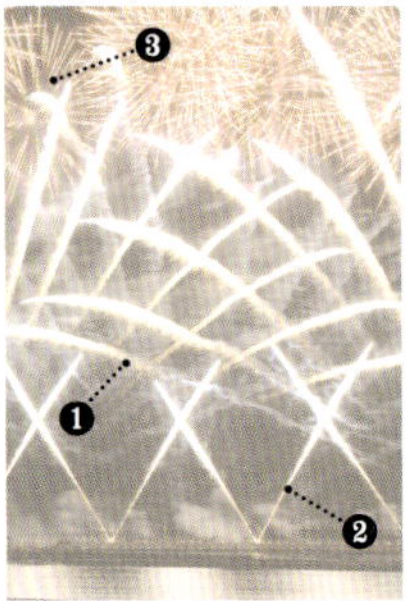

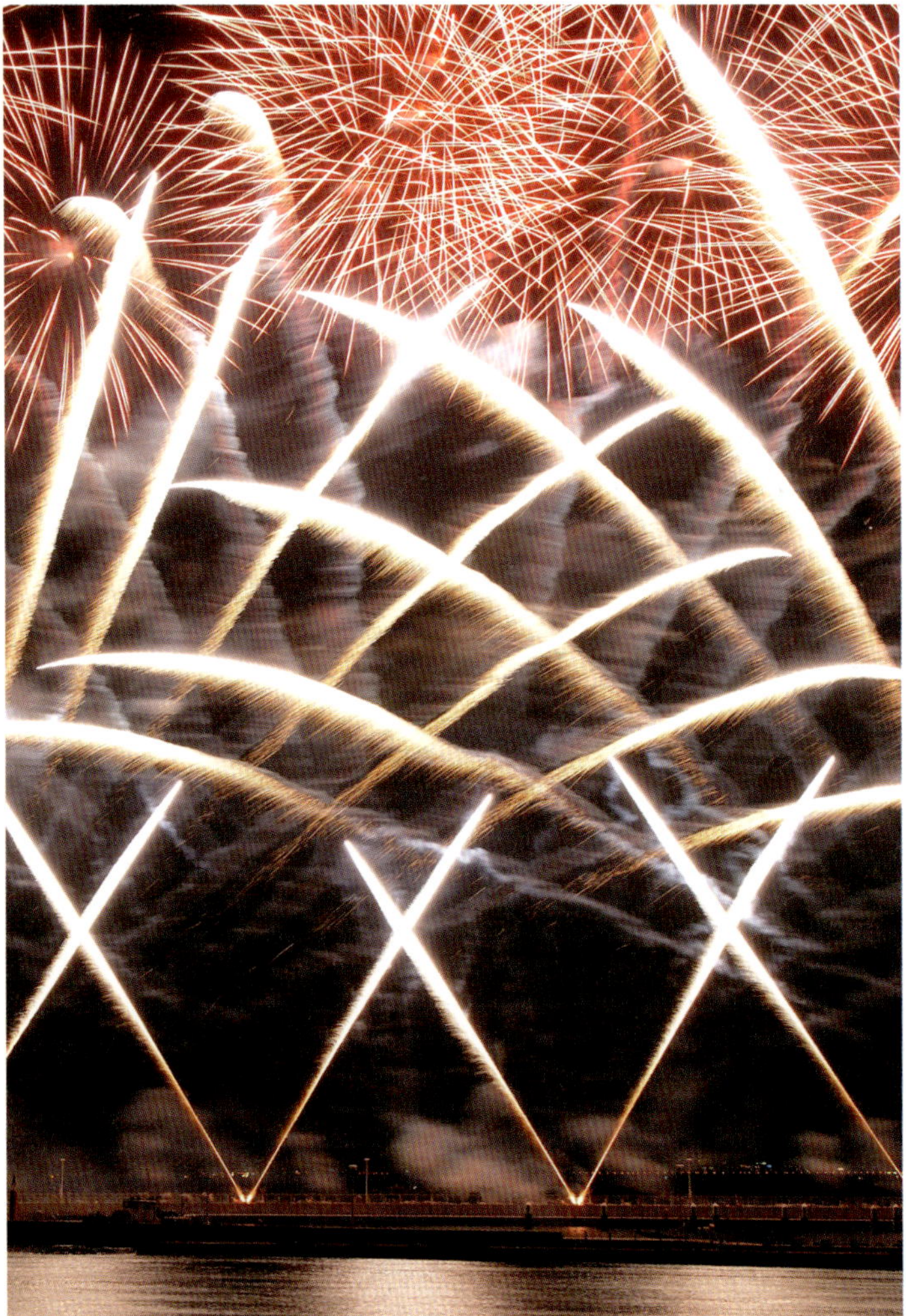

用語解説

トラベル用のミニ三脚 …… 重さが500g程度で高さが1mくらいまで高くなるものが便利です。

無限遠 …… 画面の中で一番遠くの部分のこと。

花火の打ち上がる位置を確認

事前に花火の打ち上がる位置を確認しながら構図を決めると、さまざまなバリエーションで撮影が楽しめます。

※ E-PL1　Mモード　F8　BULB（8.2秒）　ISO200
WB：オート　仕上がり：VIVID
レンズ焦点距離：14mm　三脚使用

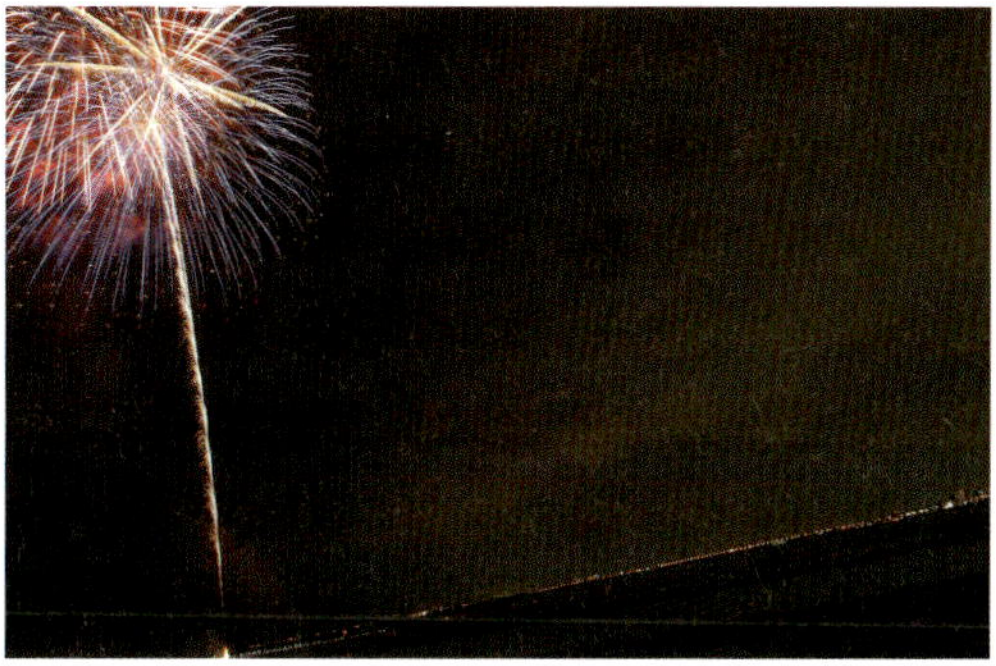

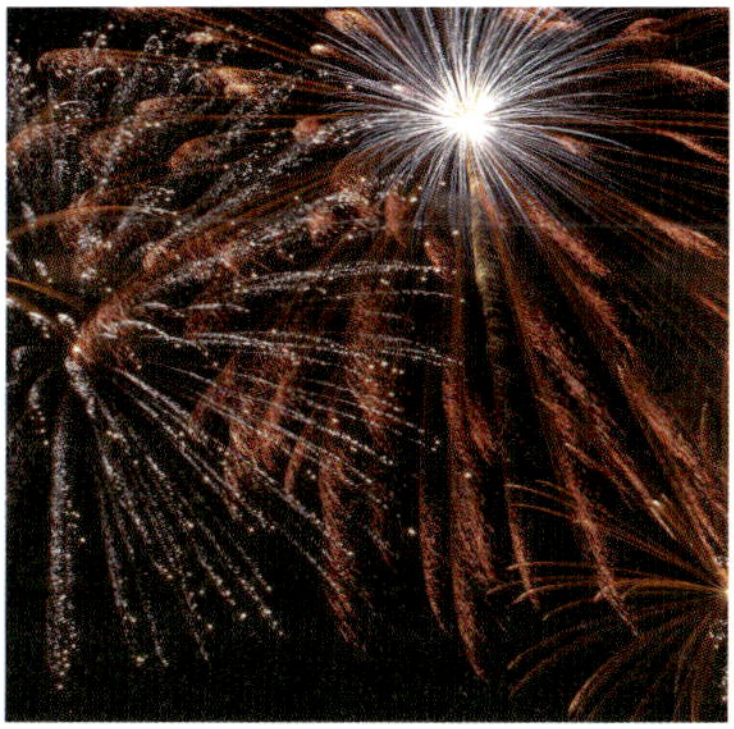

ピントは一番奥に合わせる

打ち上げ花火を撮る際は、MFでピントを無限遠に合わせます。無理に花火に合わせようとしなくて平気です。この写真のように、アスペクト比を変えてもおもしろいです。

※ E-P2　Mモード　F7.1　BULB（8.7秒）
ISO100　WB：オート　仕上がり：NATURAL
レンズ焦点距離：24mm　三脚使用

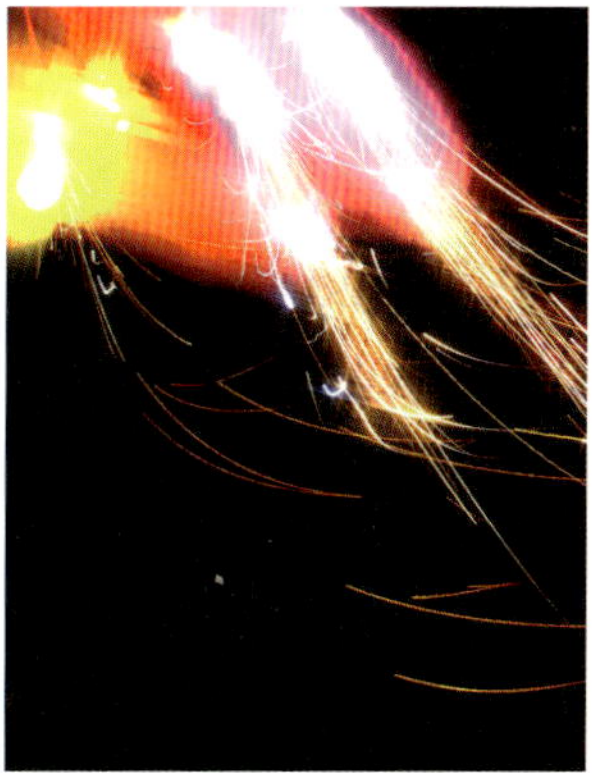

手持ち花火は低速シャッターで

手持ち花火はバルブでなく、1/30秒〜1/6秒くらいのシャッター速度で撮影します。三脚もいりません。アートフィルターで幻想的な印象に仕上げました。

※ E-P3　Mモード　F14　1/6秒
ISO200　WB：オート
ピクチャーモード：ポップアート＋スターライト
レンズ焦点距離：31mm

バルブ機能をマスターしよう

打ち上げ花火の撮影では、バルブ（BULB）を使うのが基本です。バルブとは、シャッターボタンを押している間、ずっとシャッターが開き続ける機能のこと。指をシャッターボタンから離した時点で撮影が完了します。花火が打ち上がる直前にシャッターボタンを押し、花火が消えた頃合いに指を離すといいでしょう。バルブの設定は、マニュアルモード（M）で行います。シャッタースピードを遅くしていくと、最終的にバルブになります。

花火は種類によって、明るさが異なるため、その度、絞りを変えながら調整します。一応目安の絞り値はF8〜11程度。ISO感度は200前後で問題ありません。三脚は必要ですが、PENは軽いため、ミニ三脚で十分対応できます。

Chapter 4-6-2

夜景編

夜景をきれいに撮りたい

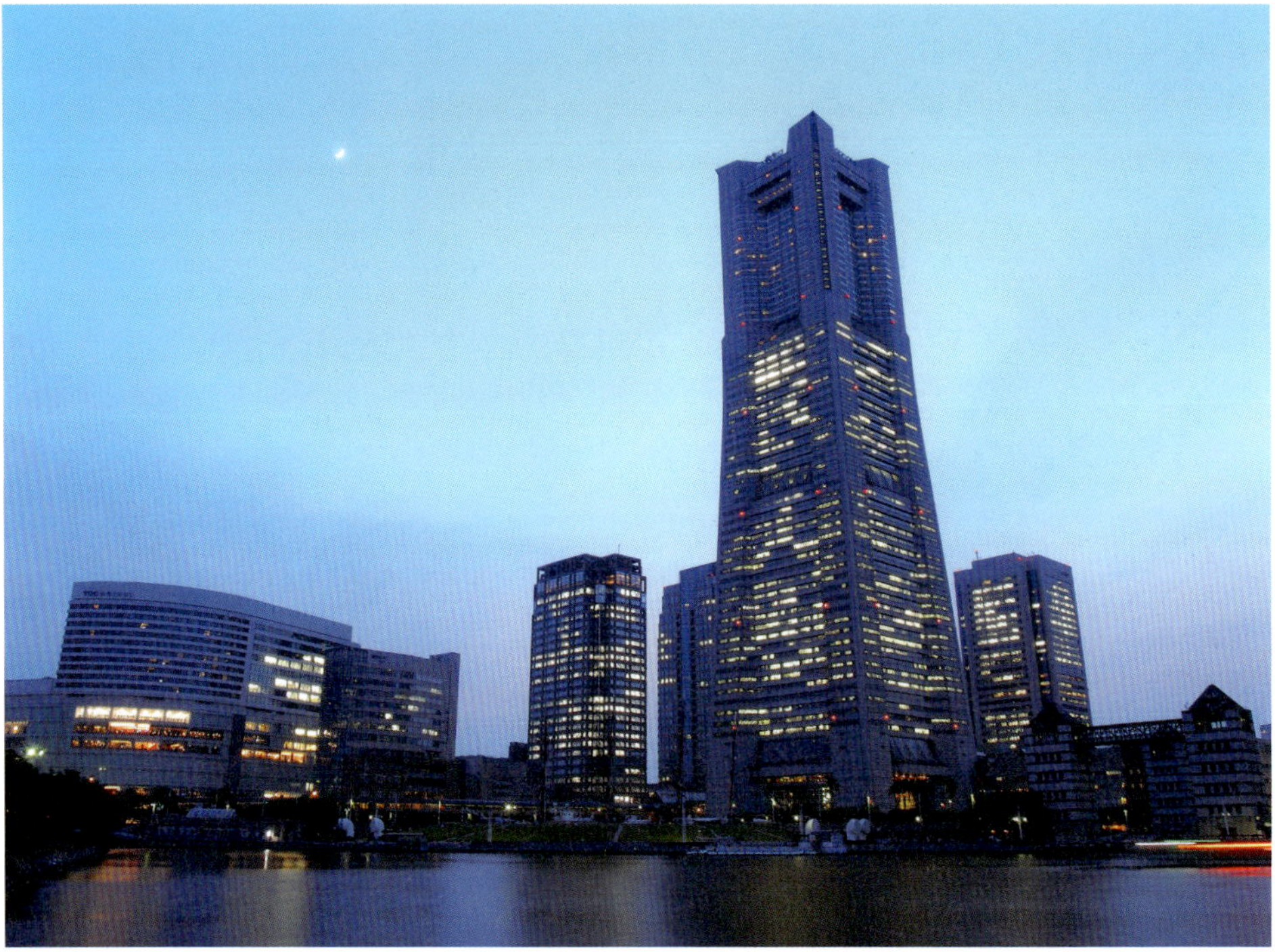

6月の 19 時過ぎに撮影。日の沈んだ直後だと空の色もきれい。広角気味に3分割構図を意識し、開放感のある仕上がりに。

※ E-PL2　A モード　F16　1/8 秒　ISO200　＋0.7EV　WB：晴天　ピクチャーモード：i-FINISH　レンズ焦点距離：14mm　三脚使用

POINT この写真のポイント

❶ 太陽が沈む前後から撮り始める

❷ 三脚でしっかりカメラを固定する

❸ 構図を意識しながら撮る

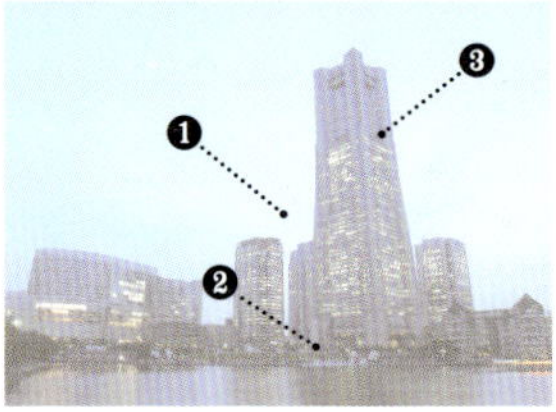

用語解説

ミニ三脚で十分で … ミニ三脚は当然軽いため、シャッターを押す動作でカメラが動いてしまうことも。そんな時は、セルフタイマーを使います。2秒後に写真が撮影される2秒タイマーが便利。ライブコントロール内から選択できます。2秒のタイムラグがもどかしければ、リモートケーブル（P87参照）の購入を検討しましょう。

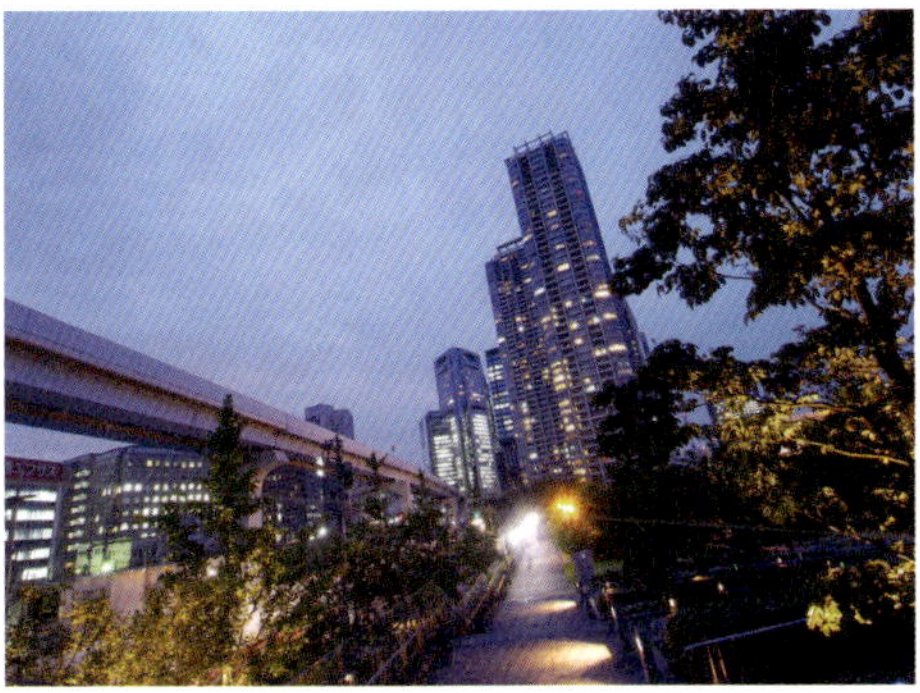

ラインを意識して撮る

対角線のラインを強調して写しています。このように夜景は構図法で組み立てやすい被写体でもあります。

※ E-P3　Aモード　F16　8秒　ISO400　＋0.7EV
WB：オート　ピクチャーモード：i-FINISH
レンズ焦点距離：9mm　三脚使用

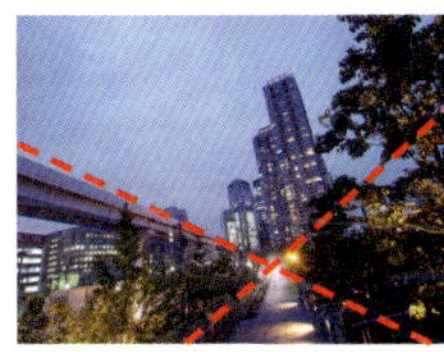

もし完全に日が暮れたならば、空の割合を少なくしてみよう

真っ暗な空をたくさん入れてしまうと単調さが増します。そういった場合には、街灯りに焦点を当てると色味の要素が増え安定します。

※ E-P3　Mモード　F5.6　3.2秒　ISO400
WB：オート　ピクチャーモード：ファンタジックフォーカス＋スターライト効果
レンズ焦点距離：9mm　三脚使用

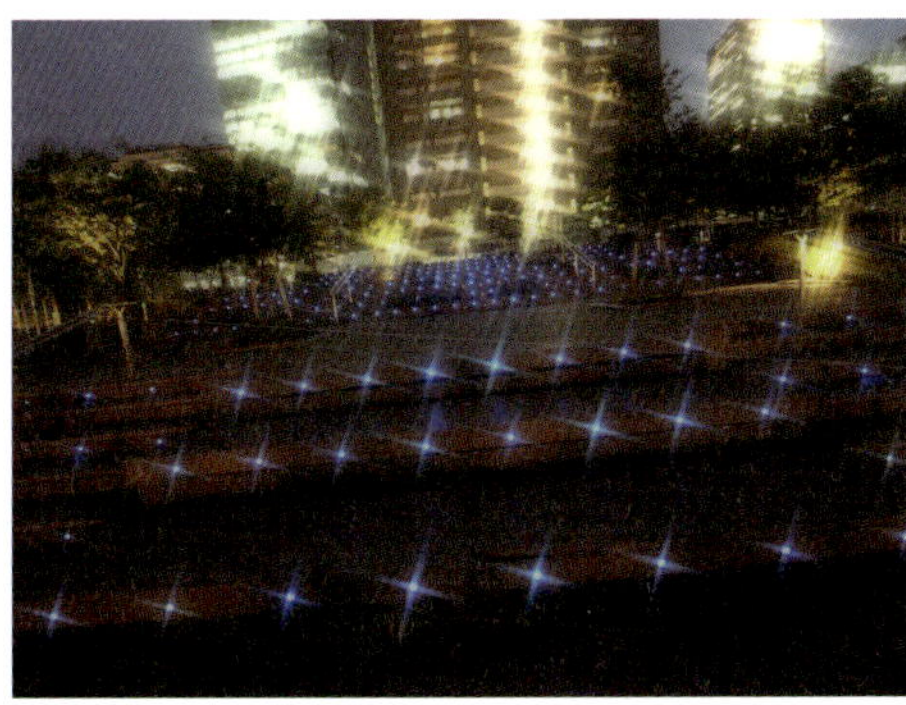

日暮れ後すぐの夜景を狙う

夜景をきれいに撮るならば、日の沈んだ直後がおすすめです。うっすらと赤みが残る空といっしょに情感豊かに写せます。撮影方法は、露出補正が扱えるＡなどの撮影モードを使って少し明るめに撮ってあげると、全体的に透明感のある仕上がりになります。奥行きのある景色では、絞り込んで背景までピントを合わせたほうが締った画になります。

また、遠景で夜景を撮る場合、広角気味に広く風景を入れ込むと迫力ある夜景が撮れます。さらに3分割構図などの構図法を意識できれば、すっきりとした見せ方もできます。この際も遅いシャッター速度に対応できるよう三脚を使用します。なお、ここもミニ三脚で十分です。ISO感度は低感度に設定し、なるべく画質を落とさず撮りましょう。

❖ Chapter

4-6-3

夜景編

光が流れるように夜景を写してみたい

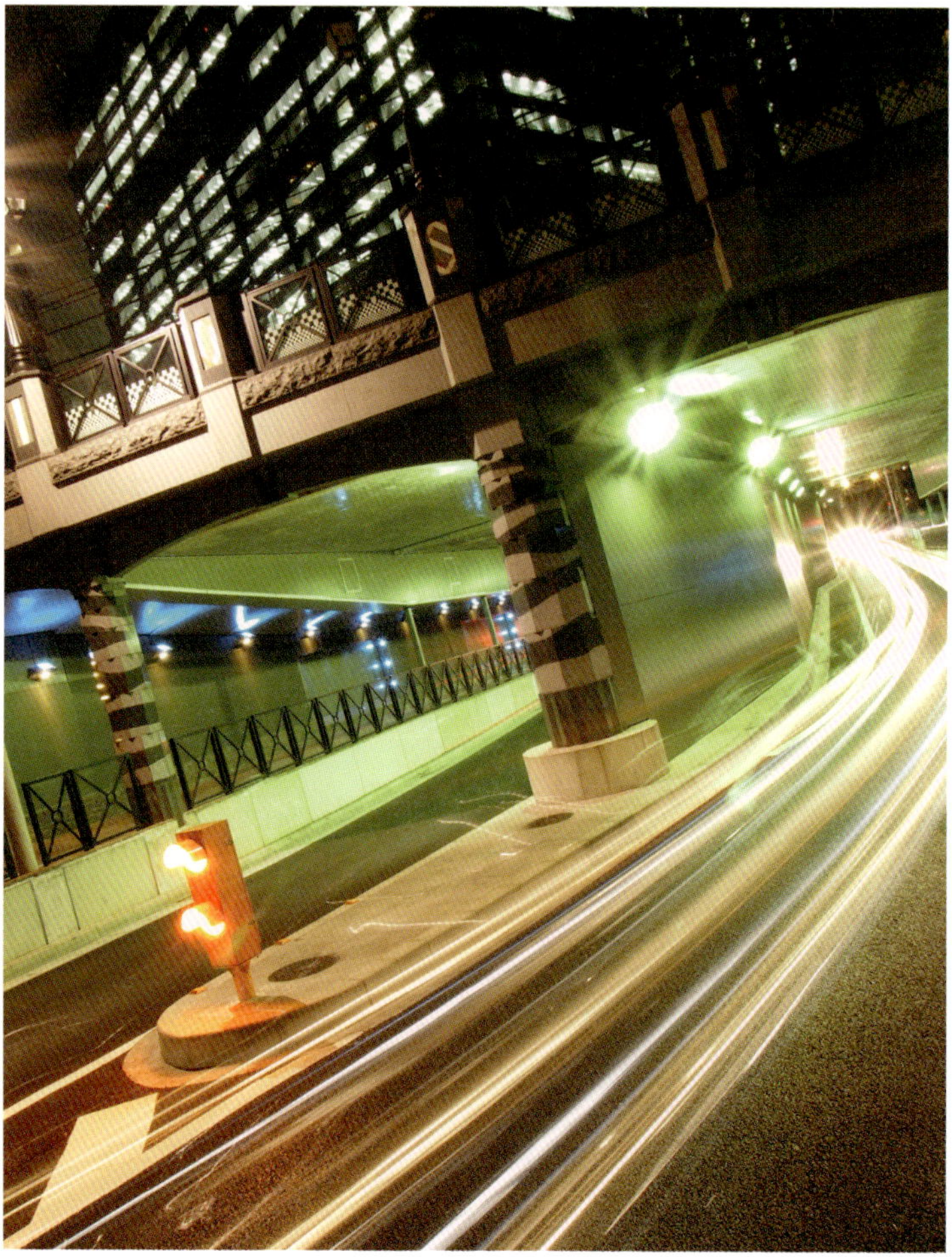

流れる光をたくさん入れるためには、ある程度長い時間シャッターを開く必要があります。車の流れなどを見ながらシャッター速度は決めましょう。

※ E-P3　Sモード　F22　30秒　ISO200　WB：オート　ピクチャーモード：i-FINISH
レンズ焦点距離：14mm　三脚使用

POINT この写真のポイント

❶ 長時間露光で動く車を写す

❷ 画面を傾け、スピード感を強調する

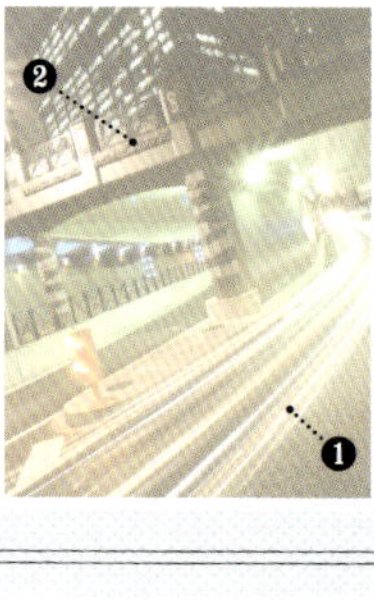

用語解説

アートフィルターと組み合わせる……ここで使ったアートフィルターはピクチャーモード内から設定したもので、撮影モードをアートフィルターに設定し撮影しているわけではありません。例えば、光の軌道を写した写真に関しては、撮影モード自体はマニュアルモードで撮影しています。

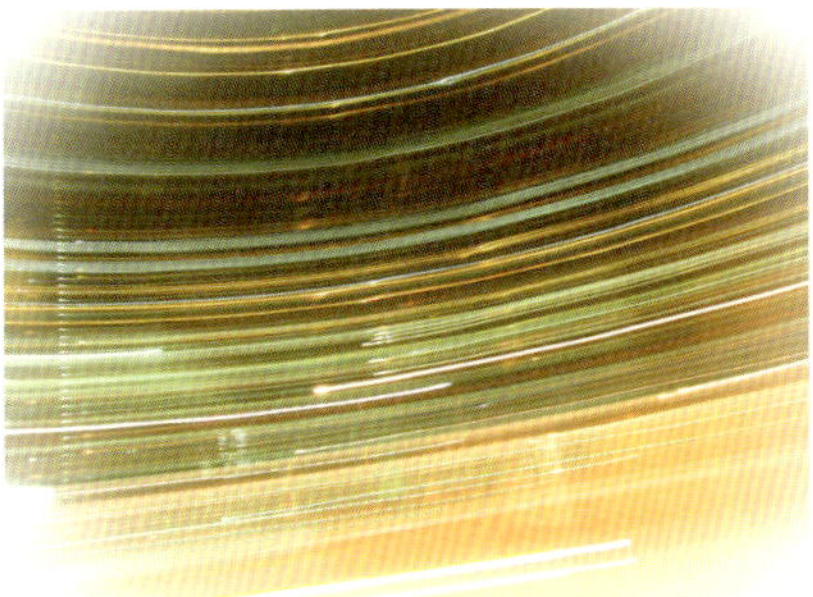

カメラを横に振り光の軌道だけを撮る

低速で一定の方向にカメラを振ると、光の軌道のみを写すことができます。アートフィルターと組み合わせると楽しい絵柄が撮れます。

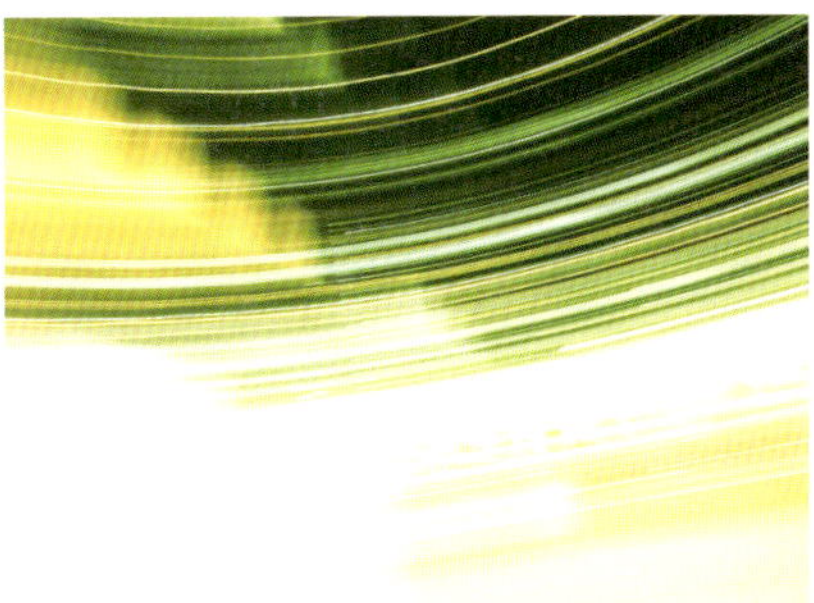

※（上）E-P3　Mモード　F7.1　4秒　ISO640　WB：オート
ピクチャーモード：ポップアート＋ホワイトエッジ
レンズ焦点距離：14mm
※（下）E-P3　Mモード　F7.1　4秒　ISO640　WB：オート
ピクチャーモード：クロスプロセス　レンズ焦点距離：14mm

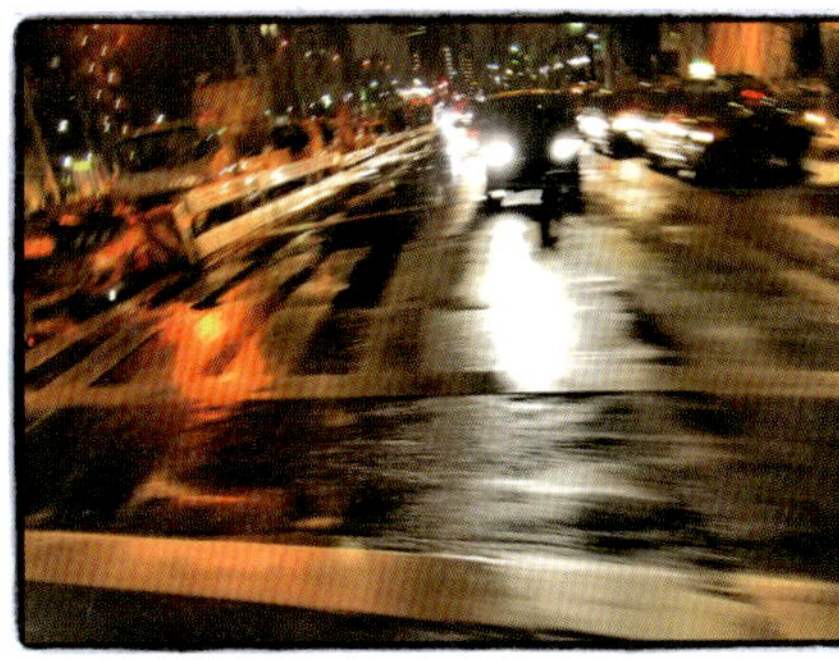

低速でのブレを生かして街を写す

雨に濡れた街の様子を手持ちで撮影。シャッター速度が遅く情景がぶれていますが、光が適度に"揺れ"、臨場感が出ています。

※E-PL2　Sモード　F3.6　1/6秒　ISO400　WB：オート
ピクチャーモード：ドラマチックトーン＋アートフレーム効果
レンズ焦点距離：15mm

長時間露光の特徴を知ろう

流れる光は、三脚を使って長時間露光で撮影を行います。撮影モードはSにし、20秒から30秒くらいにシャッター速度を設定します。長く設定するほど、光の動きを長くとらえることができます。

この際、絞りをなるべく絞り込むようにすると、光のクロスといっしょに流れる光線が写せてきれいです。

長時間露光を行う際の注意点は、記録メディアへの画像の保存に時間がかかることです。つまり、シャッターを開ける時間が長いほど、次の撮影を行えるようになるまで時間がかかるということです。また、画像の劣化（ノイズ）も起りやすくなります。これはメニュー内の「長秒時ノイズ低減」をONもしくはオートにすれば低減できます。通常初期設定では、オートになっています。

Chapter 4-6-4

夜景編

イルミネーションの光をうまく使って撮りたい

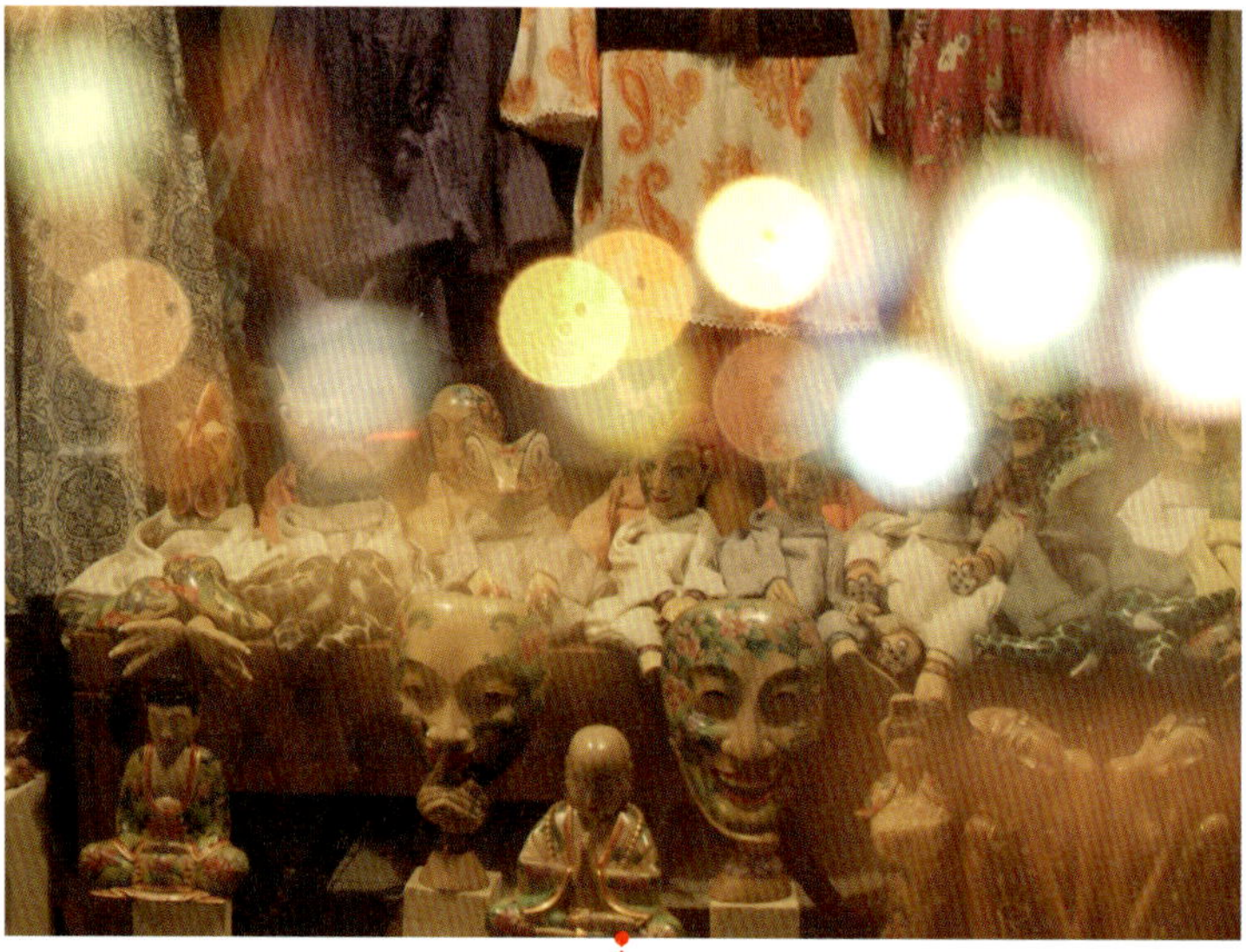

ぼかした街灯りの写真とお店のウィンドーを写した写真を2枚合成。ガラスに光が反射しているような写真に仕上がりました。

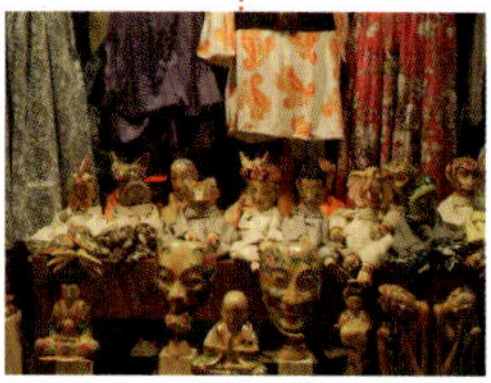

※ E-PL2　A モード
F5　1/13 秒
ISO1600　WB：オート
ピクチャーモード：i-FINISH

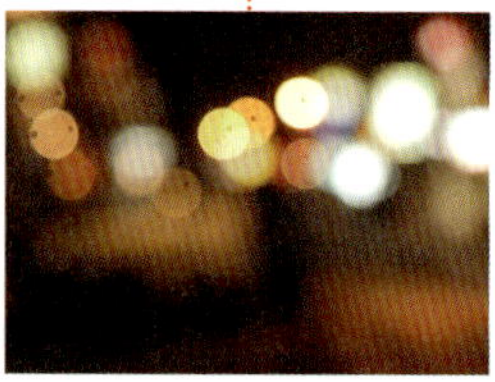

※ E-PL2　A モード
F5.6　1/13 秒
ISO1600　WB：オート
ピクチャーモード：i-FINISH
レンズ焦点距離：42mm

POINT この写真のポイント

❶ 画像合成の機能を使って、2枚の写真を重ね合わせる

❷ 光の玉はMFで大きくボカして作る

❸ RAWだと合成が気軽にできる

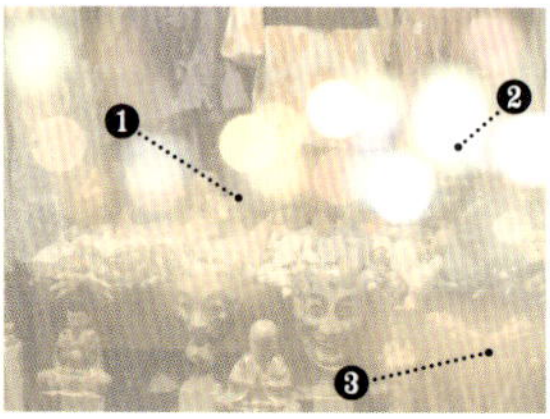

用語解説

RAWで撮ったほうが画像合成はしやすい

JPGの場合は、多重露出に設定してから撮影を行う格好となります。画像合成は2枚までです。RAWのように、後で自由に好きな写真を合成できるわけではありません。ちなみに多重露出は、メニュー項目内の撮影メニューから設定します。

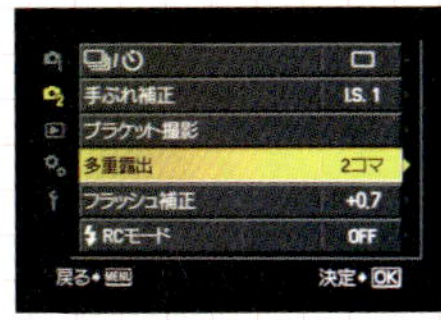

キャンドルと光玉を組み合わせる

2枚の写真を重ね合わせただけで、不思議な夢世界が作れます。イルミネーションはいくつかパターンを用意しておくと便利です。

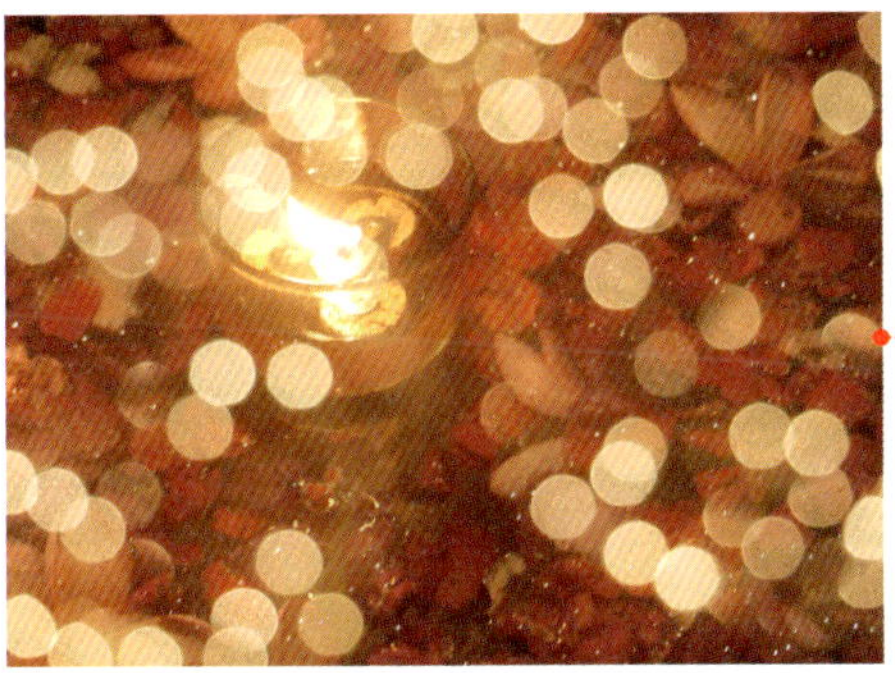

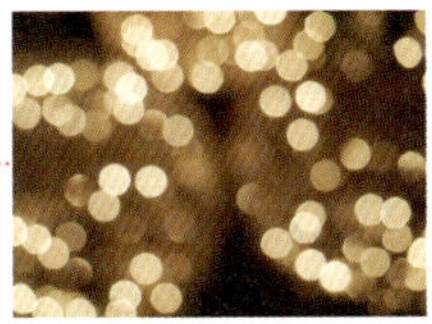

※ E-PL2　Aモード　F5.3
1/80秒　ISO1600
WB：オート
ピクチャーモード：i-FINISH
レンズ焦点距離：37mm

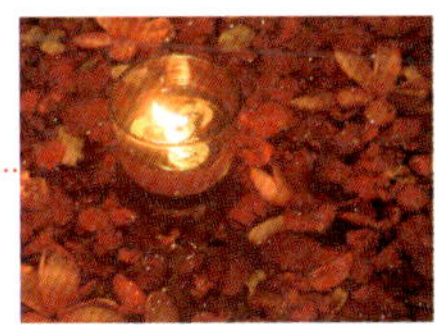

※ E-PL2　Aモード　F5.6
1/6秒　ISO800
WB：オート
ピクチャーモード：i-FINISH
レンズ焦点距離：42mm

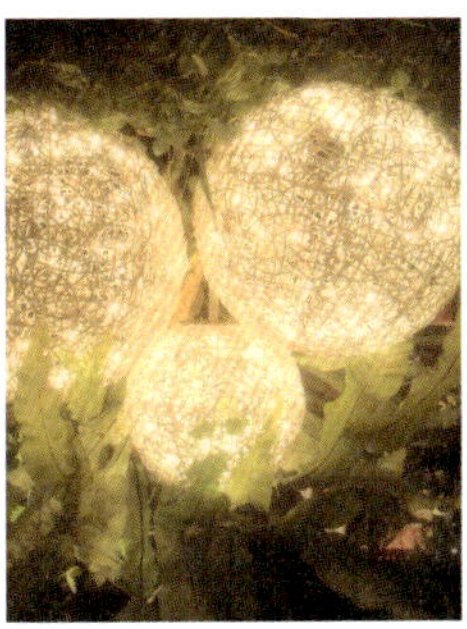

ファンタジックフォーカスとプラス補正も夜景にぴったり

画像合成以外でも、素敵なイルミネーションを見つけたら、プラス補正でふんわりとした仕上がりに。ファンタジックフォーカスとの相性もいいです。明るい照明であれば、三脚なしで撮れます。

※ E-PL2　Aモード　F5　1/15秒
ISO1600　WB：オート
ピクチャーモード：ファンタジックフォーカス
レンズ焦点距離：23mm

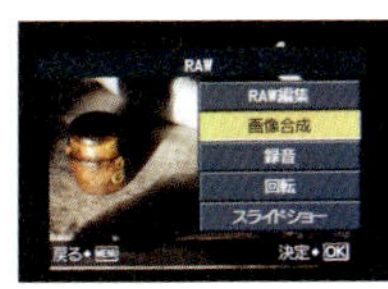

RAWで撮影していれば、画像再生中OKボタンを押せば、画像合成をすぐに呼び出せます。

画像合成でメルヘンな夜景世界

イルミネーションの入った風景が実際にその場になければ、多重露出の効果を利用して〝作る〟ことができます。多重露出とは、画像を重ね合わせて1枚の写真を作る機能です。つまり、イルミネーションだけを撮影した写真と、普通の夜景の写真を重ね合わせ、あたかもイルミネーション越しに撮影した夜景のように仕上げるのです。この場合、RAW（P34参照）で撮ったほうが画像合成はしやすいです。撮影後、画像再生中にOKボタンを押し「画像合成」を選ぶだけで、過去に撮影したRAW画像の中から最大3枚までを簡単に合成できます。イルミネーションは街灯りなどを、MFでわざとピントを外し大きな光玉にして写します。偶然性から楽しい写真が作れます。

» Column 06

PENを楽しむためのおしゃれグッズを探そう

PENのスタイリッシュなボディには、おしゃれなカメラグッズが似合います。撮るだけでなく、自分だけのコーディネイトにも、ぜひこだわってみましょう。かわいいカメラグッズを扱うオンラインストアをいくつかご紹介します。

Camera People STORE　http://camepstore.com/

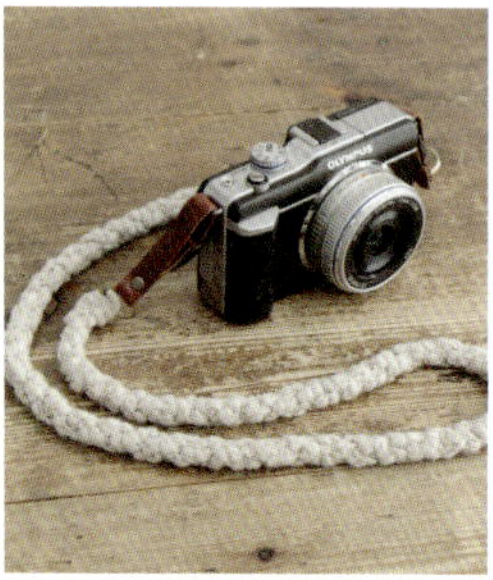
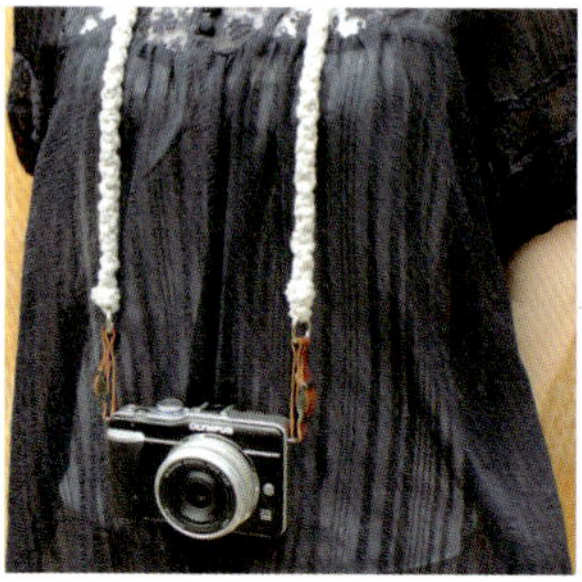

リネン編みこみカメラストラップ　販売価格：4,830円（税込）

カメラや写真に関わる商品を厳選して取り扱うオンラインストアです。実店舗は東京の学芸大学にあるmonogram（http://monogram.co.jp）。ストラップやケース、カメラホルダーに至るまで品揃えは大変豊富。ホームページでは、写真も多く掲載されていてとても選びやすいです。

Acru ONLINE SHOP　http://acru-shop.net/

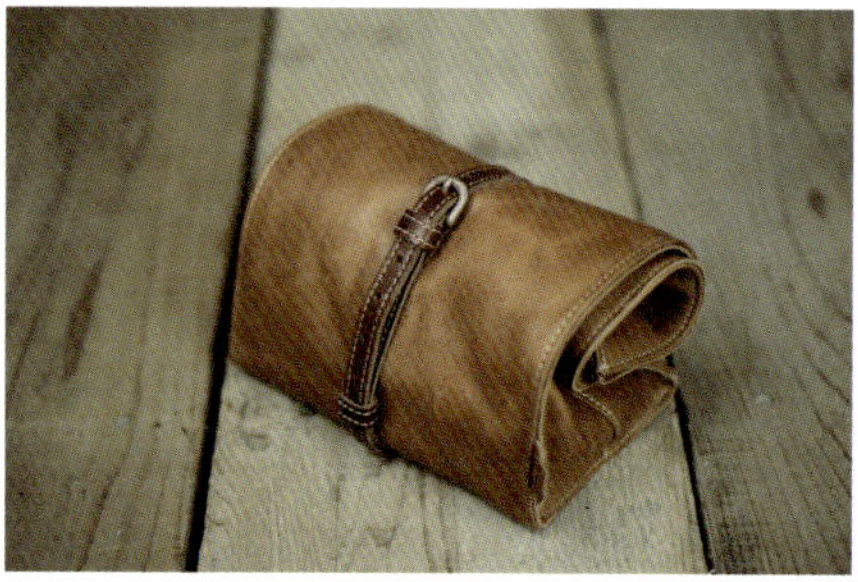

ホールレザーロールカメラケース　販売価格：8,400円（税込）

ファッションとカメラの相互の観点から選ばれたという、オリジナルの商品やセレクト品が数多く揃っています。特にレザーや麻を素材にしたアイテムは、どれも味わい深くて目移りしてしまうほどです。大阪の南船場に実店舗もあります。

ARTISAN & ARTIST ONLINE SHOPPING　http://www.aaa-shop.jp/fs/aaa01/c/g5

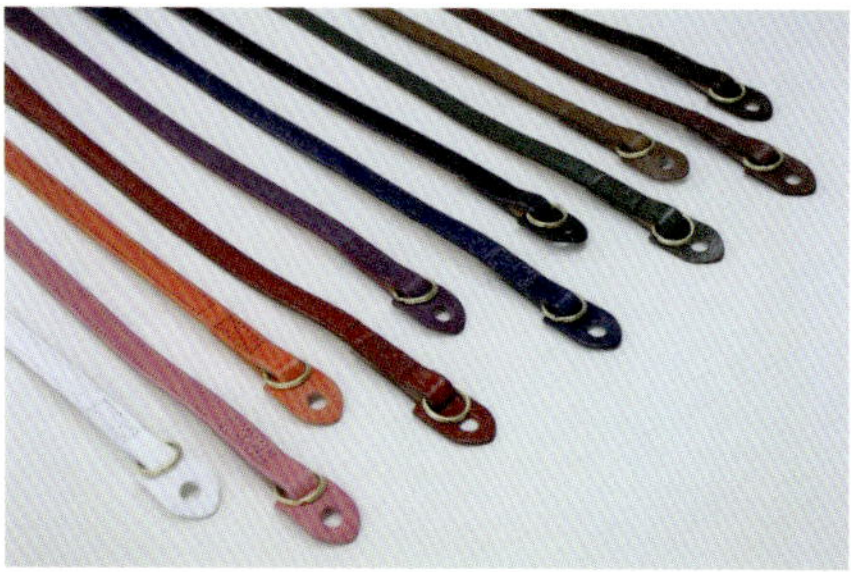

イタリアンレザーストラップ　販売価格：12,600円（税込）

機能的で実用性の高いカメラアイテムを数多く発表しているARTISAN & ARTISTのオンラインストアです。カメラバッグは有名ですが、ストラップの種類も豊富。時に海外での限定品を扱っていたりもするので、こまめにチェックしてみましょう。

児島商店　http://www.kojima-shouten.com

手芸作家の手でひとつひとつ丁寧に作られるかわいい麻紐のストラップが人気。カメラケースなどと合わせて、こだわりの商品が並び、写真ライフを大いに盛り上げてくれそうです。各種カメラに合わせた専用アイテムも豊富に取り揃っています。

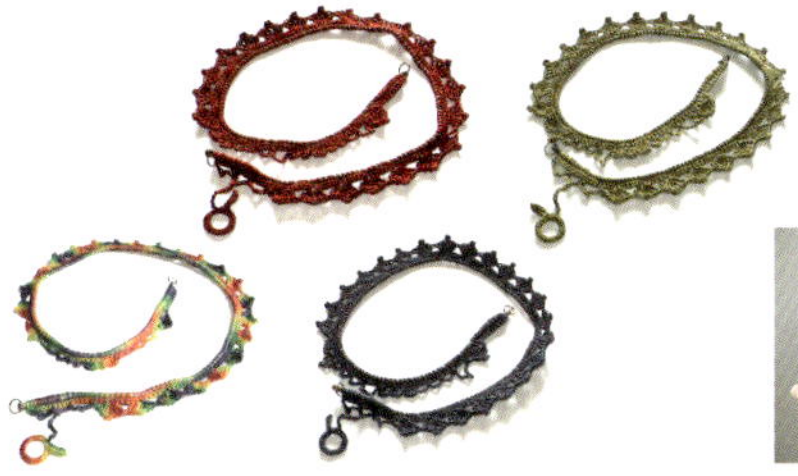

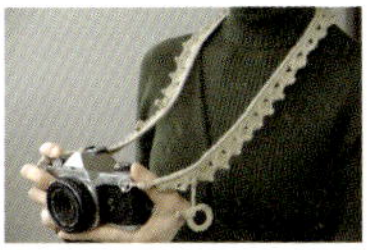

ヘンプカメラストラップ　TRIP STRAP　販売価格：5,145円（税込）

ROCCE　http://camera.rocce.jp/

どんどん普段使いしたくなるようなカジュアルなカメラアイテムが目白押し。カメラのお手入れや写真を装飾するためのグッズ、三脚やトイカメラまで、幅広くさまざまな商品をピックアップできます。女性を意識した商品がほとんどです。

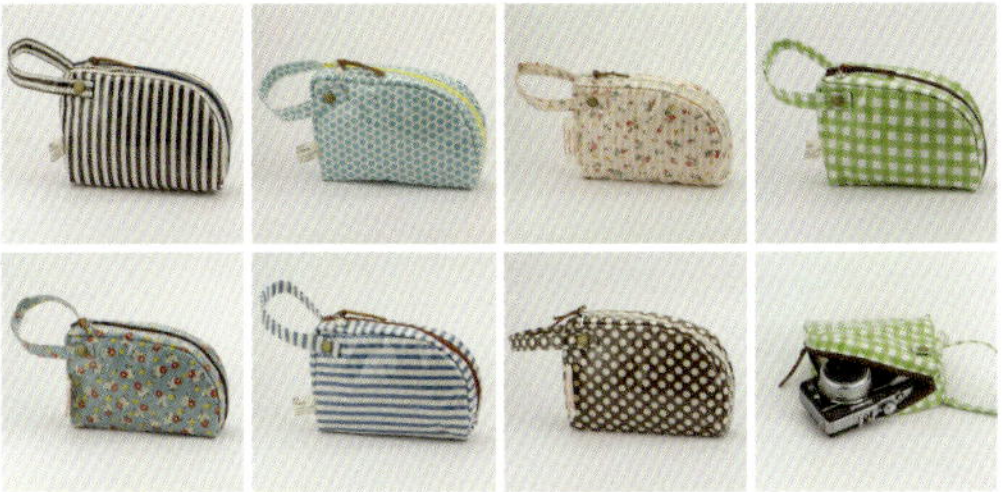

センスオブテンダーカメラポシェット　販売価格：1,260円（税込）

カメラのキタムラ　Foto Photo　http://shop.kitamura.jp/files/fotophoto/menu/

女性向けのカメラアイテムを集中的に扱ったカメラのキタムラが運営するオンラインストア。「カメラ女子スタイル」と題して、シーンごとのカメラコーディネイトを紹介するなど、実践的な情報も数多くゲットできます。

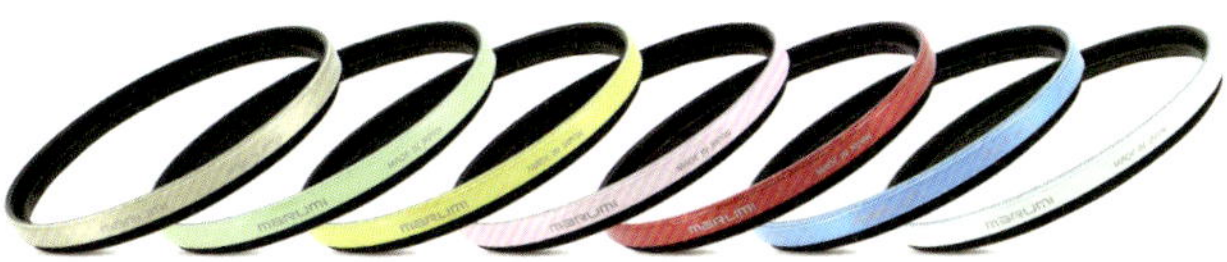

マルミ　My Color Filter　販売価格：3,580円（税込）

Handmade Zakka Search　http://handmade-zakka.com/

手作り雑貨やアクセサリーを扱うショップが集まるオンラインストア。トップ画面の検索欄で「カメラ」と入れるか、各ジャンル別を選ぶことで、関連するアイテムを表示できます。取扱店の詳しい情報もその場で合わせて見られるのもうれしいです。

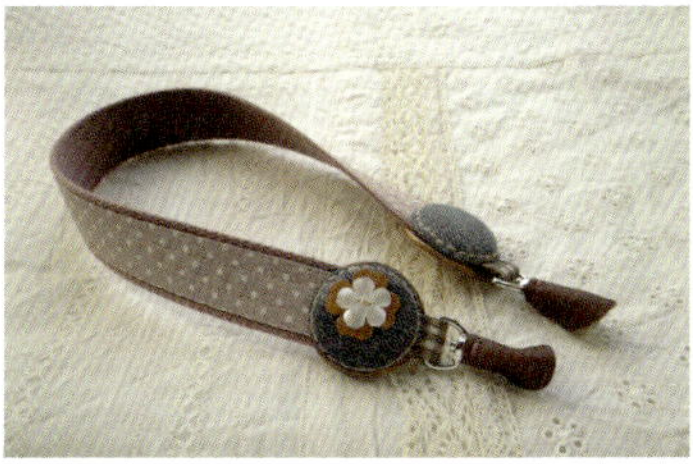

水玉模様とシェルボタンのカメラストラップ　販売価格：3,600円（税込）

Chapter

花・植物編

4-7-1 桜をきれいに撮りたい

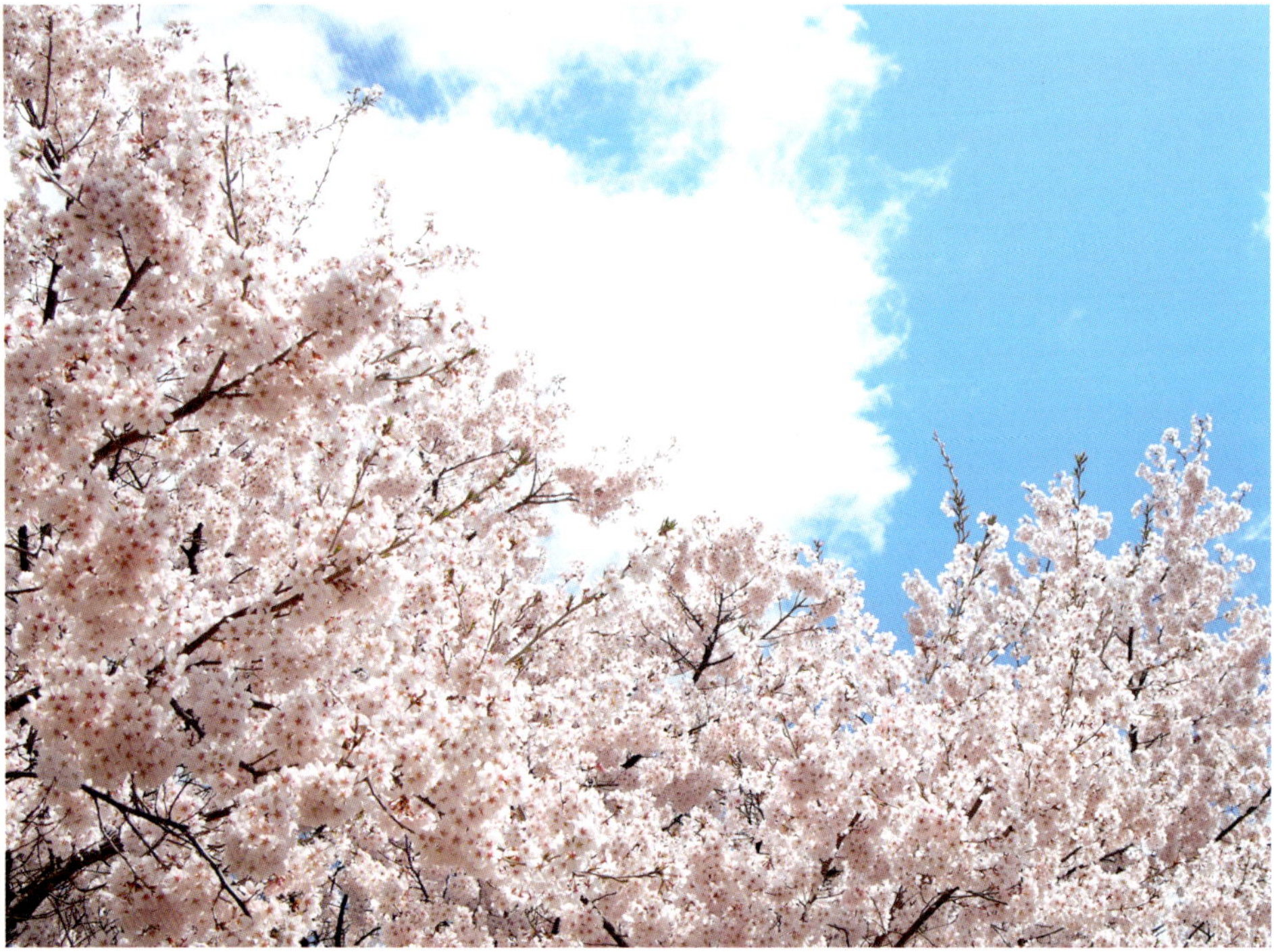

桜を撮るには、プラス補正とホワイトバランス、そして光の角度が重要です。この写真では、開放的な青い空もポイントになっています。

※ E-P2　A モード　F.56　1/800 秒　ISO200　＋1.7EV　WB：晴天　仕上がり：i-FINISH　レンズ焦点距離：24mm

POINT この写真のポイント

❶ 花びらが白トビしない程度にプラス補正する

❷ 桜は順光でなく斜光や逆光気味だと色味がきれいに出る

❸ 天候によってホワイトバランスを調整する

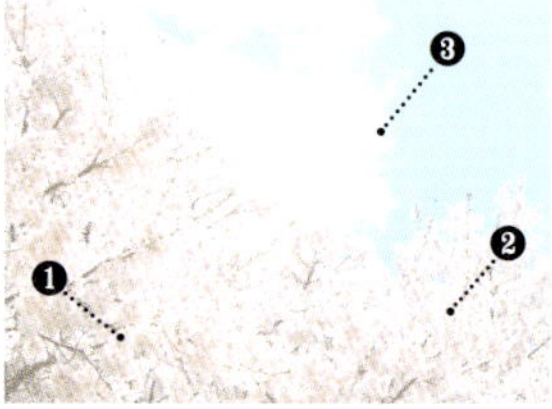

用語解説

空が明るすぎるためのプラス補正……逆光などの空を背景に被写体を撮る場合、明暗差が激しすぎて、被写体は暗く写りがちです。この場合には、プラス補正を行い、被写体が暗くならないように調整します。

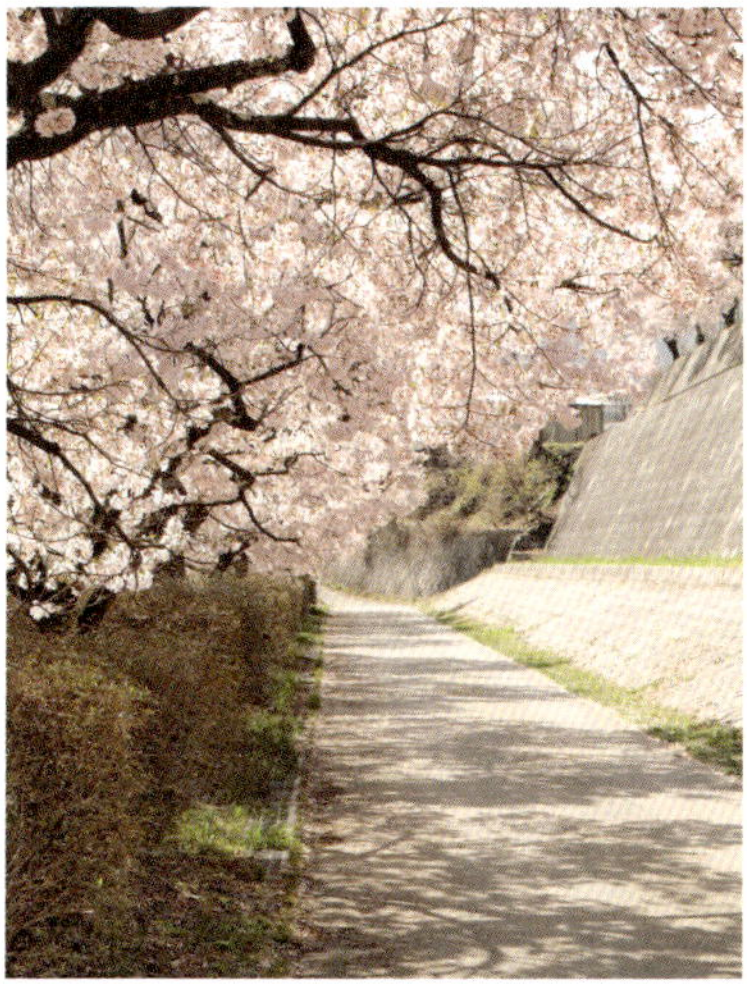

ホワイトバランスでアンバーな雰囲気を

桜のある風景も画になります。曇天モードでアンバーな雰囲気を演出。望遠気味に撮影し遠近感をなくすことで、桜の木々の重なりも強調しています。

※ E-P2　P モード　F9　1/250 秒　ISO200　＋ 1.7EV　WB：曇天　仕上がり：i-FINISH　レンズ焦点距離：42mm

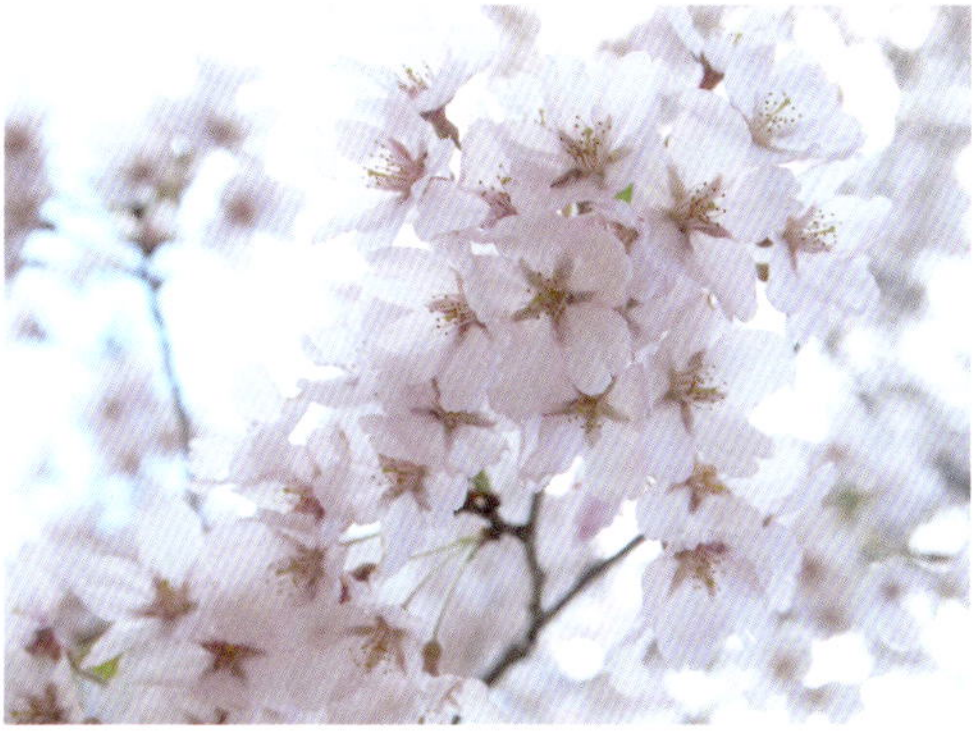

逆光はプラス補正を利用

桜の花びらのアップは、背後から入る逆光をうまく使うと、花びらを透かして撮影できます。ただし、空が明るすぎるため、プラス補正で桜が暗くならないように調整します。

※ E-P2　A モード　F5.6　1/320 秒　ISO400　＋ 2.0EV　WB：晴天　仕上がり：i-FINISH　レンズ焦点距離：32mm

いろんな仕上がりを楽しもう

桜の撮影で注意したいのは、桜は思っている以上に白色だということです。太陽光が直接当たると白トビも起こりやすくなります。まずは、光が直接当たらない角度を探しましょう。斜光や逆光気味だと、プラス補正で明るめに撮っても桜の色味はきちんと表わすことができます。

またホワイトバランスは天候や趣向に合わせて変更します。晴天時はオートや晴天モードで十分きれいに撮れますが、曇りの日には、カスタムホワイトバランスで色温度を微調整し黄色みや赤味を強くしたり、ホワイトバランス補正で赤味を強めにすると、花びらのピンク色を濃く出せます。電球モードや蛍光灯モードでもおもしろい雰囲気が演出できます。桜はさまざまな撮り方が試せる点で、写真の練習にもってこいです。

❖ Chapter

4-7-2

花・植物編

花をできる限り大きく写したい

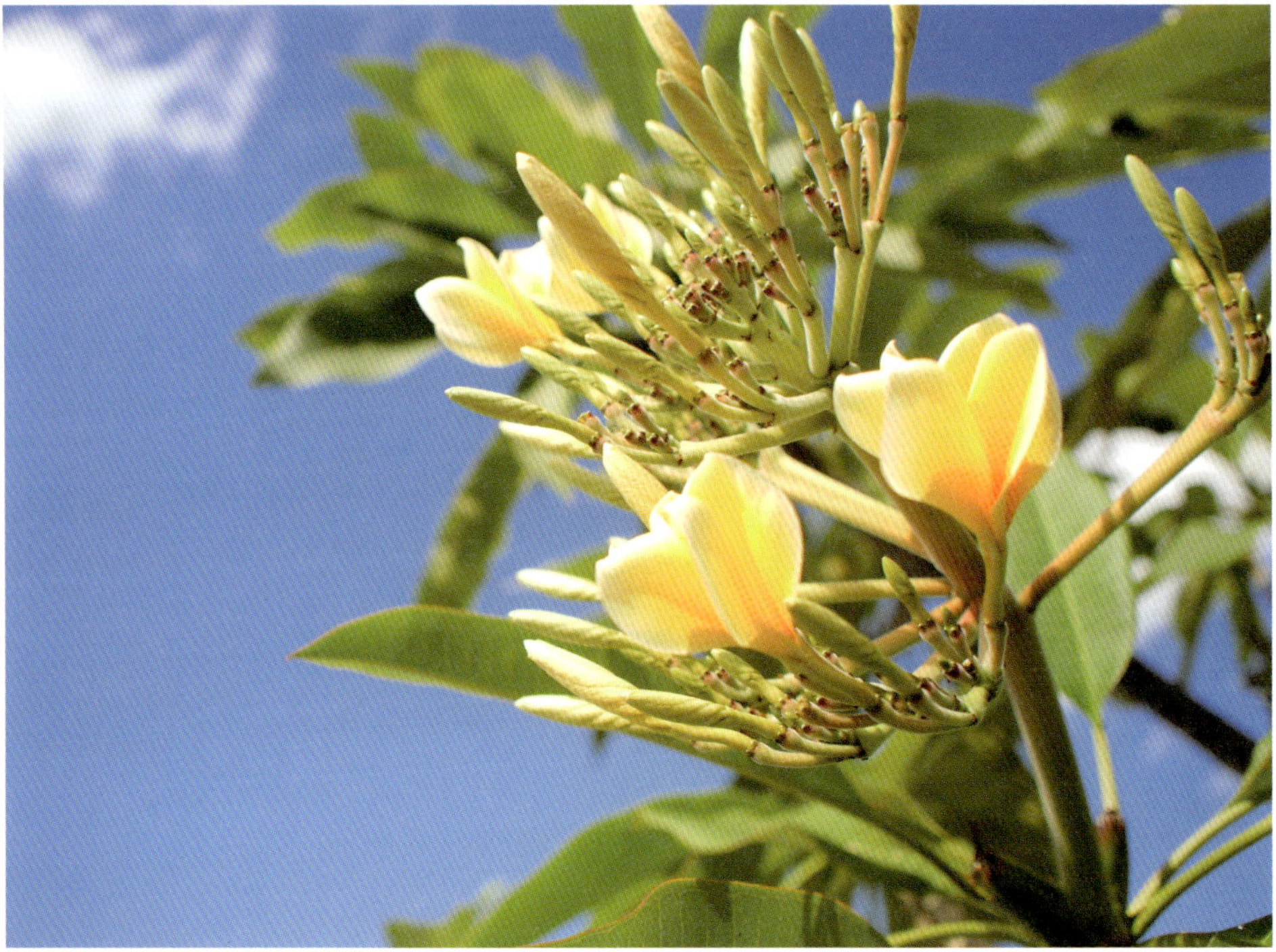

下からあおるように空を入れ込み開放感のある仕上がりに。実際の花はかなり小さいですが、接写することで、だいぶ大きく写せています。

※ E-PL2　Aモード　F2.8　1/3200秒　ISO200　＋0.7EV　WB：オート　ピクチャーモード：i-FINISH　レンズ焦点距離：17mm

POINT この写真のポイント

❶ 絞りを開き、花びらをより強調する

❷ ローアングルで青い空を入れ込む

❸ 広角レンズで接写し、開放感のある仕上がりに

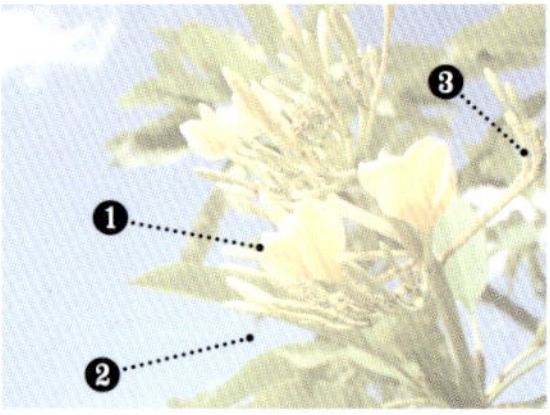

用語解説

ボケ味は接写するほど大きくなります …… すなわち、ボケ味を大きくする方法には、絞りの数値を変更するだけでなく、望遠レンズを使用する方法や接写する方法などがあるということです。

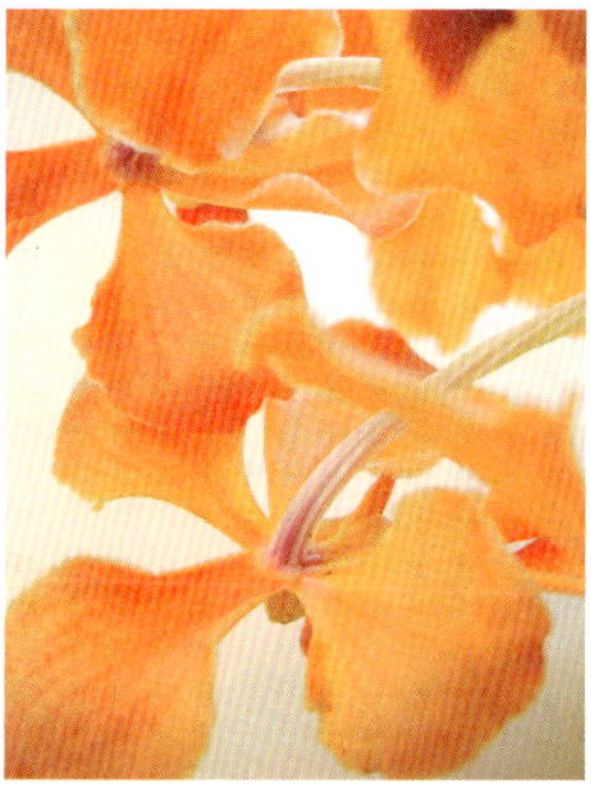

MFで合わせたい場所へピントを合わせる

込み入った画面構成の場合には、MFのほうがスムーズにピント合わせが行えたりします。

※ E-PL2　Aモード　F4.5
1/80秒　ISO320　＋0.3EV
WB：CWB4600K
ピクチャーモード：i-FINISH
レンズ焦点距離：26mm

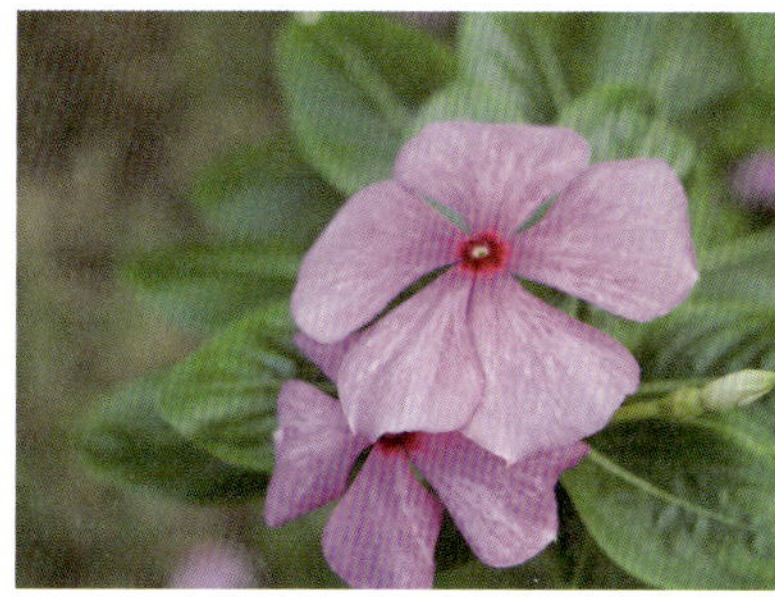

背景選びも大切

前ページの空を背景にした写真同様、どこを背景にするかも大切。このように背景が暗いと、花を浮き立たせて写すことができます。

※ E-PL2　Aモード　F5.6　1/200秒　ISO200　＋1EV
WB：CWB4500K　ピクチャーモード：i-FINISH
レンズ焦点距離：42mm

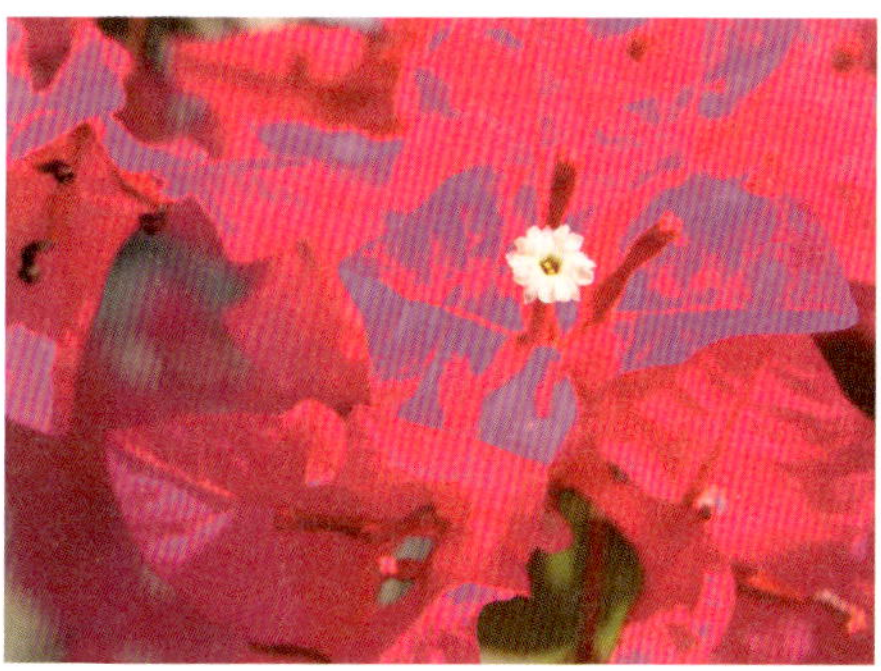

望遠気味に接写する場合にはブレに注意

望遠系のレンズでは、ブレに注意しましょう。これも小さな白いしべが、ぶれていないからこそ成り立つ写真です。

※ E-PL2　Aモード　F5.6　1/1000秒
ISO200　＋0.3EV　WB：晴天
ピクチャーモード：i-FINISH
レンズ焦点距離：42mm

接写でボケ味を大きく

もちろん、できる限り花に寄って撮影すれば、花は大きく写すことができます。しかし、この際にはボケ味を意識することが大切です。被写界深度を浅くし、ピントの合う範囲を限定すれば、本来写したい花を、〝印象として〟より大きく写すことができるからです。もし、花のしべなどをピンポイントで撮りたい場合には、絞りの数値を小さく（絞りを開く）しながら接写してみましょう。なお、ボケ味は接写するほど大きくなる傾向にあります。

花を接写する際の注意点は、ピント合わせとブレです。特に望遠気味で接写する場合、ブレには注意が必要です。なるべく速いシャッター速度を意識しましょう。ピントが思う場所に合わない場合には、MFできちんとピント合わせを行います。

❖ Chapter 4-7-3

花・植物編

広いイメージで花のある風景を写したい

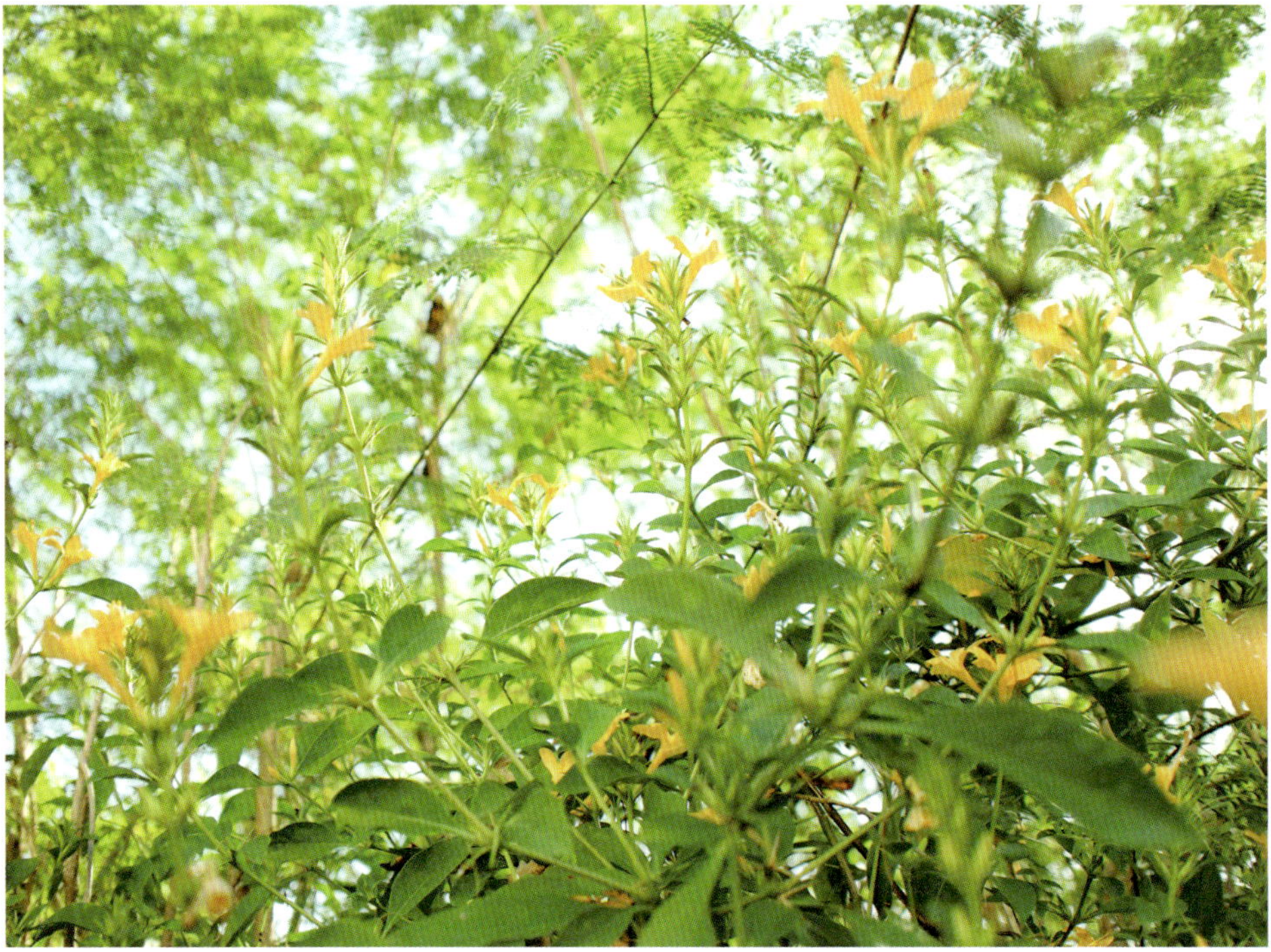

明るい日陰でプラス補正を行うと、白トビや黒ツブレがなく、全体的な質感を損なわずに撮影できます。手前の大きなボケもアクセントになっています。

※ E-PL2　A モード　F2.8　1/640 秒　ISO200　＋ 1EV　WB：CWB5900K　G ＋ 3　ピクチャーモード：i-FINISH　レンズ焦点距離：17mm

POINT この写真のポイント

❶ 広角気味に草花を大きく入れ込んで撮る

❷ 大胆に手前に大きな前ボケを入れて奥行きを出す

❸ 日陰の光源をうまく活用する

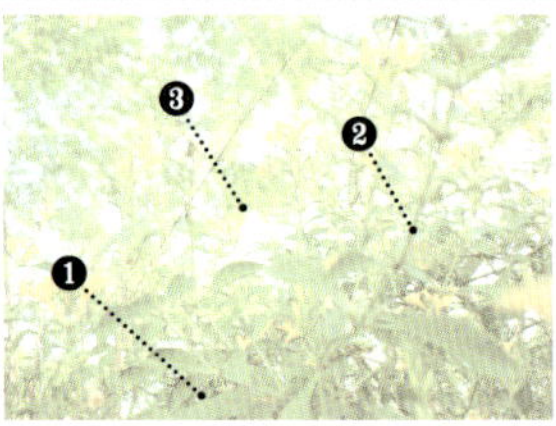

用語解説

広角レンズが重宝します …… 広角レンズは、遠近感を強調できるという意味でも、こういった場面で有効です。草花がこちらに向かって伸びているようなイメージで撮影できたりします。

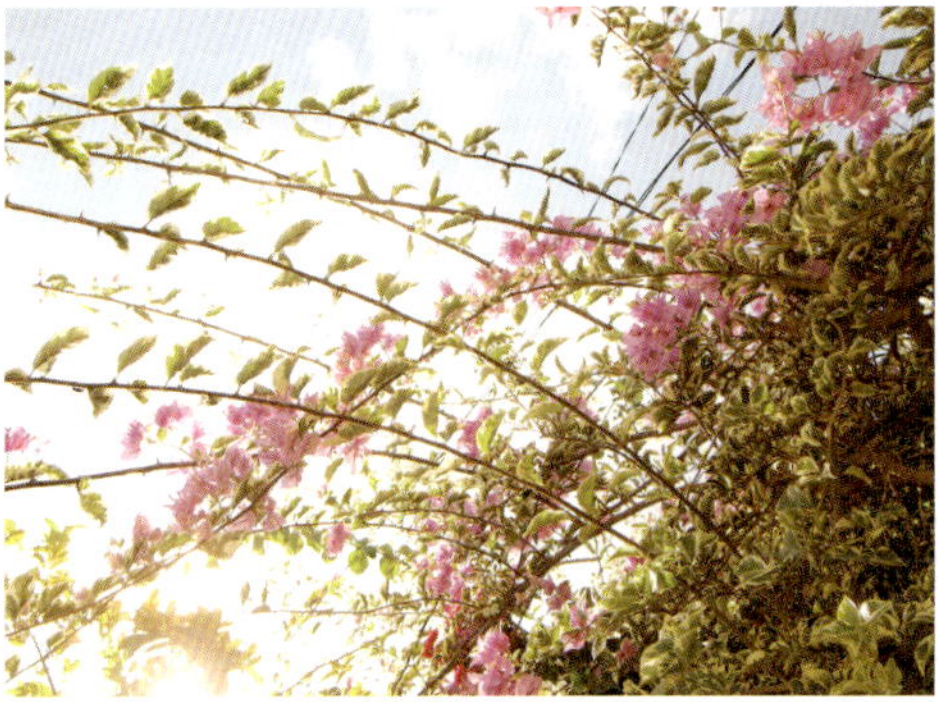

逆光を使って ドラマチックな夕景に

夕方の逆光をうまく入れ込み、ふんわりとした質感で撮影。あまりフレアが強く出ない場所を狙います。

※ E-PL2　A モード　F5.0
1/500 秒　ISO200
＋1.7EV　WB：日陰
ピクチャーモード：i-FINISH
レンズ焦点距離：15mm

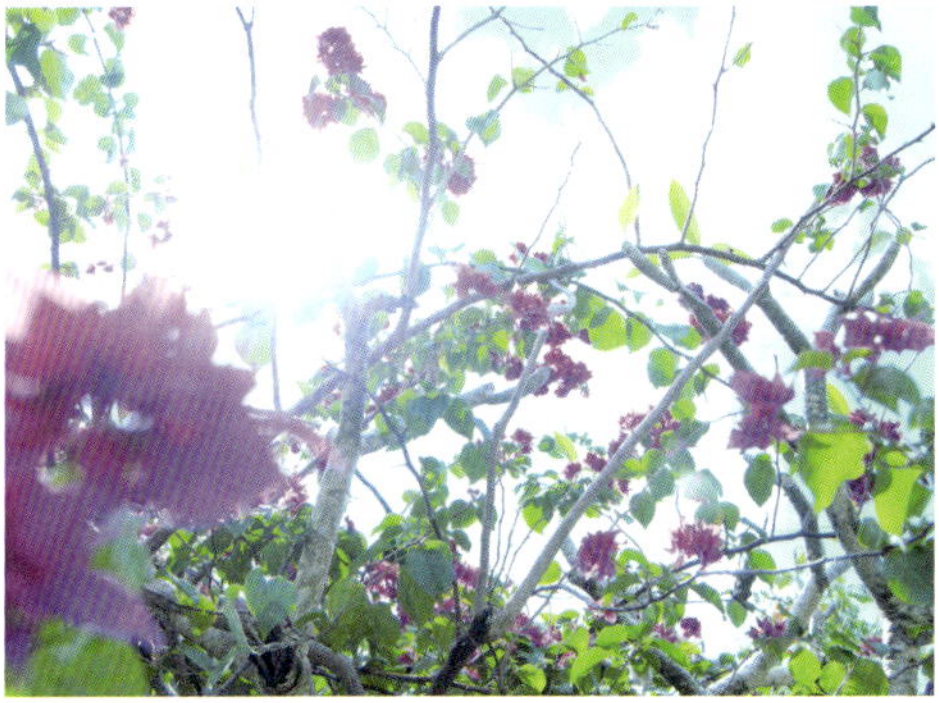

青味をプラスして 涼やかな印象に持っていく

こちらも逆光を使っていますが、ホワイトバランスを調整することで、まったく異なる印象に仕上がりました。

※ E-PL2　A モード　F5
1/640 秒　ISO200
＋2.7EV　WB：CWB3500K
G＋3　ピクチャーモード：i-FINISH
レンズ焦点距離：14mm

光の効果もうまく生かす

花を広い範囲で切りとる場合には、やはり広角レンズが重宝します。開放的にそして大胆なイメージで、花のある風景を写すことができます。広大に咲き誇る花畑などは、この広角レンズの効果が十分発揮できるシチュエーションでしょう。

仮に花畑でなくても、花が多く集まる場面では、P129で紹介したように寄りで大きく写すだけでなく、引き気味に広い範囲を切りとってみましょう。この際には、露出補正やホワイトバランスと合わせて、光の角度や向きを意識できるとより表現幅が広がります。逆光気味に撮れば、幻想的にふんわりとした印象で写せますし、日陰を利用すれば、被写体の明暗に影響を受けずに、きちんと植物の質感を写すことができます。

Chapter 4-7-4

花・植物編

新緑を作品として仕上げたい

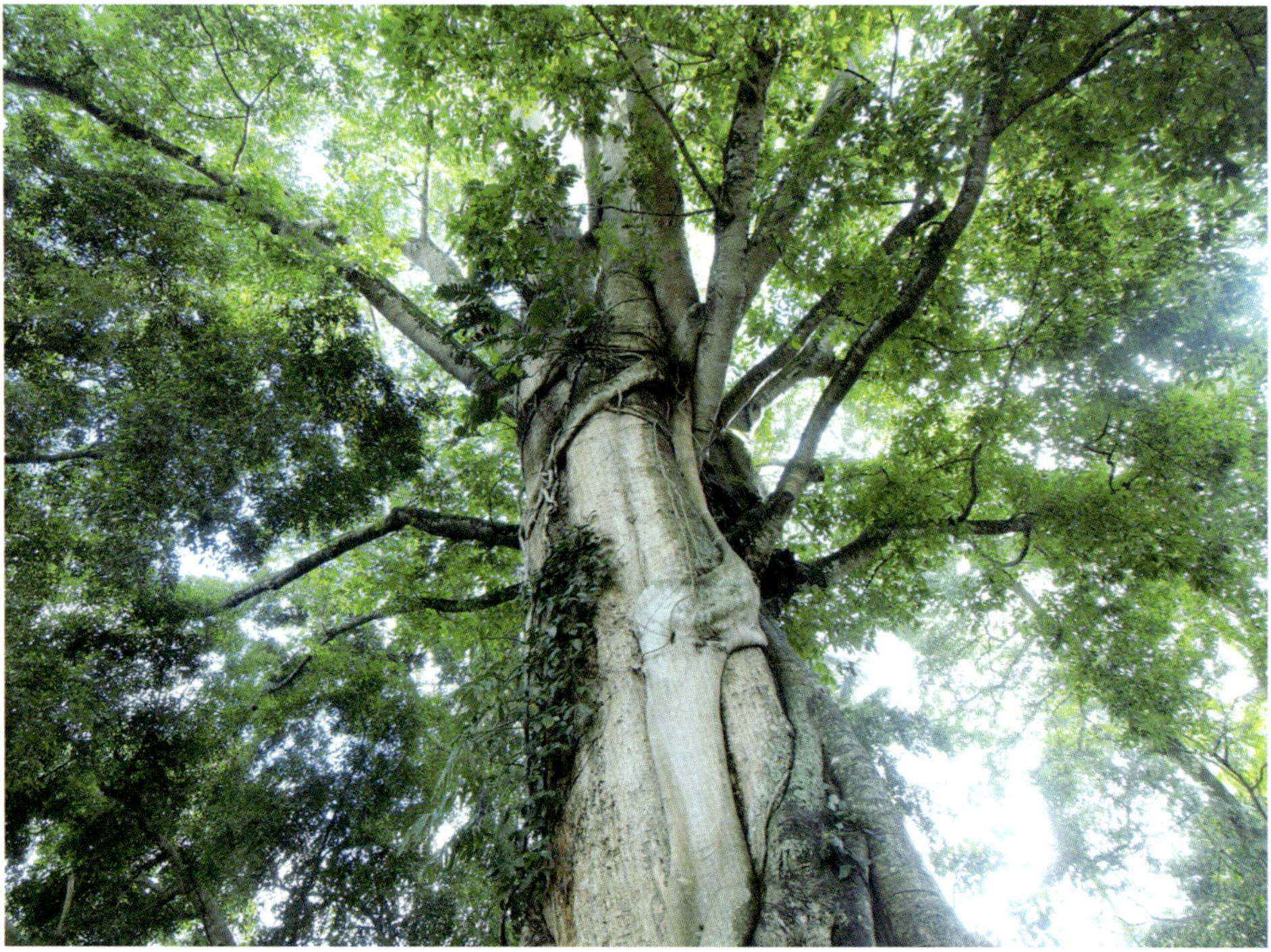

大木の雄大さを強調するために広角レンズを使用。青味を効かせ、プラス補正で温かいイメージで仕上げています。

※ E-PL2　P モード　F5.6　1/125 秒　ISO400　＋ 1.7EV　WB：CWB3500　G ＋ 1　ピクチャーモード：NATURAL　レンズ焦点距離：9mm

POINT この写真のポイント

❶ ホワイトバランスで青味を強くし清涼感を

❷ 光が射し込むイメージでプラス補正をする

❸ 木漏れ日がきれいに入る逆光線で撮る

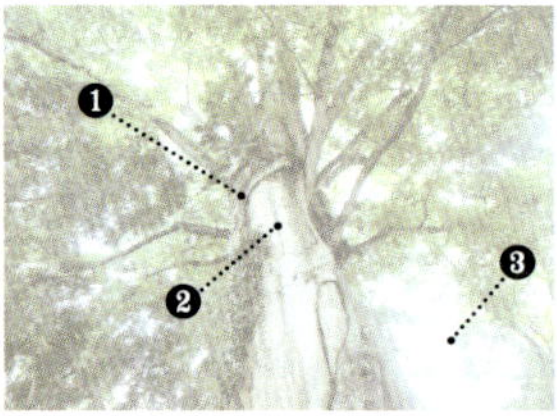

用語解説

新緑 …. 葉が生い茂っている場所というのは、肉眼では多少暗いイメージを持ちますが、そういう場所こそ、プラス補正を行うことで、神秘的な雰囲気で新緑を写すことができます。

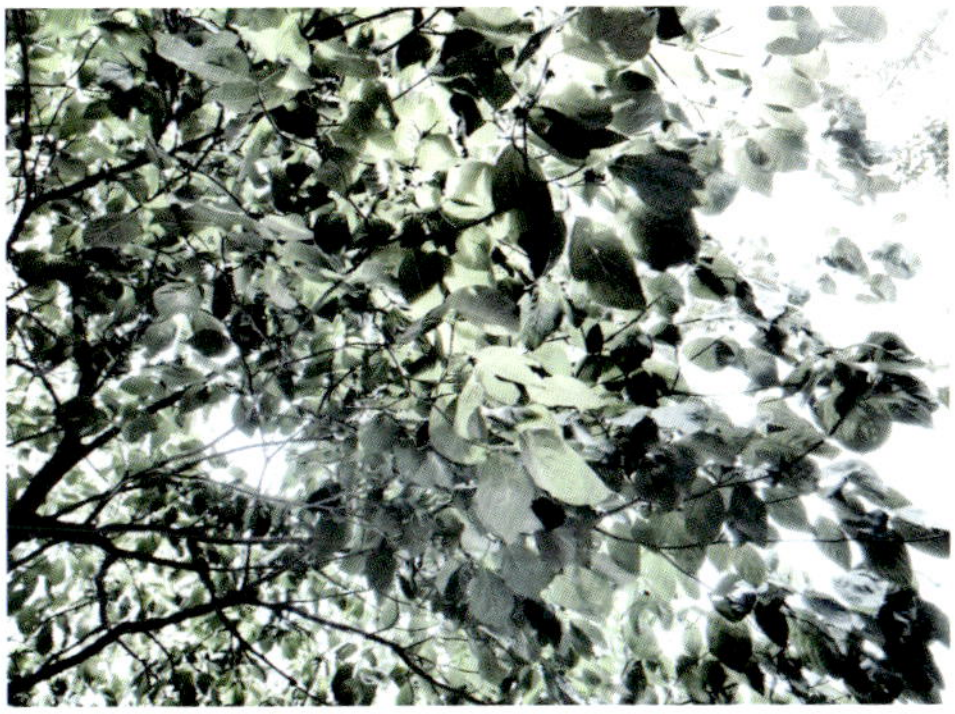

ドラマチックトーンで非現実的な風景を作る

家の前の何でもない木を撮影。さまざまな機能を掛け合わせることで、想像もできない仕上がりに。これもPENの魅力です。

※ E-PL2　Pモード　F5.6　1/100秒
ISO400　＋1.3EV　WB：電球
ピクチャーモード：ドラマチックトーン
レンズ焦点距離：17mm

青空と緑の葉の鮮やかさをいっしょに写す

青空がきれいなシチュエーションでは、緑と空のコントラストで撮ってみましょう。ここではポップアートで色鮮やかさを強調しています。

※ E-PL2　Pモード　F9　1/400秒
ISO400　＋0.3EV　WB：CWB5500K
ピクチャーモード：ポップアート
レンズ焦点距離：40mm

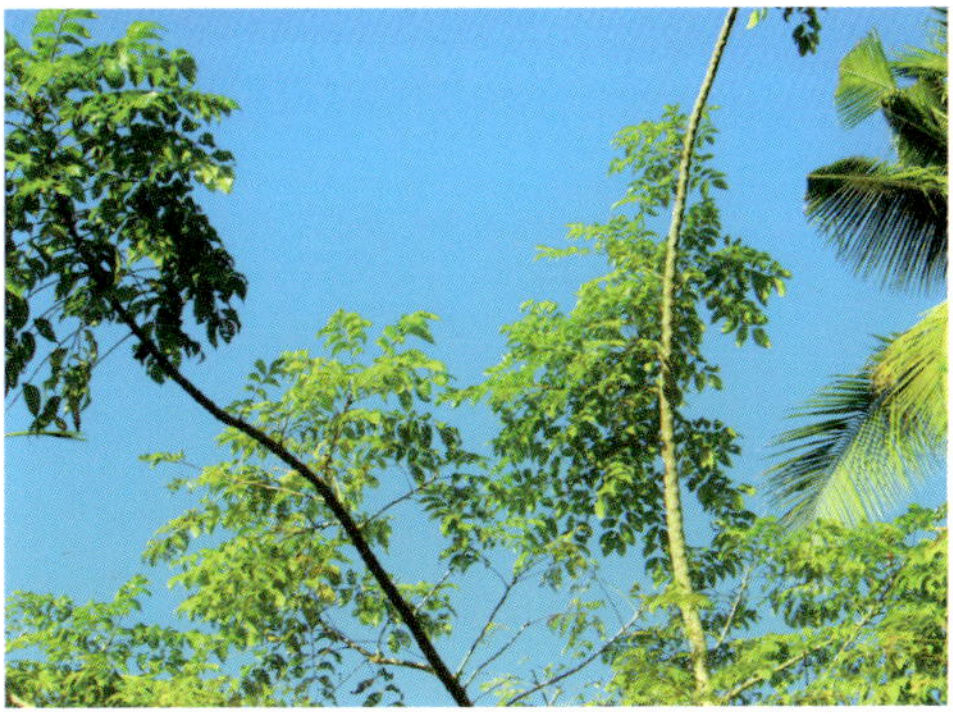

葉を透かす光を写す

新緑は、背景を空にしながら葉が繁る部分をプラス補正で撮影すると、透明感のある色調で仕上がり、"画になる情景"が作りやすいです。しかも、その日の天候や光の強さによって、仕上がり具合も微妙に変化し、同じ被写体で何度でも撮影が楽しめます。明るい曇天時などに効果が出やすい撮影手法です。大きな大木の真下から、枝が広がる様子を撮る際にも活用できます。

すこぶる空がきれいな晴天時であれば、青い空を背景に緑豊かな樹木の葉を撮影してみましょう。ピクチャーモードをVIVIDにしてみたり、アートフィルターのポップアートで撮影してみたりすると、色彩を強調した画作りが楽しめます。この際、少しプラス補正を行うと、色の鮮やかさが増してきれいです。

❖ Chapter

4-8-1

雑貨編

散歩中に見つけたかわいい雑貨を雰囲気よく撮りたい

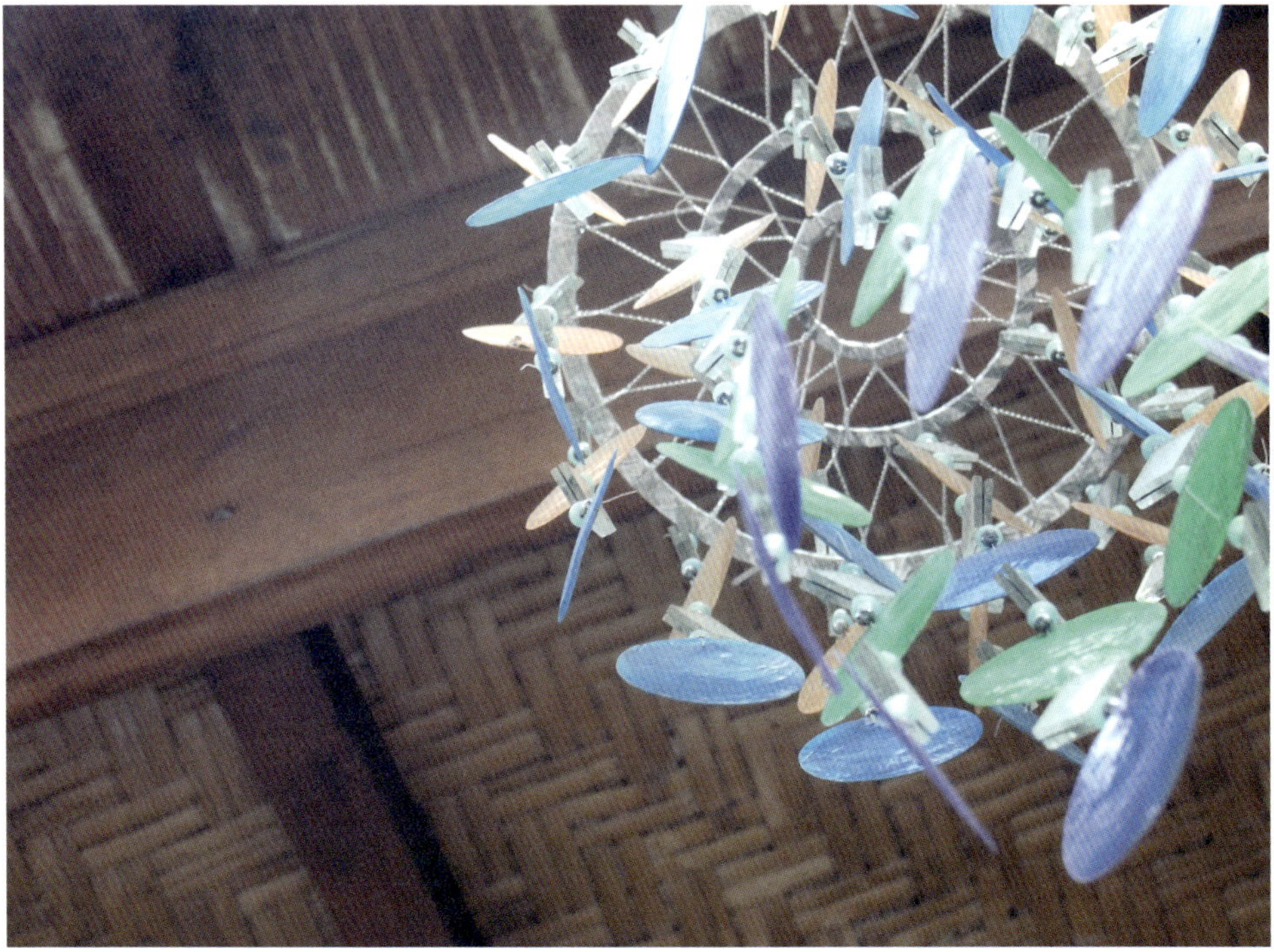

風に揺れる様子を写したくて、下から撮影。ふんわりとした質感を出すために、プラス補正も活用しています。

※ E-PL2　P モード　F8　1/200 秒　ISO400　＋1EV　WB：CWB5000K　G＋2　ピクチャーモード：i-FINISH　レンズ焦点距離：42mm

POINT この写真のポイント

❶ 見上げて撮りながら、被写体の見え方に変化をつける

❷ 空間を作り開放感を演出

❸ ホワイトバランスを調整して風に吹かれるイメージに

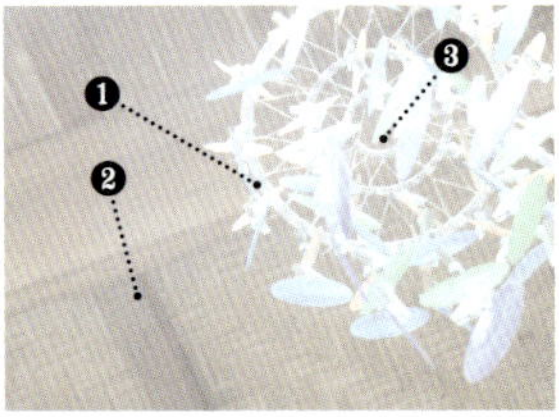

用語解説

構図に変化をつけて …… こういった場面で気軽に試せる手法には、空間を作る他にも、画面の中にラインを見つけ、それを傾けて撮る方法などもあります。

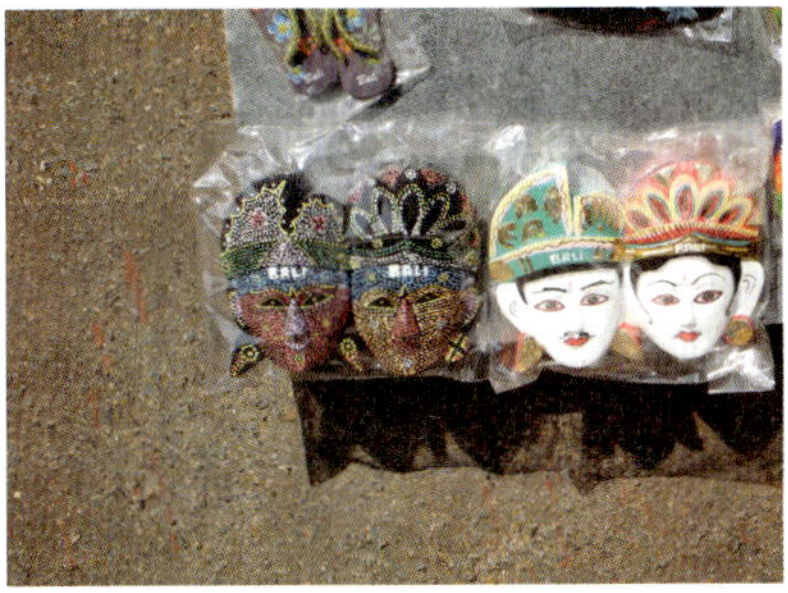

一部分で切りとってみる

あえて被写体をすべて入れ込まずに、構図に変化をつけて撮影。このほうがより被写体に注目できたりします。

※ E-PL2　A モード　F5.6　1/640 秒　ISO200　＋ 1EV　WB：晴天　ピクチャーモード：i-FINISH　レンズ焦点距離：42mm

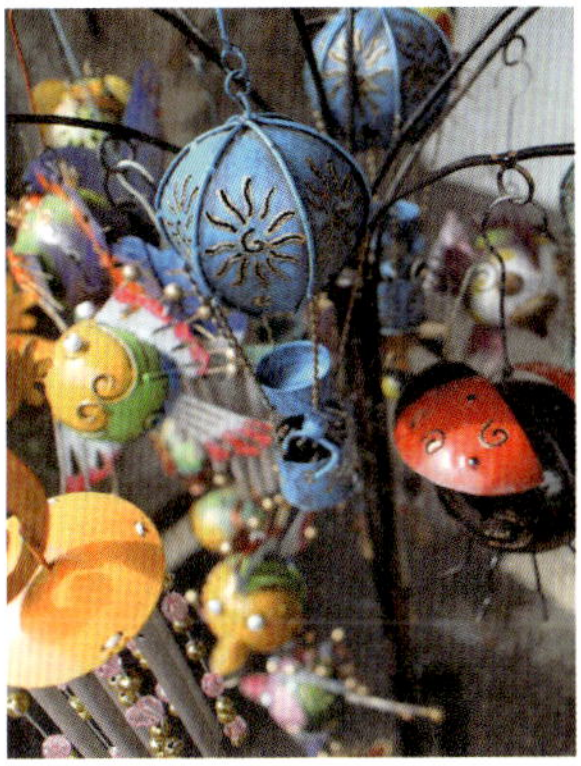

ハイアングルからボケ味をいかして撮る

広角気味に被写体へグッと近づき、背景を大きくぼかすことで、メリハリのある気持ちのいい仕上がりに。

※ P モード　F9　1/250 秒　ISO200　＋ 1.7EV　WB：曇天　レンズ焦点距離：42mm

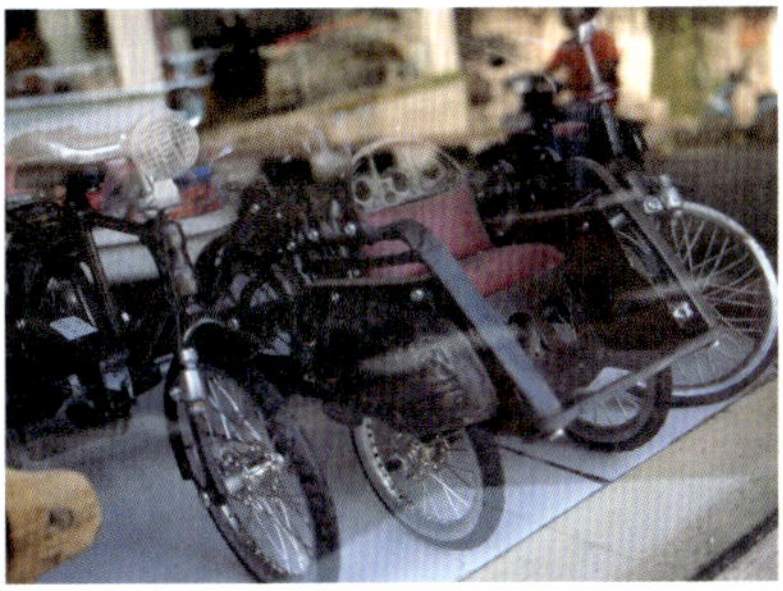

ガラスの映り込みをアクセントにする

ショーウィンドーではガラスへの反射も気になります。しかし、これもうまく利用できれば、空間を彩る被写体のひとつになります。

※ E-PL2　A モード　F5　1/500 秒　ISO800　−0.3EV　WB：オート　ピクチャーモード：i-FINISH　レンズ焦点距離：24mm

構図とアングルにこだわろう

かわいい雑貨を見つけたら、まずは構図に変化をつけて撮ってみましょう。例えば、意図的に空間を作るだけでも、画面の中に動きが生まれ、単調さが緩和されます。こういった撮影では、被写体はそのすべてを画面に入れ込む必要はありません。大胆にいろいろと切りとってみましょう。そのほうが、空間も作りやすく、思いも寄らない斬新な視点が見つけられたりします。

また、カメラアングルや寄り引きを意識することも大切です。接写することで、被写体の一部分だけを写してみてもおもしろいですし、店先でぶら下がっているオブジェなどは、下から天井を背景に写すことも可能です。正面から見るだけでなく、被写体には360度分の〝見え方〟があることを理解しましょう。

Chapter

4-8-2

雑貨編

旅先で買った雑貨をイメージカットっぽく撮りたい

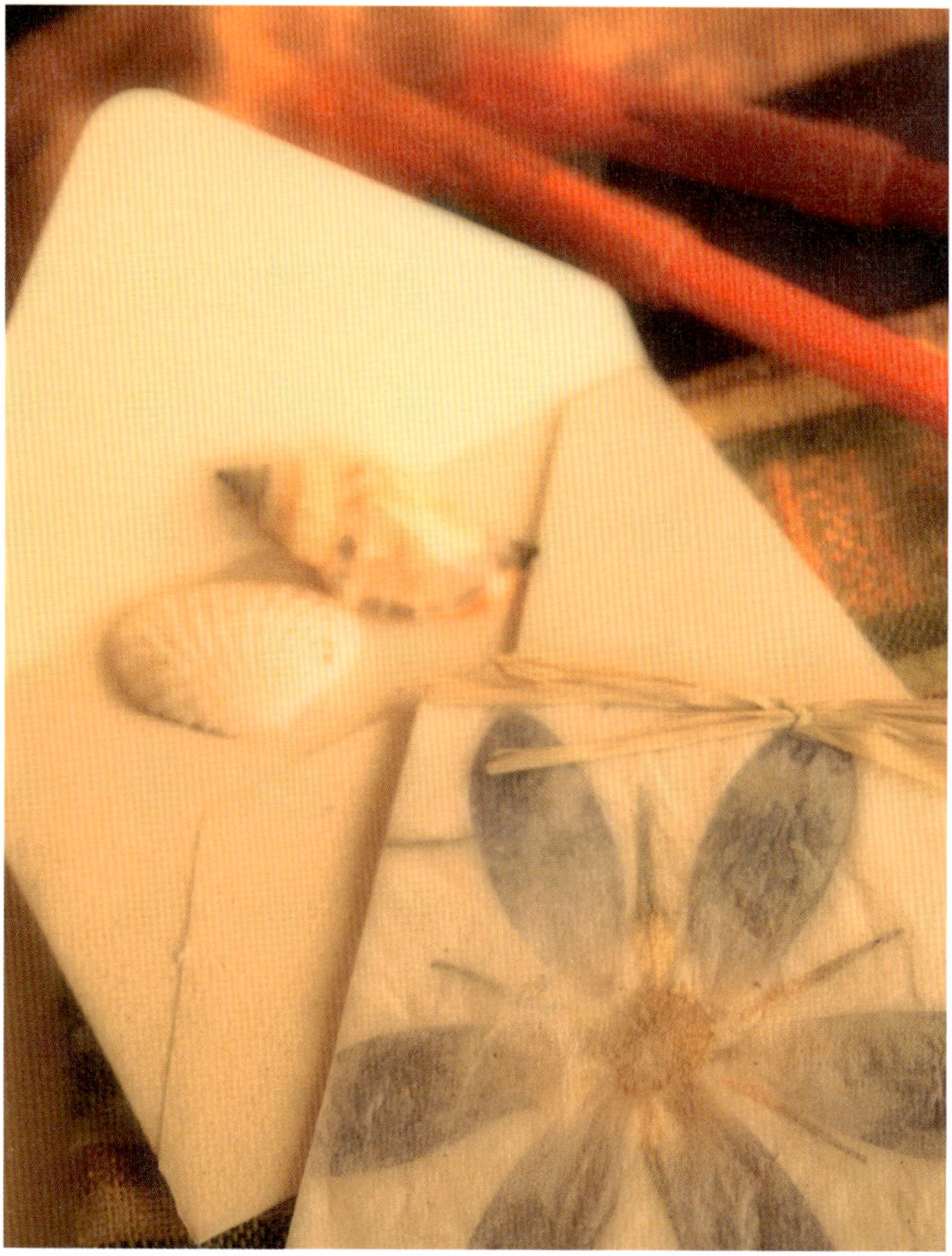

色味を暖色系にすると、懐かしさを換気させる仕上がりに。イメージが強く、あまり使いすぎると見飽きてくるので注意しましょう。

※ E-PL2　A モード　F5.6　1/20 秒　ISO250　＋0.7EV　WB：CWB7500K
ピクチャーモード：ファンタジックフォーカス　レンズ焦点距離：35mm　三脚使用

POINT この写真のポイント

❶ ファンタジックフォーカスで記憶を反芻するようなイメージを

❷ 日陰モードで温かみのある仕上がりに

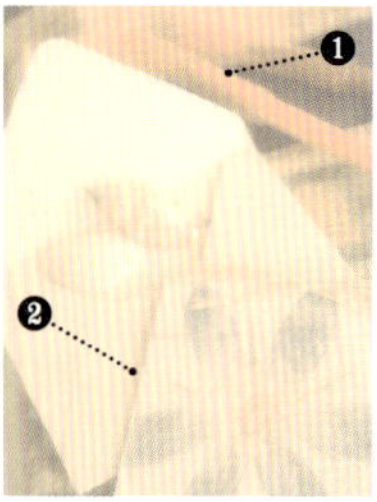

用語解説

ファンタジックフォーカスで記憶を反芻する…… ファンタジックフォーカスは、もとから少し明るめに仕上がるため、プラス補正そのものはあまり必要ありません。むしろ、プラス補正しすぎると、何が写っているのかわかりづらくなるので注意しましょう。

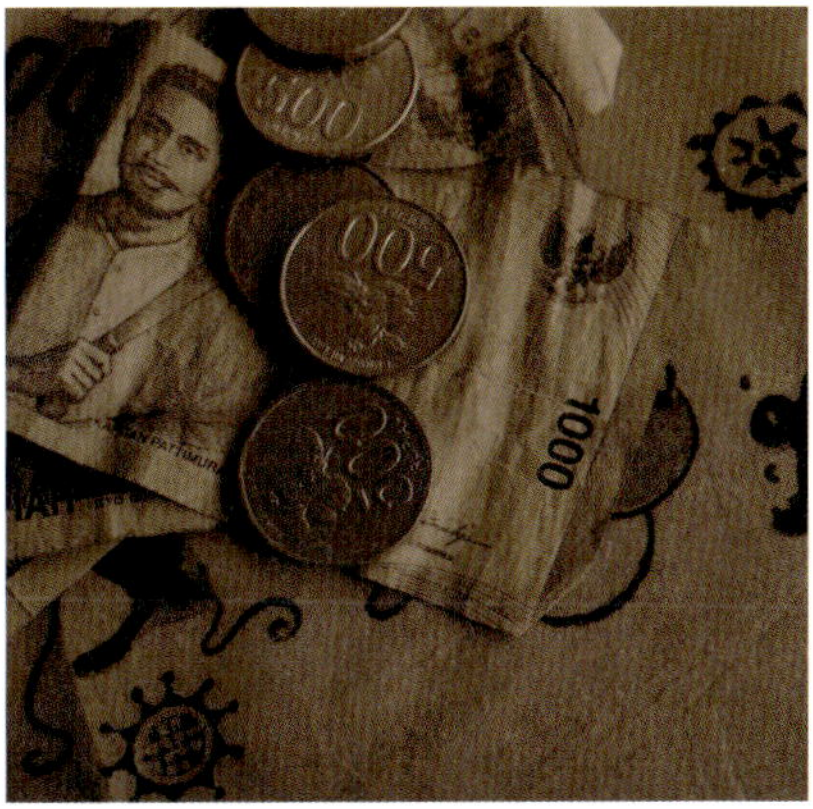

ジェントルセピアでイメージを作り込む

ジェントルセピアを使うならば、この写真のようにマイナス補正を行い、重厚なイメージに持っていのもいいです。なお、ピクチャーモード内のセピアでも、これに近い効果が得られます。

※ E-P3　Aモード　F4.2　1/40秒　ISO250　−0.3EV
WB：オート　ピクチャーモード：ジェントルセピア
レンズ焦点距離：22mm　三脚使用

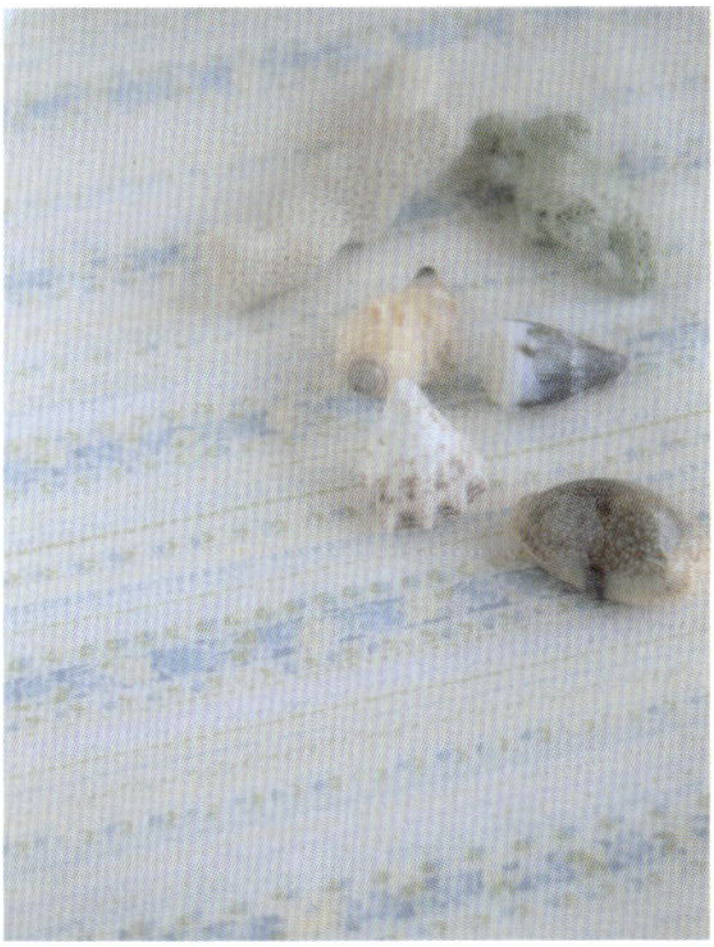

クールな印象に仕上げるのもあり

ホワイトバランスの青味を強くすると、クールな印象で小物が写せます。海辺の貝殻が、静かに優しく横たわります。

※ E-PL2　Aモード　F5.6　1/60秒
ISO250＋0.7EV　WB：CWB4200K
ピクチャーモード：ファンタジックフォーカス
レンズ焦点距離：42mm　三脚使用

暖かみのある仕上がりを目指す

例えば、旅先で集めた小物や雑貨などは、写真にとって最高の被写体です。旅の思い出を、これらの品々を通じて、しっかり残しておきましょう。

もしイメージカットのように撮るならば、アートフィルターのファンタジックフォーカスやジェントルセピアなどは、やはり外せない機能。思い出を喚起させてくれるセンチメンタルな要素が満載です。加えて、ホワイトバランスも黄色みの強い暖色系に近づけていくと、過ぎた日々の〝懐かしさ〟が演出できます。

ちなみに、この組み合わせは静物だけに効果があるわけではもちろんありません。ポートレートや風景などでも同様に活用できます。ぜひ試してみましょう。

❖ Chapter

4-8-3

雑貨編

かっこよく小物を撮りたい

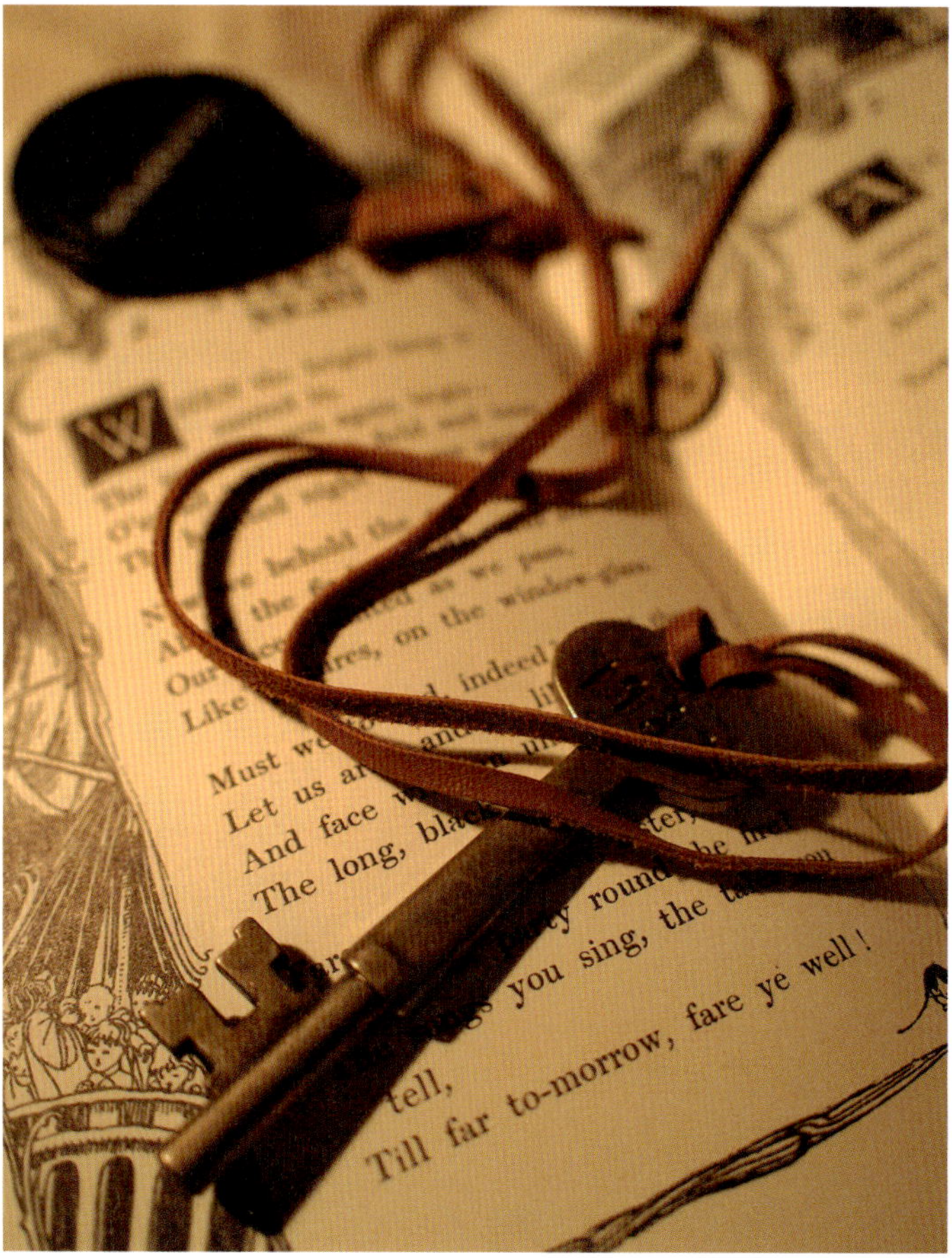

左上から裸電球を使ってライティング。絞りの数値を一番小さくし、ボケ味を生かしながら撮影しています。

※ E-PL2　A モード　F2.8　1/125 秒　ISO250　WB：オート　A＋7　ピクチャーモード：VIVID
レンズ焦点距離：17mm　三脚使用

POINT この写真のポイント

❶ 間接照明を使ってアンバーな雰囲気を演出

❷ 陰影をつけて重厚感のあるイメージ

❸ 広角気味に被写体を迫力いっぱいに写す

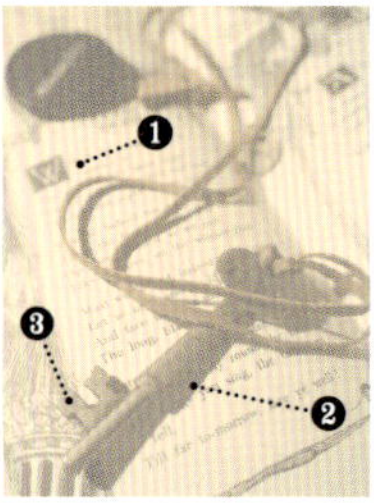

用語解説

ミックス光 …… いくつかの光源が混ざった状態の光のこと。主に自然光と人口光をミックスすることが多いです。

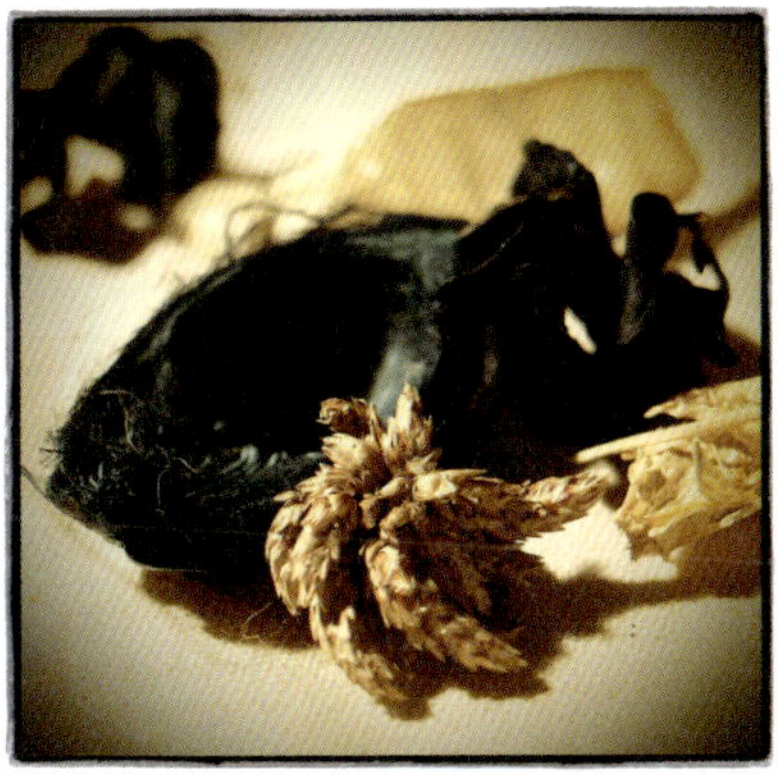

トイフォト効果をうまく活用する

裸電球の光を至近距離から強めに当てています。トイフォトを使い、周辺光量を落とすことで、より味わいのある仕上がりに。

※ E-PL2　Aモード　F5.1　1/6秒
ISO250　WB：オート　A＋7
ピクチャーモード：トイフォト
レンズ焦点距離：34mm　三脚使用

ペンライトでピンポイントに光を当てて撮る

ペンライトなどで狭い範囲のみをライティングしてもおもしろいです。光を当てる場所によって、仕上がりの印象が大きく変わります。

※ E-PL2　Aモード　F2.8　1/100秒
ISO250　WB：オート
ピクチャーモード：VIVID
レンズ焦点距離：17mm　三脚使用

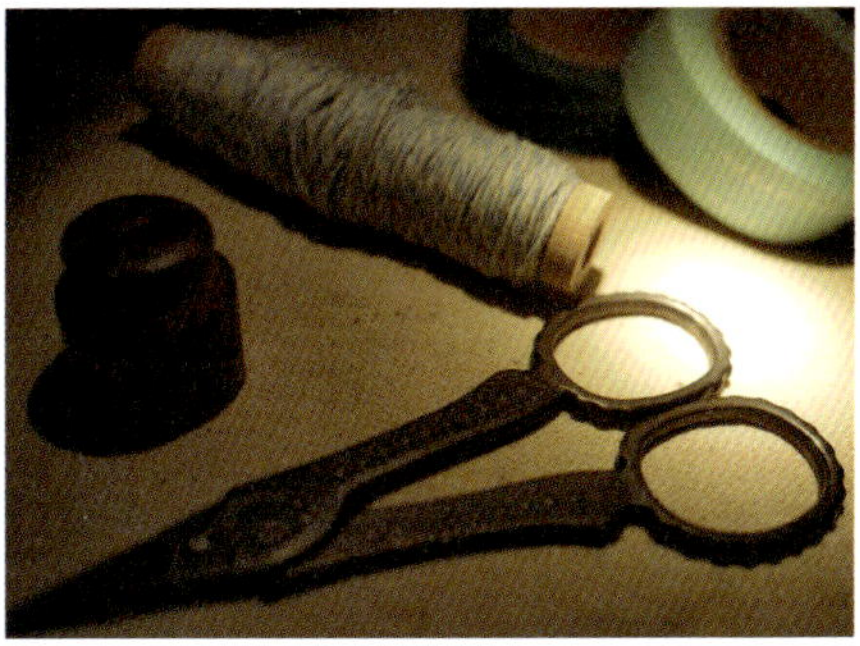

照明器具でライティングする

テーブルフォトの基本として、自然光を生かした撮り方をここまで数多く紹介してきましたが、卓上ライトなどの照明器具を使い、気軽にその光源の特徴を生かしながら撮影を楽しむことも可能です。特に白熱灯を使えば、アンバーな雰囲気も演出でき、重厚感のある仕上がりが楽しめます。ポイントはライトの当て方です。その角度や近さによって、被写体への陰影の入り方や強さが変わります。ライトの当たり具合を意識しながら撮影してみましょう。

なお、蛍光灯はむしろ自然光に近い光源です。軟調な光質のため、写真はフラットに仕上がる傾向にあります。窓から射し込む自然光を補うためのミックス光として、利用するのに向いています。

» Column 07

撮影後の編集機能を使ってみよう

PEN には、撮影後にカメラの中で行える編集機能がいくつか搭載されています。何かと重宝する便利な機能なので、ぜひ使い方を覚えてみましょう。

JPEG 画像の編集方法

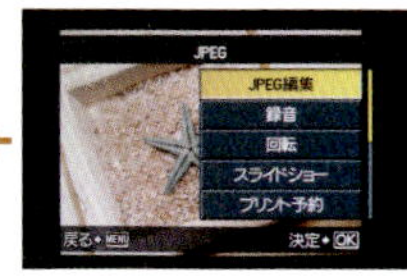

画像再生中に OK ボタンを押し、項目の中から JPEG 編集を選びます。

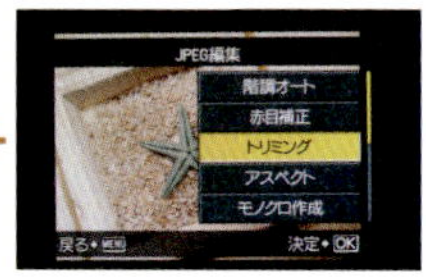

すると選択肢が表示されるので、例えばこの中からトリミングを選びます。

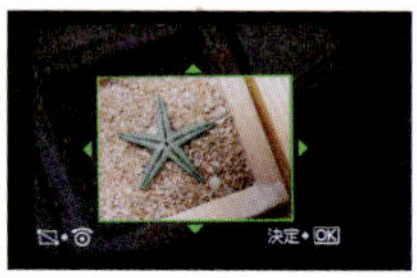

トリミングを行いたい部分を自分で選択し、OK ボタンを押し編集をそのまま実行します。

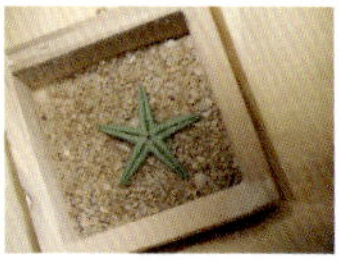

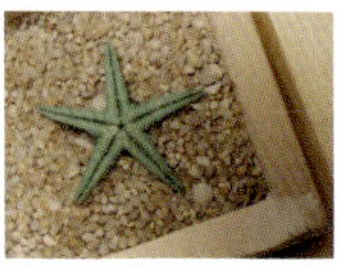

トリミングされた写真が別で保存されます。上書きはされません。編集は何度でも繰り返し行えます。

RAW 画像にアートフィルターを適用させる方法

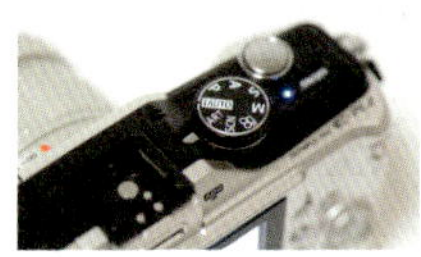

まずモードダイヤルを ART に合わせるか、ピクチャーモードでアートフィルターを選び、希望のフィルターを設定します。

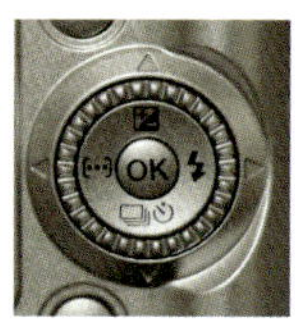

アートフィルターを設定したら、今度は再生ボタンを押し、希望の画像を表示して OK ボタンを押します。

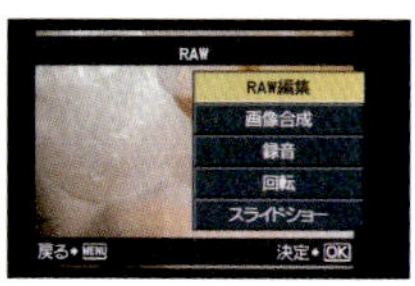

RAW 編集という項目を選び、次の画面で実行を選びます。

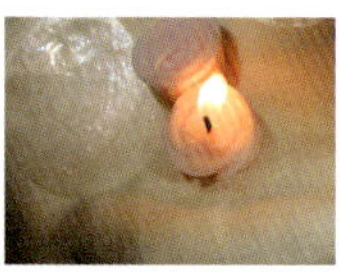

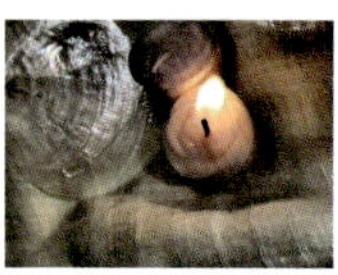

すると、希望のアートフィルター（ここではドラマチックトーン）を適用した JPEG 画像が保存されます。ここからさらに JPEG 編集を行うこともできます。

撮影した後に画作りする

撮影後の編集機能の操作方法はとても簡単です。画像再生中にOKボタンを押して「JPEG編集」を選択し、希望の項目を選ぶだけです。トリミングやアスペクト比率の変更、eポートレートの適用などを撮影後に行うことができます。

もうひとつ便利なのが、RAW（P34参照）で撮った場合での撮影後の編集機能です。実は、RAWで撮った写真に対してのみ、撮影後にアートフィルターを適用できます。写真は上書き保存ではなく、JPEGで別保存されるため、同じ写真を使って、さまざまなアートフィルターを試すことも可能です。RAWを扱った編集機能としては、P123で述べた画像合成と合わせて覚えておくと便利です。

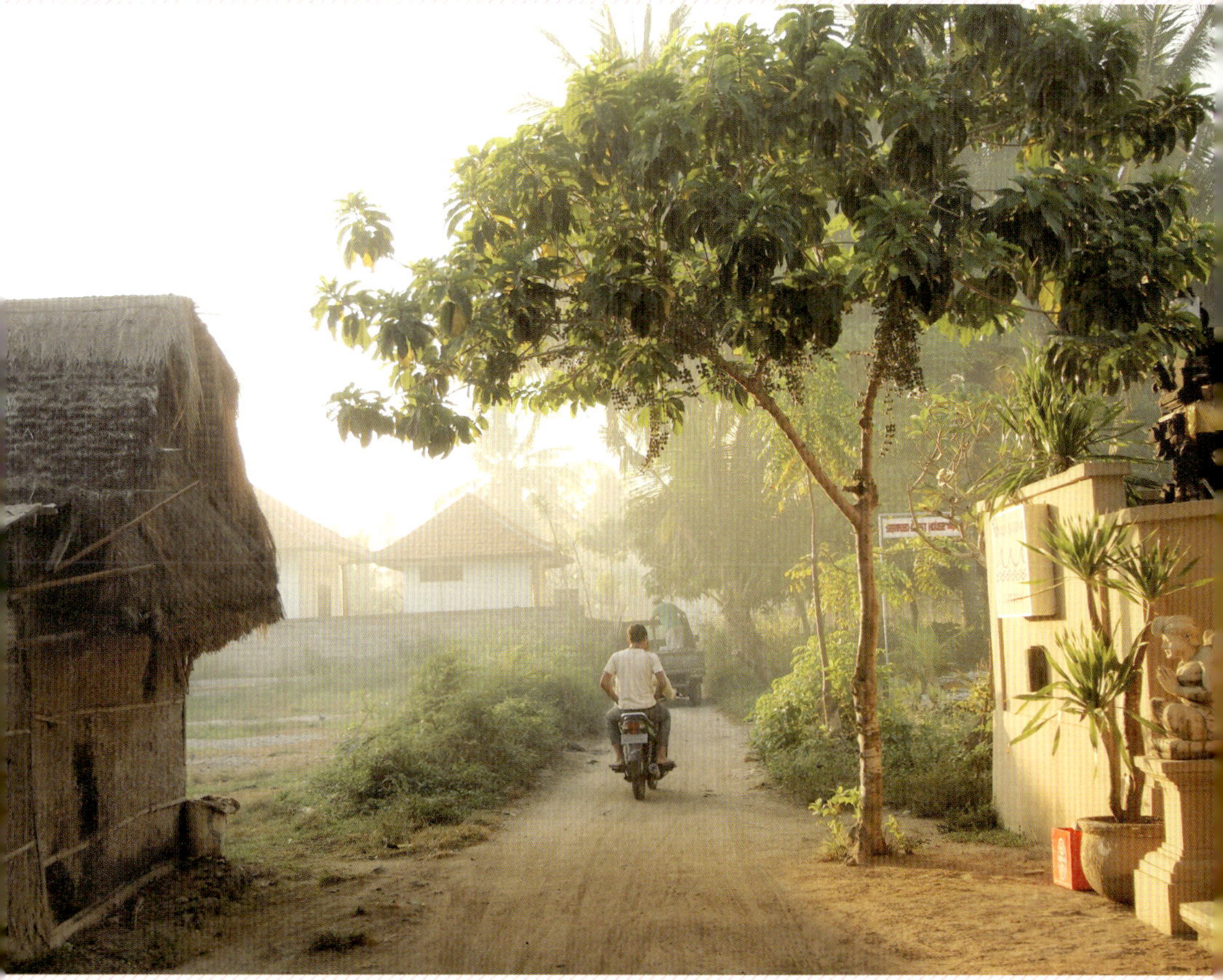

Chapter 5

PENで動画撮影に挑戦しよう！

PENは動画撮影機能も充実しています。アートフィルターを適用できたり、遊び心も満載です。ぜひ静止画だけでなく、動画の撮影にもトライしてみましょう。PENでの操作手順を中心に、動画撮影に必要な知識をいくつか紹介していきます。

Chapter 5-1 動画撮影の基本操作 ―その1―

操作その1

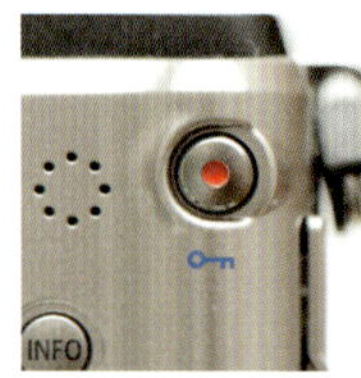

静止画の撮影画面で、そのままムービーボタンを押します。

↓

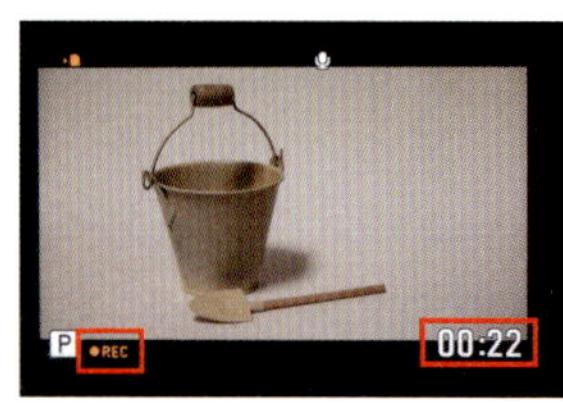

動画撮影が開始されると、液晶画面左下に「REC」のマークが表示され、右下に録画時間が表示されます。

操作その2

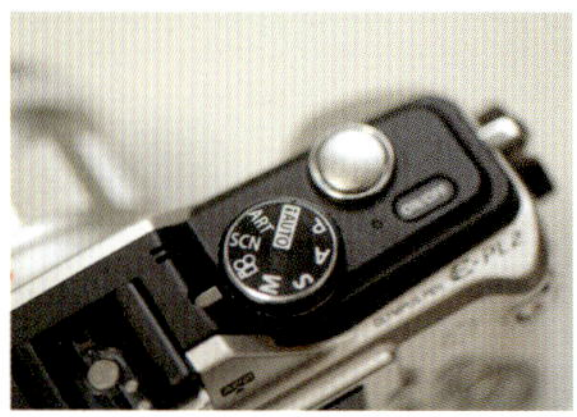

モードダイヤルをムービー撮影モードに合わせます。

↓

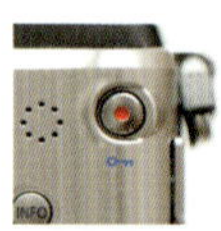

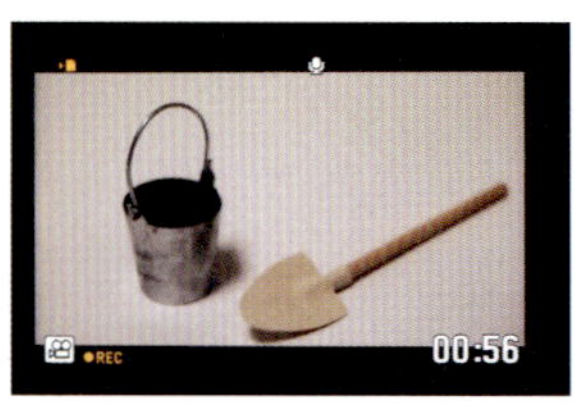

あとは同じようにムービーボタンを押すと、動画撮影が開始されます。

動画の再生方法

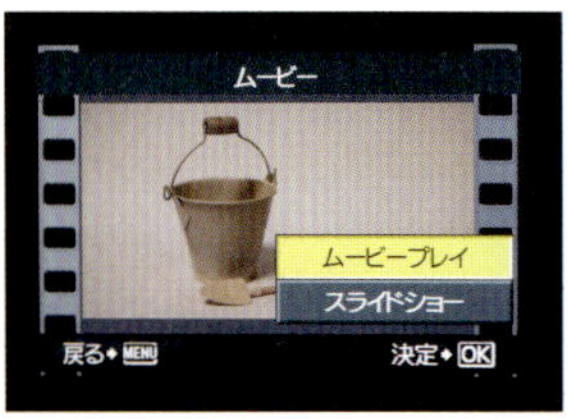

画像再生中にOKボタンを押し、ムービープレイを選びます。

↓

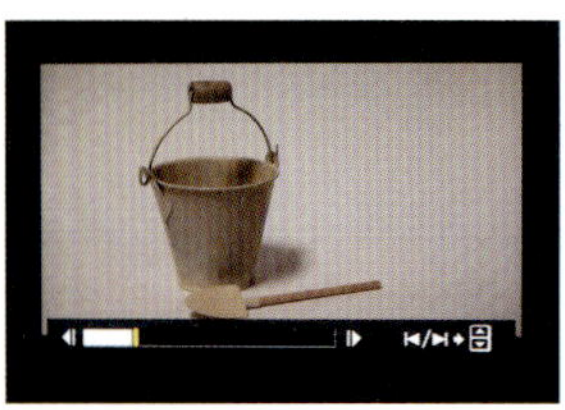

動画再生中、OKボタンを押すごとに一時停止と再開を繰り返します。△で先頭の▽で最後のフレームを表示します。◁▷でコマ戻しとコマ送りができます。

2つの操作方法

PENでの動画撮影はとても簡単です。例えばE-PL2の場合、静止画を撮影している最中でも、背面のムービーボタンを押せば、その時点から動画撮影が開始されます。再度ムービーボタンを押すと撮影が終了します。動画撮影中に静止画を撮りたくなった場合には、そのままシャッターボタンを押せば、写真を写すことができ、写真撮影後、自動で動画撮影に戻ります。

　モードダイヤルをムービー撮影モードに合わせ、そこからムービーボタンを押して撮影を行うこともできます。こちらのほうが各撮影モードを適用させながら、絞りやシャッター速度などの効果を生かした撮影が楽しめます。いずれにせよ、静止画と動画を直感的に切り替えながら気軽に撮影を楽しむことができます。

用語解説

フレーム …… 動画とはそもそもパラパラ漫画のように静止画をつなぎ合わせて作られています。PENの場合は、基本的に1秒間に30枚の静止画で動画は構成されています。この1枚1枚の静止画をフレームと言います。また、1秒間のコマ数を示したものをフレームレート（fps）と言います。例えば、1秒間に30枚ならば、30fpsということになります。

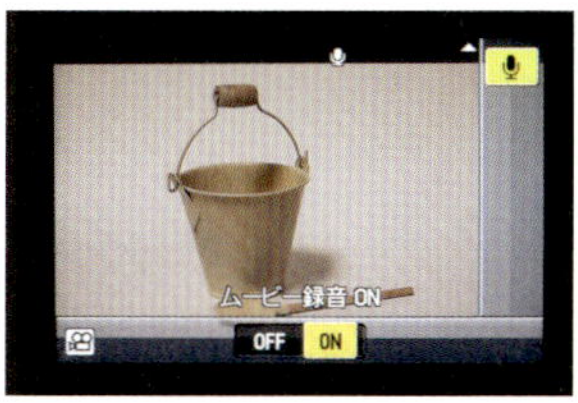

ムービー撮影時の録音の切り替えもできます。ここをONにすることで、撮影時の録音が可能になります。

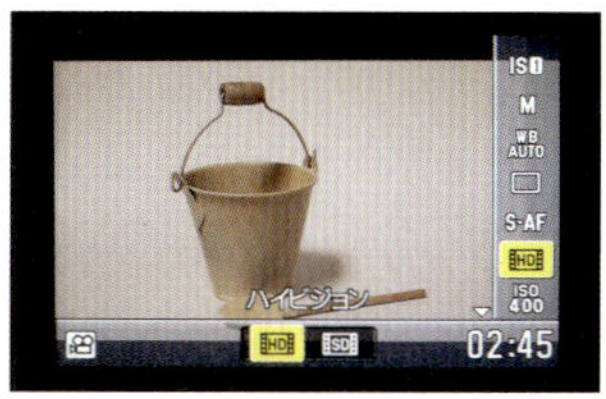

ムービー撮影モードでは、このようにHD（ハイビジョン）とSD（スタンダード）の2種類から画質を選ぶことができます。

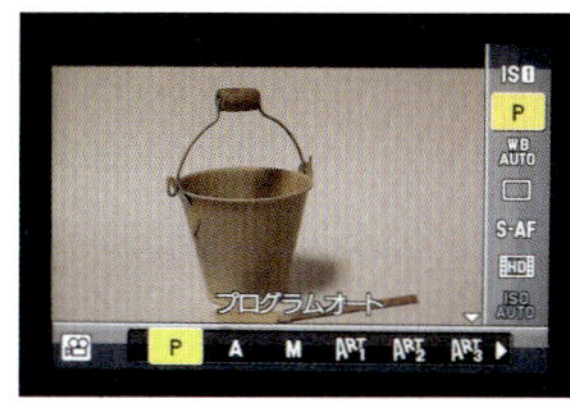

モードダイヤルをムービー撮影モードに合わせ、OKボタンを押すと、このように動画撮影時の設定機能を細かに変更できます。

SD

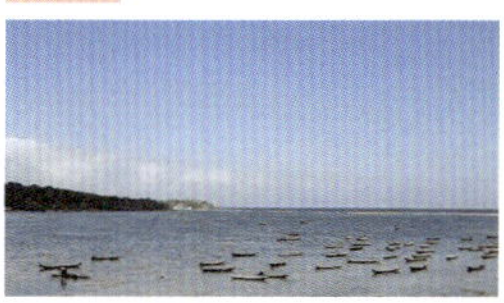

HD

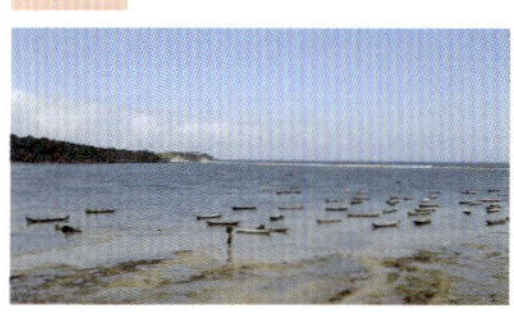

なお選ぶ画質によってアスペクト比も変わります。HDの場合は16：9、SDの場合は4：3の比率になります。

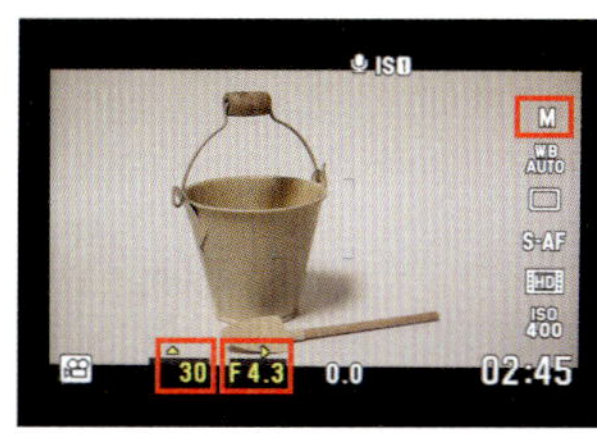

例えば、マニュアルモードを選ぶと、自分で絞りとシャッター速度を変更できます。

撮影時の注意点と特徴

動画を撮影する際に意識しておきたいのが、まずは電池消費の早さです。動画撮影時は、格段に早く電池がなくなります。もし動画をたくさん撮りたいのであれば、予備の電池を用意したほうがいいでしょう。

そして、動画は静止画と比べ1ファイルの容量も大きいです。特に、ムービーの画質モードをHDにすると、約10秒間撮影しただけで、軽く40MB程度にまで達することもあります。ちなみに、どれだけ大きな容量の記録メディアを利用しても、一度の撮影で保存できる最大容量は2GBまで。これに達すると自動的に撮影は終了します。また、P22でも述べましたが、動画を撮影する際は動画転送速度の速い記録メディアがおすすめです。端的にスピードクラス6以上が理想です。

Chapter

5-2 動画撮影の基本操作 ―その2―

手持ちで撮る

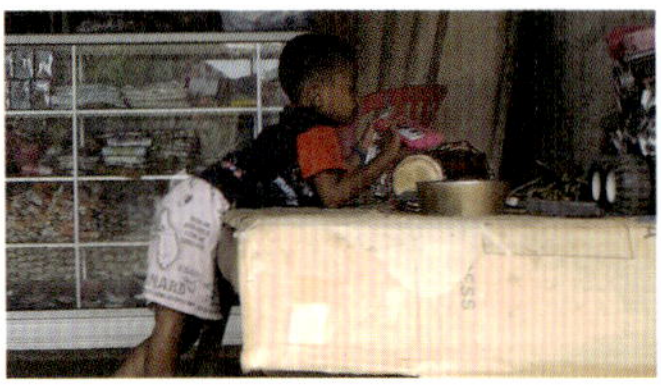

オモチャのピアノで遊ぶ少年を発見。少しずつ近づきます。

↓

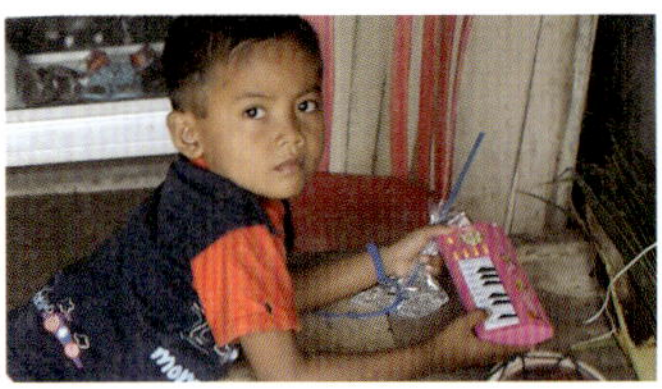

私に気づきましたが無表情。その感も素敵なピアノの音が鳴り響きます。

↓

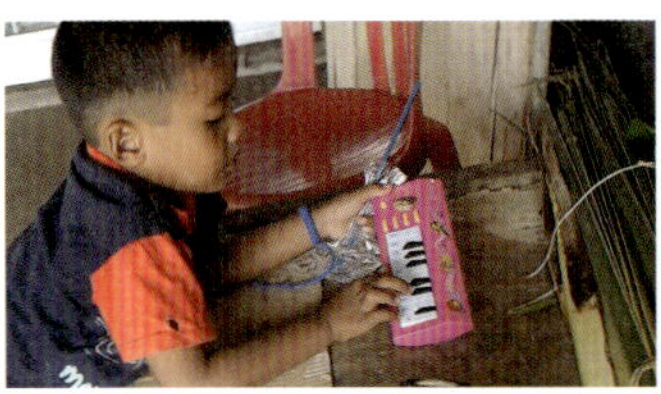

私のことなど忘れたかのように、再び楽器に集中。この後、私はフェードアウトしました。

三脚を使って撮る

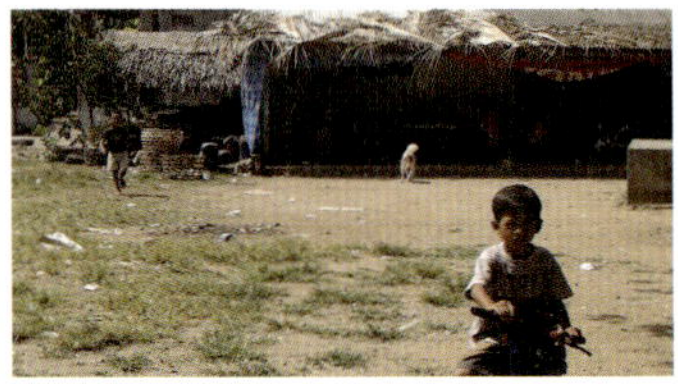

私に気づいてまず自転車に乗った少年が近づいてきました。

↓

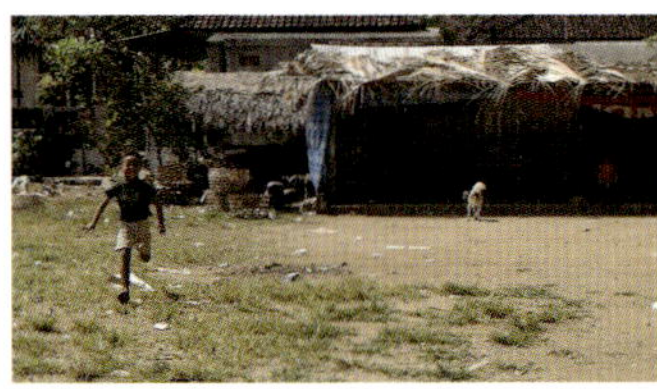

その後、別の少年が全速力で走りよってきました。

↓

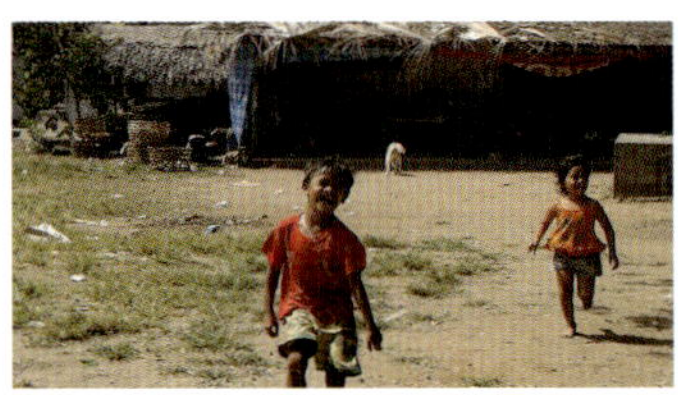

家の中にいた子供たちも全速力。同じ位置からだと人の動きのみを強調できます。

手ブレとピント合わせについて

動画は瞬間を写す静止画とは異なり、手ブレが目立ちやすいのも特徴的です。そういった意味では、被写体の動きを同じ背景で撮影するならば、三脚を使用したほうが、カメラも安定するので被写体に焦点を当てて撮影が行いやすいです。逆に子供のような被写体の場合は、むしろ手持ちでカメラが多少揺れているほうが、臨場感が出るかもしれません。用途に応じて使い分けることが大事です。

またピント合わせは録画中でも合わせ直すことができます。AFの場合は静止画のときと同様、シャッターボタン半押しで行います。なお、動画撮影時に録音機能をONにしている場合には、電子音の設定はOFFにしておくことも忘れないようにしましょう。

用語解説

動画撮影時の三脚 …… P117でも述べたように、PENはとても軽いカメラのため、動画撮影でも、ミニ三脚で十分撮影を行うことができます。手持ちの際でも、カメラに三脚をつけて、胸などの体の一部に三脚を置いて撮影すると、ブレの少ない安定した形で、動画撮影が行えます。

F11で撮影

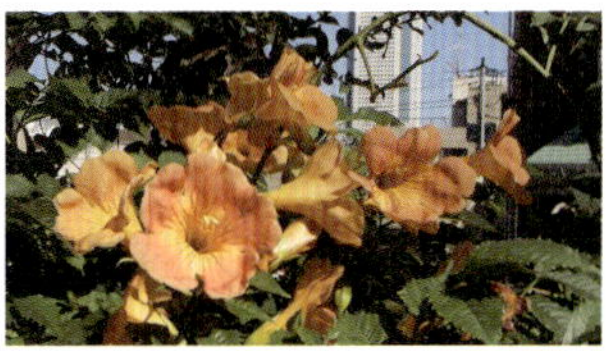

数値を大きくすれば、背景までピントが合いやすくなります。風景を動画撮影する際にも多用できます。

F5.6で撮影

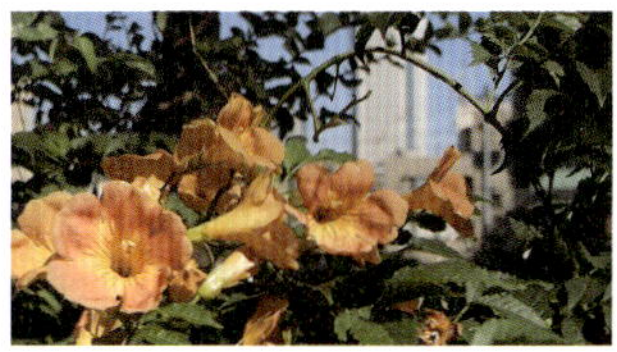

静止画同様、絞りを開いて背景をぼかすことができます。被写体をより強調した写し方が可能です。

絞りを変えて動画を撮る

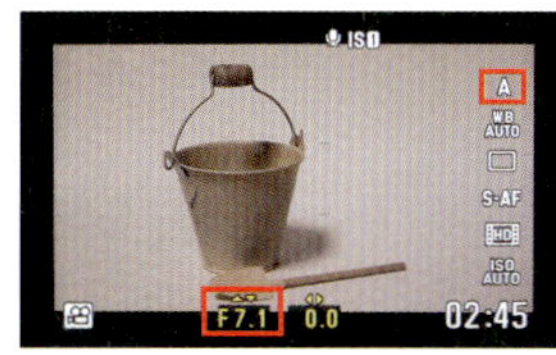

モードダイヤルをムービー撮影モードにし、ライブコントロールから撮影モードの項目でAを選ぶと、絞り値を変更できます。

1/250で撮影

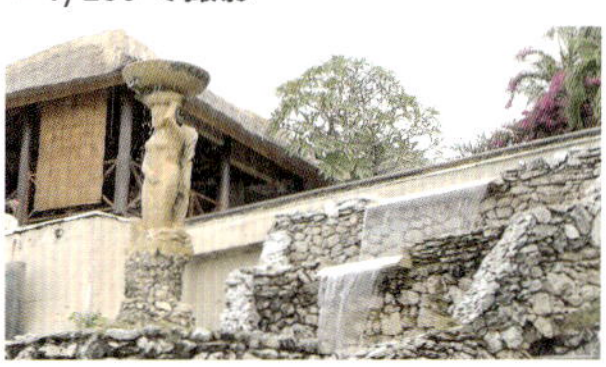

高速では水が粒になって映ります。動く被写体の場合、速さによってカクカクした動きになります。

1/30秒で撮影

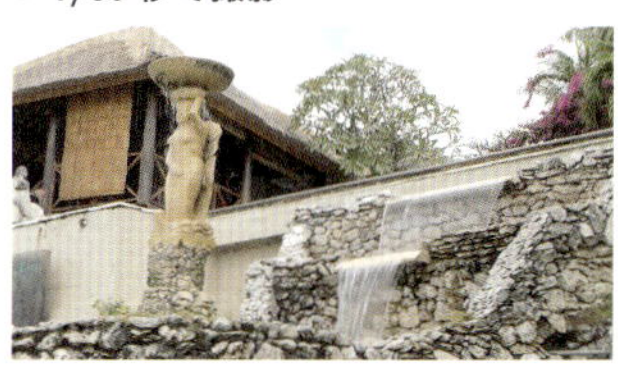

低速で撮影したほうが水の動きは滑らかです。これは動く被写体でも同じことです。

シャッター速度を変えて動画を撮る

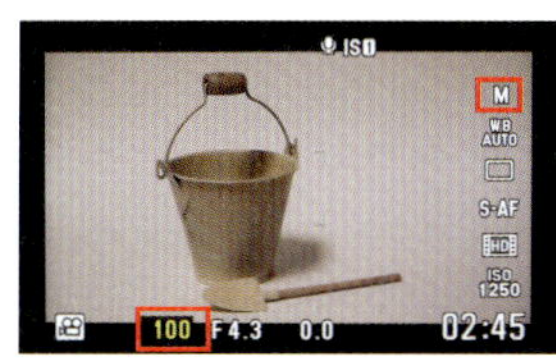

シャッター速度に関しては、撮影モードの項目にSはないため、Mを選択し、好きなシャッター速度を設定することになります。

動画撮影時に併用できる機能

動画の撮影でも、写真を撮る際と同様に、露出補正やホワイトバランス（WB）を利用することができます。例えば、静止画でWBを日陰に設定して夕日を撮影しながら、そのままムービーボタンを押すと、動画でも日陰のWBが適用されます。

また、すでに述べたように絞りやシャッター速度も変更することができます。絞りに関しては、静止画の撮影時と同じ効果があります。絞りの数値を小さくするほど、背景をぼかして動画撮影を行えます。一方シャッター速度に関しては、動画ということもあり、静止画とは多少異なった仕上がりになります。具体的には、シャッター速度が遅くなるほど被写体は滑らかに動き、速くなるほどカクカクした滑らかさを欠いた動きになります。

Chapter 5-3

アートフィルターと動画撮影

▼ラフモノクローム

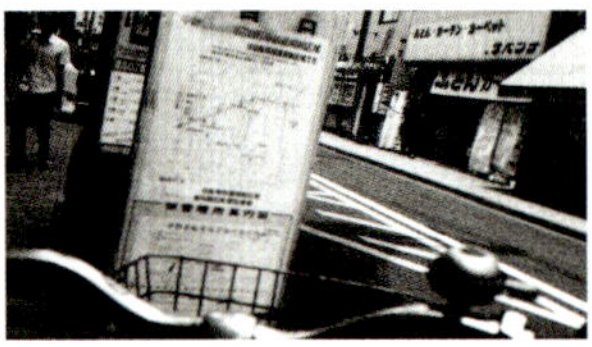

静止画にするとわかりにくいですが、スピード感もあって新鮮です。

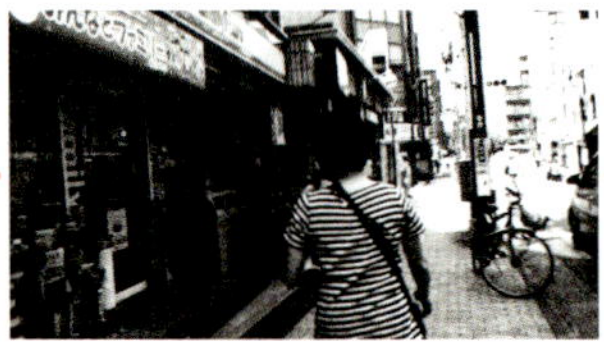

街の様子が荒れたモノクロームで映されます。無自覚な構図がおもしろいです。

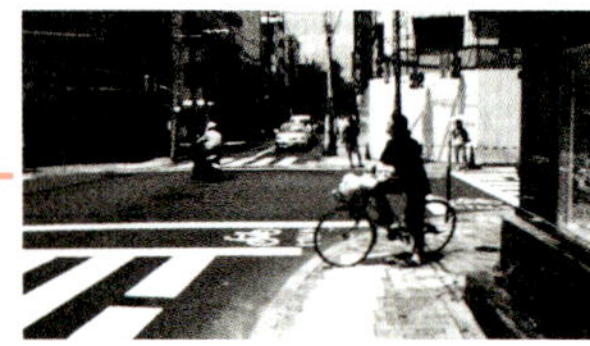

首からカメラをぶら下げたまま、ノーファインダーで動画撮影。

▼ファンタジックフォーカス

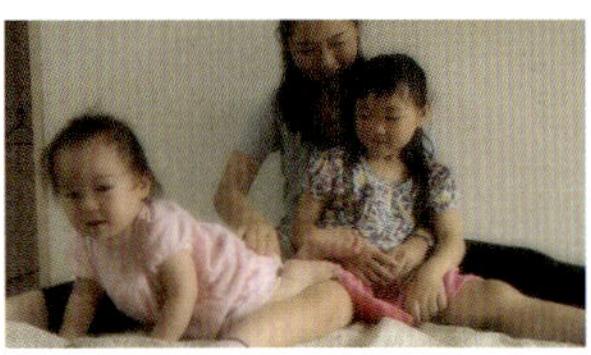

最後はあついよ～と赤ちゃんが逃げ出して撮影終了。

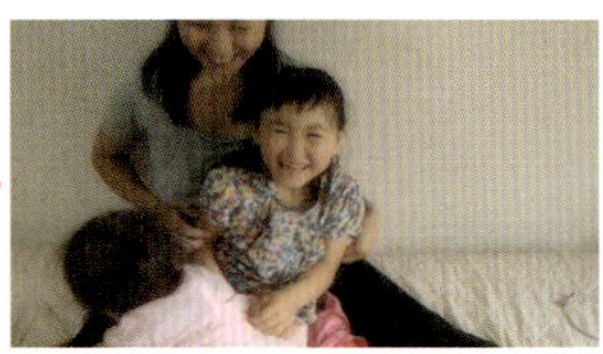

ファンタジックフォーカスのふんわりとしたやわらかい仕上がりも生かされています。

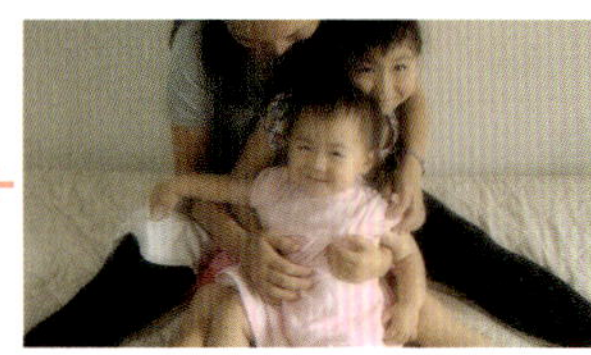

友人の家族を撮影。みんなでワイワイ温かい風景です。

アートフィルターを使って動画を撮る

PENで動画撮影を行う際の最大の魅力は、アートフィルターを使って撮影できるということでしょう。ポップアートやファンタジックフォーカスなどは、どのシーンにも適用させやすく、さまざまな場面で活用できそうです。ラフモノクロームのような、動画ではイメージしにくいフィルターも楽しいです。せっかくPENを持っているならば、ぜひ動画でもアートフィルターを試してみましょう。

ちなみに、ジオラマで動画を撮影すると、フレームレートが極端に少なくなる仕様の結果、まるで早送りしているかのような動画になります。もしジオラマを利用する場合には、他のフィルターよりも長めに撮影を行うことをおすすめします。

用語解説

動画撮影でのジオラマ …… 動画撮影時のジオラマは、フレームレートが 2fps です。さらに再生時にはこれが 15fps になります。そのため、カクカクとした早送りのような動画になってしまいます。

▼ **ドラマチックトーン**

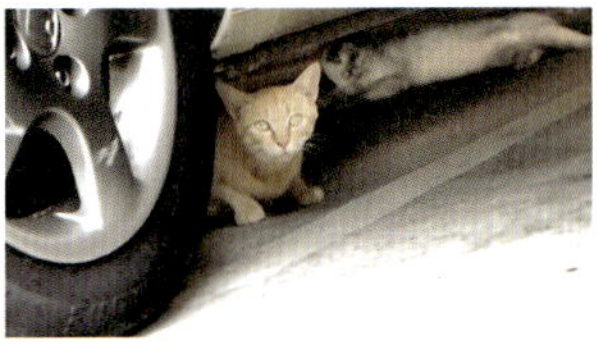

最初は気づきませんでしたが、背後にももう一匹。お友達といっしょにお昼寝するようです。

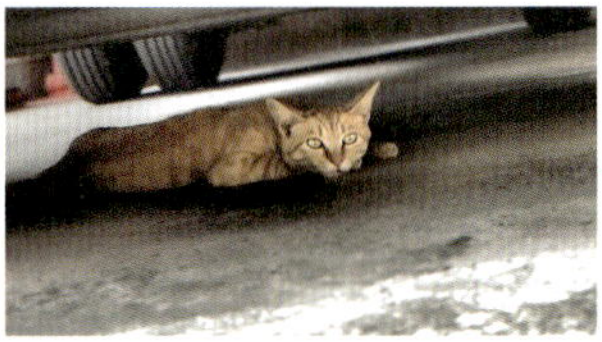

車の下で昼寝をしようとしています。私に気づいて凝視。

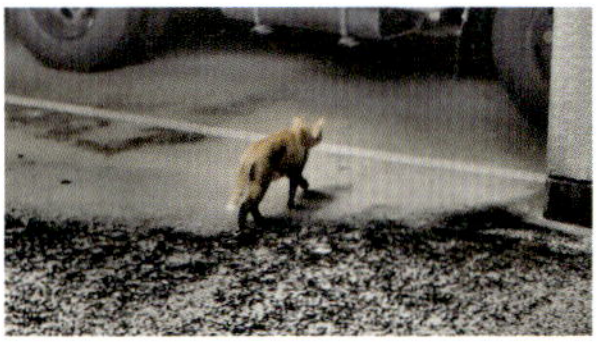

ドラマチックトーンで野良猫を追跡。アスファルトの質感がおもしろいです。

▼ **トイフォト**

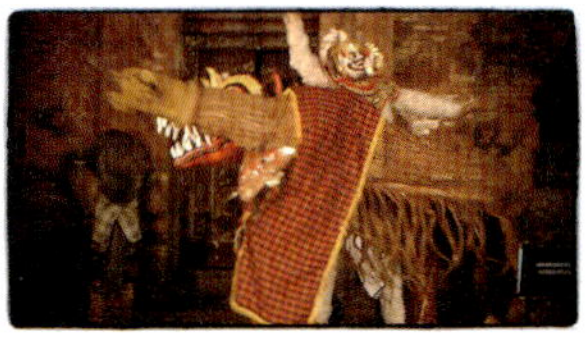

最終的にはドラゴンに王様が巻かれて終了。意味はよくわかりませんでした。

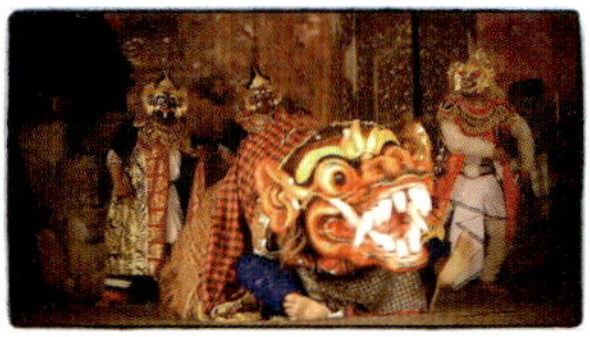

トイフォト動画は動きが滑らかではありませんが、それもいい意味でアクセントになっています。

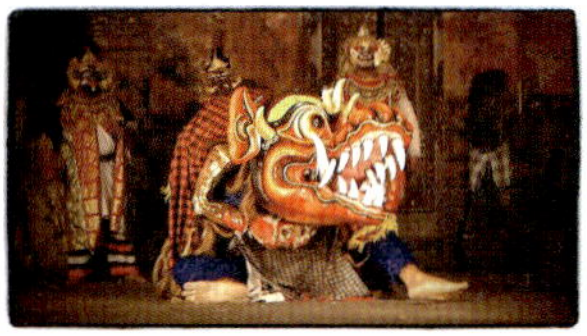

バリの踊り。こういったアンバー気味の風景にもトイフォトはよく合います。

▼ **ジオラマ**

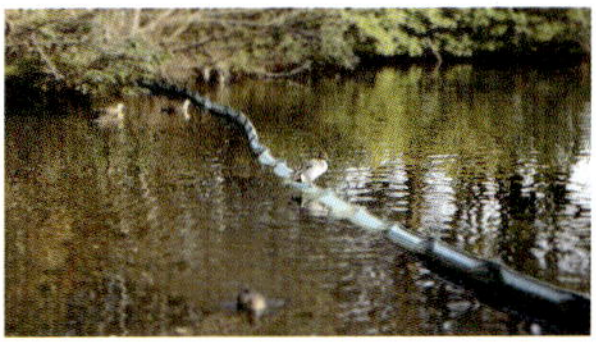

長く撮影しましたが、再生するとあっというま。しかし動画でもこの描写が利用できるのは楽しいです。

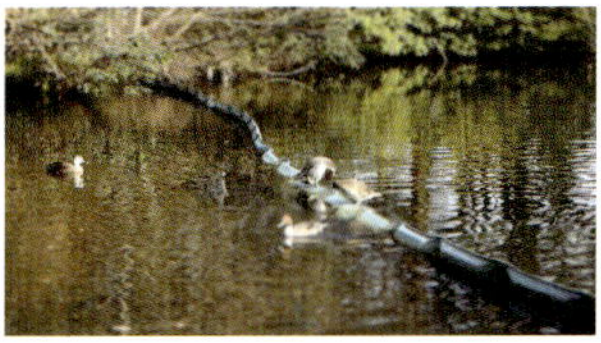

鴨がやってきては去っていきます。早送りのようなカクカク動画です。

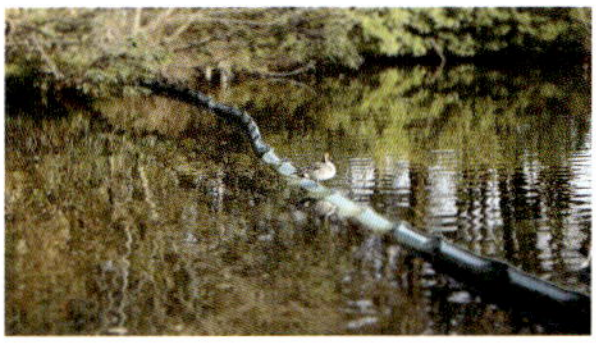

ジオラマで池の鴨を撮影。手前と背景が気持ちよくぼけて印象的な仕上がりです。

» Column 08

手作りフォトアルバムに挑戦してみよう

PENでいい写真が撮れたなら、ぜひそれらの写真を使って、フォトアルバムを作ってみましょう。インターネット上で作成するものから自分でアルバムを買ってきて気ままに作るものまで、気分や好みに合わせて選べます。

インターネット上で作る

デジタルカメラで撮った写真をパソコン上で編集し、そのままオリジナル写真集を作成できるサービスがあります。操作も簡単で、写真のレイアウトなども自分好みにデザインでき、アルバムのサイズやページ数も豊富なラインナップから選択できます。気軽に作れて、プレゼントなどにも最適です。

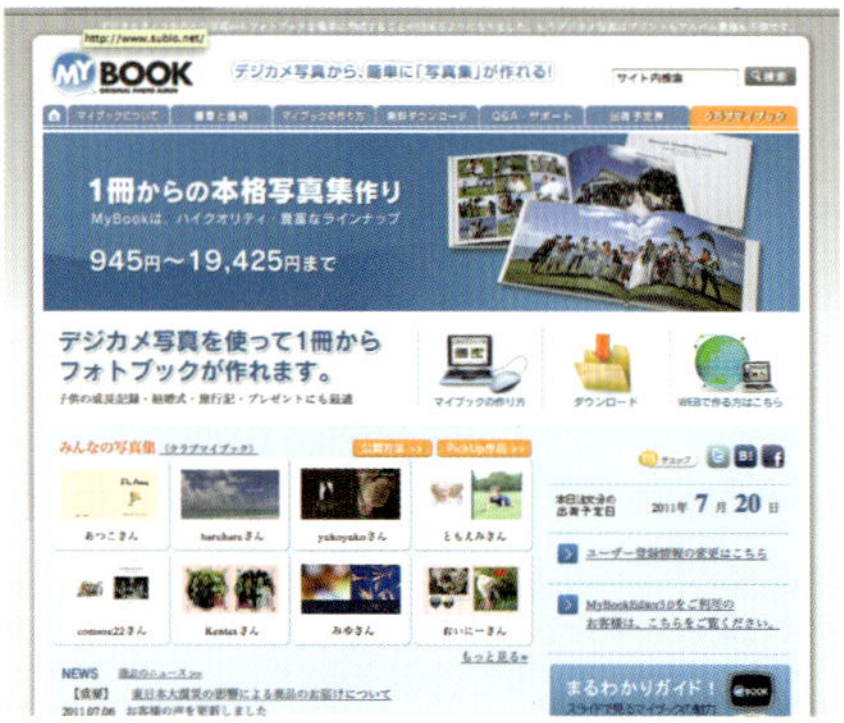

株式会社アスカネットのマイブックスサービスは、同社が無料で提供する編集ソフトを介してオリジナル写真集が簡単に作成できます。アルバムは約10日前後で手元に届きます。
http://www.mybook.co.jp/

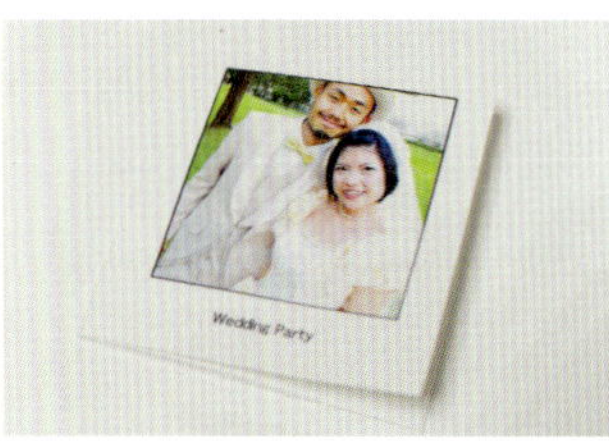

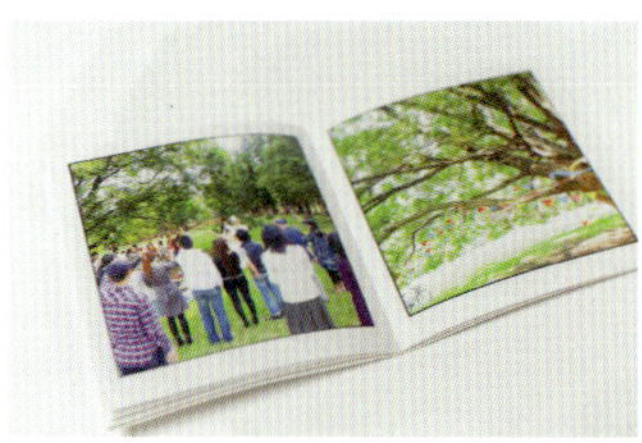

このように自分の好きなように加工できるのも楽しいです。テンプレートを作成したり、トリミングなども行えます。デジタルカメラの普及に合わせて、こうしたサービスが充実してきました。

オンライン上にアップする

オンライン上に、写真を写真集のようにアップして、閲覧できるサービスもあります。例えば、オリンパスが提供するマイセレクト写真集もぜひ活用してみたいサービス。これを利用すると、会員登録をするだけで、オリンパスのカメラで撮ったお気に入りの作品を写真集にして、同じコミュニティーの人たち見せることができます。写真仲間も増えそうです。

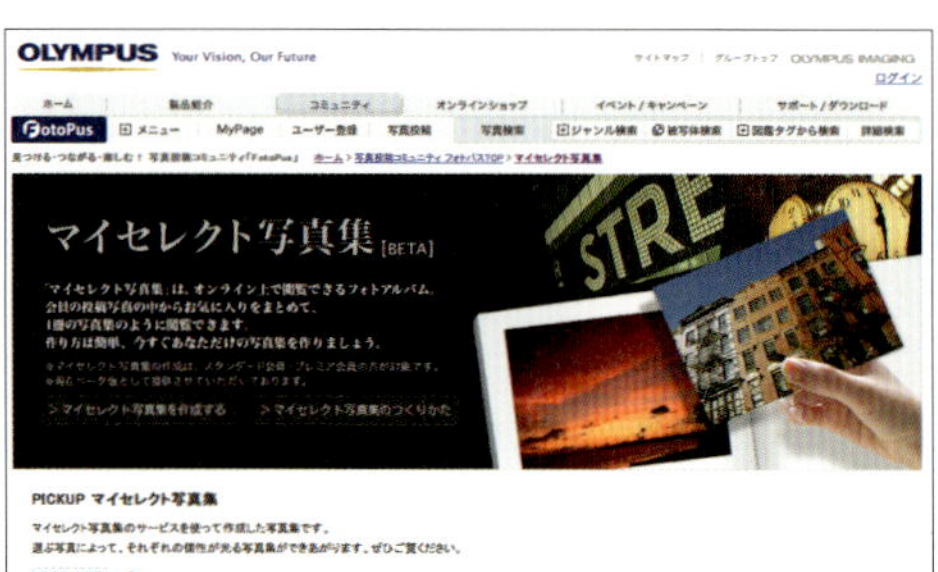

自分の写真集を投稿できるように、他の人の写真集も見られるため、作品作りの勉強にもなりそうです。
http://fotopus.com/select_album/

プリントしてアルバムに入れる

ネットを使ったフォトアルバムはデジタル写真ならではのものですが、もちろん、プリントして普通にアルバムに収納する方法もあります。オシャレなアルバムも数多く販売されているので、自分好みの1冊を見つけ、プリントでも写真を残しておくようにするといいでしょう。小さなタイプは、写真を入れてギフトとしても利用できそうです。

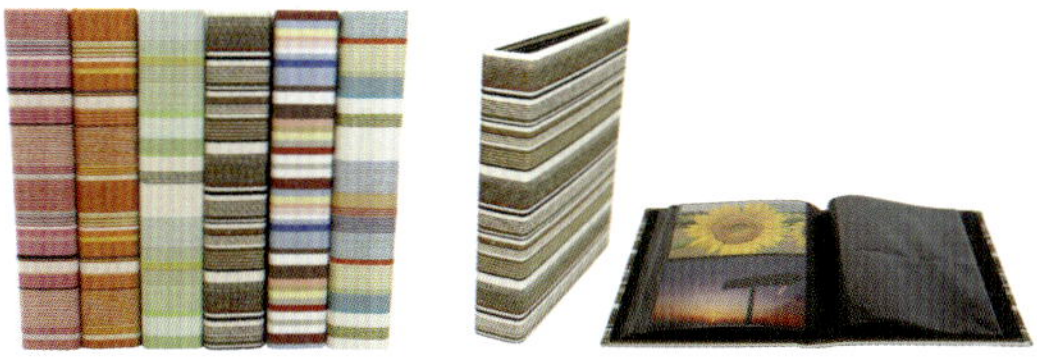

UNITED BEES　フォトアルバム 160

綿帆布を使って作られたフォトアルバム。L 判サイズ 2 段で 160 枚収容できます。彩り豊かで愛着の持てるアルバムです。

http://www.unitedbees.com/item/detail?item_code=UBS53&H

参考価格：2,520 円（税込）

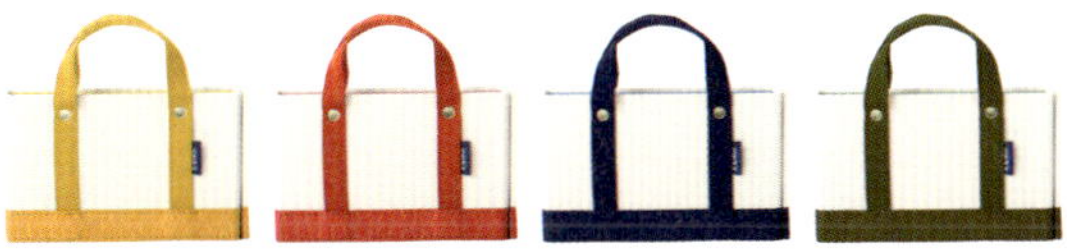

MARK'S　Tote bag アルバム / with Tote

キャンバストートの形をしたフォトアルバム。L 判サイズで 36 枚入ります。写真を入れてちょっとしたプレゼントとして扱うのにもおすすめです。

http://www.marks.jp/

参考価格：1,050 円（税込）

自分だけの写真集を作る

既成のフォトアルバムを使うのではなく、スクラップブックなどを使って、自分で個性的なフォトアルバムを作るのも楽しいです。カラフルなマスキングテープやシールを使い、写真だけでなく、さまざまな思い出の品々を、いっしょに貼付けてコラージュしてみましょう。そのアルバムそのものが立派な作品に仕上がります。

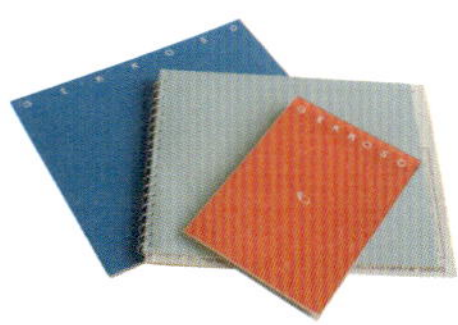

月光荘　スケッチブック

写真をスクラップブックに貼るならば、ここのスケッチブックはおすすめ。カラフルでかわいらしく、大きさも豊富なので、自分の用途に合わせて選べます。

http://www.vesta.dti.ne.jp/~gekkoso/book.html

参考価格：ハガキサイズ 395 円（税抜）

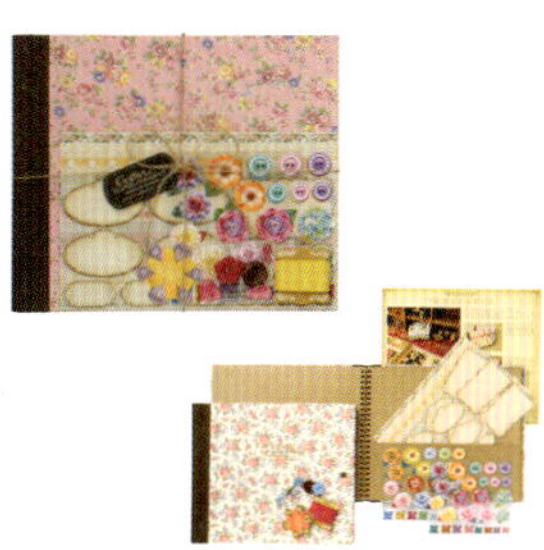

MARK'S アルバム・L
／コフレ・ドゥ・クチュリエ

先ほど、紹介した MARK'S ではこんなかわいらしいものも作っています。ボタンやコサージュ、レース柄のシールがついたステーショナリーです。遊び心いっぱいで、スクラップブックのように写真を扱えます。

http://www.marks.jp/

参考価格：2,100 円（税込）

▸ インターネット上で写真集が作成できるサービスの一覧

写真集が作れるサービスは他にもたくさんあります。自分でそれぞれ特徴をチェックしてみましょう。

ドリームページ　DNP が提供するサービス
http://dreampages.jp/

フォトブック　富士フイルムが提供するサービス
http://f-photobook.jp/

フォトプレッソ　キヤノンが提供するサービス
http://www.imagegateway.net/photopresso

photo back　オシャレな装丁が魅力
http://www.photoback.jp/

Column 09

デジタルフォトフレームの選び方

PENで撮った写真をデジタルフォトフレームに映しながら、自宅でゆっくり観賞するのも楽しいもの。種類もさまざまで、プレゼントとしても喜ばれるこの機器について、その特徴や選び方を紹介します。

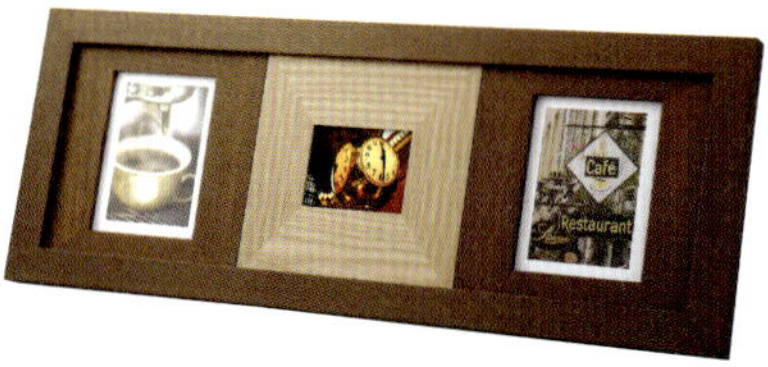

LADONNA　デジタルフォトフレーム
ビエンナーレ 3.5 インチ　DPB04-35

木材を使ったフレームで、インテリアとしても楽しめます。
中央の窓がデジタルフォトフレームです。
http://ladonna-co.net/
参考価格：9,505円（税抜）

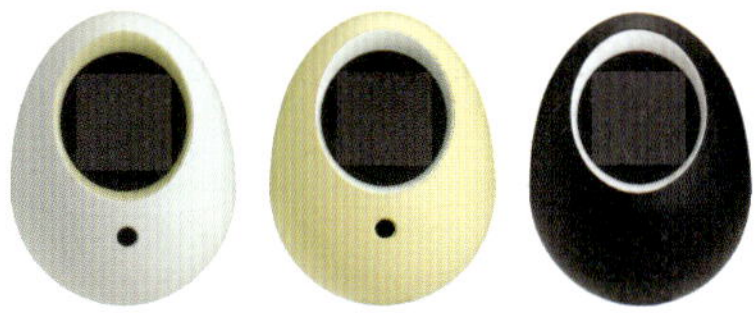

Princeton　デジタルフォトフレーム　PPF-OVO2

たまご型のかわいいデジタルフォトフレーム。
サイズが小さいため場所を選ばずどこにでも置けます。
http://www.princeton.co.jp/product/multimedia/ppfovo2.html
参考価格：4,980円（税抜）

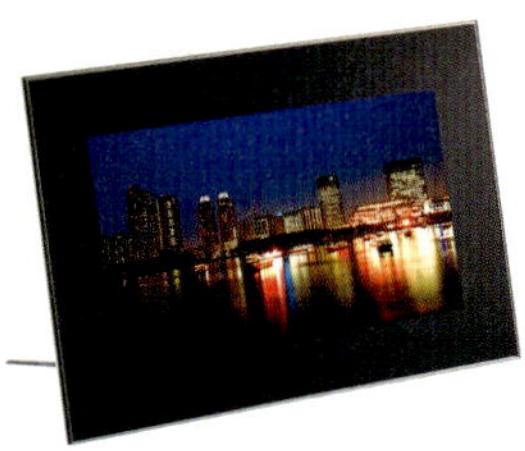

富士フイルム　デジタルフォトフレーム　10.2 インチ
DP-1020SH

本格的に写真を楽しみたい人におすすめの1台。
高コントラストでくっきり鮮やかに写真を観賞できます。
http://fujifilm.jp/personal/digitalphotoframe/dp1020sh/index.html
参考価格：30,600円（税込）

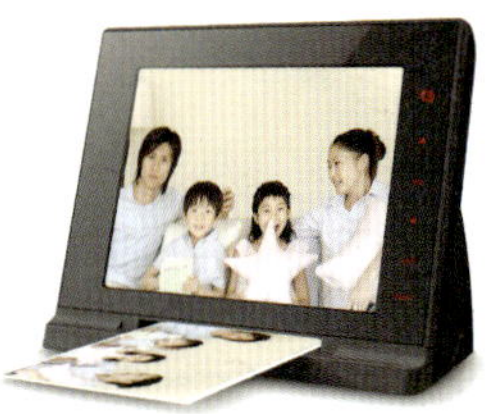

TMY　スキャニング　デジタルフォトフレーム
DPH-MS05B

スキャニングシステムを搭載したデジタルフォトフレーム。
フィルムでの写真もデータに変換して映し出せます。
http://www.tmy2000.com/Product_av_around/DPH-MS05B.html
参考価格：14,800円（税込）

自分好みのフレームを見つけよう

デジタルフォトフレームは、当然ながら用途に応じて選択することが大切。飾る場所に合わせてサイズを選び、写真を見せたいならば、実際に映した際の画像の鮮やかさや色味にも注目します。各機種によって、色の鮮やかさ色味は異なります。デザインも重要な要素です。最近では個性的なものもだいぶ増えてきました。

さらに、仕様も確認します。例えば記録メディア。SDカードはどの機器でも扱えますが、他のメディアで利用する場合は確認が必要です。その他にも無線通信に対応しているモデルや、フレームを縦や横にすると写真が自動で切り替わる、縦横位置感知センサーを内蔵しているモデルなど特徴的な機能から選んでいくのもいいでしょう。

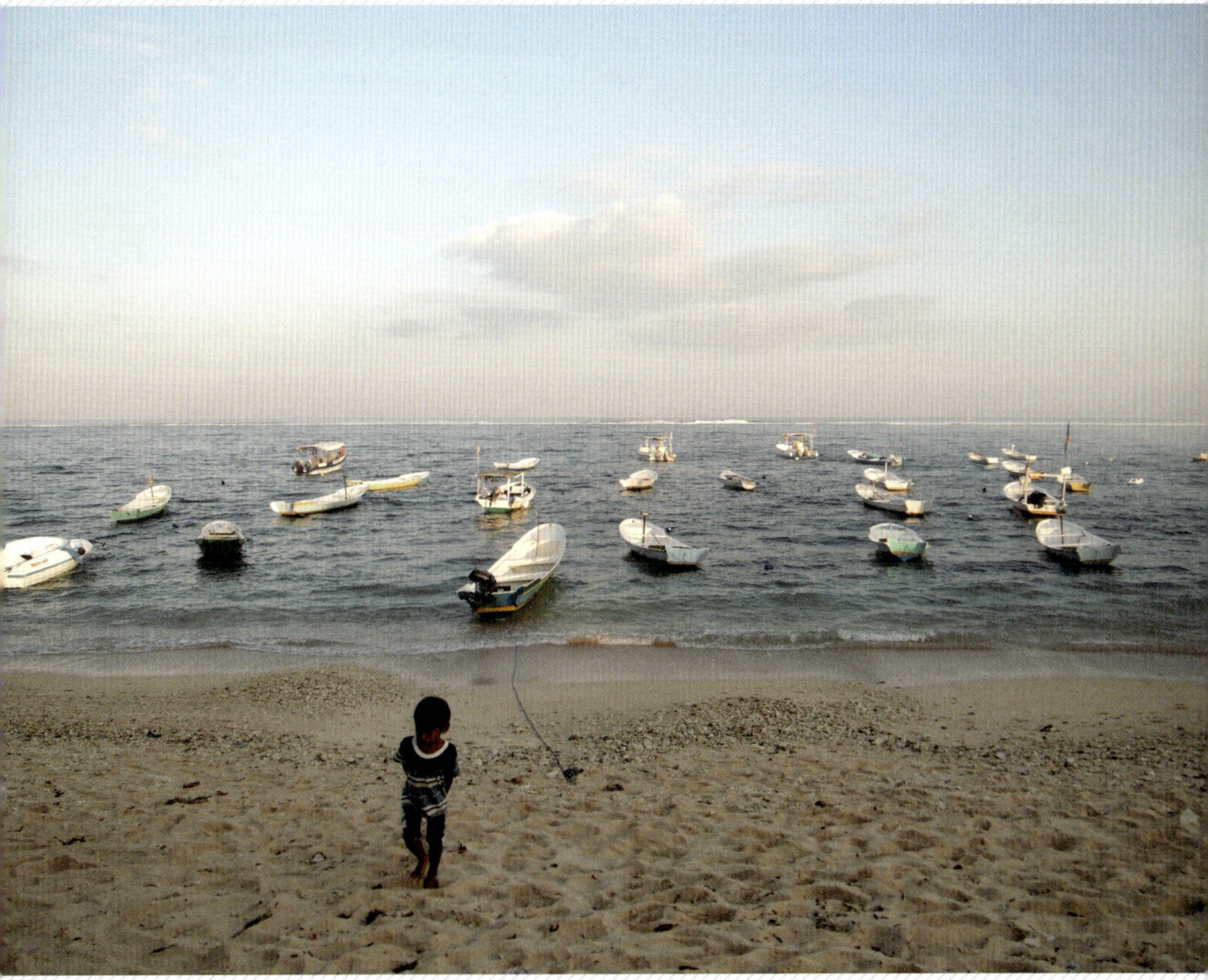

巻 末

PENインフォメーション

PEN は機種によって、液晶モニター上での表示の仕方や操作方法が異なります。しかし、その内容自体に大きな違いはありません。ここでは、液晶画面表示と、MENU 内の項目の詳細を、E-PL2 を例に取り上げます。

撮影時の液晶画面の情報表示

ここまで説明したように、PEN にはさまざまな機能が搭載されています。もし覚えのない表示が画面に出ていたら、この画面内で何が設定されているのか、確認してみましょう。

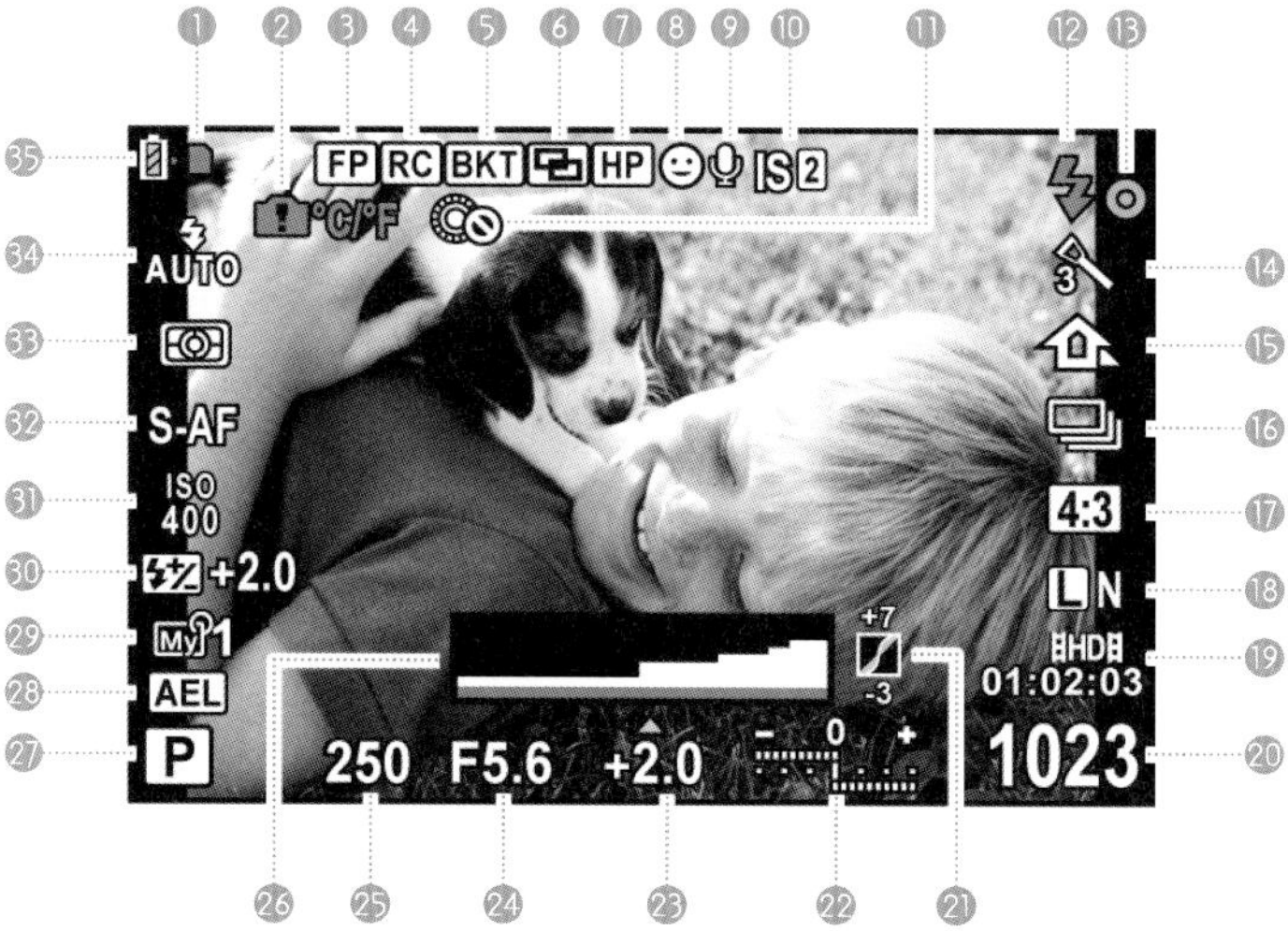

① カード書き込み中
② 内部温度上昇警告
③ スーパー FP 発光…専用フラッシュ使用時の調光モード。
④ RC モード…P155 参照。
⑤ オートブラケット…P155 参照。
⑥ 多重露出…P122 参照。
⑦ ホームポジション…指定の AF ターゲットを登録した場合に表示されます。
⑧ 顔優先…P41 参照。
⑨ ムービー録音…P143 参照。
⑩ 手ぶれ補正…P155 参照。
⑪ LOCK…ON にすると、ダイヤルでの露出補正をロックします。
⑫ フラッシュ…点滅時は充電中、点灯時は充電完了を意味します。
⑬ 合焦マーク…P14 参照。
⑭ アートフィルター / シーン / ピクチャーモード
⑮ ホワイトバランス…P52 参照。
⑯ 連写 / セルフタイマー…P154 参照。
⑰ アスペクト比…P92 参照。
⑱ 画質モード（静止画）…P34 参照。
⑲ 画質モード（ムービー）/ 録画可能時間…P142 参照。
⑳ 撮影可能枚数
㉑ トーンコントロール…露出補正ボタン→ INFO ボタンで、写真のトーンを調整できます。これを利用した際に表示されます。
㉒ 上：フラッシュ補正…P155 参照。
下：露出補正バー…P48 参照。
㉓ 露出補正値…P48 参照。
㉔ 絞り値…P42 参照。
㉕ シャッター速度…P44 参照。
㉖ ヒストグラム…P17 参照。
㉗ 撮影モード
㉘ AE ロック…露出だけを固定させて撮る場合に表示します。
㉙ マイセット…自分好みに設定したカメラ内の機能はマイセットとして登録できます。これを利用中に表示されます。
㉚ フラッシュ補正…P155 参照。
㉛ ISO 感度…P56 参照。
㉜ AF 方式…P38 参照。
㉝ 測光方式…P153 参照。
㉞ フラッシュモード…設定しているフラッシュの発光モードを表示します。
㉟ 電池残量…P16 参照。

再生時の液晶画面の情報表示

P19で紹介したように、撮影時と同様に再生時の画面は好みに合わせて変更できます。詳細に撮影データを確認したい場合には、総合表示を利用しましょう。

簡易表示

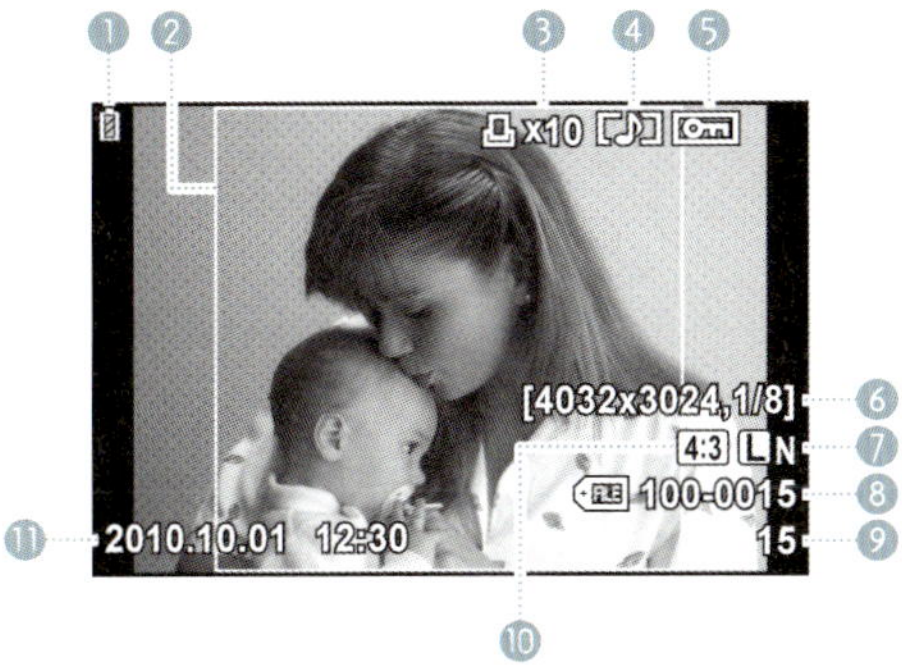

総合表示

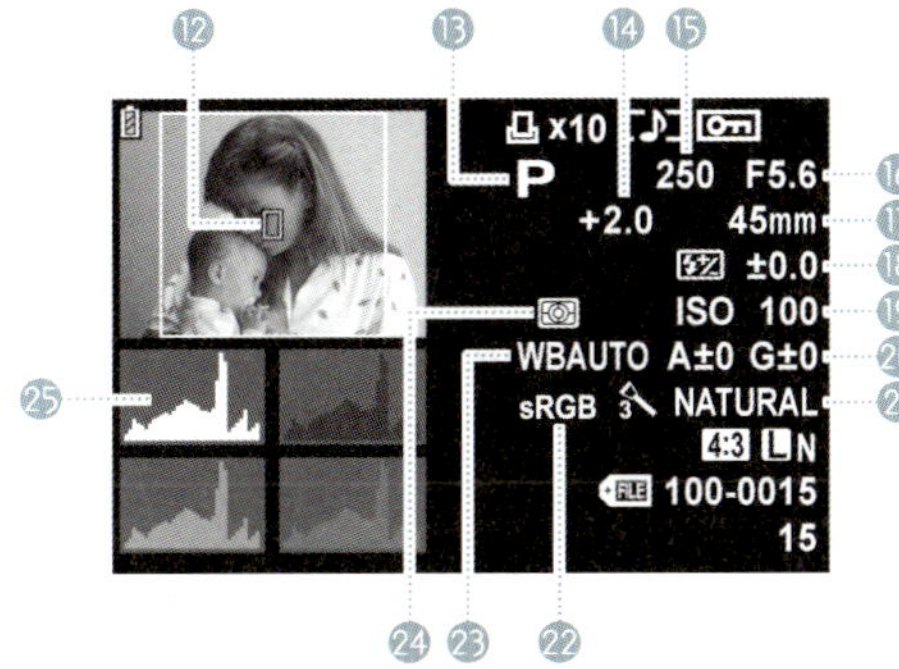

① 電池残量…P16 参照。
② アスペクト枠…RAW で撮影した場合には、ここにアスペクト比の枠が表示されます。
③ プリント予約 / プリント枚数…P155 参照。
④ 録音…編集機能を用いると、撮影後の写真に録音ができます。録音された場合に表示します。
⑤ プロテクト…保護された画像に対して表示。P20、P155 参照。
⑥ ピクセルサイズ、圧縮率…P34 参照。
⑦ 画質モード…P34 参照。
⑧ ファイル番号
⑨ コマ番号
⑩ アスペクト比…P92 参照。
⑪ 日時
⑫ AF ターゲット表示…P40 参照。
⑬ 撮影モード
⑭ 露出補正…P48 参照。
⑮ シャッター速度…P44 参照。
⑯ 絞り値…P42 参照。
⑰ 焦点距離…使用したレンズの焦点距離が表示されます。P58 参照。
⑱ フラッシュ補正…P155 参照。
⑲ ISO 感度…P56 参照。
⑳ ホワイトバランス補正値…P53 参照。
㉑ ピクチャーモード…P54 参照。
㉒ カラー設定…色再現を正しく行うための方式。一般的なパソコンやプリンターを使うならば、sRGB でいいでしょう。
㉓ ホワイトバランス…P52 参照。
㉔ 測光方式…左記参照。
㉕ ヒストグラム…P17 参照。

測光方式について

測光方式とは、カメラが光量を測定する方式のこと。PEN では、画面を細かく分割して最適な明るさを演算する「デジタル ESP 測光」と、画面の中央部に重点を置いて測光する「中央重点平均測光」、そして特定の狭い範囲のみを対象に測光を行う「スポット測光」の 3 つがあります。通常時は「デジタル ESP 測光」にしておきましょう。測光方式はライブコントロールから簡単に変更できます。

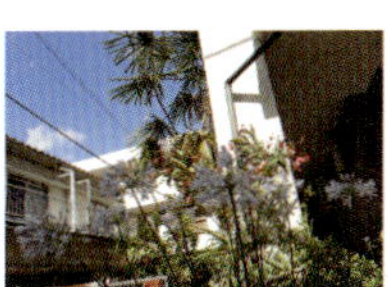
中央重点平均測光で撮影

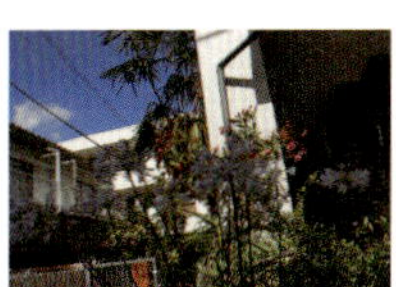
デジタル ESP 測光で撮影

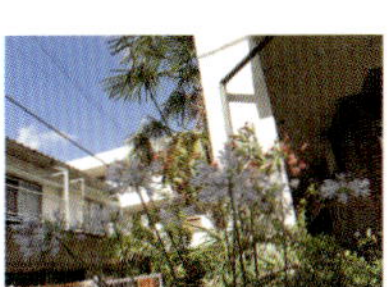
スポット測光で撮影

同じ被写体で測光方式を変えただけでも、これだけ写りが変化します。

MENU 項目の概要と説明

利用頻度の高い項目は、ライブコントロールからも設定できますが、細かい内容の変更や、カメラ自体の設定を変更する場合には、MENU を利用します。ここでは個々の概要を見ます。

▸ 撮影メニュー 2

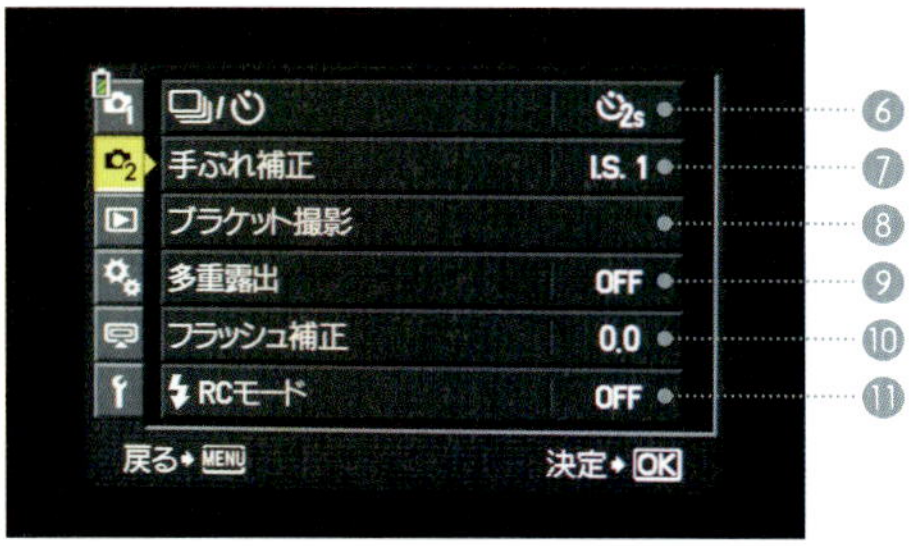

▸ 撮影メニュー 1

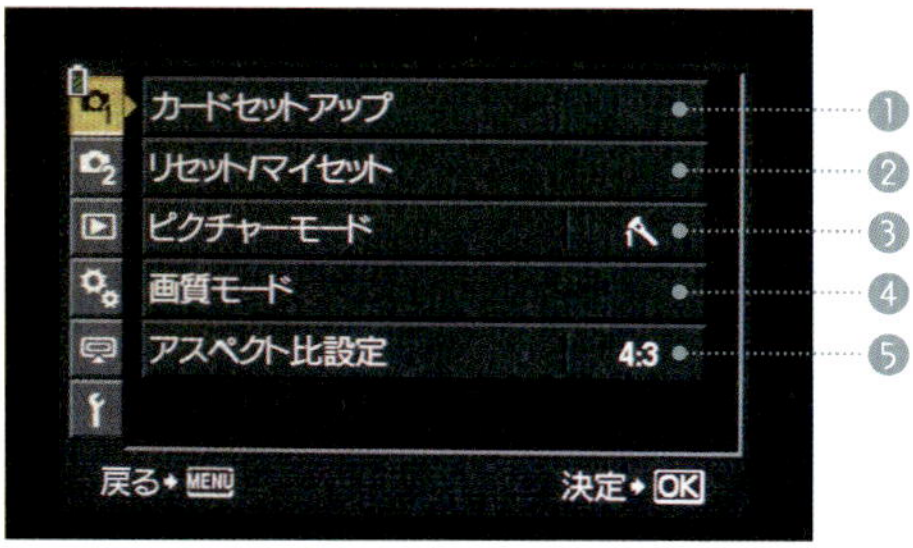

▸ セットアップメニュー

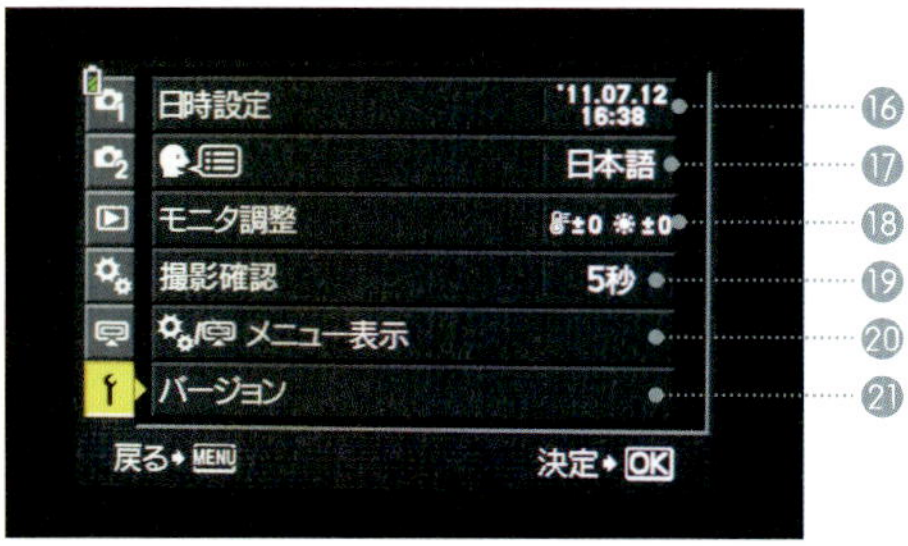

▸ 再生メニュー

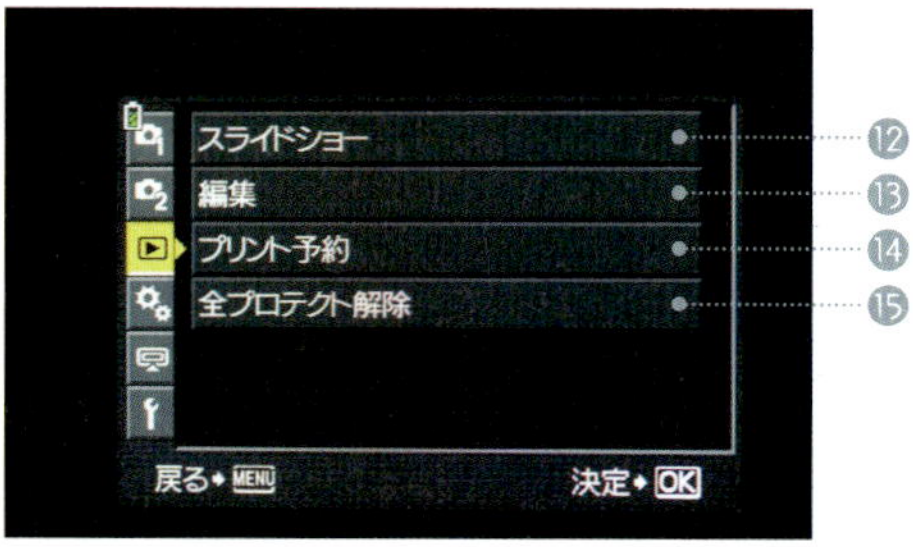

❶ カードセットアップ

記録メディアを初期化したり、中のデータを全コマ消去する際に使用します。

❷ リセット / マイセット

よく利用するカメラの設定をマイセットとして登録できます。

❸ ピクチャーモード

ピクチャーモードを変更できます。項目によってはライブコントロールを利用するよりも、より細かい設定が可能です。

❹ 画質モード

静止画とムービーの両方の画質を変更できます。

❺ アスペクト比設定

アスペクト比率を変更できます。

❻ 連写 / セルフタイマー

連写とセルフタイマーの設定ができます。

⑦ 手ぶれ補正

手ぶれを抑える機能です。3種類あり、「I.S.1」は普通に手ぶれを補正し、「I.S.2」は、カメラの縦方向の手ぶれだけを、「I.S.3」は逆にカメラの横方向の手ぶれだけを補正します。通常時は「I.S.1」にしておきます。

手ぶれ補正 OFF

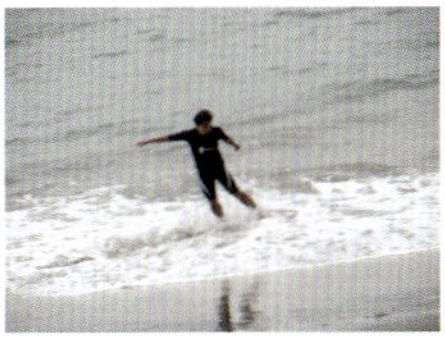

手ぶれ補正 ON

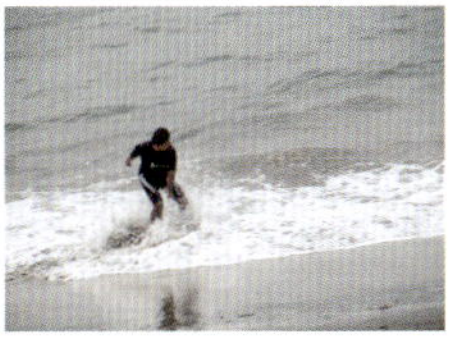

動く被写体の撮影時は必ず設定しておきましょう。ライブコントロールからも設定できます。

⑧ ブラケット撮影

ひとコマごとに自動的に設定を変えながら撮影できる機能です。露出（AE BKT）、ホワイトバランス（WB BKT）、フラッシュの発光量（FL BKT）、ISO 感度（ISO BKT）の 4 つから選択できます。例えば、AE BKT であれば、撮影するごとに、適正露出、マイナス補正、プラス補正の順番に自動で撮影をしてくれます。比較しながら撮影を行いたい場面で便利です。なお P、A、S、M モード時のみ利用できます。

＋ 0.7EV

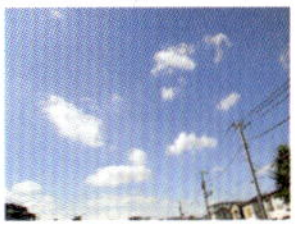

－0.7EV

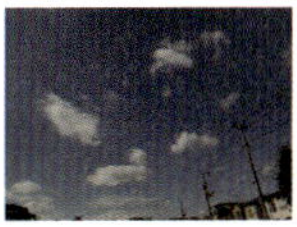

適正露出

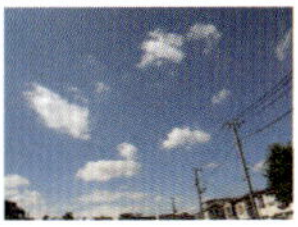

AE BKT の場合、枚数や補正幅も細かく設定できます。一度、自分で試してみましょう。

⑨ 多重露出

画像を重ね合わせて撮影できる機能です。P122 参照。

⑩ フラッシュ補正

フラッシュの光量を調節できる機能です。±3 の範囲で明るさを自分好みに変更できます。

フラッシュ補正＋ 3

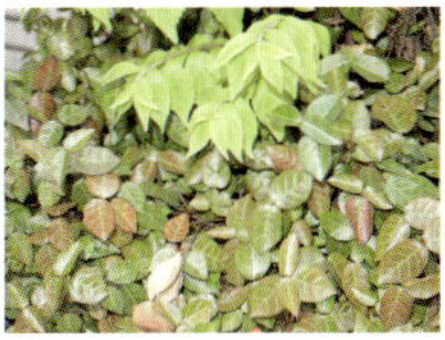

フラッシュ補正 0

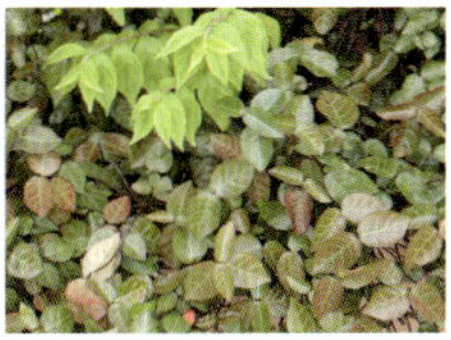

このように光量を調整できます。ライブコントロールからの設定できます。

⑪ RC モード

RC モード機能付き専用フラッシュを使ってワイヤレスで撮影を行う際に利用します。通常時に使用する機会はありません。

⑫ スライドショー

記録メディアに保存されている写真を自動的に連続再生できます。BGM やひとコマ再生時間など詳細に設定できます。

⑬ 編集

P140 で紹介した方法だけでなく、この項目からも編集作業を行うことができます。

⑭ プリント予約

PEN のプリント予約に対応したプリントショップなどでプリントする際などに使用します。

⑮ 全プロテクト解除

誤って消去しないように保護（プロテクト）している画像のプロテクト機能をすべて解除できます。

⑯ 日時設定

カメラ内の日時を設定します。写真には、撮影した日時がきちんと記録されます。後で振り返る際にも便利なので、利用前に正しい日時をしっかり設定しておきましょう。

⑰ 言語切り換え

液晶モニター表示などを日本語以外に設定できます。

⑱ モニタ調整

液晶モニターの明るさや色温度を調整できます。

⑲ 撮影確認

撮影後に写真を自動的に液晶モニターに表示するかどうかを設定できます。合わせて、表示する時間も設定できます。

⑳ メニュー表示

カスタムメニューやアクセサリーポートメニューを、MENU 内に表示させるかどうかを設定できます。P37 参照。

㉑ バージョン

カメラや接続しているアクセサリーのファームウェアバージョンを表示します。

カスタムメニュー内の便利な機能

PEN には自分好みに設定を変更できるカスタムメニューが搭載されています（P37 参照）。この中の項目から、いくつか便利な機能をピックアップします。

バックライト時間、スリープ時間、電子音

MENU → カスタム → 表示／音／接続

「バックライト時間」を調整すれば、バックライトを減光して電池の消費が抑えられます。「スリープ時間」は、自動でスリープ状態に入るまでの時間を調整できます。また「電子音」では、AF利用時ピントが合った際に鳴るピピッという音を消音できます。音を出してはいけないマナー重視の場面などで利用しましょう。

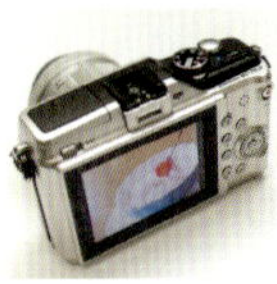

バックライト時間を短縮すると、それだけ電池の消費は抑えられます。

MF アシスト

MENU → カスタム → AF ／ MF

MF利用時にフォーカスリングを回した際、自動で画像を拡大表示してくれる機能です。AFは自動でピントが合うので問題ありませんが、MFでは実際きちんとピントが合っているのかどうかを目視で確認しなければいけません。拡大表示させることで、ピント合わせがよりスムーズに行えます。

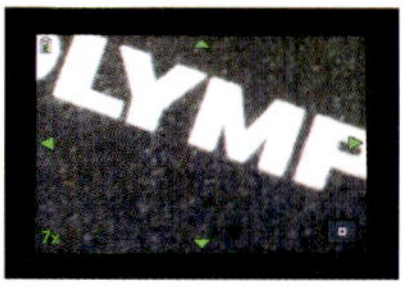

このように拡大表示できるようになります。

長秒時ノイズ低減、高感度ノイズ低減

MENU → カスタム → 画質／色／ WB

長時間露光や高感度で撮影を行う場合は、ノイズが起りやすくなります。こんな時に重宝するのがこれらの機能。長秒時ノイズ低減は長時間露光時の、高感度ノイズ低減は高感度撮影時のノイズを抑えてくれます。ただし、長秒時ノイズ低減を利用した場合には、記録メディアへの保存に多くの時間を要するので注意しましょう。

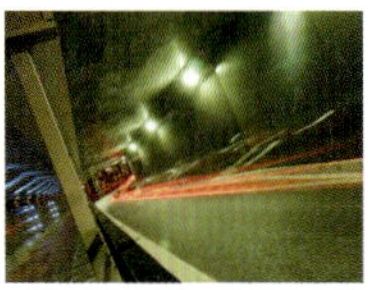

長時間露光時や高感度での撮影時にうまく活用しましょう。なお、低減の程度も選択できます。

ISO オート設定

MENU → カスタム → 露出／測光／ ISO

ISO感度をオートに設定した際の上限値と基準値を設定できます。例えば上限値をISO1600にすると、オートを利用中は、それ以上のISO感度は利用できません。安易な高感度撮影を防げます。基準値とは、オート時に通常使用するISO感度のこと。ここで設定したものを参考に、撮影時のISO感度が定まります。

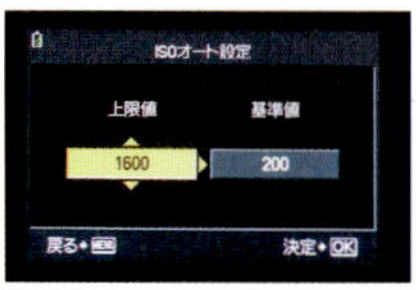

設定した以上の ISO 感度を利用するには、ISO 感度の設定をオートから希望の ISO 感度に変更します。

E-P3より登場のタッチパネル機能の話

E-P3よりPENにもタッチパネル機能が搭載されました。通常のダイヤル、ボタン操作に加え、より直感的な撮影が楽しめます。具体的にどんなことができるのか紹介します。

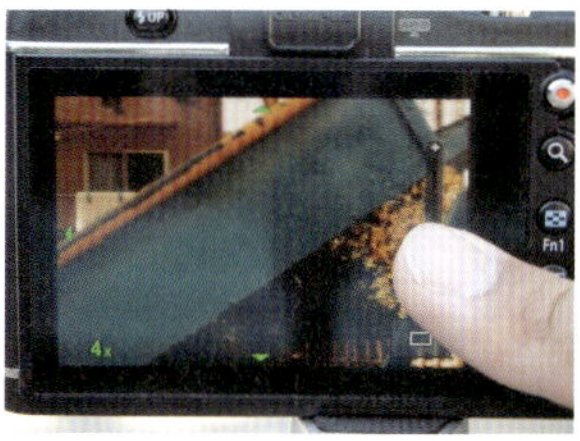

指の動きに合わせてAFフレームを移動させたり、拡大させることができます。

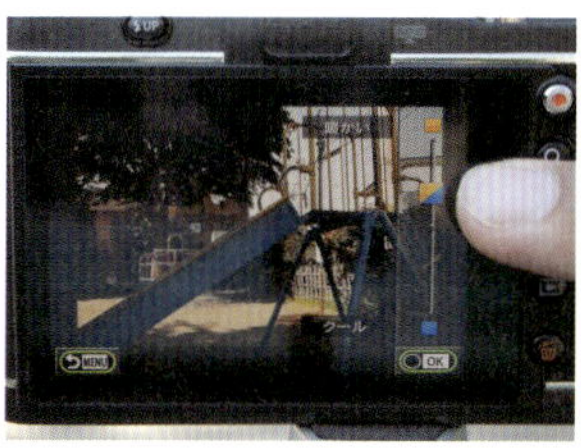

ライブガイドの場合には、OKボタンを押すと、タッチしながらそれぞれの内容の調整ができます。

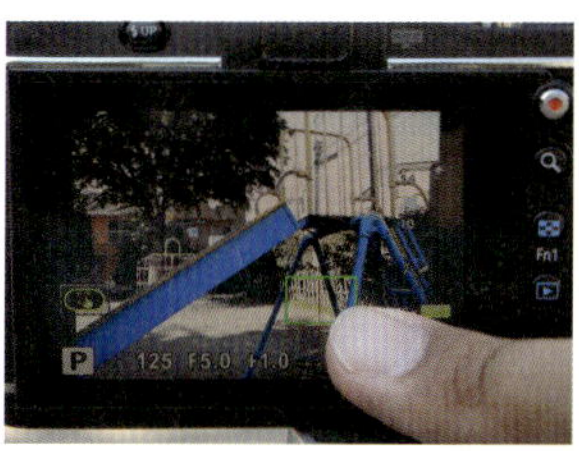

再生時にも、タッチパネルで拡大再生ができます。

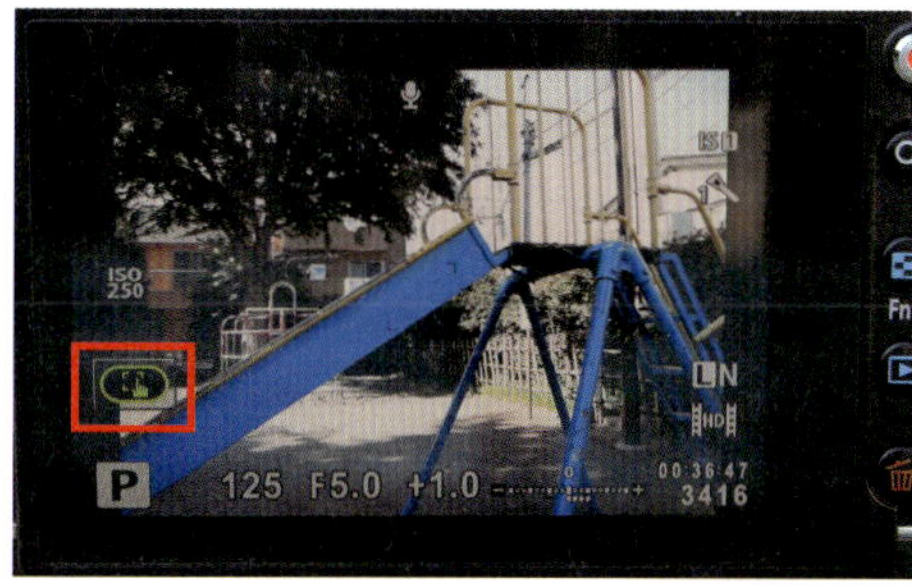

このように、左側にタッチパネルの操作モードが表示されます。これに触れることで3つのモードを切り替えられます。

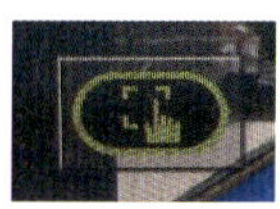

タッチした箇所にAFフレームを表示します。

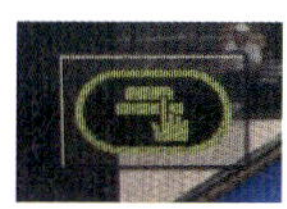

タッチした箇所にピントを合わせ自動的に撮影します。

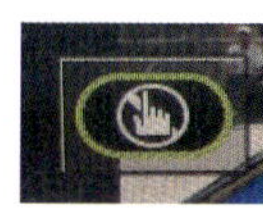

タッチ操作を禁止します。

より感覚的に撮影を楽しもう

E-P3で利用できるタッチパネル機能は、撮影時と再生時とで分けられます。撮影時に利用できる操作は主に2つ。タッチした箇所でピントを合わせ、自動的に撮影を行う機能と、タッチした箇所にAFフレームを表示させ、フレームの大きさや位置を指で操作できる機能です。また、ライブガイドを利用する場合には、レベルバーの移動などもこのタッチパネルで行うことができます。

再生画面では、ひとコマ再生時に指をスライドさせることでコマ送りやコマ戻しが可能に。またバーのスライダーを指で上下すると拡大再生もできます。特にE-P3は液晶画面も3.0型とワイドで大きく、タッチパネルの操作がしやすいのもうれしいです。またPENを扱う楽しさが増えました。

有効画素数と撮像素子の話

デジタルカメラの画質は、主に有効画素数の大きさと撮像素子サイズに依存しています。ここまで説明してきたPENも、もちろん例外ではありません。ここでは、その特徴を簡単に整理しておきます。

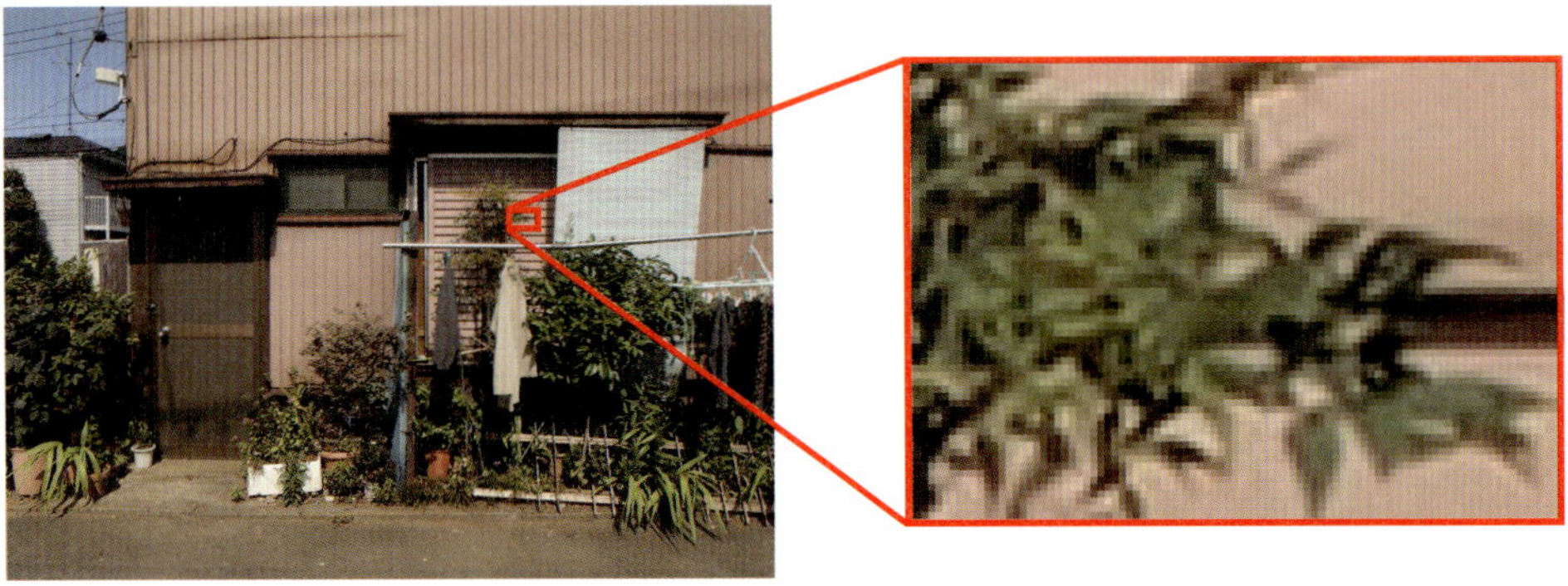

写真は拡大すると小さな四角のモザイクになります。このモザイクが小さく細かいほど、有効画素数が大きいことを表します。なお、PENの有効画素数は約1230万画素が基本になっています。

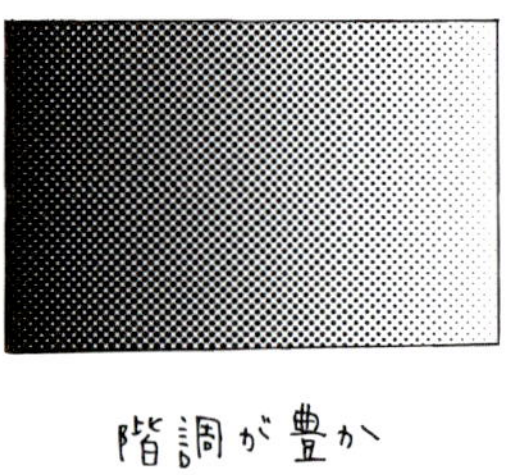

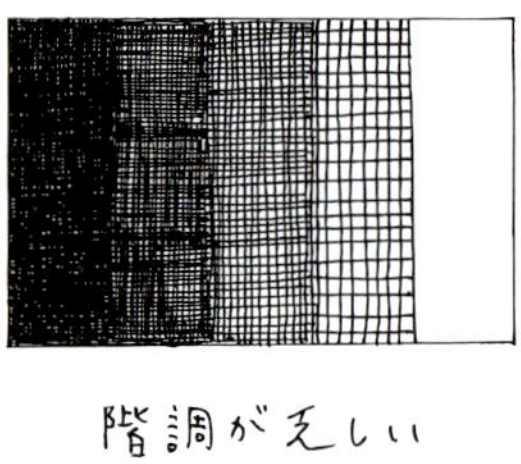

このように階調が豊かな画像のほうが、色のグラデーションは滑らかに推移します。撮像素子が大きいほうが、より階調は豊かです。

大きい撮像素子のメリット

実は撮像素子は大きいほど、ボケ味が大きくなる特徴があります。そのため、小さな撮像素子を使用しているコンパクトデジタルカメラは、いくら絞りの数値を小さくしても、PENほどボケ味は大きくなりません。また、高感度で撮影を行う際のノイズも、撮像素子が大きいほど起りにくくなります。

画質を決める解像度と階調

有効画素数は多いほど、写真の解像度はよくなります。解像度とは、写真のきめ細かさのこと。大きくプリントする際などに高精細な描写が可能になります。

一方、撮像素子とは光を受け取る面です。フィルムカメラで例えるとフィルム面に当たります。この面積が大きいほど、"豊かな階調"で写真が撮影できます。豊かな階調とは、色のグラデーションが豊富な状態です。例えば黒から白に至るまでの階調が豊かであれば、白トビや黒ツブレも起きにくくなります。なおPENには、「4/3型ハイスピードLive MOSセンサー」と呼ばれる撮像素子が搭載されています。これは、プロ仕様のハイスペックモデルに搭載されている撮像素子の約半分の大きさです。

巻末 Column 03

マイクロ一眼と普通の一眼レフカメラの話

PENは“マイクロ一眼”と呼ばれるレンズ交換式のデジタルカメラです。そもそも通常のデジタル一眼レフカメラと何が違うのでしょうか。その構造を見てみましょう。

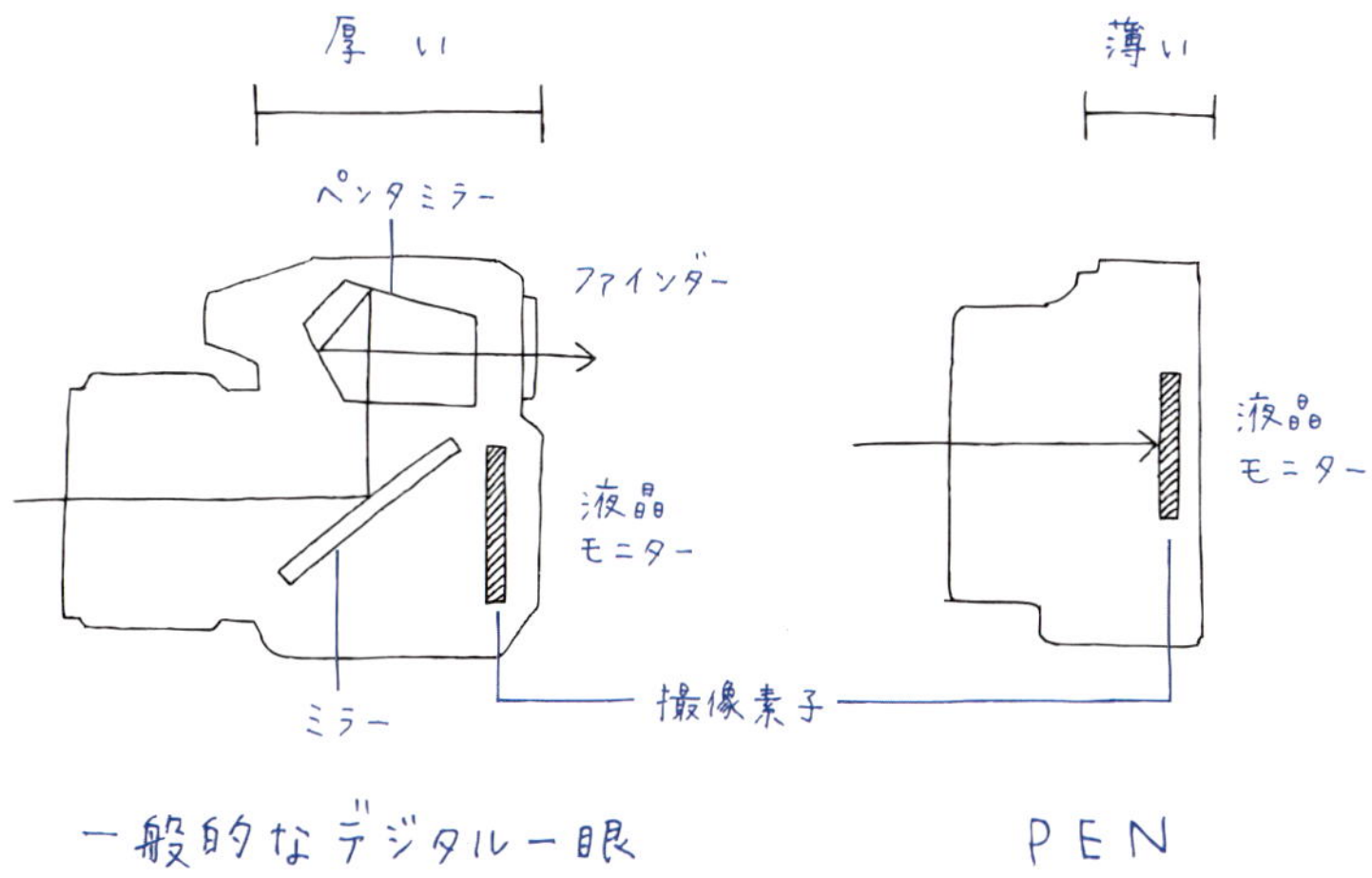

PENはその構造をミラーレスにする（ミラーをなくす）ことで、フランジバック（レンズマウントから撮像素子までの距離）を縮めることに成功しました。ちなみに、マイクロ一眼は、光を反射（レフレックス）させるミラーがないため、マイクロ一眼“レフ”とは言わないわけです。

▸ PENが採用したマイクロフォーサーズ規格

前ページでPENに搭載されている撮像素子を「4/3型ハイスピードLive MOSセンサー」と言いましたが、この素子を「フォーサーズ」規格と言います。さらにこの規格に対し、より小型化を図る目的でミラーレス構造を採用した規格を「マイクロフォーサーズ」規格と言います。PENはマイクロフォーサーズ規格の代表的なデジタル一眼ということになります。

ミラーをなくし小型化を実現

PENが通常のカメラと異なるのが、ファインダーを搭載していない点です。デジタル一眼レフカメラは、カメラ内にミラーを設けています。ここに像を反射させることでファインダーから撮影を行えるようにしています。しかし、PENにはこのミラーがありません。よってファインダーもなく、液晶モニターやEVF（P87参照）を利用することで像を確認します。このタイプのデジタルカメラ全般を「マイクロ一眼」と呼びます。PENはこの〝マイクロ一眼〟の構造を採用することで、小型軽量化を実現しています。

ここで大切なことは、PENは画質を落として小さくなったのではなく、〝構造を変える〟ことで小型化した点です。PENの最大の魅力は、ここにあるわけです。

制作スタッフ

写真・執筆	河野鉄平
アートディレクション	武田厚志（SOUVENIR DESIGN）
デザイン・レイアウト	武田厚志、田子理恵、石戸成明（SOUVENIR DESIGN）
イラスト	村田麻実
編集	藤本卓英
撮影協力	麻生沙織、弥鈴、菜七観 小澤樹 佐藤倫絵 澤登正一 吉田七瀬
協力	大山義之、鳥居晋一（オリンパスイメージング）

PENでおしゃれな写真が撮りたい

2011年9月1日　初版第1刷発行

著者	河野鉄平
発行人	藤岡 功
発行	株式会社エムディエヌコーポレーション 〒102-0075　東京都千代田区三番町20 http://www.MdN.co.jp/
発売	株式会社インプレスコミュニケーションズ 〒102-0075　東京都千代田区三番町20 TEL：03-5275-2442　FAX：03-5275-2444（出版営業）
印刷・製本	日経印刷株式会社

Printed in Japan ©2011 Teppei Kono. All rights reserved

本書は、著作権法上の保護を受けています。著作権者および株式会社エムディエヌコーポレーションとの書面による事前の同意なしに、本書の一部あるいは全部を無断で複写・複製、転記・転載することは禁止されています。
定価はカバーに表示してあります。

カスタマーセンター

造本には万全を期しておりますが、万一、落丁・乱丁などがございましたら、送料小社負担にてお取り替えいたします。お手数ですが、カスタマーセンターまでご返送ください。

落丁・乱丁本などのご返送先

〒102-0075　東京都千代田区三番町20
株式会社エムディエヌコーポレーション カスタマーセンター
TEL：03-4334-2915

内容に関するお問い合わせ先

株式会社エムディエヌコーポレーション カスタマーセンター メール窓口
info@MdN.co.jp

本書の内容に関するご質問は、Eメールのみの受付となります。メールの件名は「PENでおしゃれな写真が撮りたい　質問係」とご明記ください。電話やFAX、郵便でのご質問にはお答えできません。ご質問の内容によりましては、しばらくお時間をいただく場合がございます。また、本書の範囲を超えるご質問に関しましてはお答えいたしかねますので、あらかじめご了承ください。